Carnet II

Marc Fichou

ATOPON BOOKS

Atopon Books
907 15th Street
Santa Monica, California 90403
United States

Library of Congress Cataloging-in-Publication data
Name: Fichou, Marc, author.
Title: Carnet II / Marc Fichou.
Description: Santa Monica, CA: Atopon Books, 2024.
Identifiers: LCCN 2024931704 | ISBN: 979-8-9866907-1-1 (paperback) | 979-8-9866109-3-1 (hardcover)
Subjects: LCSH Art, Modern—21st century | Art and philosophy | Art and technology | Art—20th century—Video Art | BISAC ART / General | ART / Individual Artists / Artist's Books
Classification: LCC N43.F76 2024

Printed in the United States of America

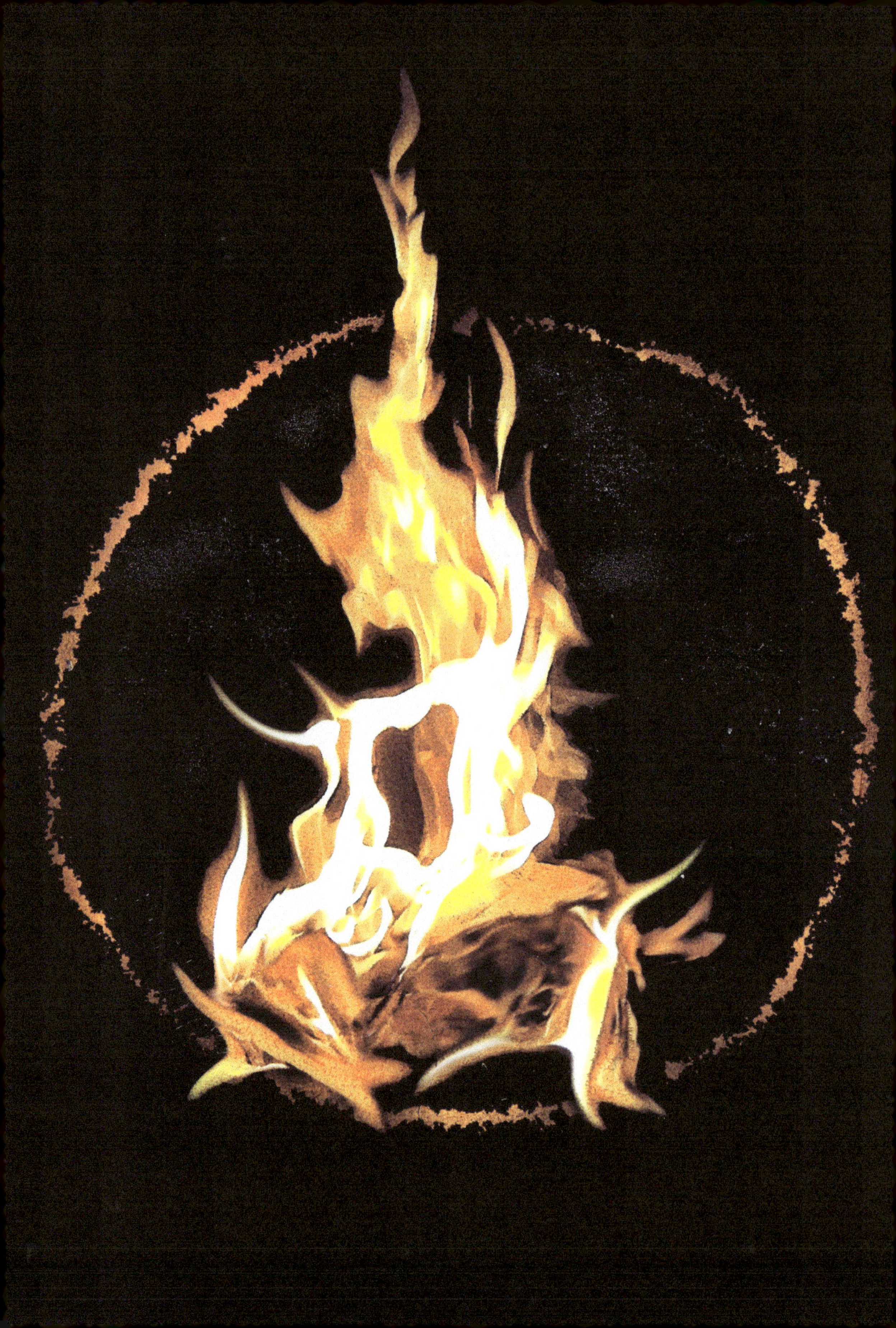

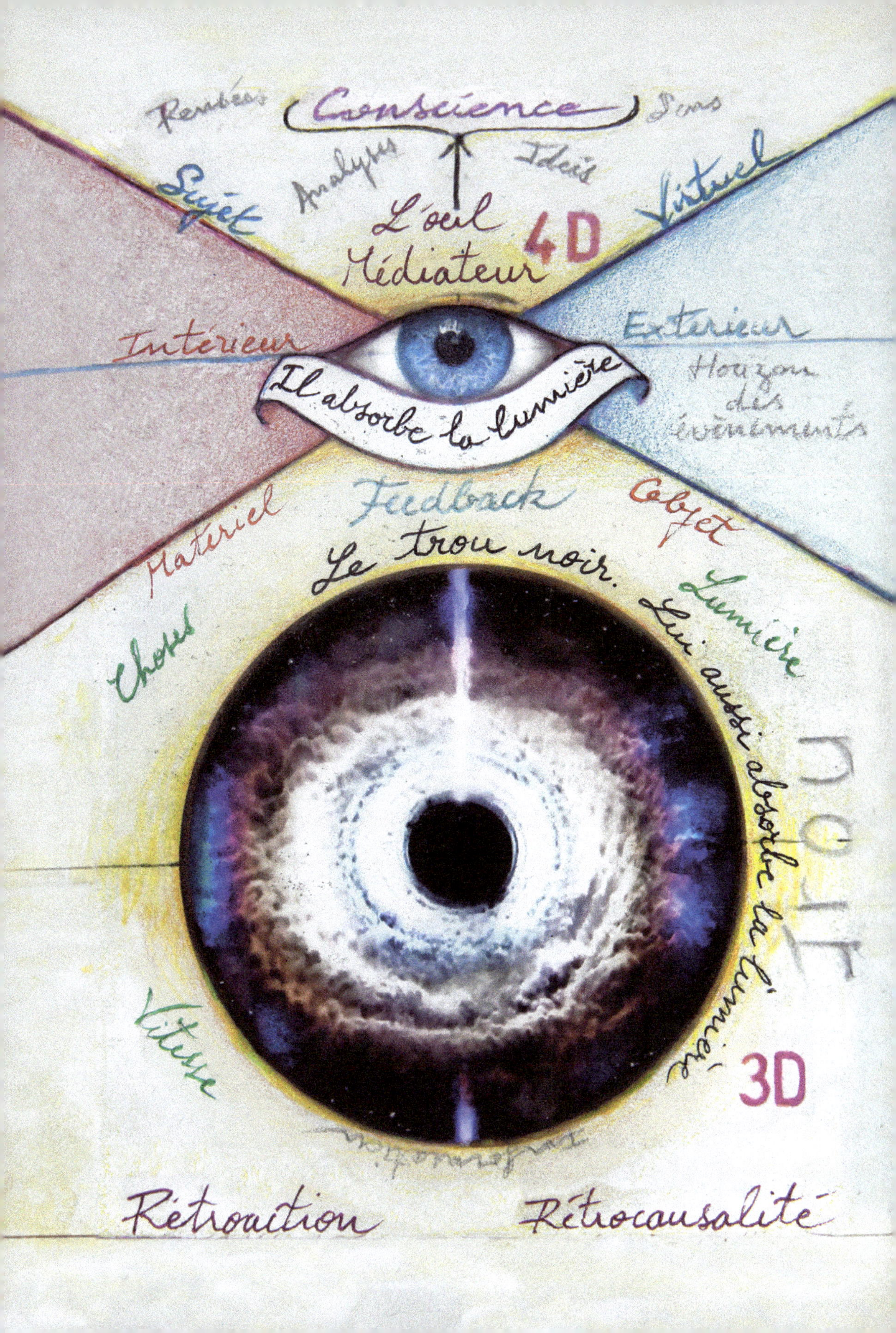
Pensées
Conscience
Sens
Analyses
Idées
Sujet
Virtuel
L'oeil
Médiateur
4D
Intérieur
Extérieur
Horizon
des
évènements
Il absorbe la lumière
Matériel
Feedback
Objet
Le trou noir. Lui aussi absorbe la lumière
Lumière
Choses
Vitesse
3D
Rétroaction
Rétrocausalité

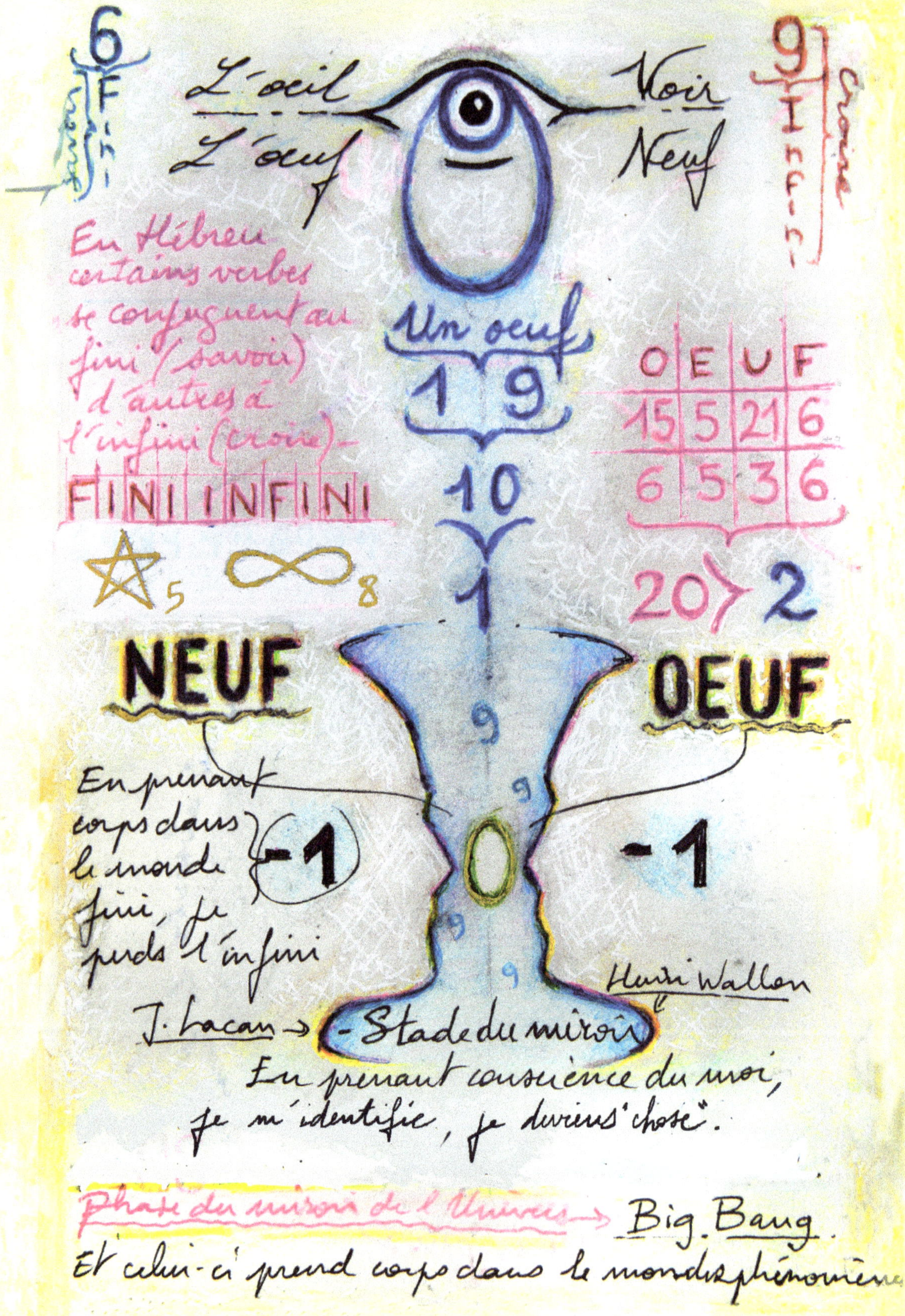
6
FINI
Savoir
L'oeil
L'oeuf
Voir
Neuf
9
INFINI
Croire
En Hébreu certains verbes se conjuguent au fini (savoir) d'autres à l'infini (croire).
FINI INFINI
Un oeuf
1 9
10
1
O E U F
15 5 21 6
6 5 3 6
20 > 2
5
8
NEUF
OEUF
En prenant corps dans le monde fini, je perds l'infini
-1
0
-1
9
Henri Wallon
J. Lacan → Stade du miroir
En prenant conscience du moi, je m'identifie, je deviens "chose".
Phase du miroir de l'Univers → Big Bang
Et celui-ci prend corps dans le monde phénoménal

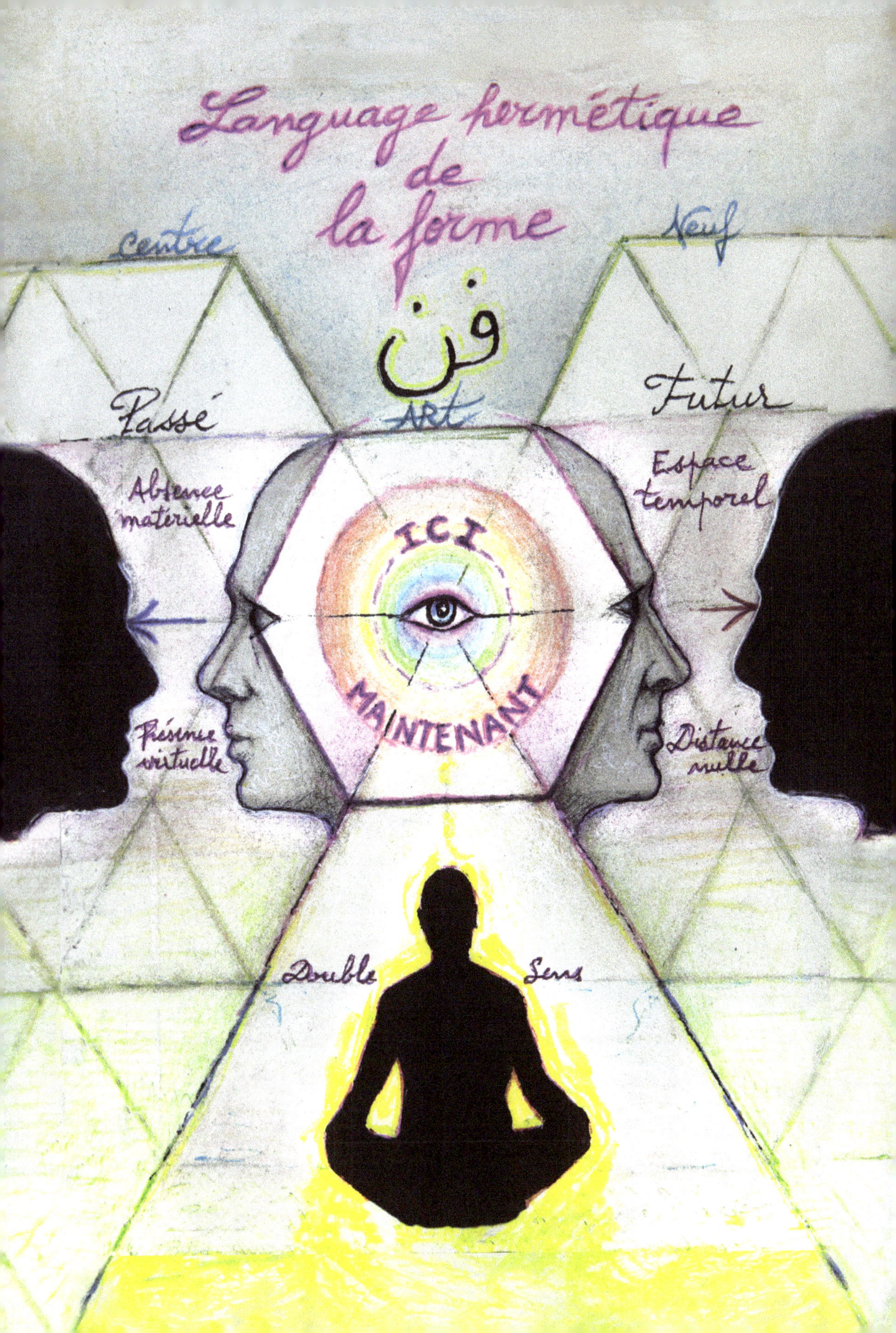
Language hermétique
de
la forme
فن
ART
centre
Neuf
Passé
Futur
Abtence matérielle
Espace temporel
ICI
MAINTENANT
Présence virtuelle
Distance nulle
Double
Sens

L'art est le language hermétique des formes.
Il ne devrait pas s'adresser aux "initiés"
en particulier, mais plutôt aux cœurs de
tous les hommes en quête de vérité.
Une réalisation purement conceptuelle
sollicite le mental, l'intellect (avant tout)
En revanche si l'idée se manifeste par
la forme, alors les sens seront conviés au
même titre que le mental.

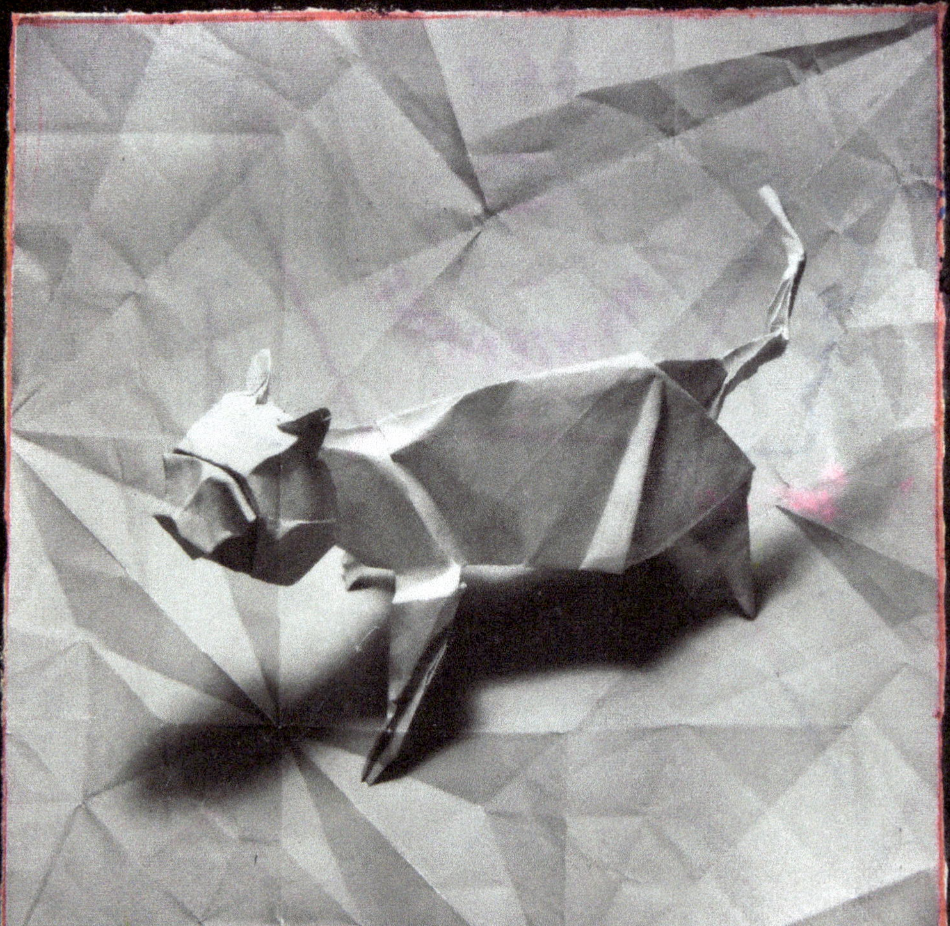

"Origami chat"

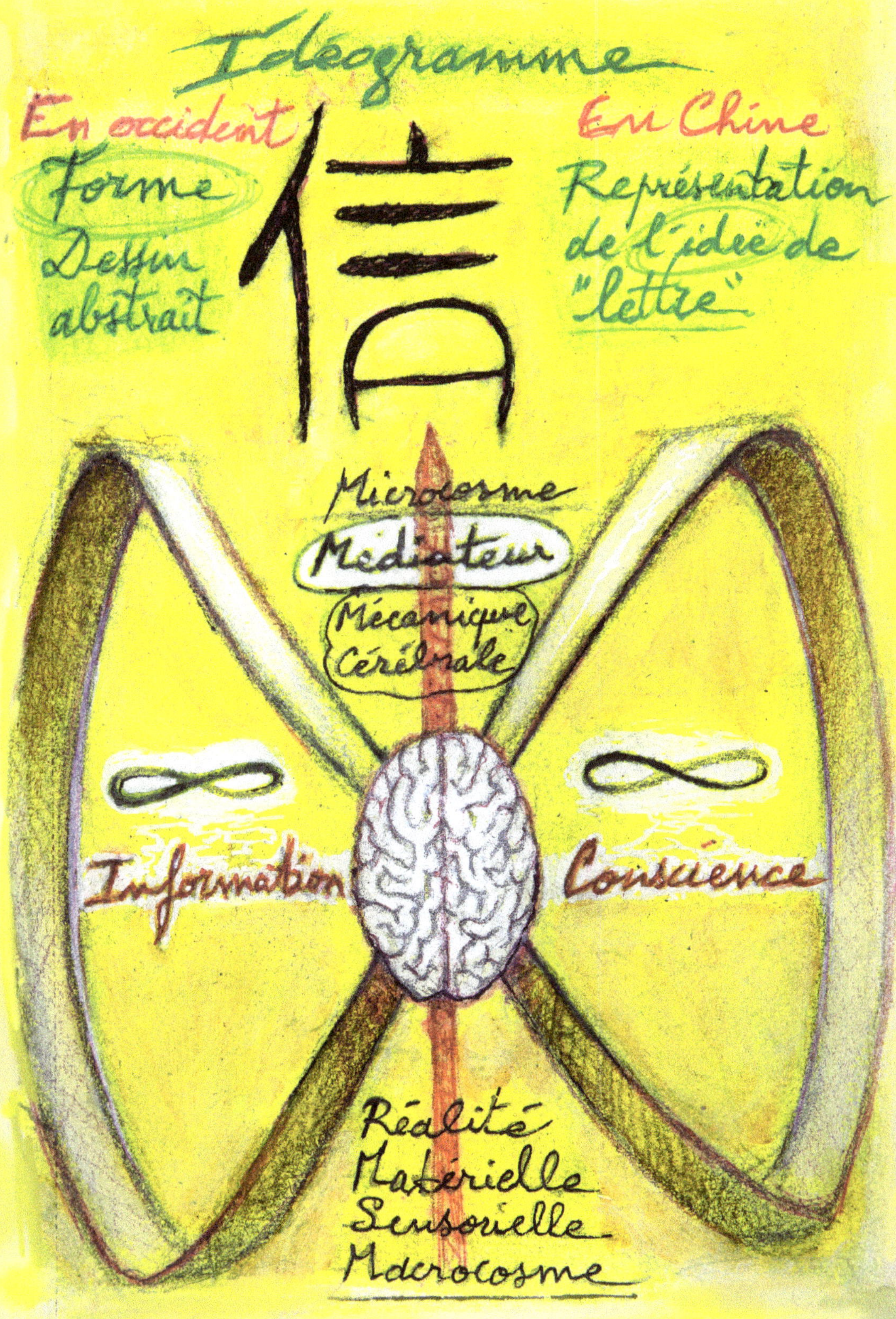
Idéogramme
En occident
Forme
Dessin
abstrait
信
En Chine
Représentation
de l'idée de
"lettre"
Microcosme
Médiateur
Mécanique
Cérébrale
Information
Conscience
Réalité
Matérielle
Sensorielle
Macrocosme

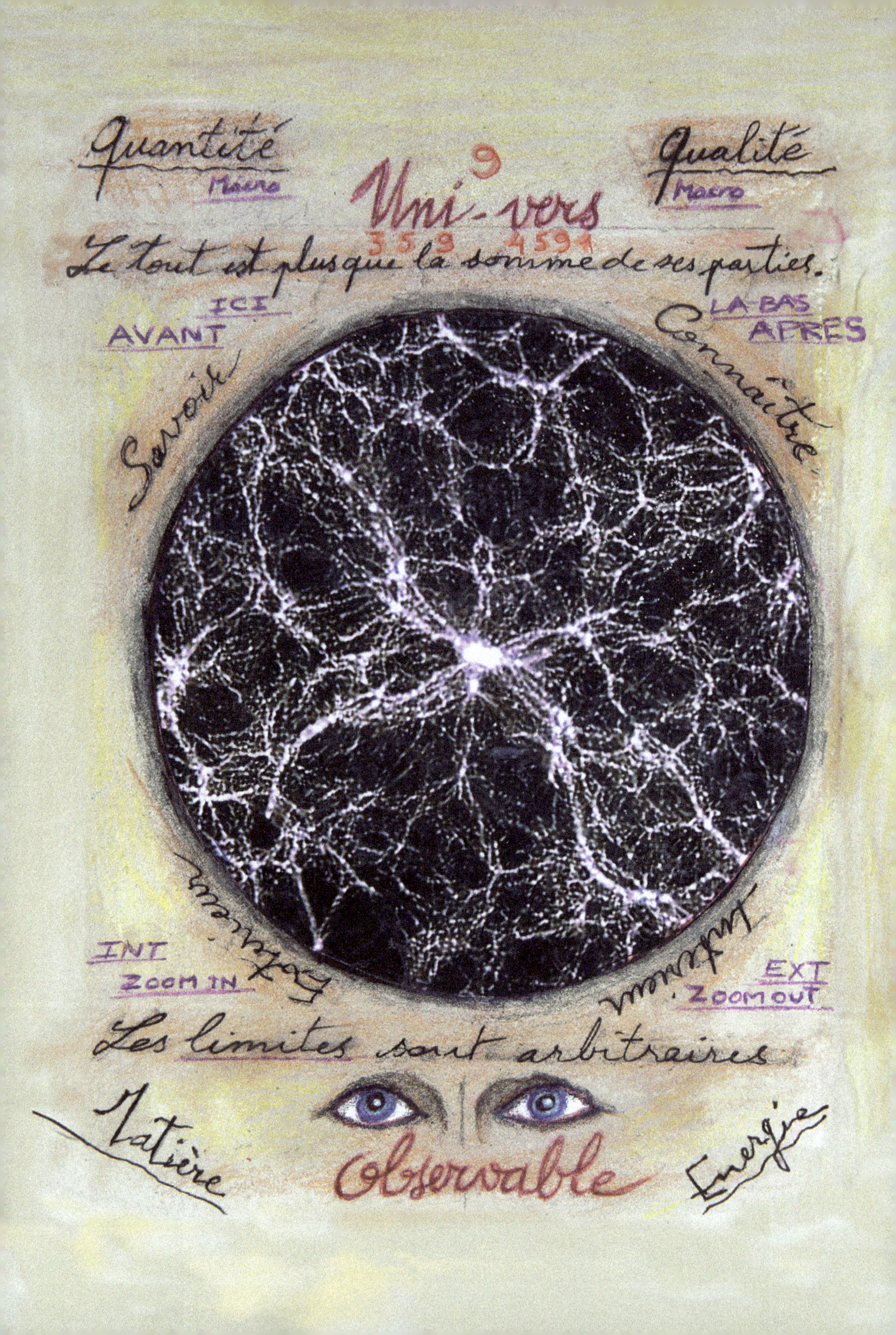
Quantité
Macro
Qualité
Macro
9
Uni-vers
359 4591
Le tout est plus que la somme de ses parties.
ICI
AVANT
LA-BAS
APRES
Savoir
Connaître
INT
ZOOM IN
EXT
ZOOM OUT
Les limites sont arbitraires
Matière
observable
Energie

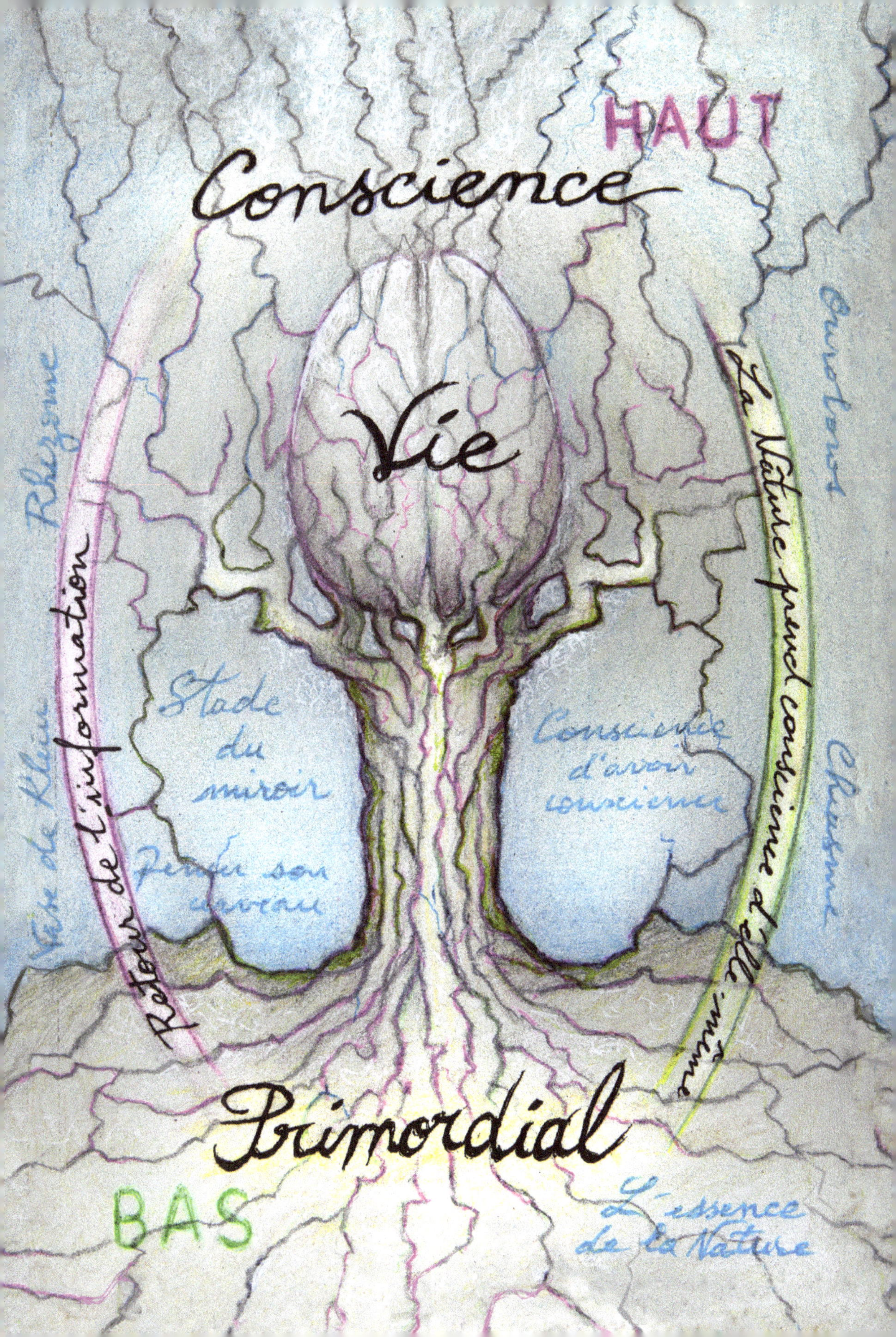
HAUT
Conscience
Vie
Primordial
BAS
Rhizome
Retour de l'information
Stade du miroir
Conscience d'avoir conscience
La Nature prend conscience d'elle-même
L'essence de la Nature

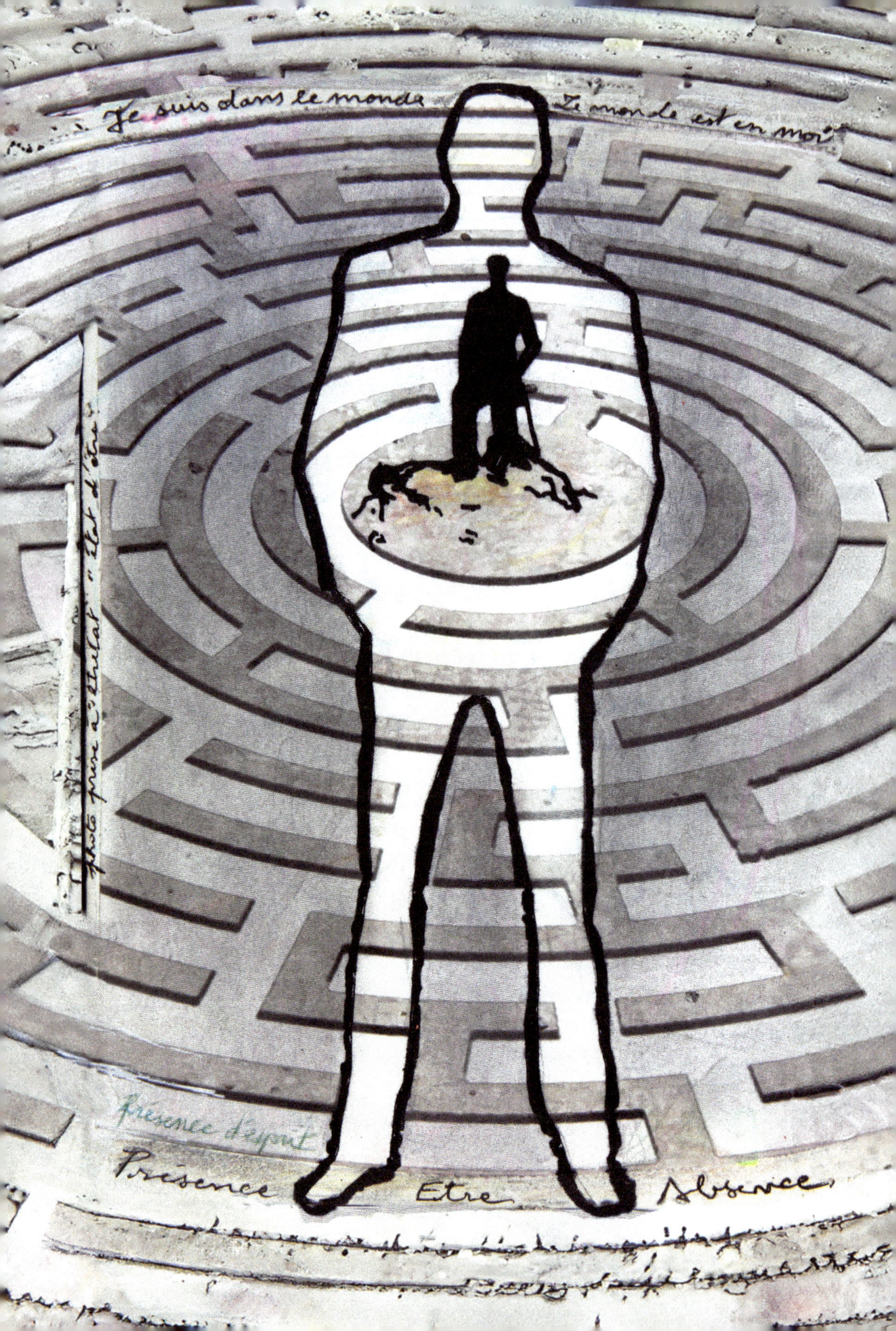

Je suis dans le monde
Le monde est en moi
Présence d'esprit
Présence
Etre
Absence

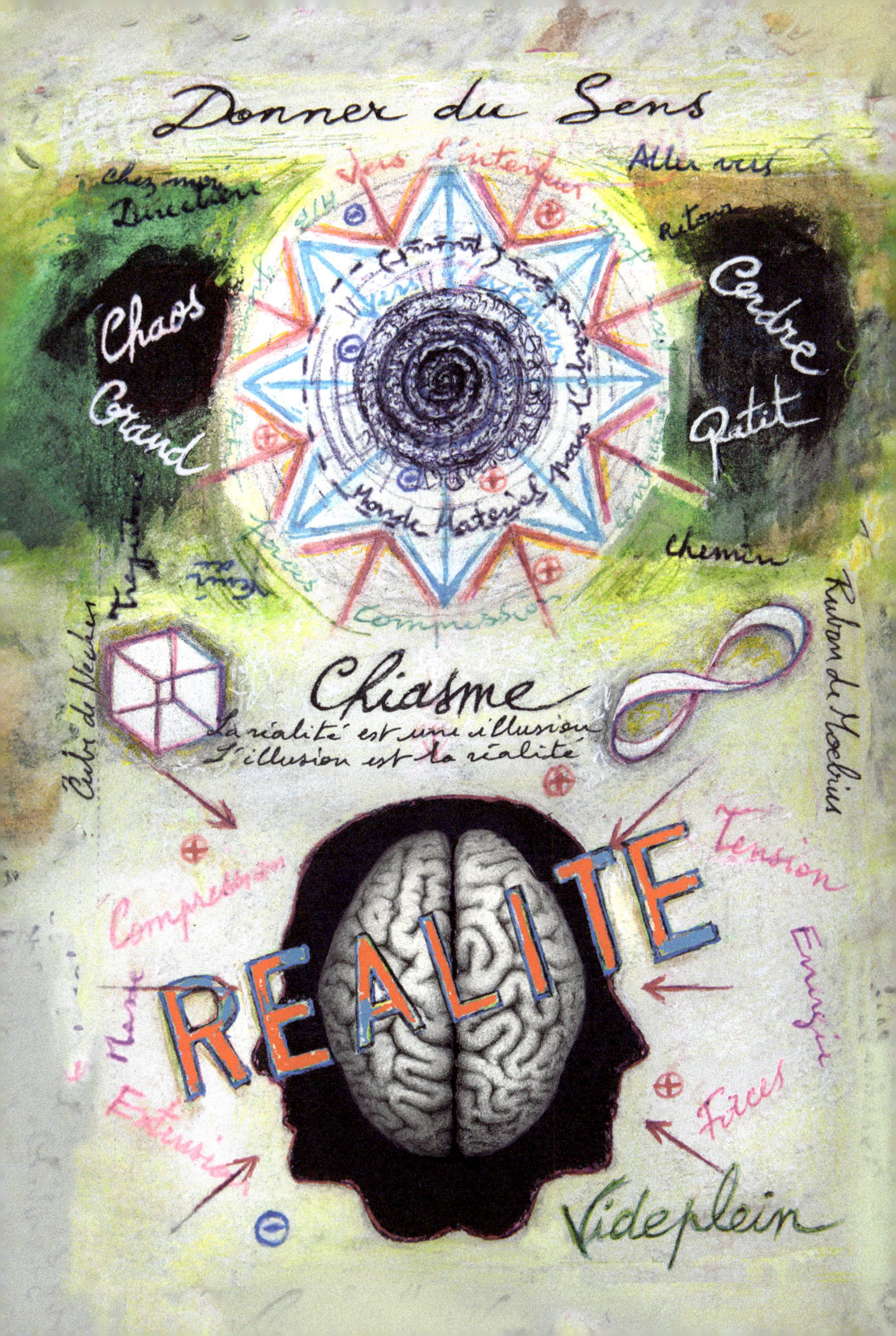
Donner du Sens
Chez moi
Direction
Vers l'intérieur
Aller vers
Retour
Chaos
Grand
Cendre
Petit
Monde Matériel
Chemin
Compression
Cube de Necker
Ruban de Moebius
Chiasme
La réalité est une illusion
L'illusion est la réalité
Tension
Compression
REALITE
Énergie
Masse
Forces
Extrusion
Videplein

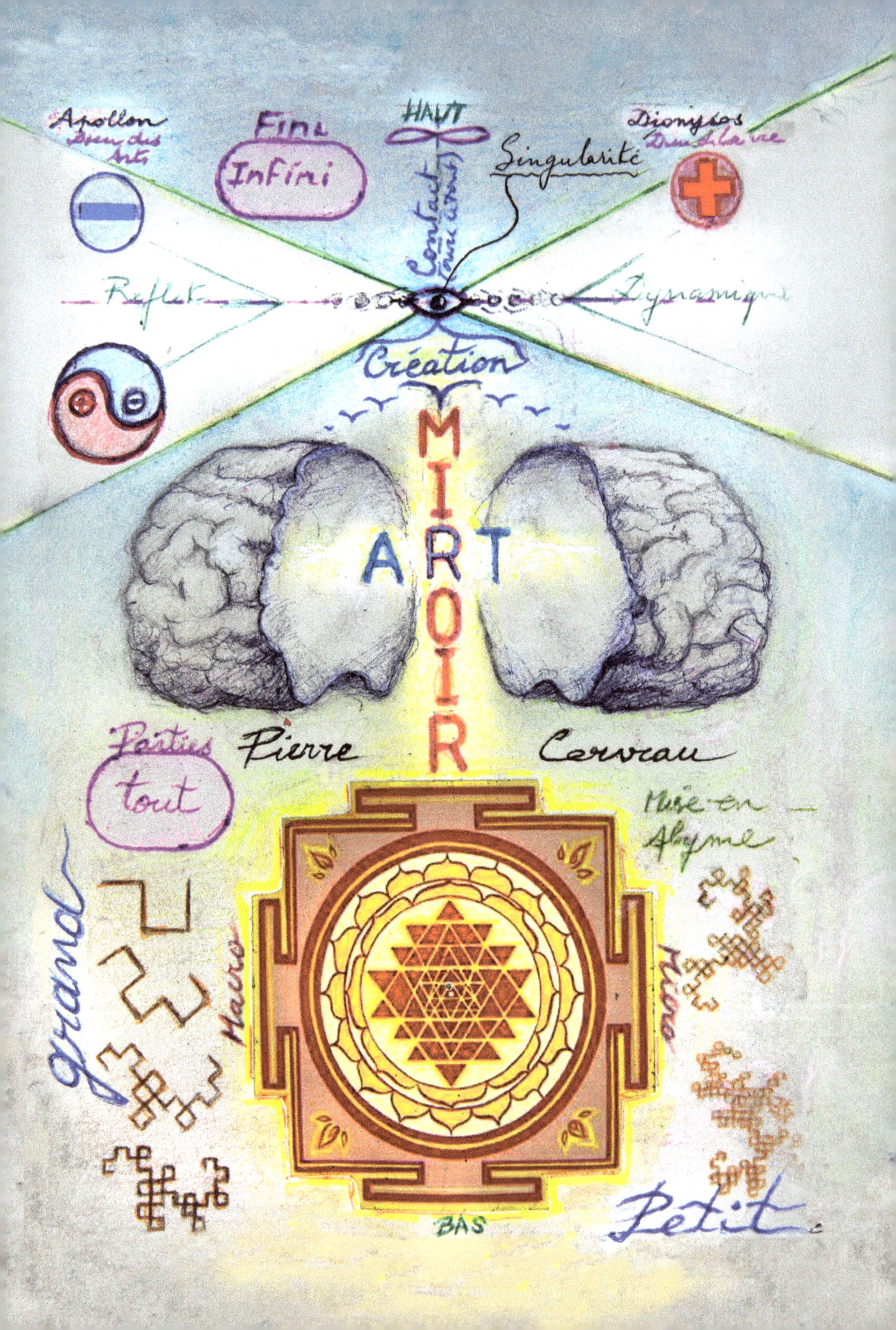
Apollon
Fini
Infini
HAUT
Contact
Singularité
Dionysos
Reflet
Dynamique
Création
MIROIR
ART
Parties
tout
Pierre
Cerveau
Mise en Abyme
Macro
Micro
grand
Petit
BAS

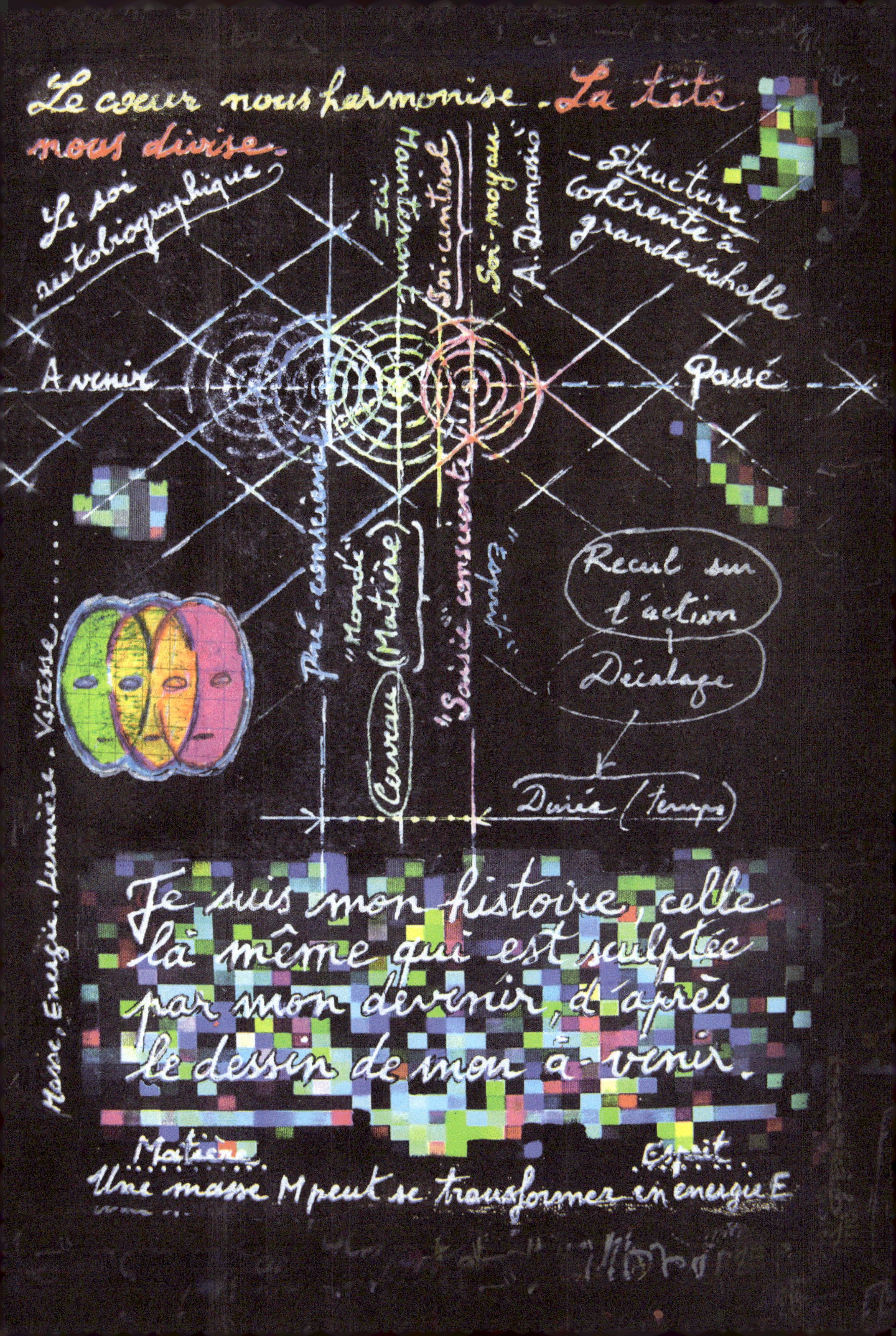
Le cœur nous harmonise. La tête nous divise.
Le soi autobiographique
Ici
Maintenant
Soi-central
A. Damasio
Structure cohérente à grande échelle
Avenir
Passé
Pré-conscience
"Monde" (Matière)
Cerveau
"Saisie consciente"
Recul sur l'action
Décalage
Durée (temps)
Masse, Energie, Lumière, Vitesse ....
Je suis mon histoire, celle là même qui est sculptée par mon devenir, d'après le dessin de mon à-venir.
Matière
Esprit
Une masse M peut se transformer en energie E

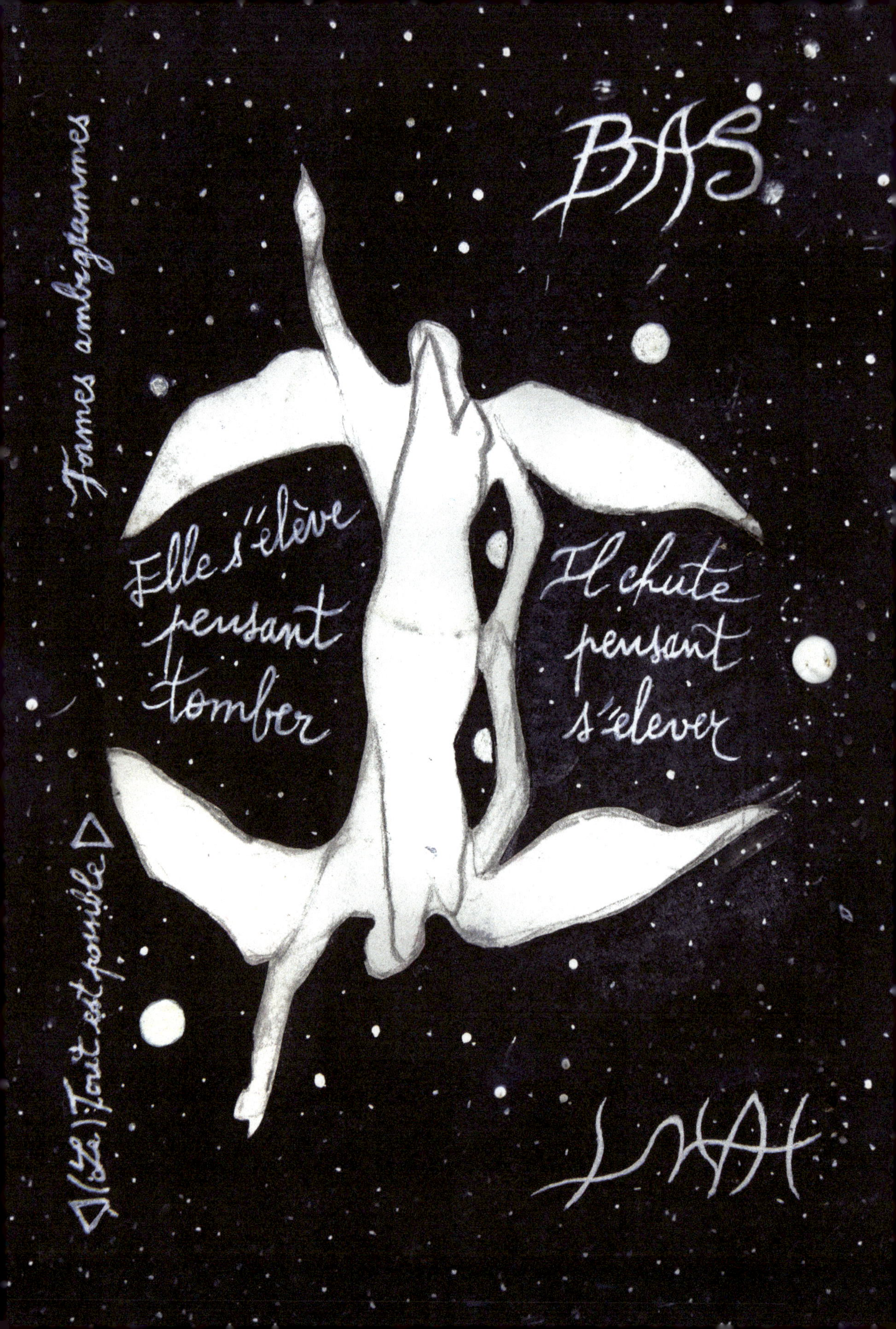

BAS
Formes ambigrammes
Elle s'élève pensant tomber
Il chute pensant s'élever
Tout est possible
HAUT

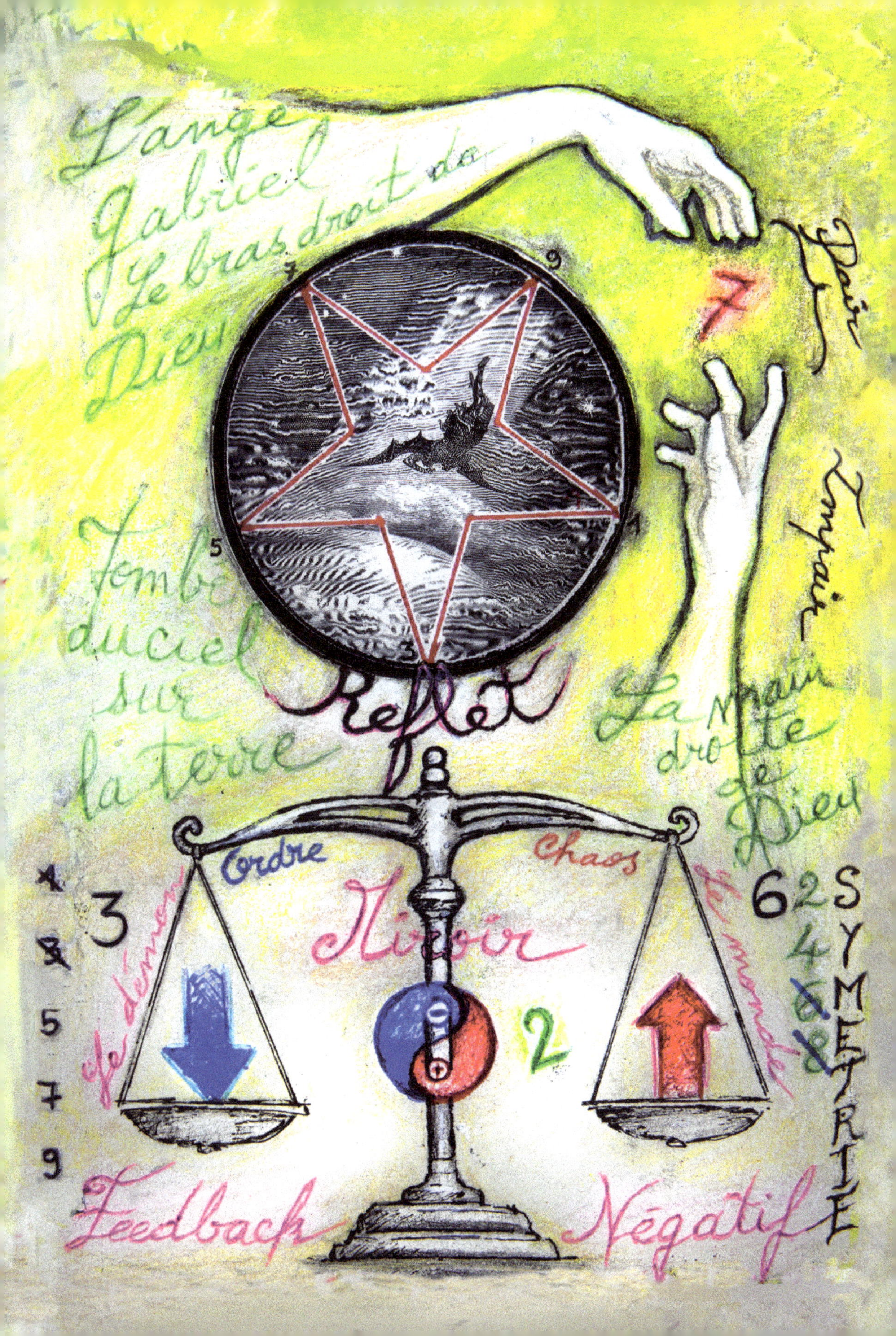
L'ange Gabriel
Le bras droit de Dieu
Pair
7
Impair
Tombé du ciel sur la terre
Reflet
La main droite de Dieu
Ordre
Chaos
Le démon
Le monde
Miroir
3
6
2
SYMETRIE
Feedback
Négatif

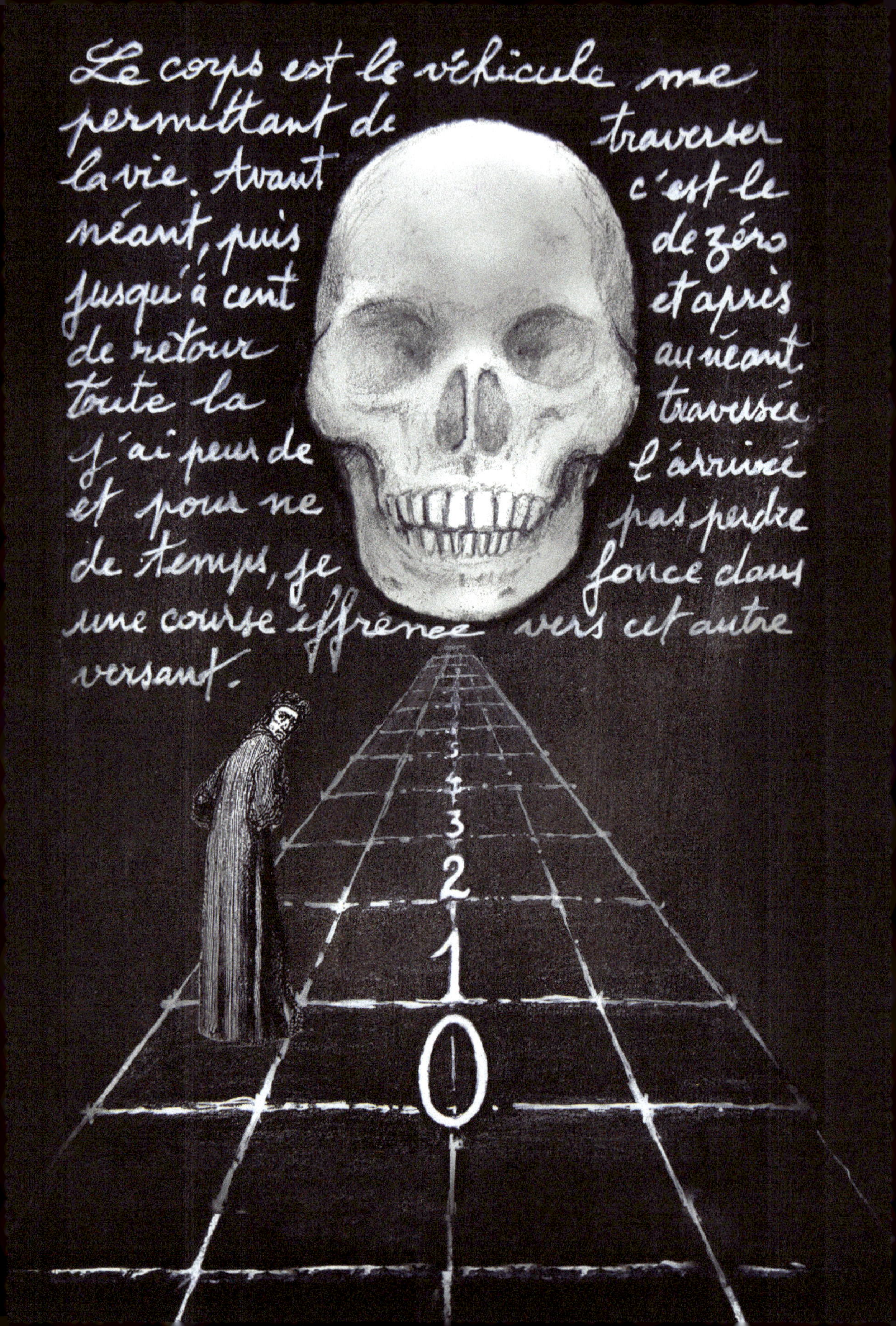
Le corps est le véhicule me
permittant de traverser
la vie. Avant c'est le
néant, puis de zéro
jusqu'à cent et après
de retour au néant.
Toute la traversée
j'ai peur de l'arrivée
et pour ne pas perdre
de temps, je fonce dans
une course effrénée vers cet autre
versant.
5
4
3
2
1
0

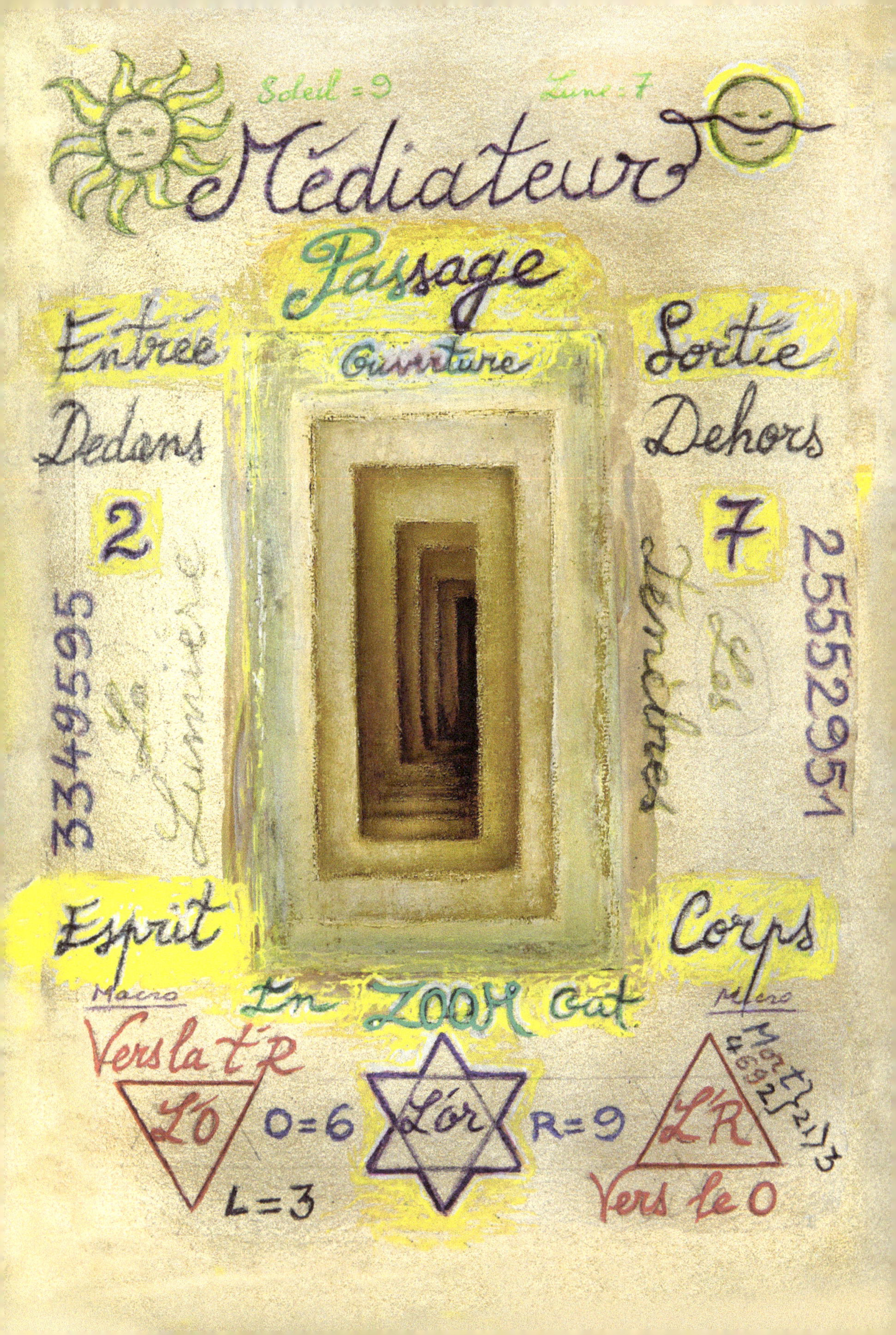
Soleil = 9
Lune : 7
Médiateur
Passage
Entrée
Ouverture
Sortie
Dedans
Dehors
2
7
33495595
La Lumière
Les Ténèbres
25552951
Esprit
Corps
Macro
In ZOOM out
Micro
Vers la t'R
Mort
4692
2173
L'O
O=6
L'or
R=9
L'R
L=3
Vers le O

Presque la vitesse de la lumière.
L'ordre et Chaos. Micro, Macro (zoom in/out)
Temps, espace - Auto-générescence...

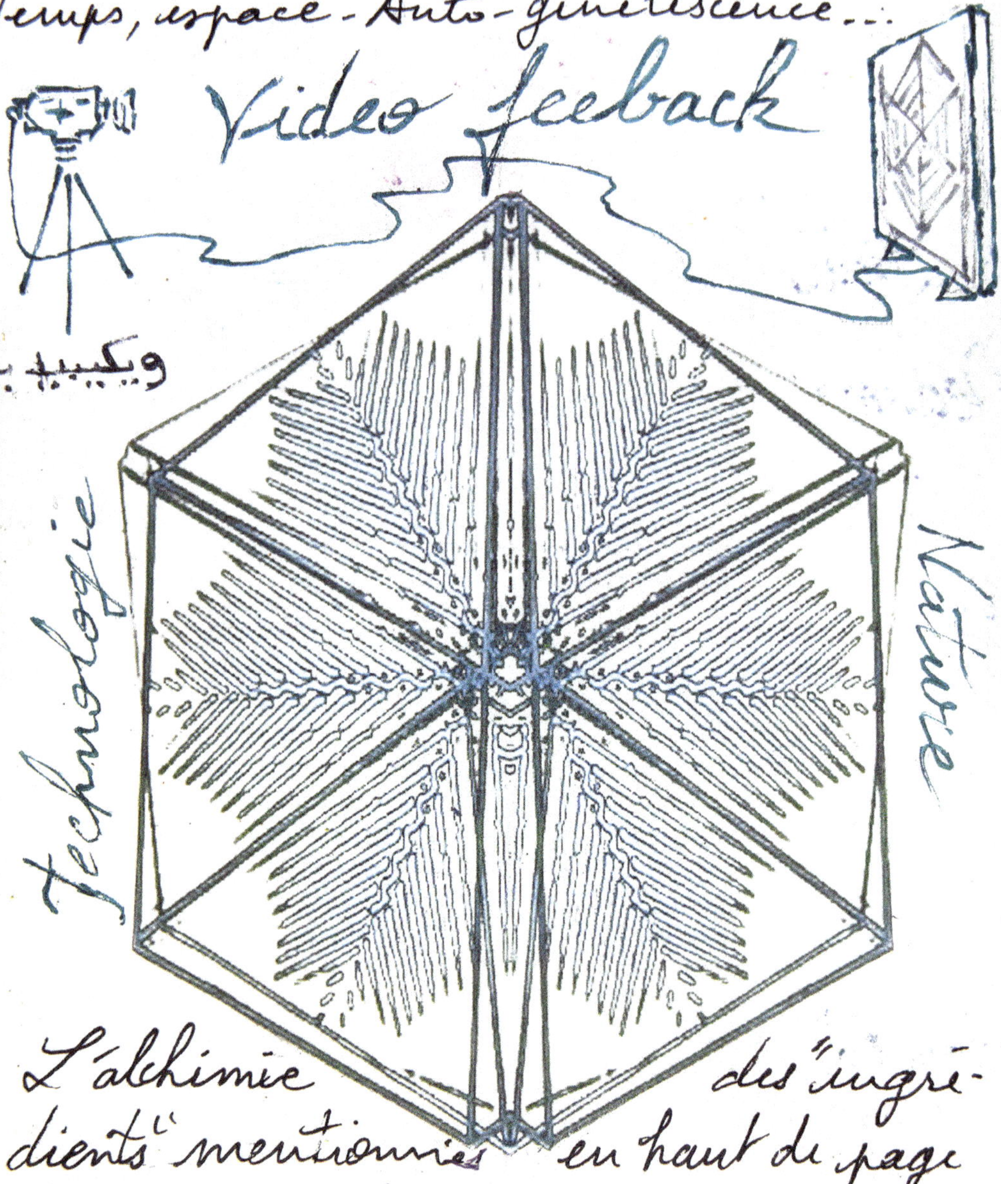

L'alchimie des "ingrédients" mentionnés en haut de page contribuent à l'émergence de la forme organique au centre de l'écran. (En ref à la page de droite) celle-ci naît dans le 9.

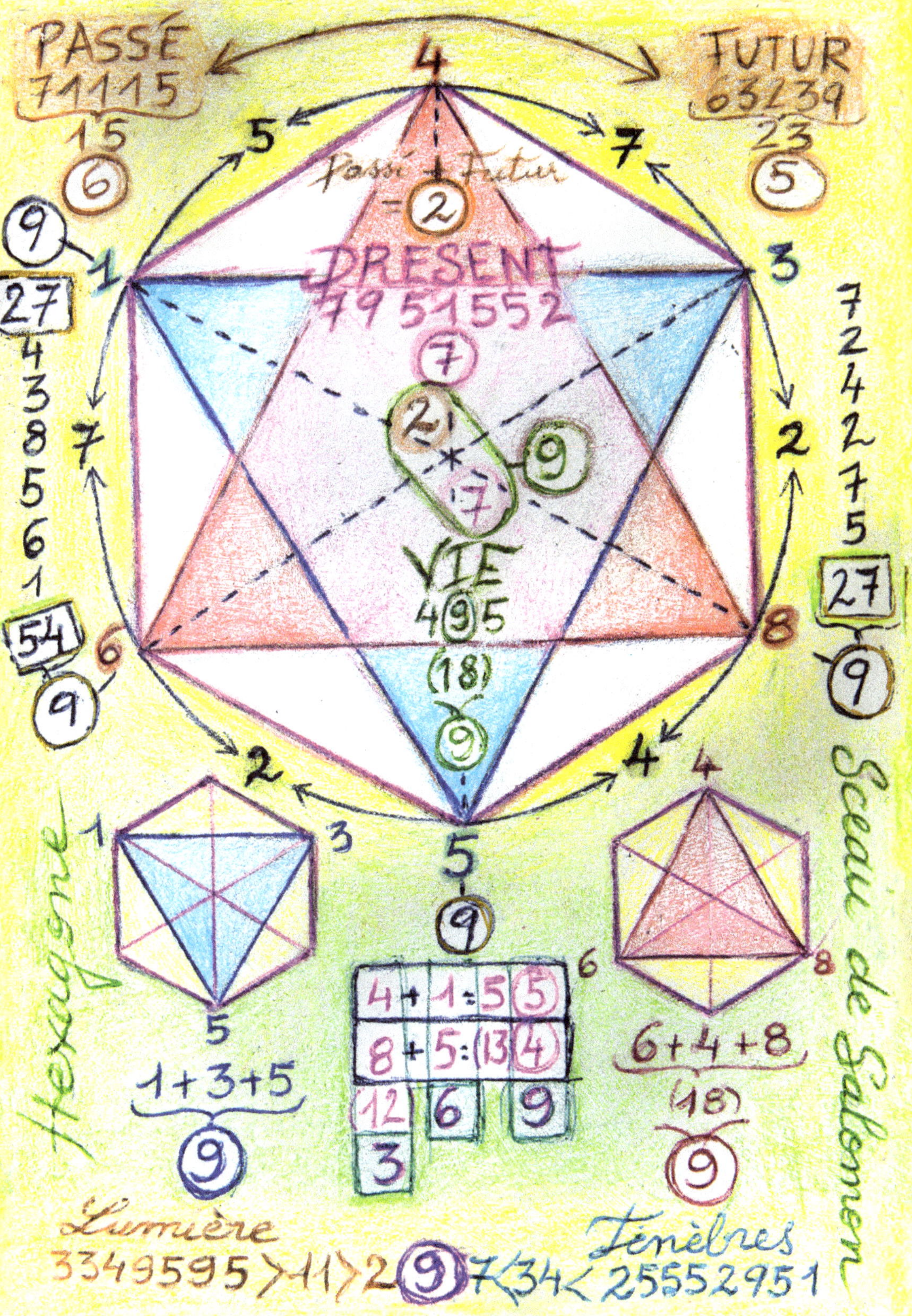
PASSÉ
71115
15
6
FUTUR
63239
23
5
Passé + Futur
= 2
PRESENT
7951552
7
VIE
495
(18)
9
Hexagone
1+3+5
9
Sceau de Salomon
6+4+8
(18)
9
4+1=5 5
8+5=13 4
12 6 9
3
Lumière
Ténèbres
3349595 >41> 2 9 7 <34< 25552951

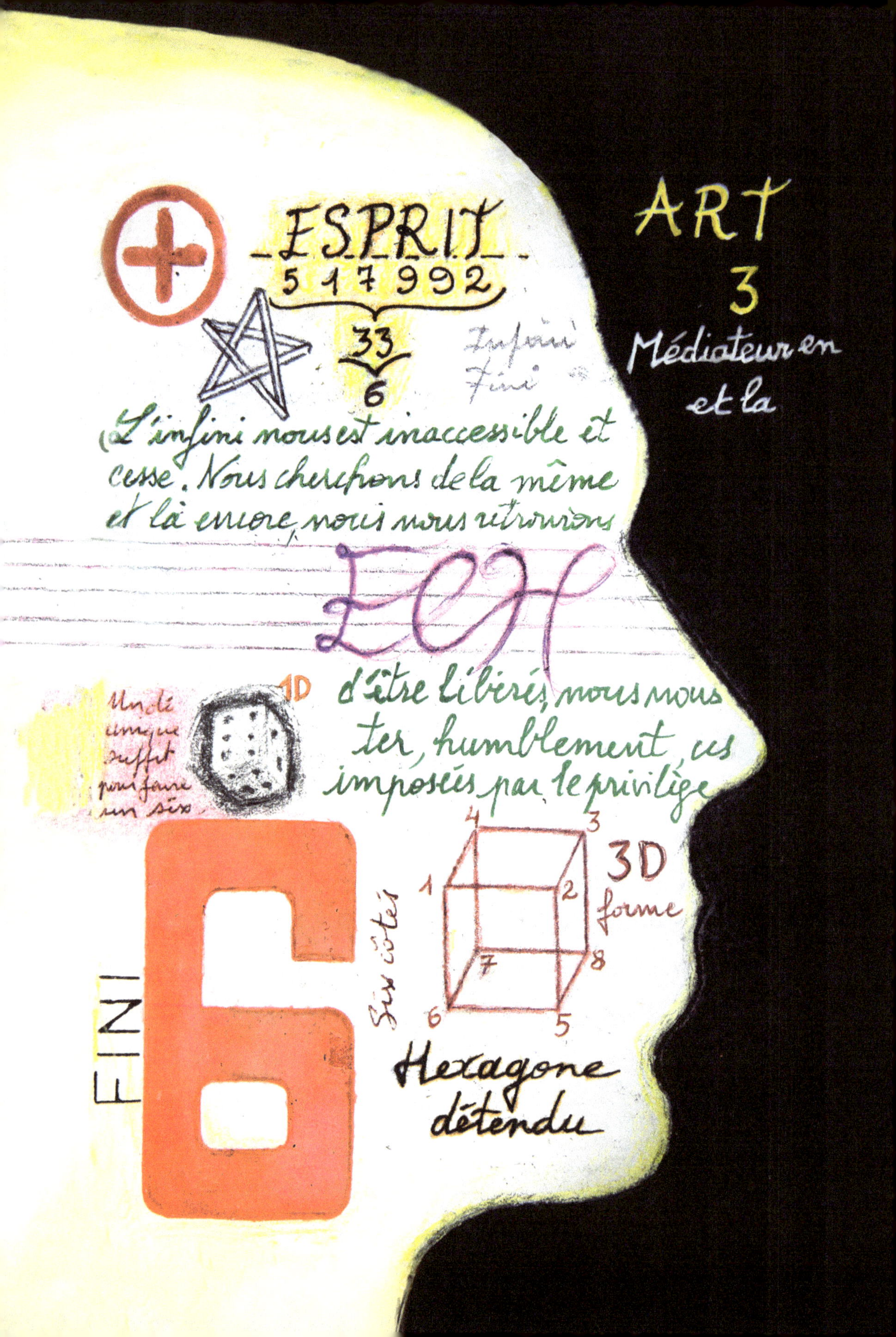
ART
3
Médiateur en
et la
ESPRIT
517992
33
6
Infini
Fini
L'infini nous est inaccessible et
cesse. Nous cherchons de la même
et là encore, nous nous retrouvons
1D
d'être libérés, nous nous
ter, humblement, ces
imposées par le privilège
Un dé
unique
suffit
pour faire
un six
4
3
3D
1
2
forme
7
8
6
5
Six côtés
FINI
6
Hexagone
détendu

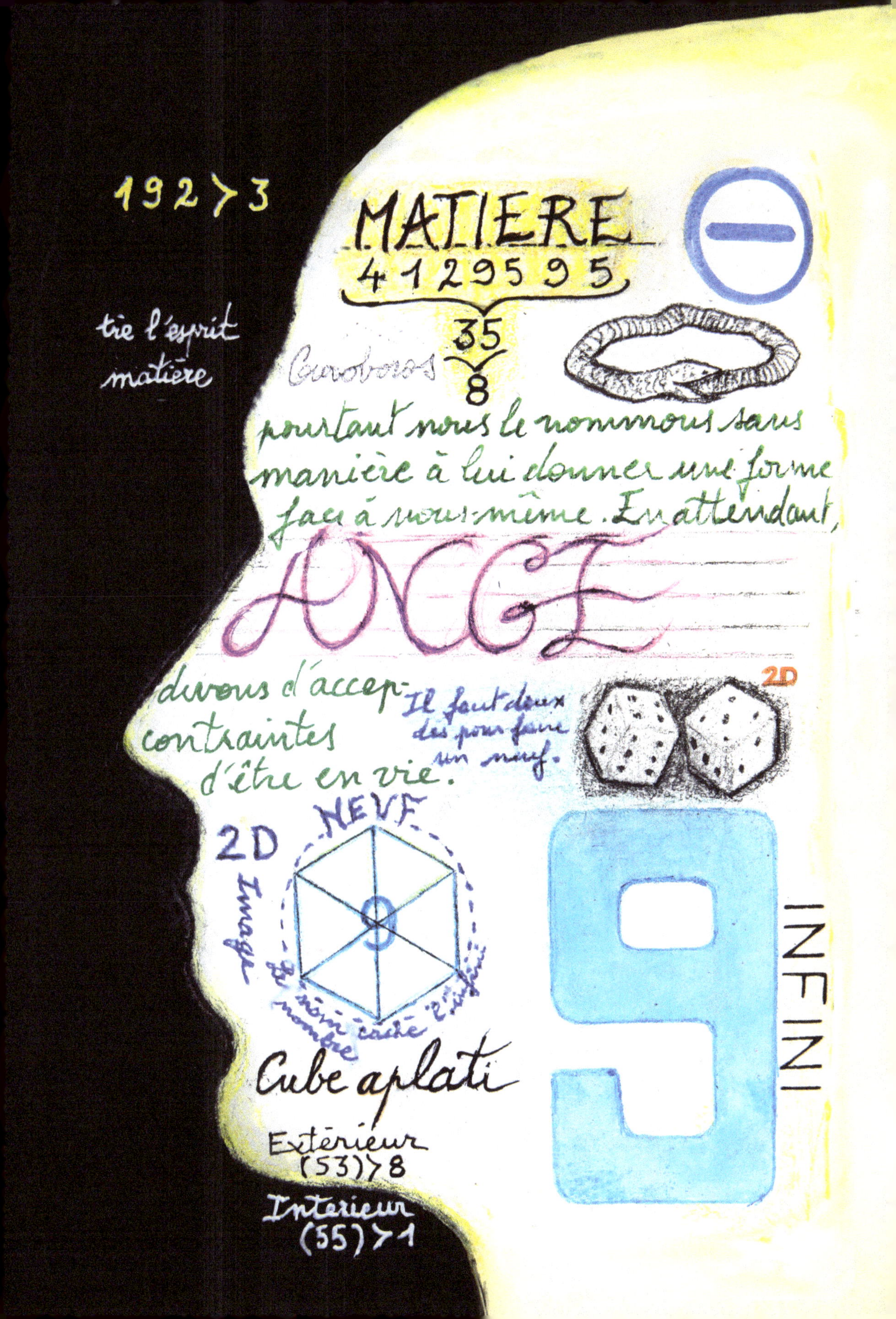

19273
MATIERE
4129595
35
8
tie l'esprit
matière
Ouroboros
pourtant nous le nommons sans
manière à lui donner une forme
face à nous-même. En attendant,
ANGE
devons d'accep-
contraintes
d'être en vie.
Il faut deux
dés pour faire
un neuf.
2D
NEUF
2D
Image
9
INFINI
Cube aplati
Extérieur
(53)78
Interieur
(55)71

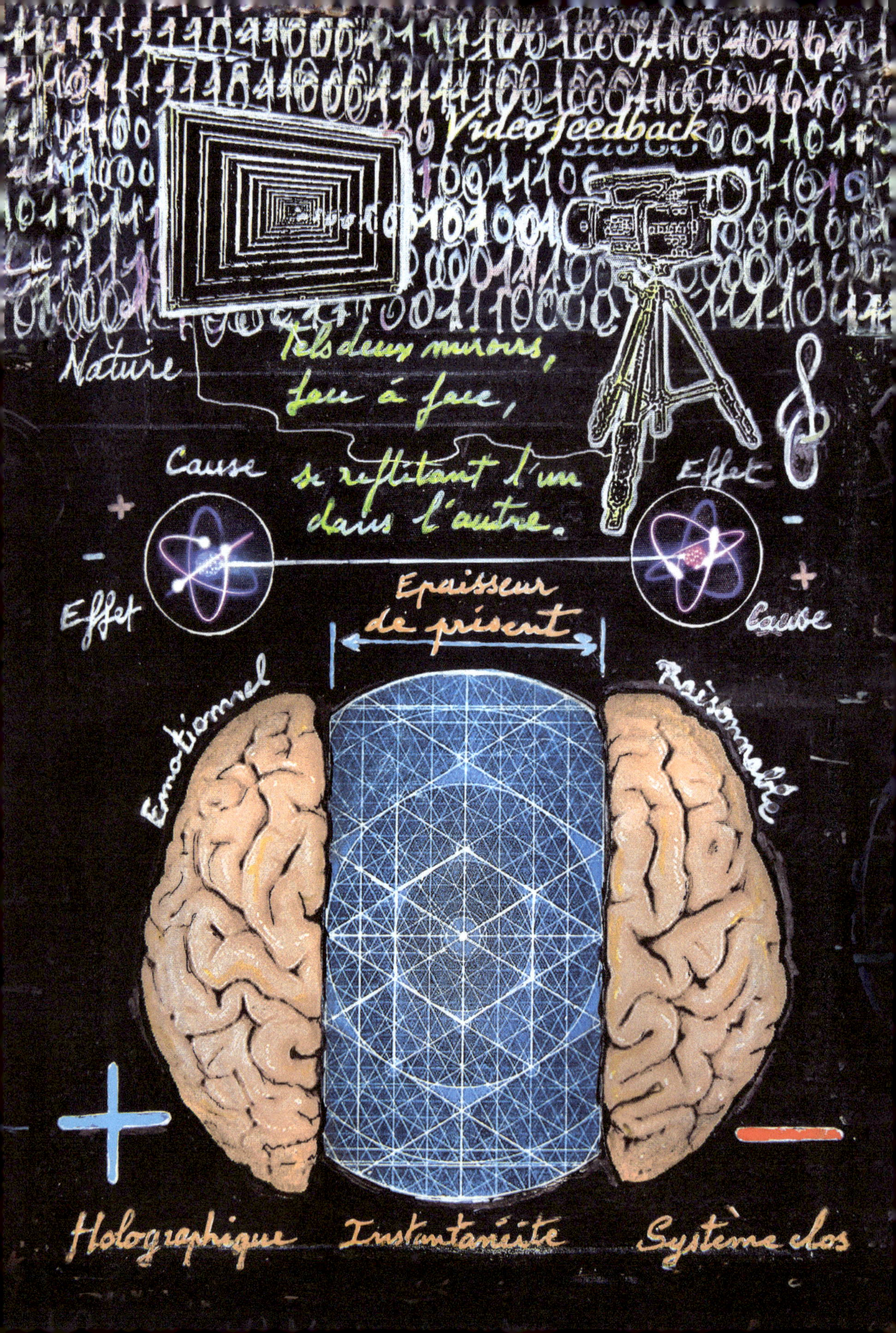
Video feedback
Nature
Tels deux miroirs,
face à face,
se reflétant l'un
dans l'autre.
Cause
Effet
+
-
Effet
Cause
Epaisseur
de présent
Emotionnel
Raisonnable
Holographique
Instantanéité
Système clos

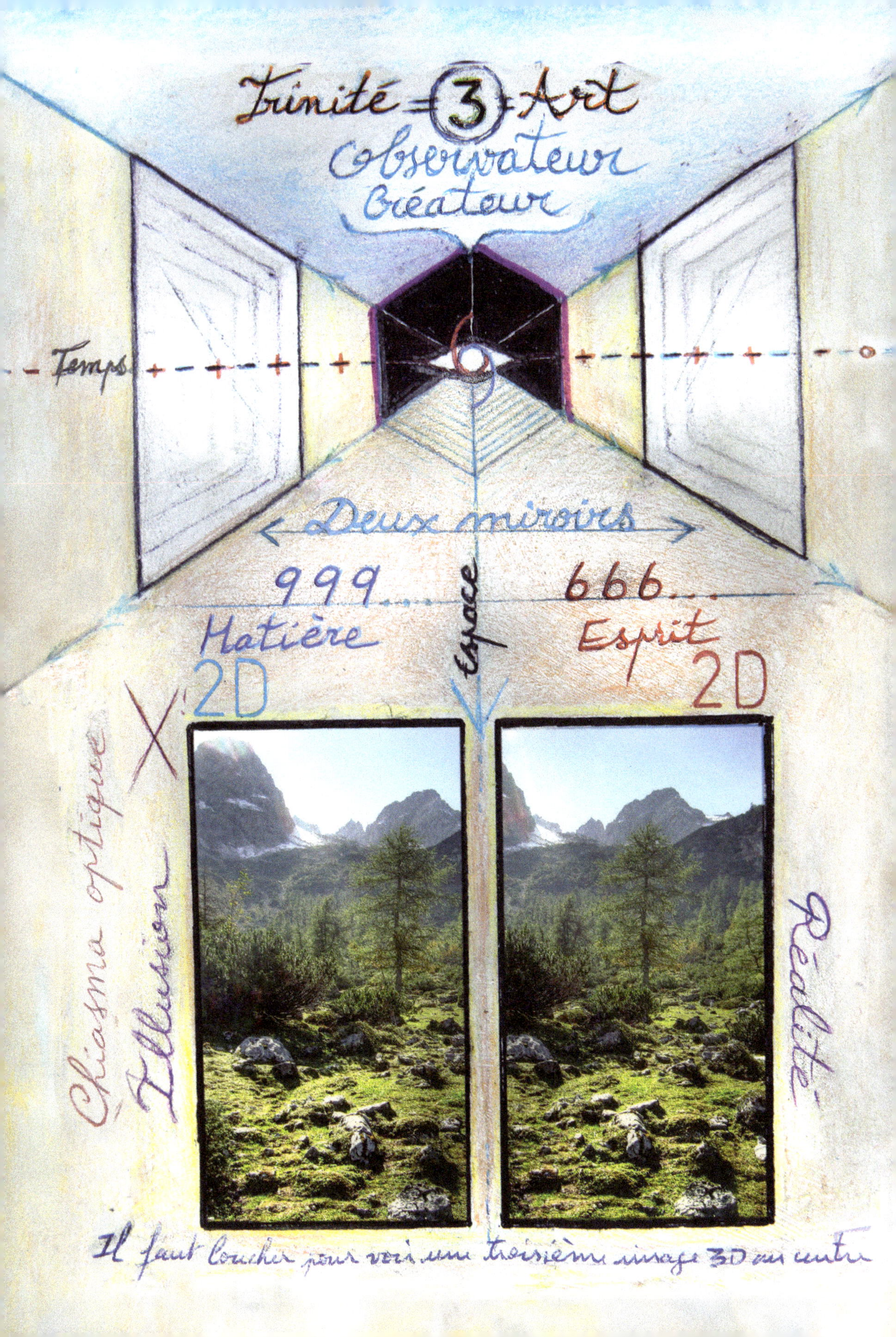

Trinité = 3 = Art
Observateur
Créateur
Temps
Deux miroirs
999...
666...
Espace
Matière
Esprit
2D
2D
X
Chiasma optique
Illusion
Réalité
Il faut loucher pour voir une troisième image 3D au centre

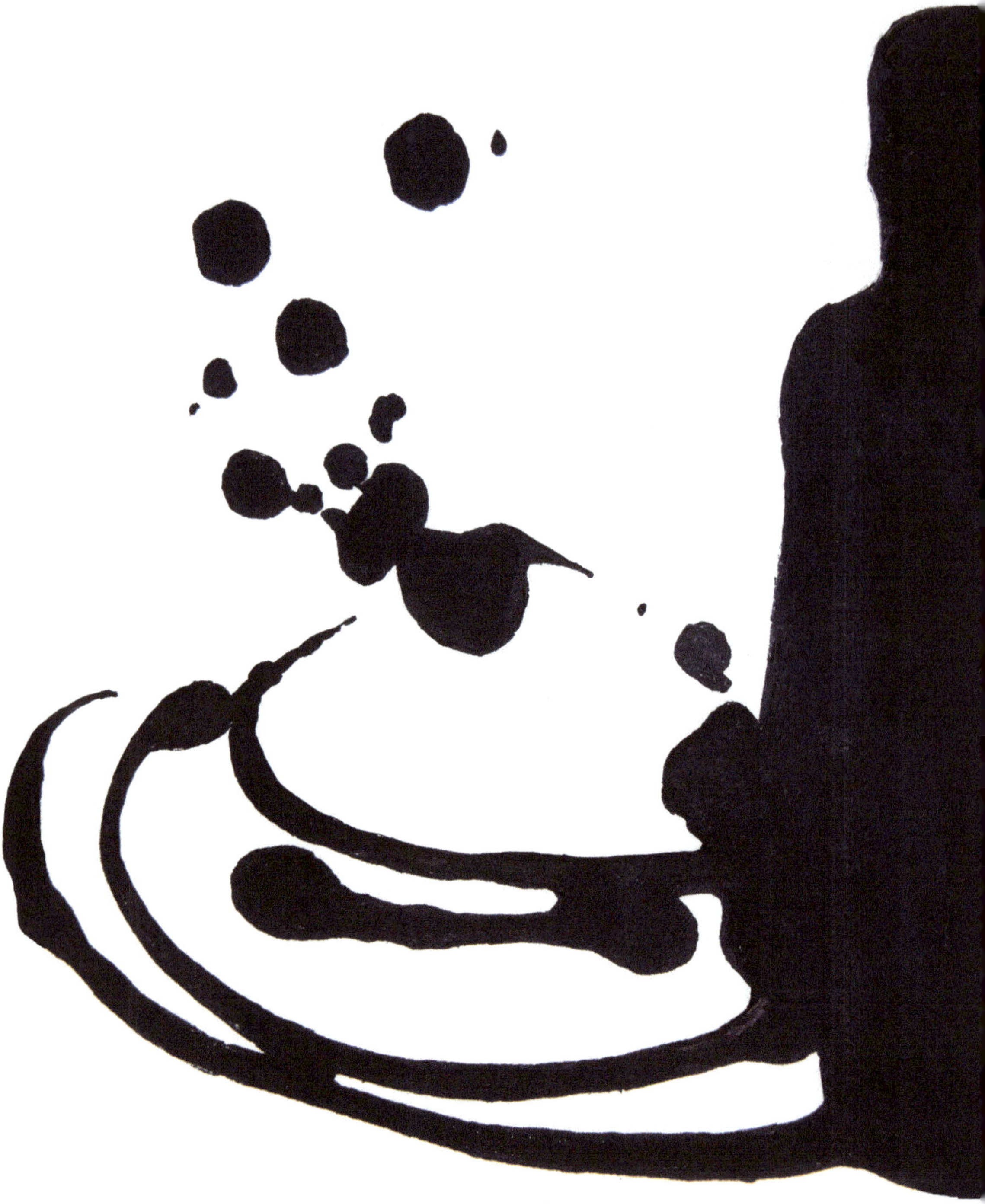

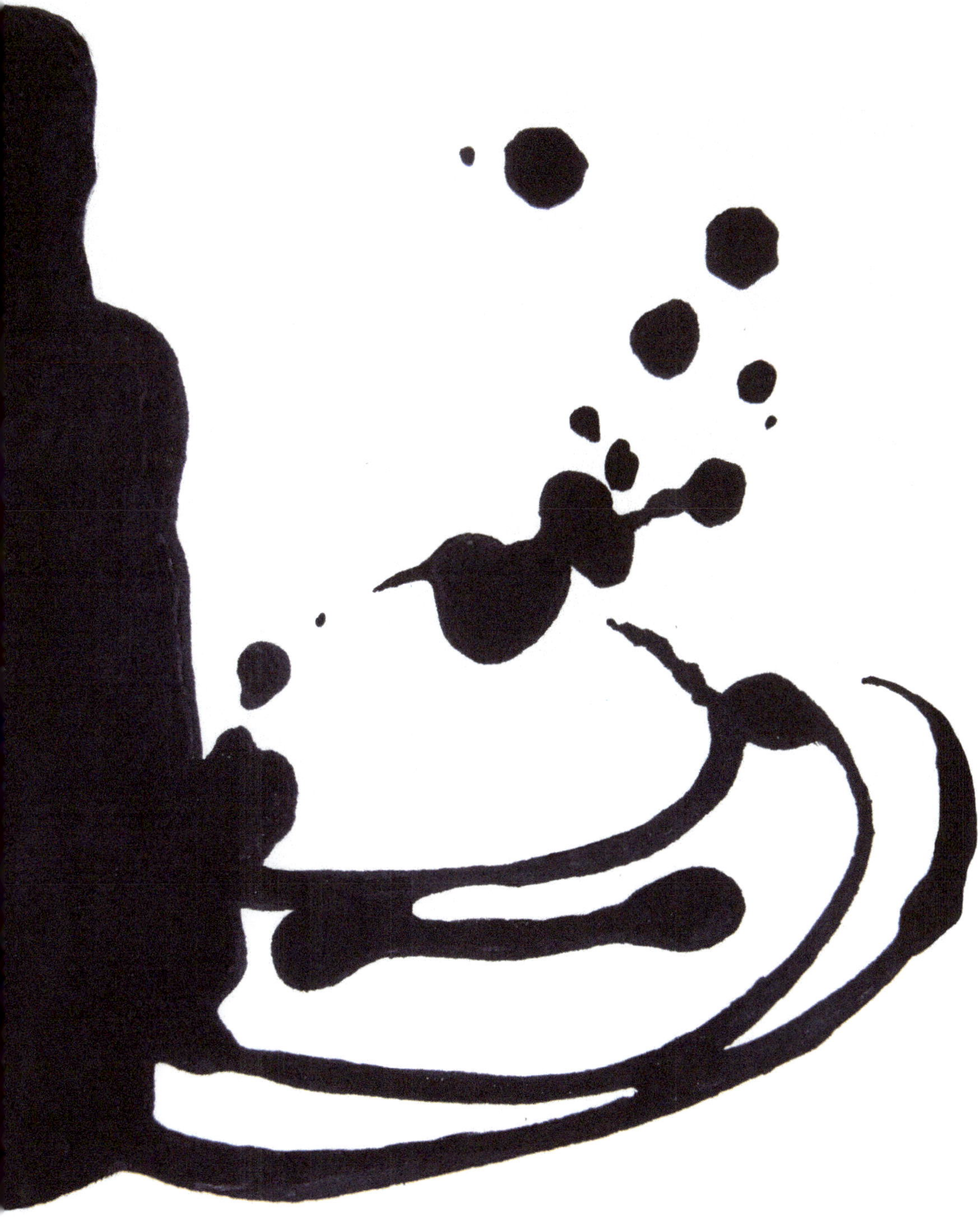

L'Un ne peut exister sans l'autre

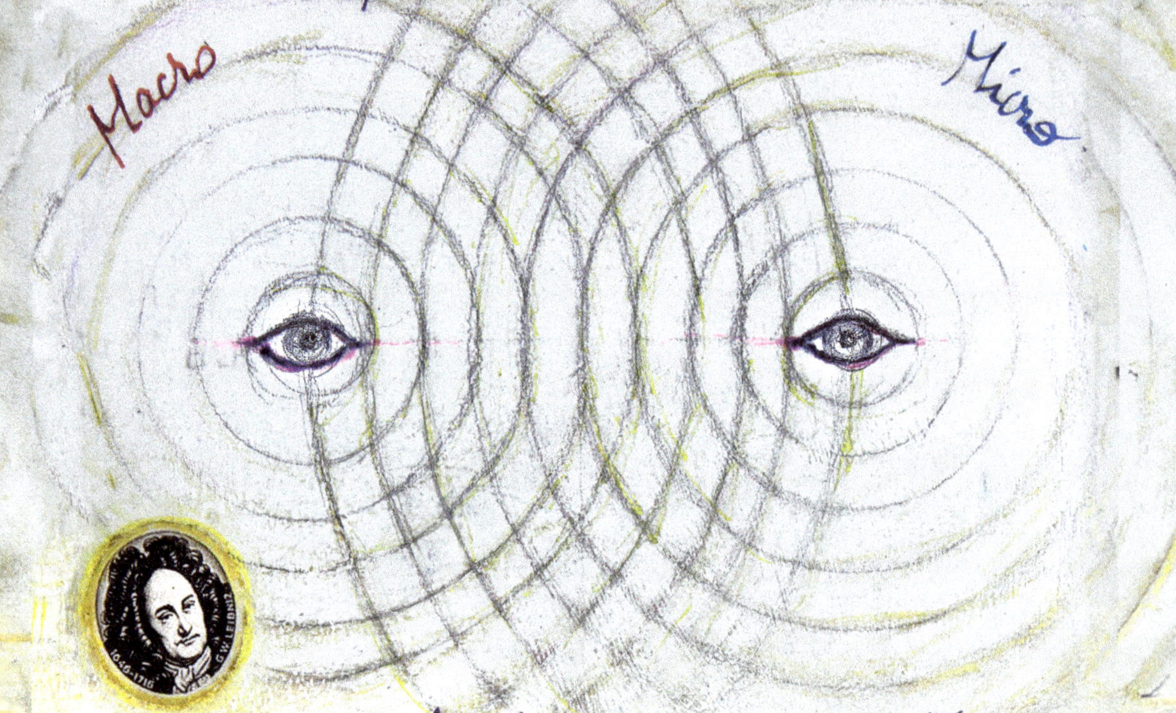

En s'ouvrant, l'oeil (le zéro) devient l'Un - Mais par sa réflexion (conscience), à présent ils sont deux. Un regardeur, un regardé et vice versa. L'un, divisé en multiple, fait naître le temps et l'espace. Chaque oeil émergeant engendre un nouveau regard. L'Univers se structure en se reflétant en lui-même à l'infini. Tel un Kaleidoscope, cette mise en abyme engendrera constamment du nouveau

mais jamais du neuf

010101010101010101010101

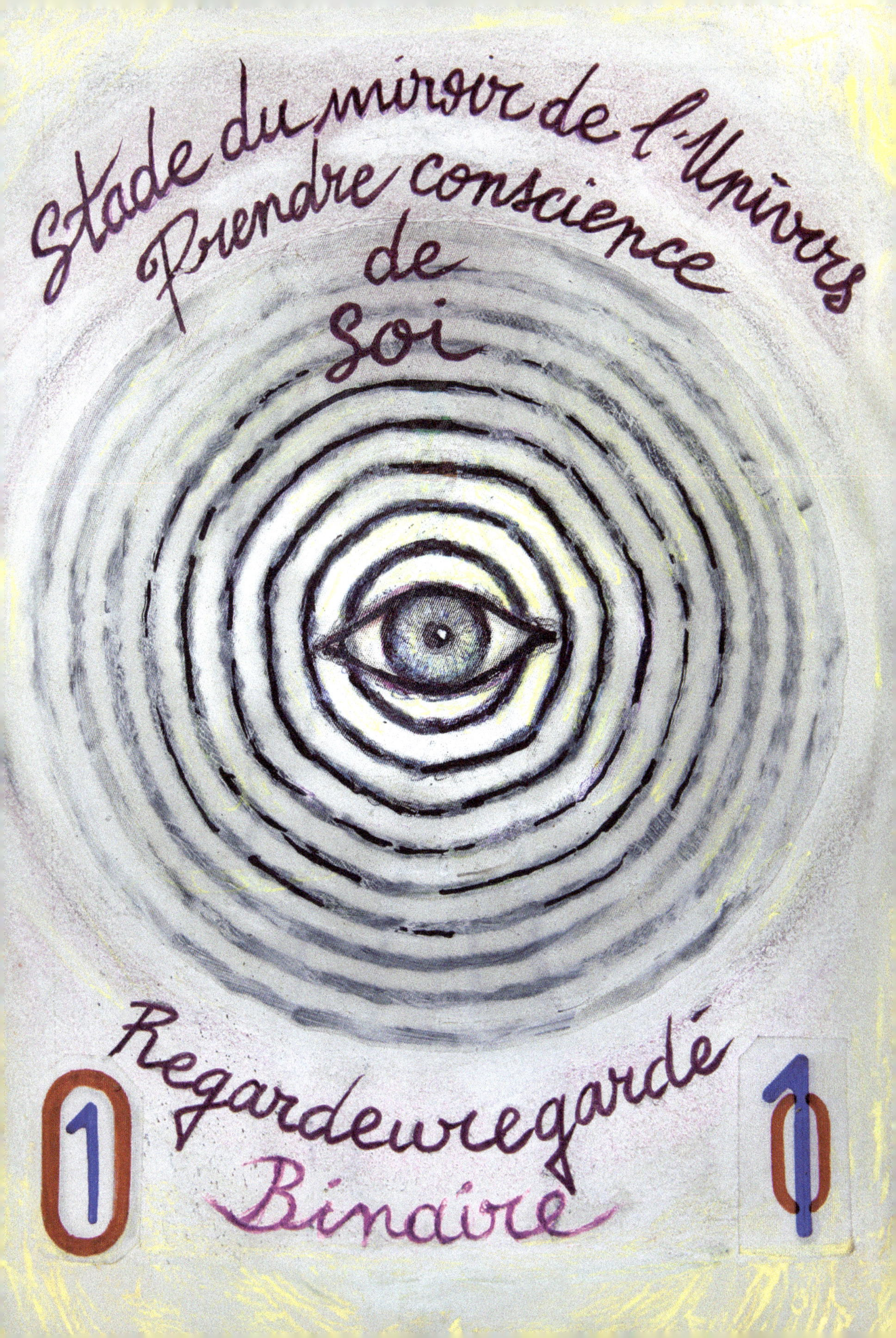

Stade du miroir de l'Univers
Prendre conscience
de
soi
Regardeurregardé
Binaire
1
0
1
0

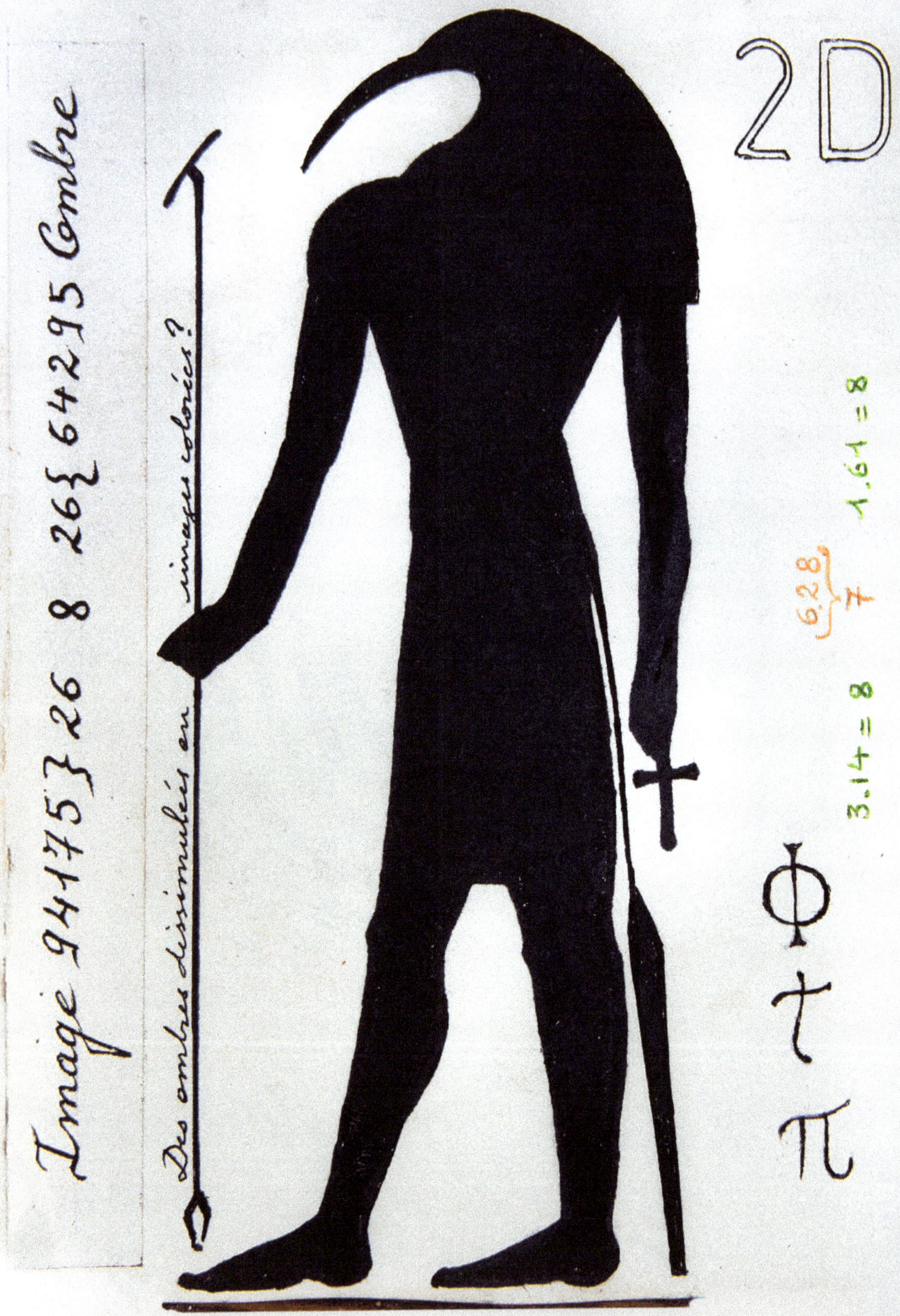

Image 9417573 26 8 26{642 95 Combre
Des ombres dissimulées en images coloriées?
2D
3.14 = 8
6.28
7
1.61 = 8
Φ
τ
π

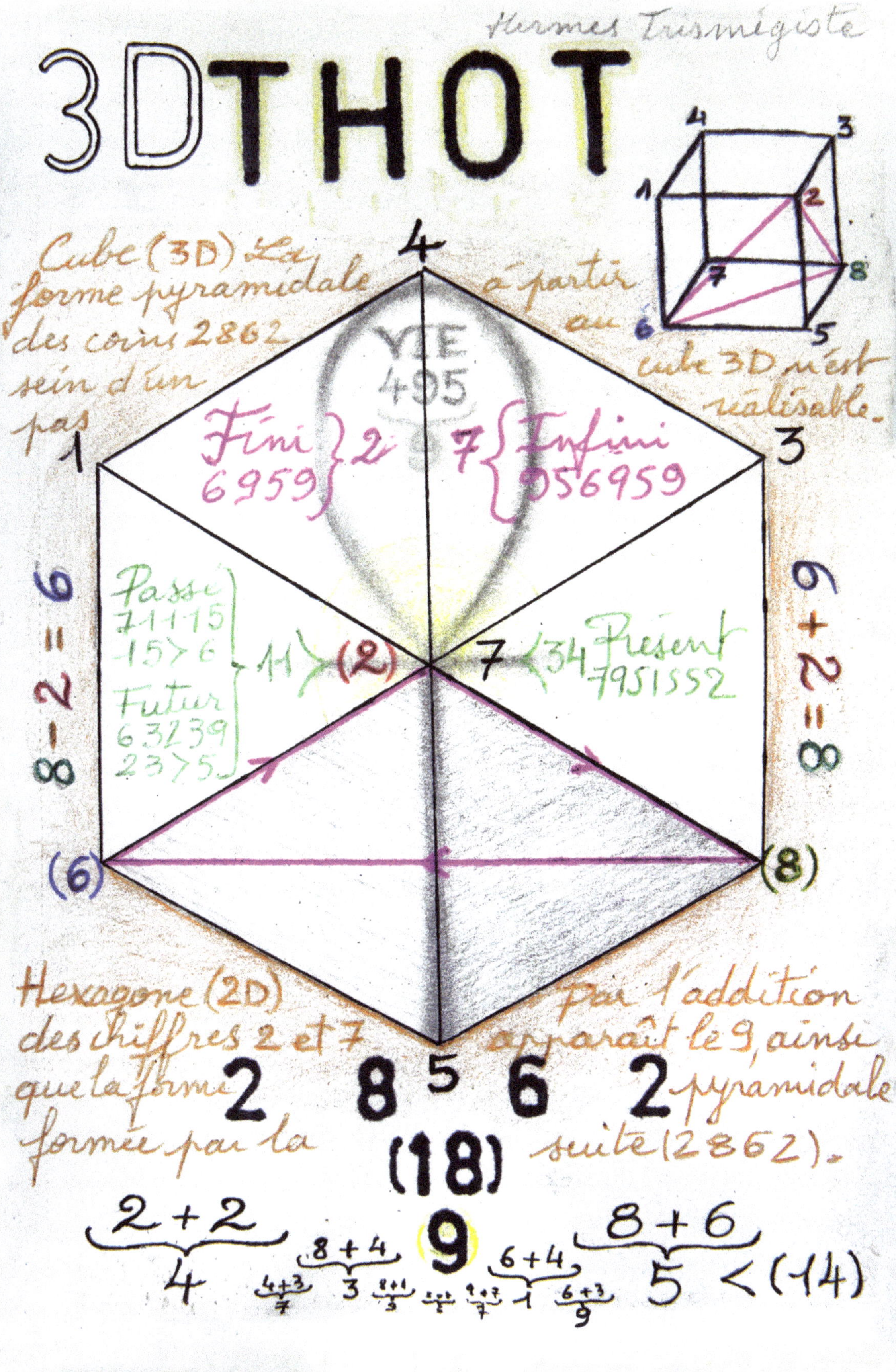
Hermes Trismégiste
3D THOT
Cube (3D) La forme pyramidale des coins 2862 à partir au sein d'un cube 3D n'est pas réalisable.
Fini 6959
2
7
Infini 956959
Passé 71115 15>6
Futur 63239 23>5
11
(2)
7
34
Présent 7951552
8-2=6
6+2=8
(6)
(8)
Hexagone (2D) par l'addition des chiffres 2 et 7 apparaît le 9, ainsi que la forme pyramidale formée par la suite (2862).
2 8 5 6 2
(18)
2+2
4
8+4
3
9
6+4
1
8+6
5 < (14)

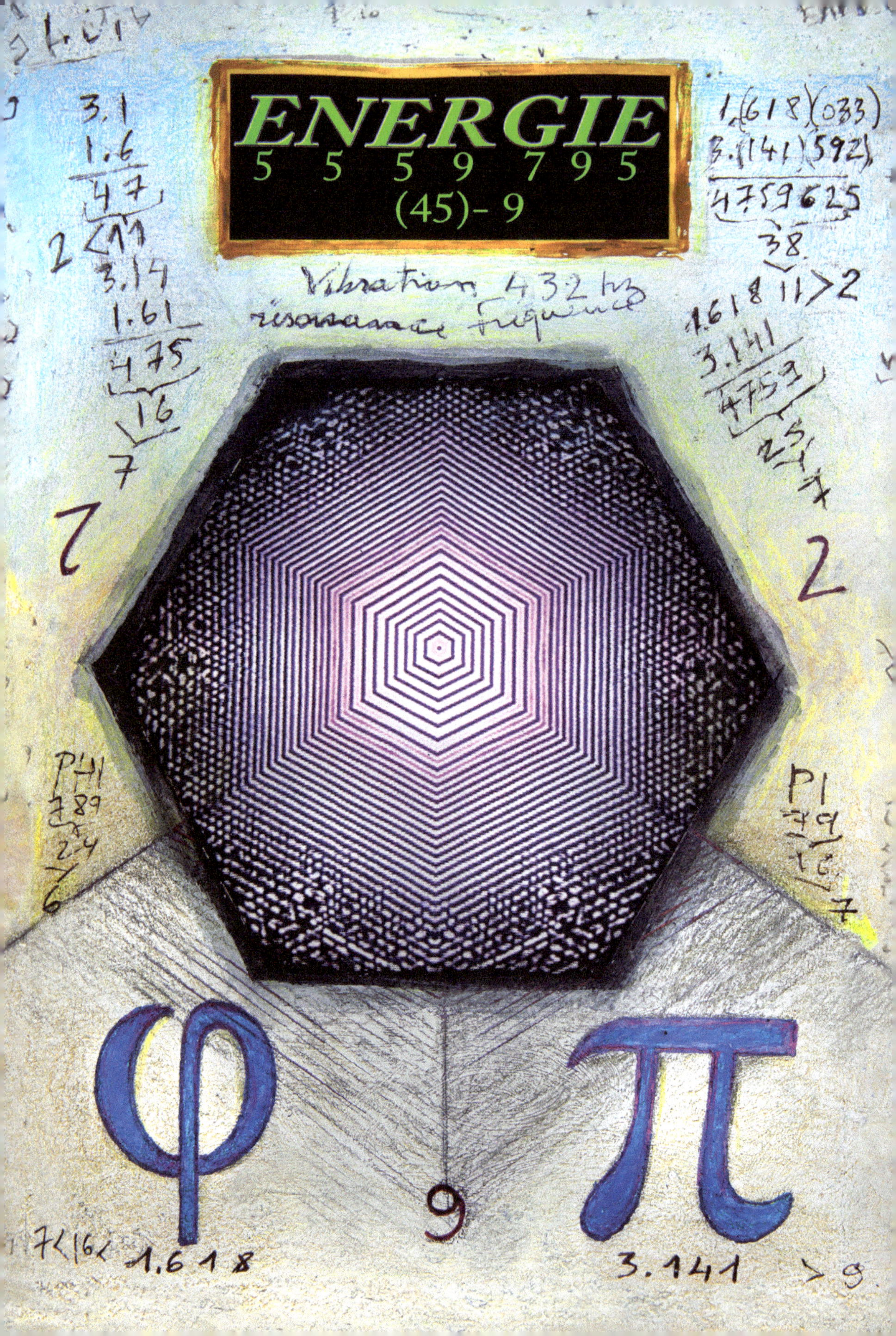
ENERGIE
5 5 5 9 7 9 5
(45)- 9
Vibration 432 Hz
résonance fréquence
φ
π
9
1.618
3.141

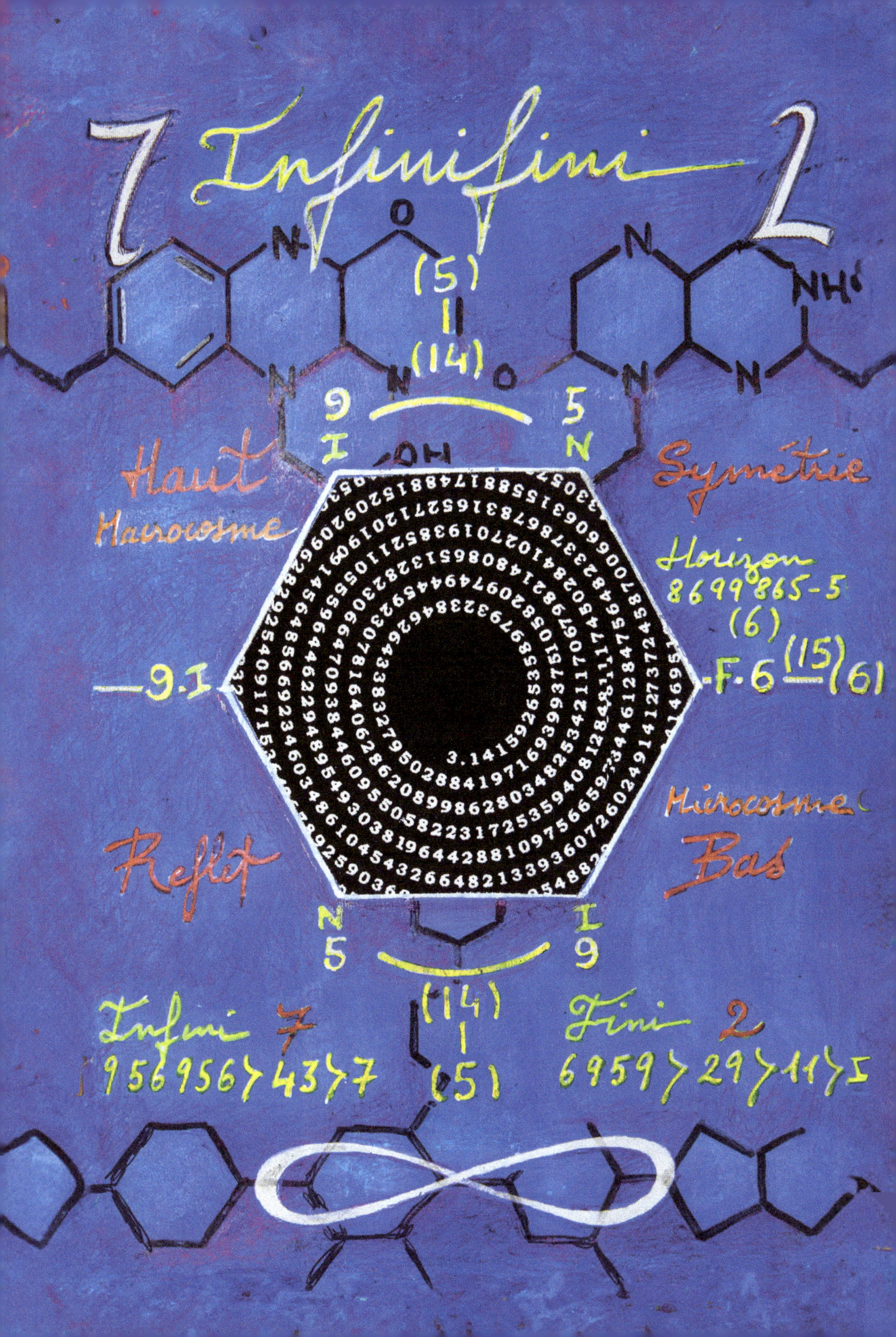
7 Infinifini 2
Haut
Macrocosme
Symétrie
Horizon
8699865-5
(6)
—9.I
F.6 (15) (61)
Microcosme
Bas
Reflet
Infini 7
9569567437 7
Fini 2
6959729711 7 I
3.14159

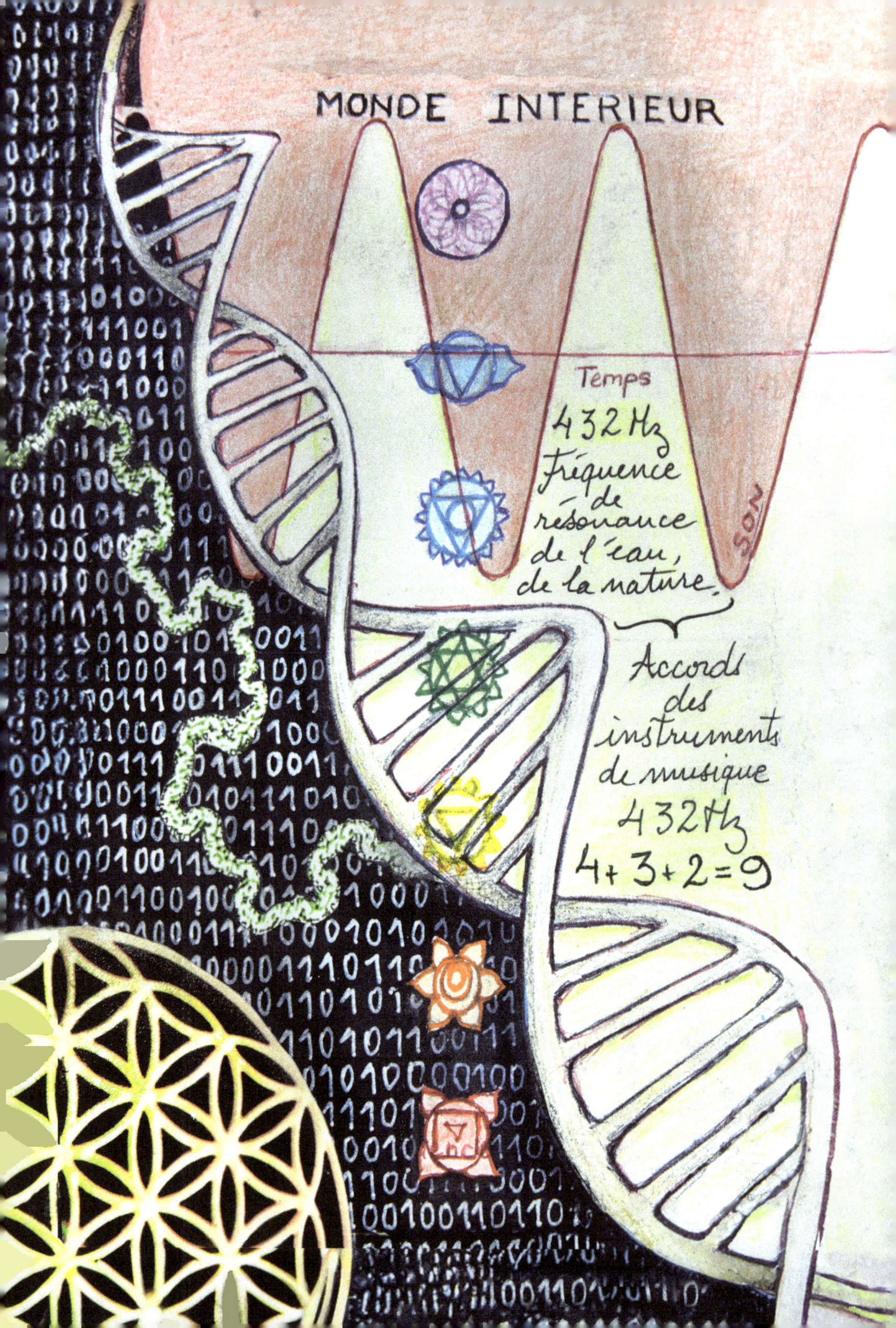

MONDE INTERIEUR
Temps
432 Hz fréquence de résonance de l'eau, de la nature.
SON
Accords des instruments de musique 432 Hz
4+3+2=9

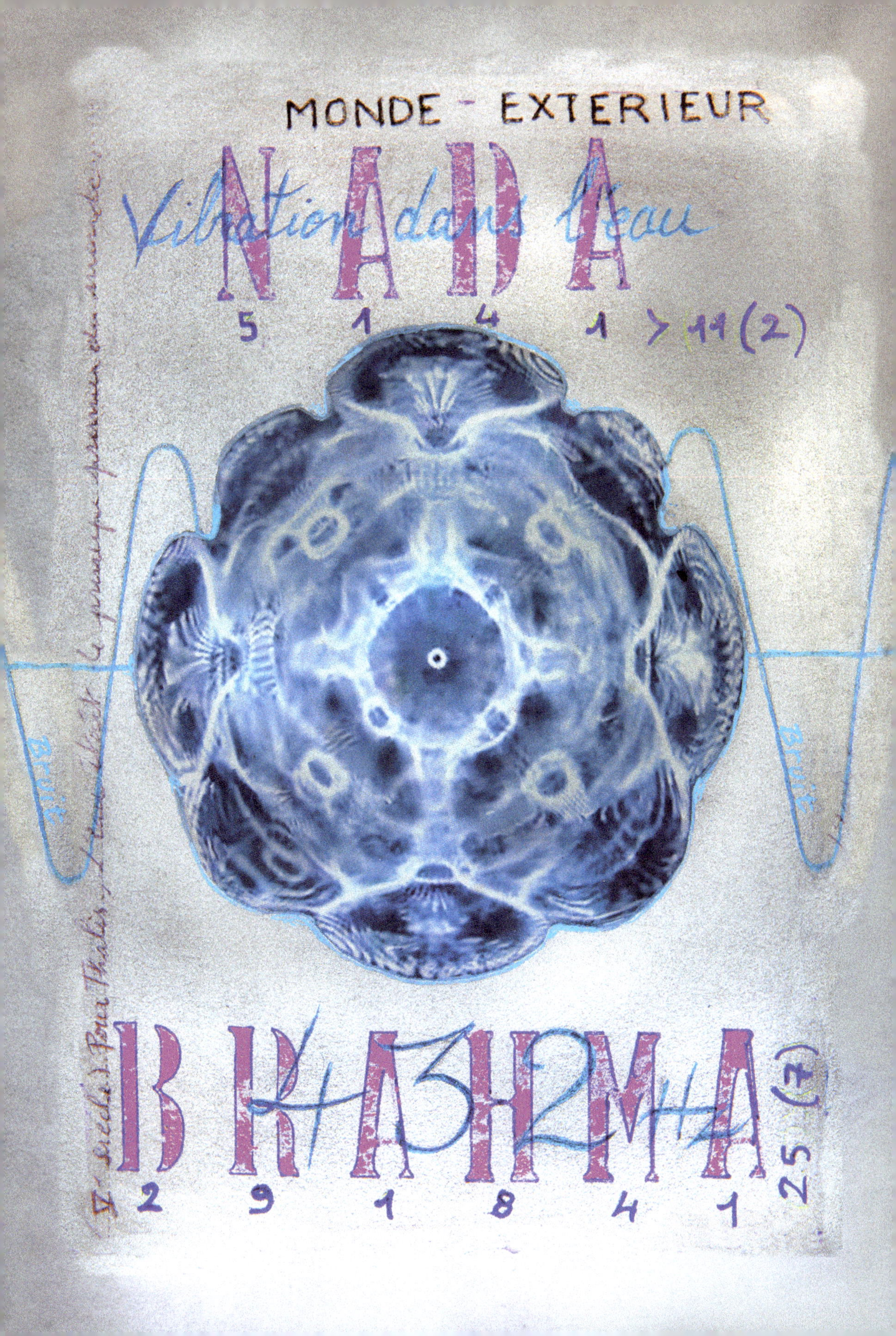
MONDE - EXTERIEUR
NADA
Vibration dans l'eau
5 1 4 1 > 11 (2)
Bruit
Bruit
VI siècle). Pour Thalès, l'eau était le principe premier du monde
BRAHMA
2 9 1 8 4 1 25 (7)

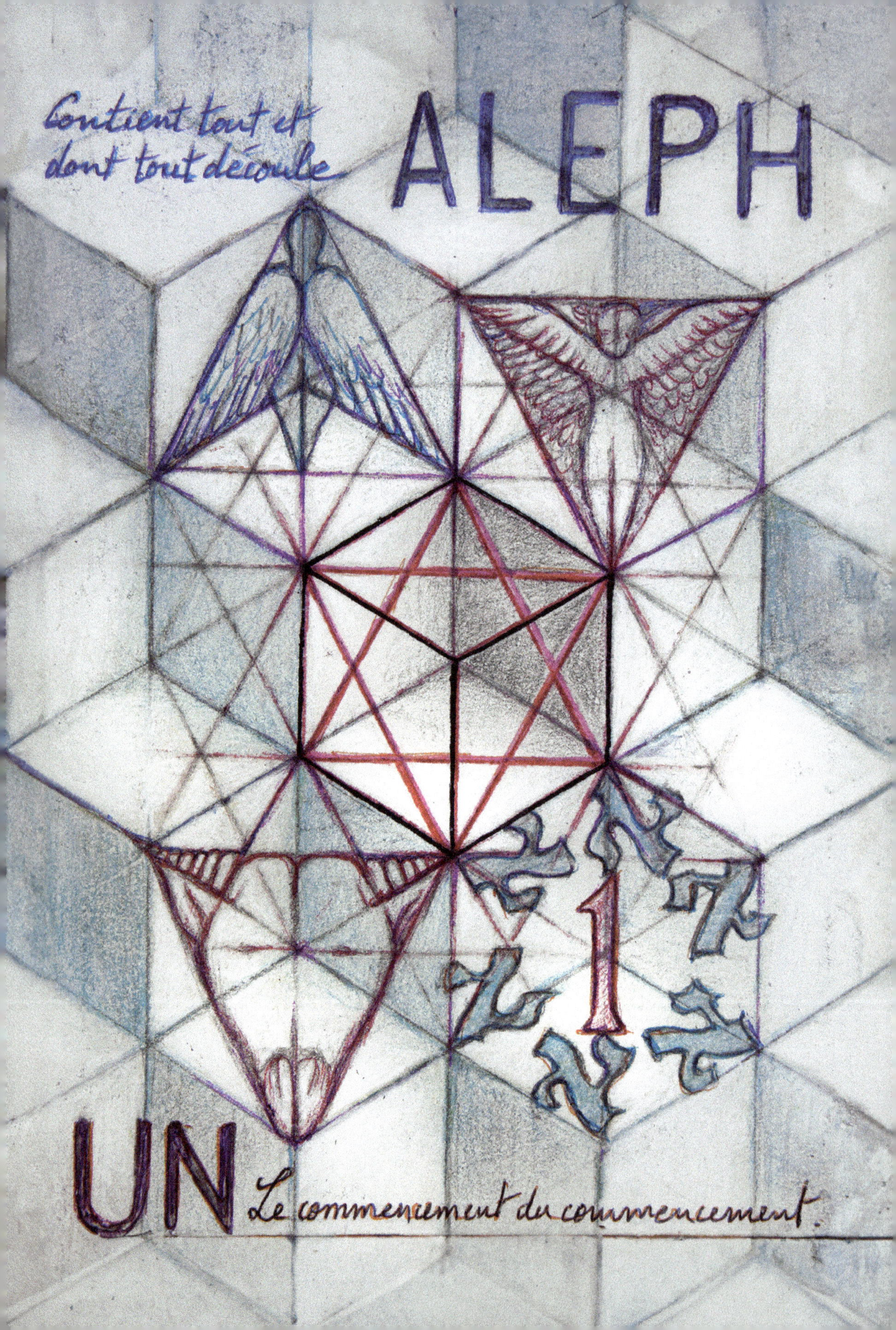
Contient tout et
dont tout découle
ALEPH
1
UN
Le commencement du commencement.

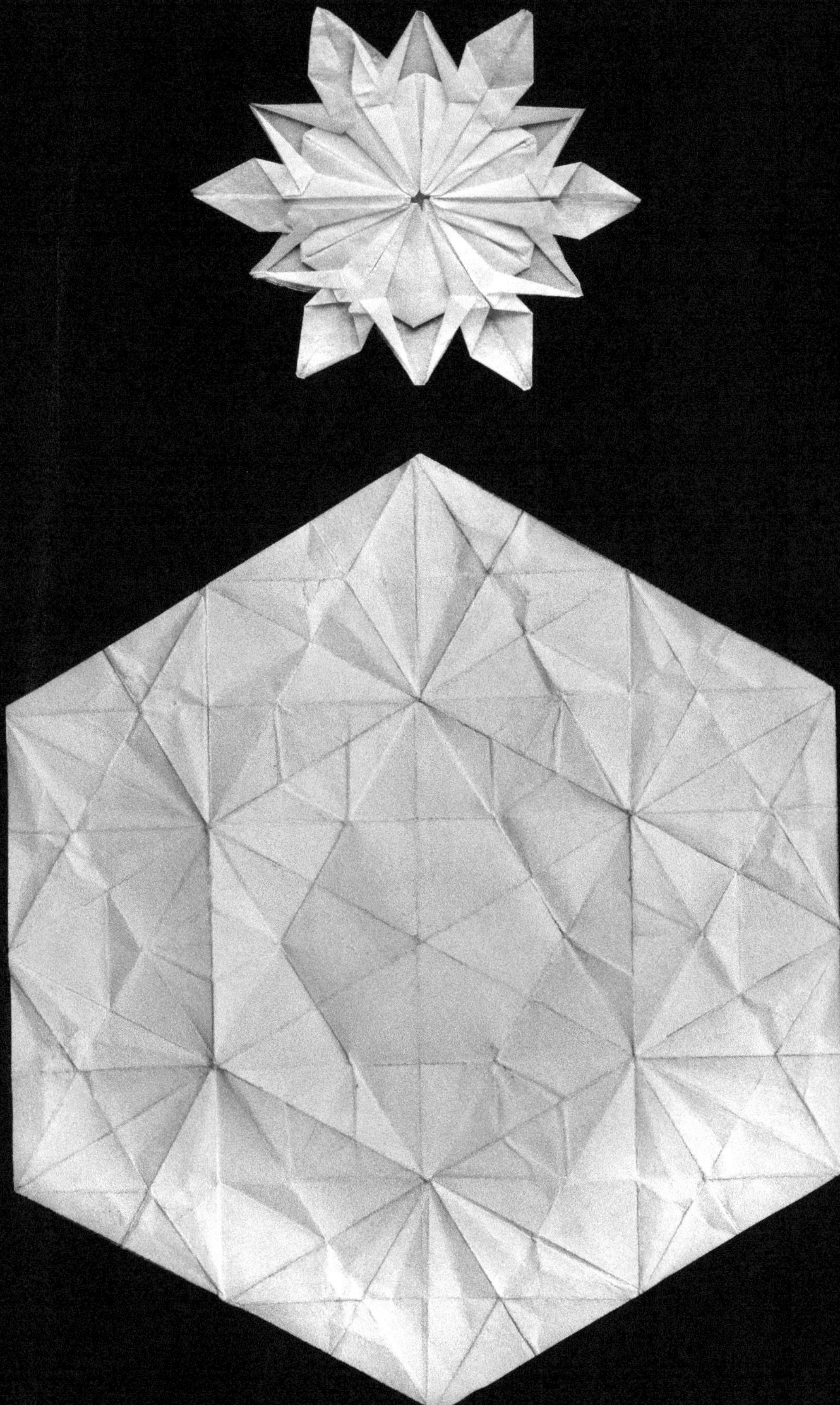

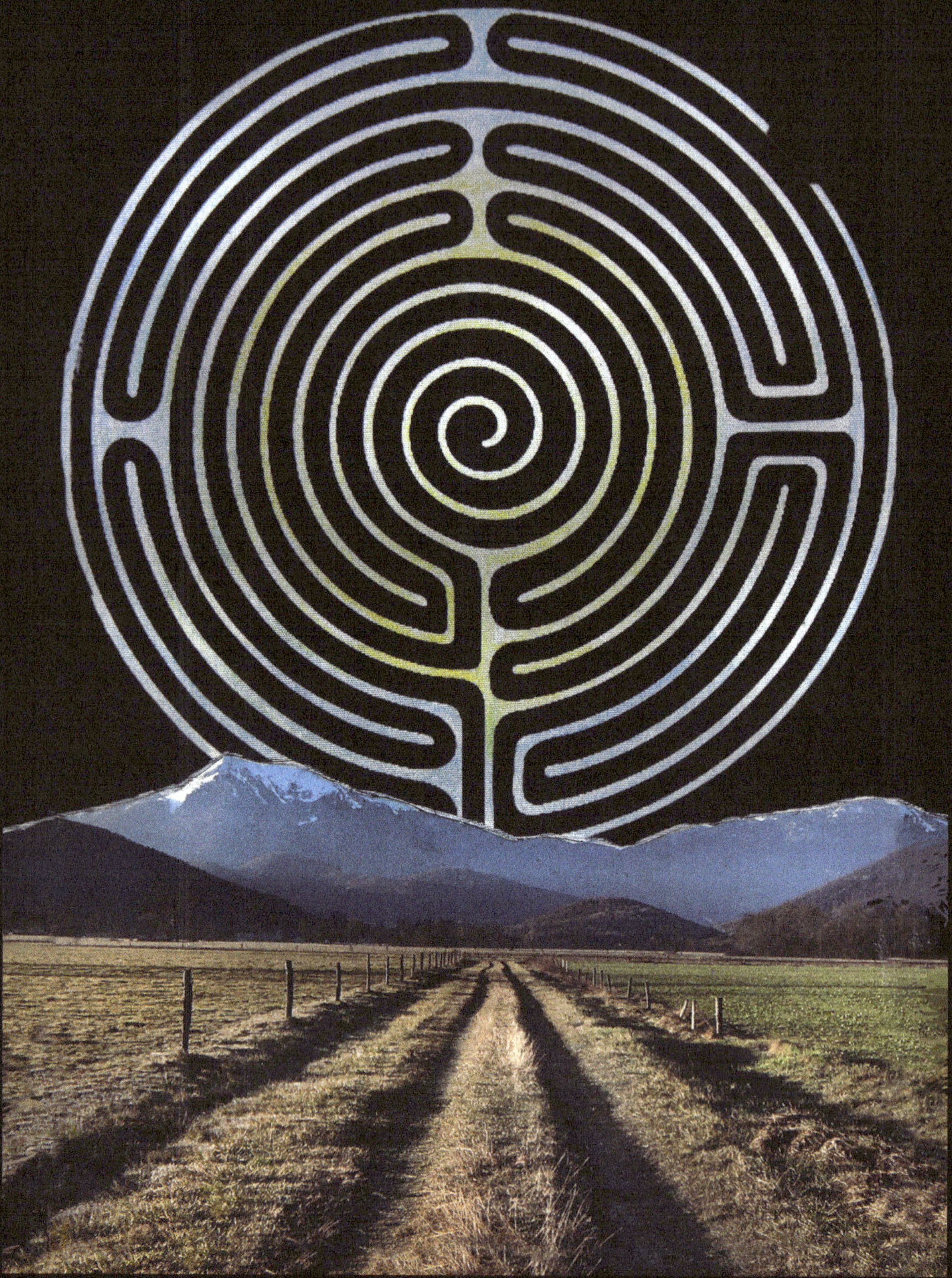

Dans ce passage, que je suis, j'avance vers moi-même, tout en m'éloignant à jamais de qui j'étais. En quelque sorte, devenir c'est aussi se perdre. Suivre le chemin, lâcher prise, apprécier cet inconnu, qui à la fois m'est si familier.

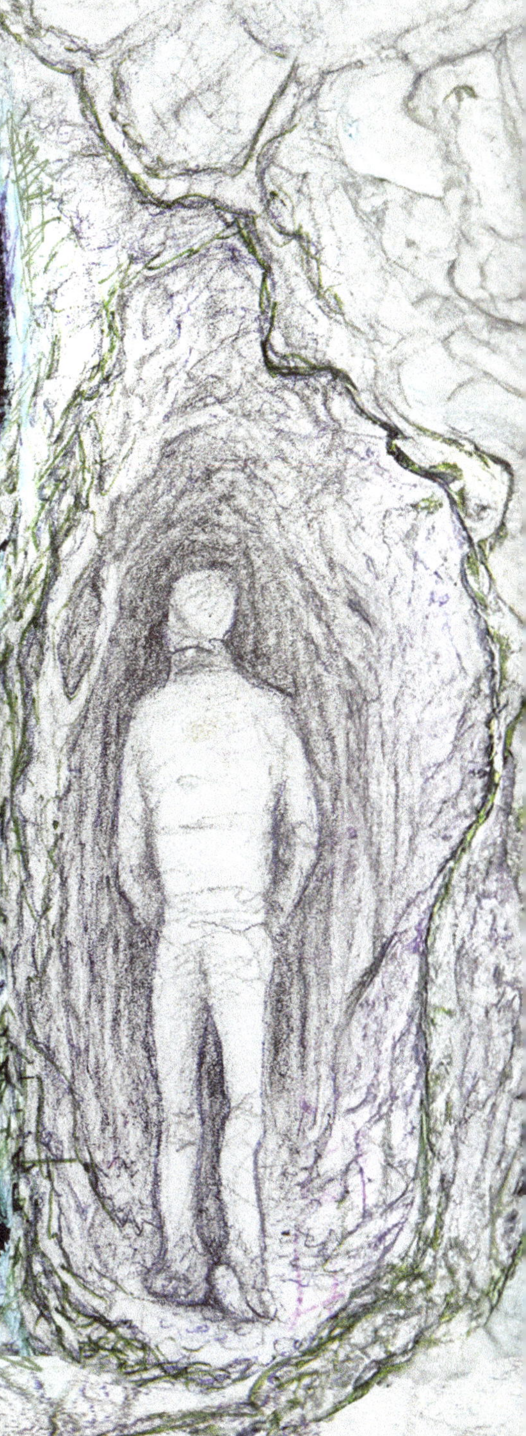

L'effet Casimir : Dans le vide, deux plaques conductrices et parallèles s'attirent en raison de l'inégale répartition, dans l'espace, des fluctuations du champs électromagnétique.

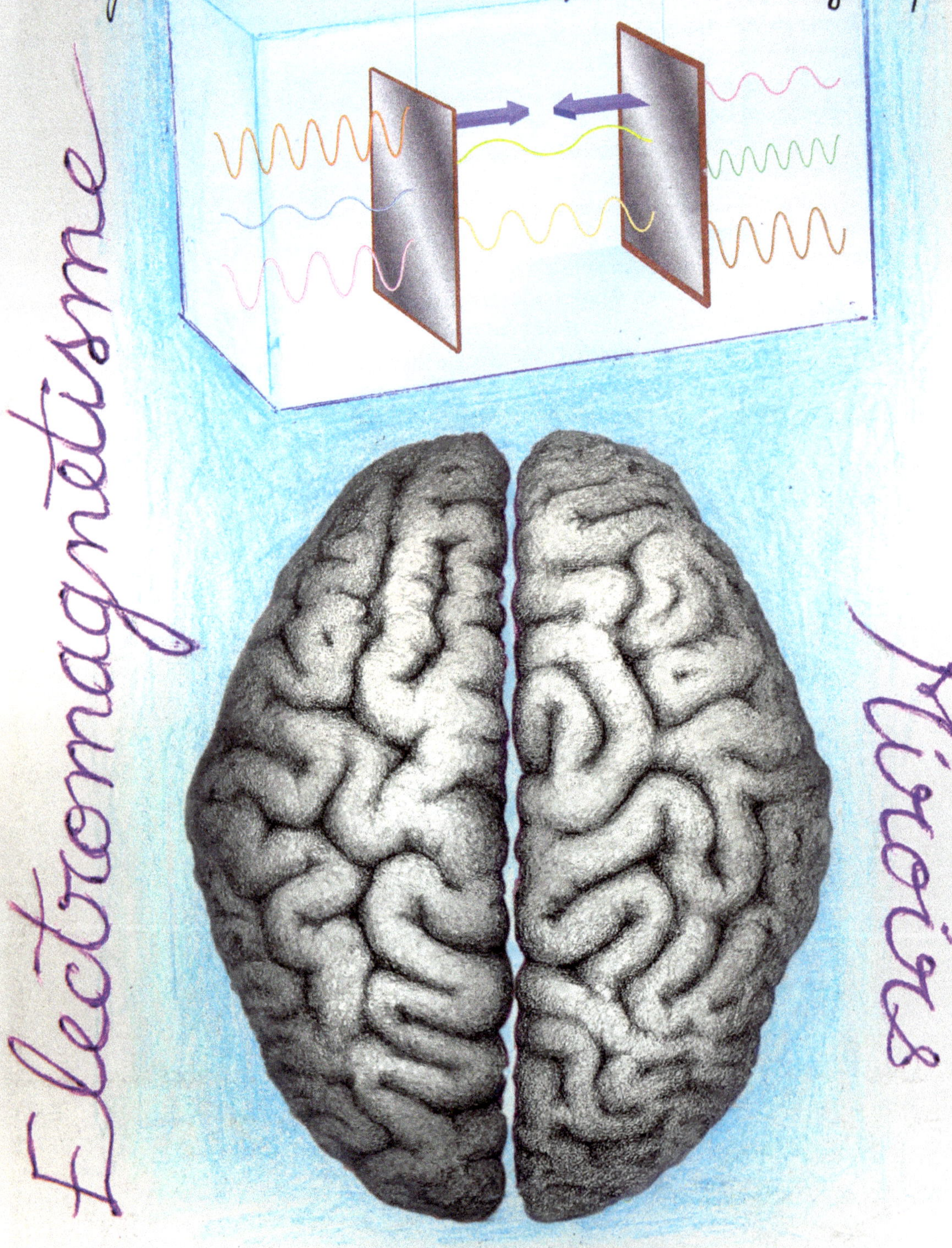

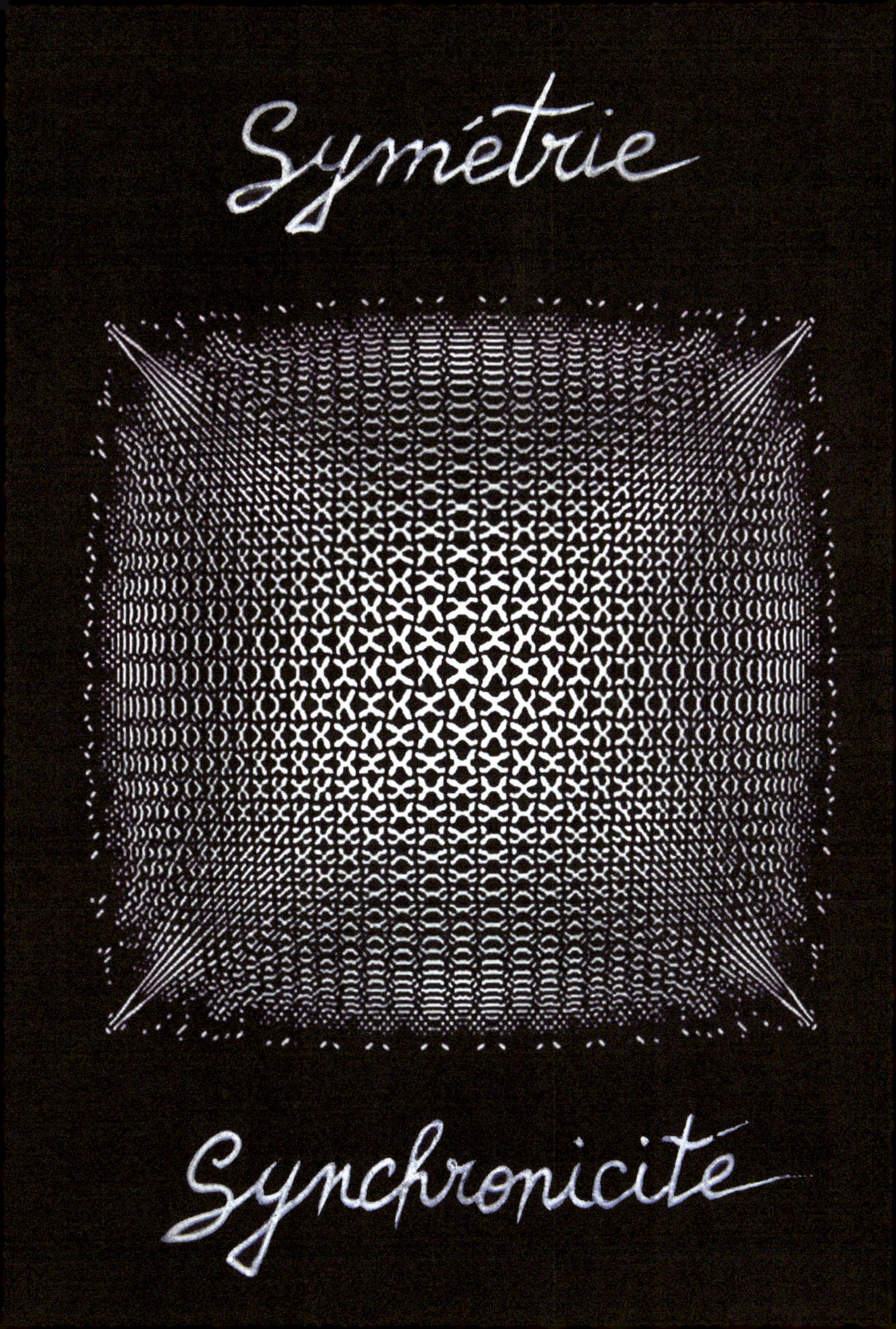
Symétrie
Synchronicité

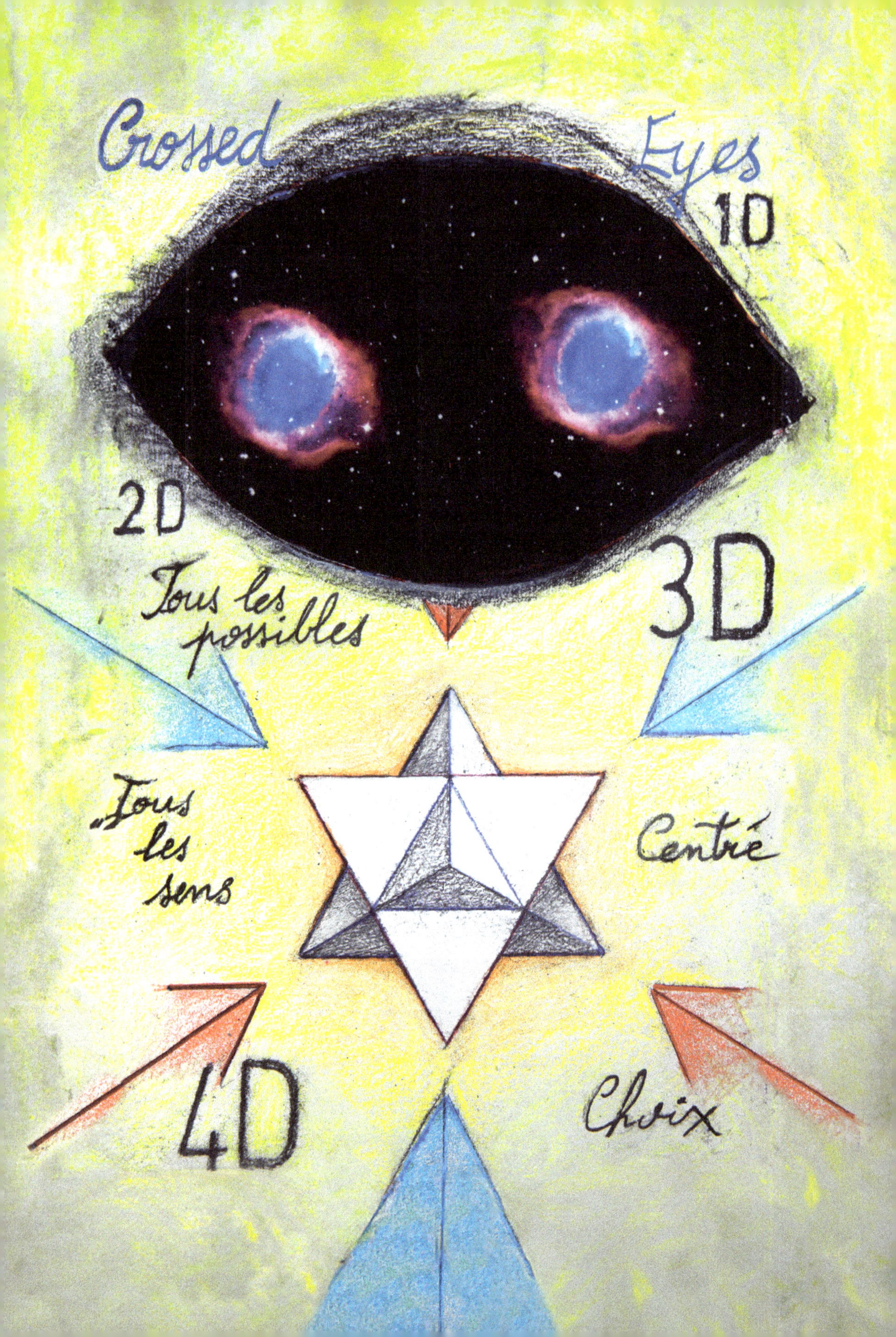
Crossed Eyes
1D
2D
3D
Tous les possibles
Tous les sens
Centré
4D
Choix

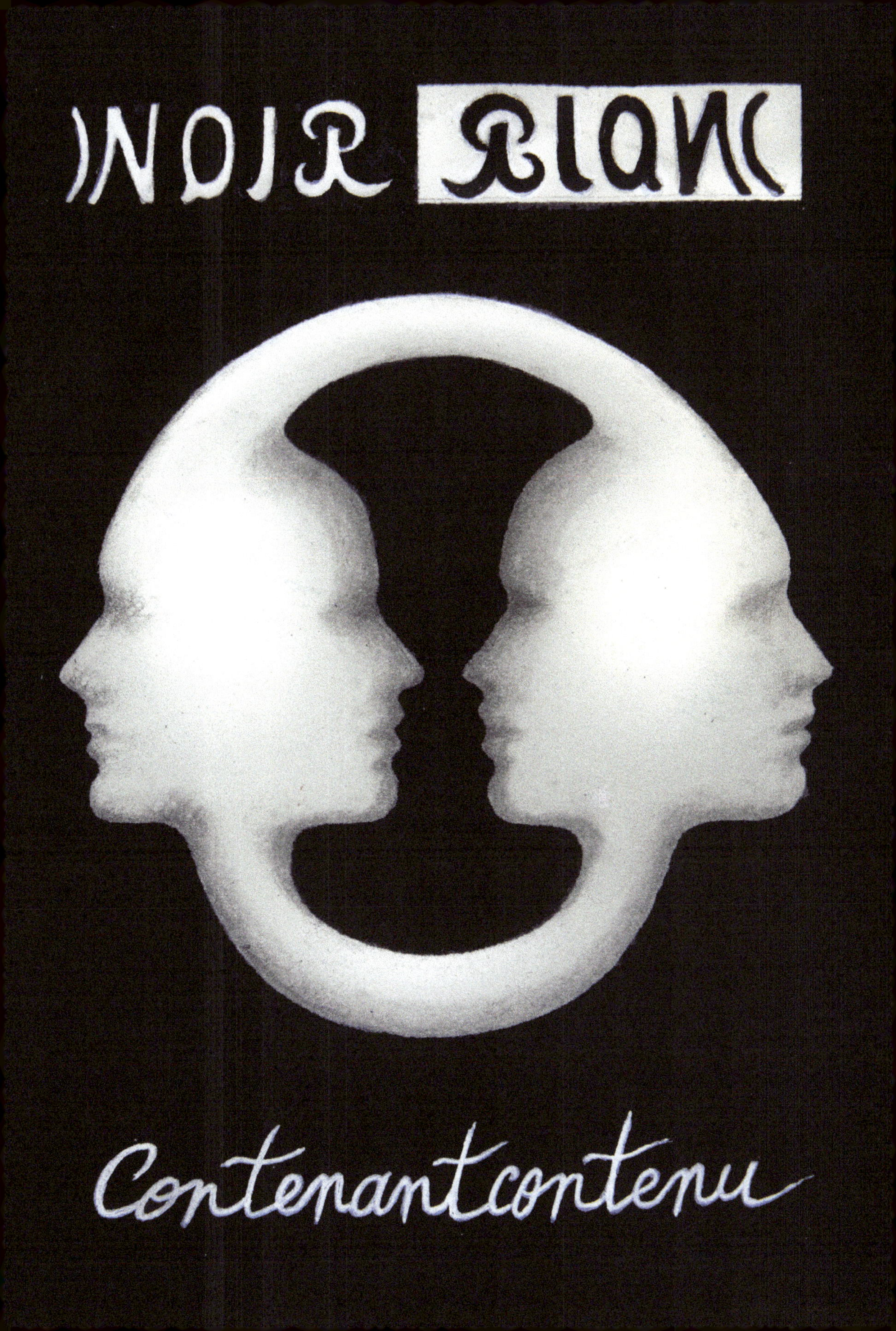
NOIR BLANC
Contenantcontenu

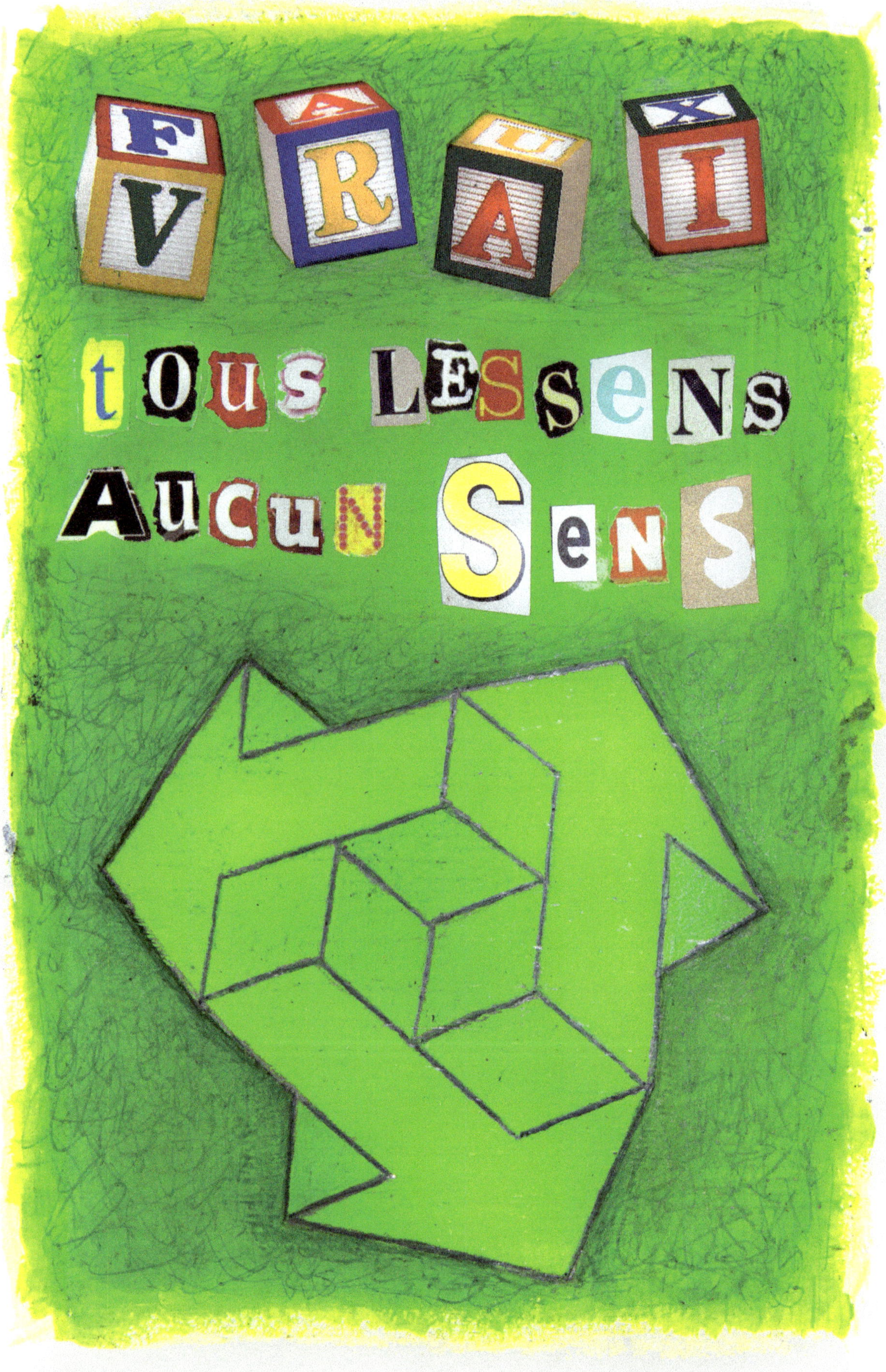
FAUX
VRAI
tous les sens
aucun sens

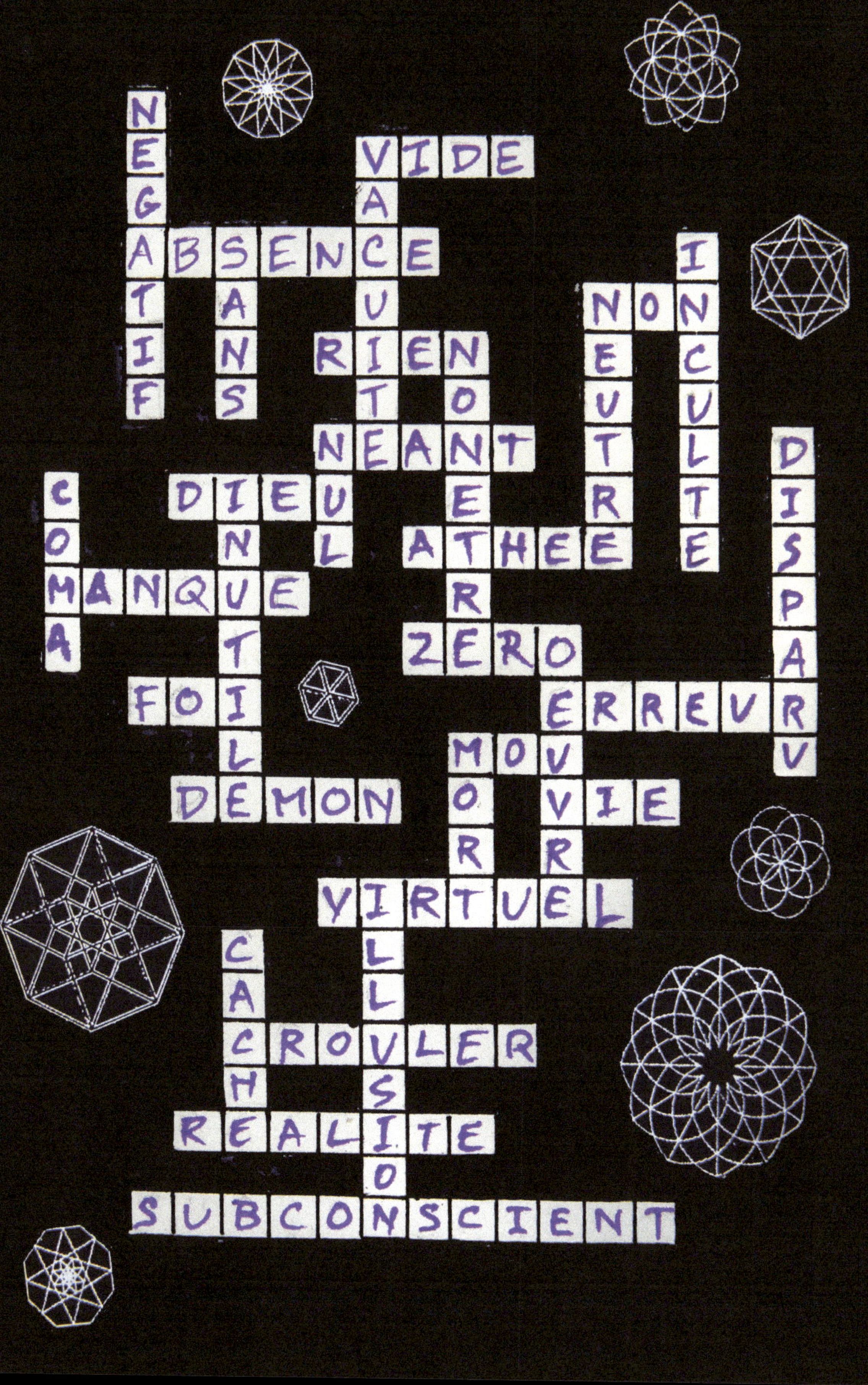
NEGATIF
VIDE
VACUITE
ABSENCE
SANS
INCULTE
NON
NEUTRE
RIEN
NONETRE
NEANT
NUL
DISPARU
COMA
DIEU
INUTILE
ATHEE
MANQUE
ZERO
OEUVRE
FOI
ERREUR
MOU
MORT
DEMON
VIE
VIRTUEL
ILLUSION
CACHE
CROULER
REALITE
SUBCONSCIENT

Synchronicité

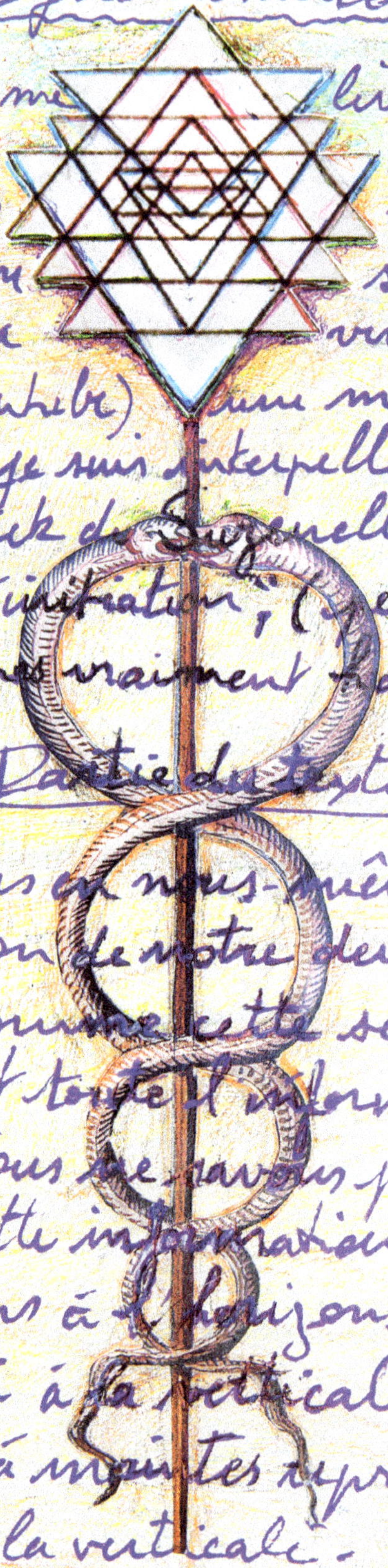

Ce matin, je me lève vers 4h30. Après avoir bu mon café, j'entreprends la page de droite. Un arbre sur un texte (mon rêve) à la verticale. Je cherche (sur youtube) une musique à écouter, mais je suis interpellé par une vidéo d'Annick de Souzenelle, dont le titre est "L'initiation", (personne que je n'écoute pas vraiment habituellement)

Partie du texte

... Nous avons en nous-même une information de notre devenir. Nous sommes comme cette semence qui contient toute l'information de l'arbre. "Nous ne savons pas que nous savons". Cette information, nous l'investissons à l'horizontale, au lieu de l'investir à la verticale, et elle souligne, à maintes reprises, l'importance de "à la verticale".

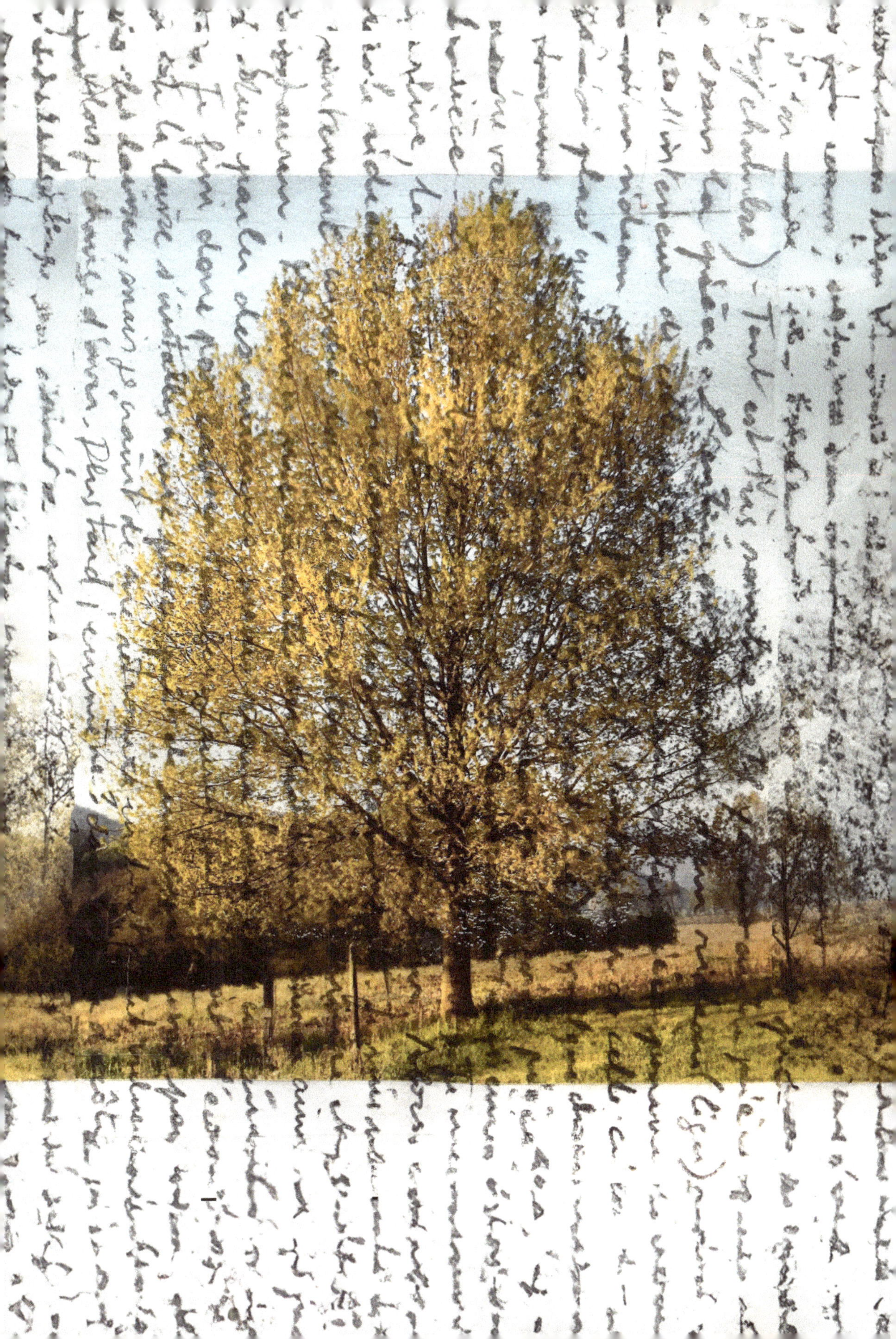

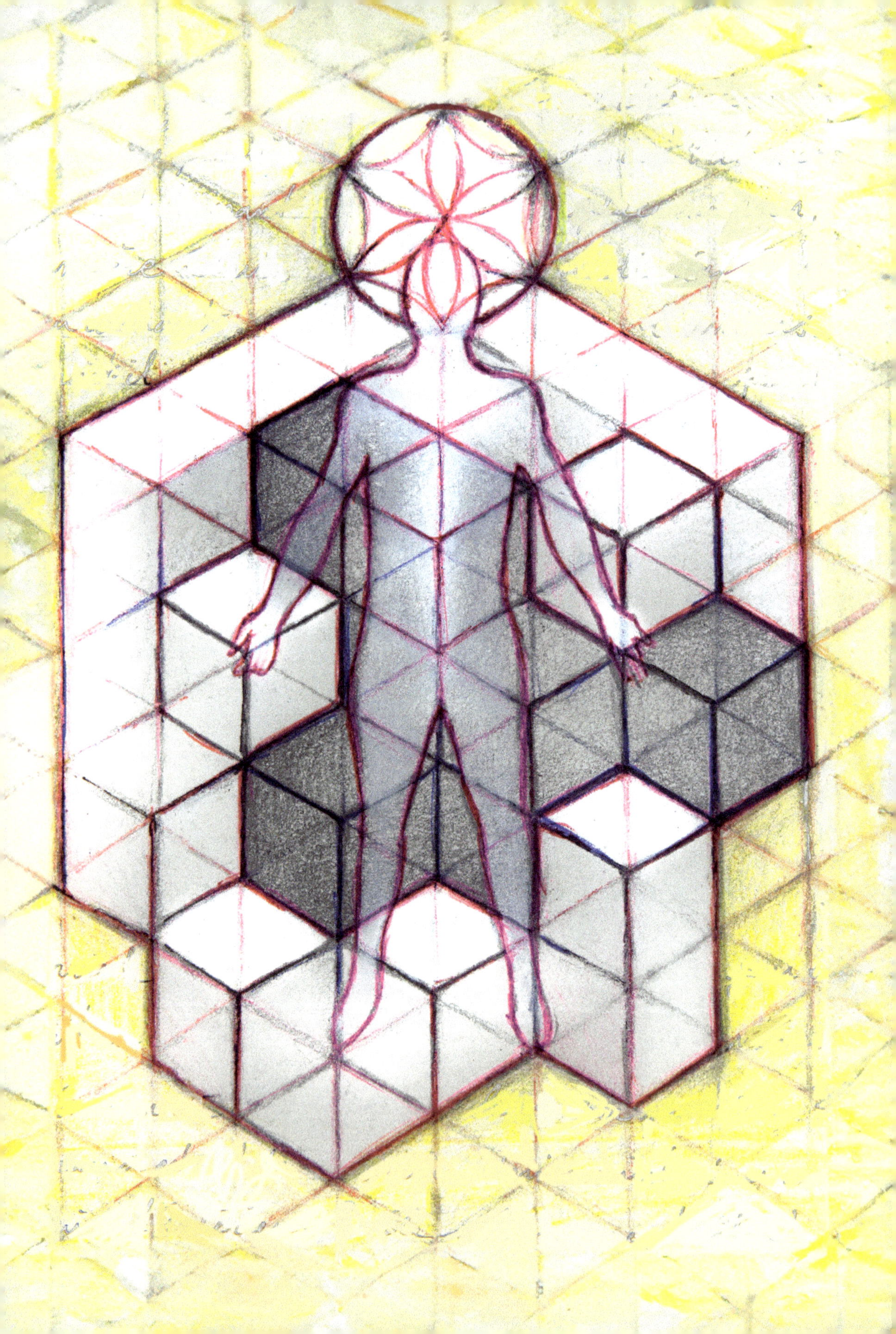

Structure ≥ Unicité

Rupture ≥ Multiplicité

Harmonie

Ordre Chaos

19 10

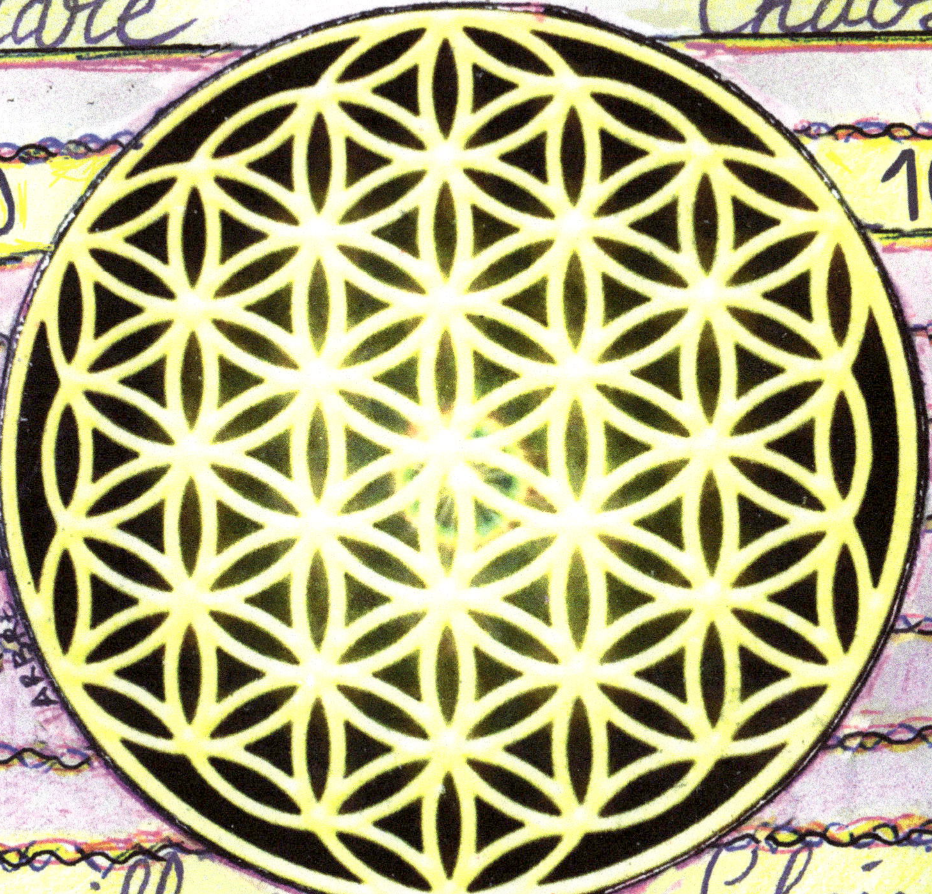

Possibles Choix

1

Infinifini

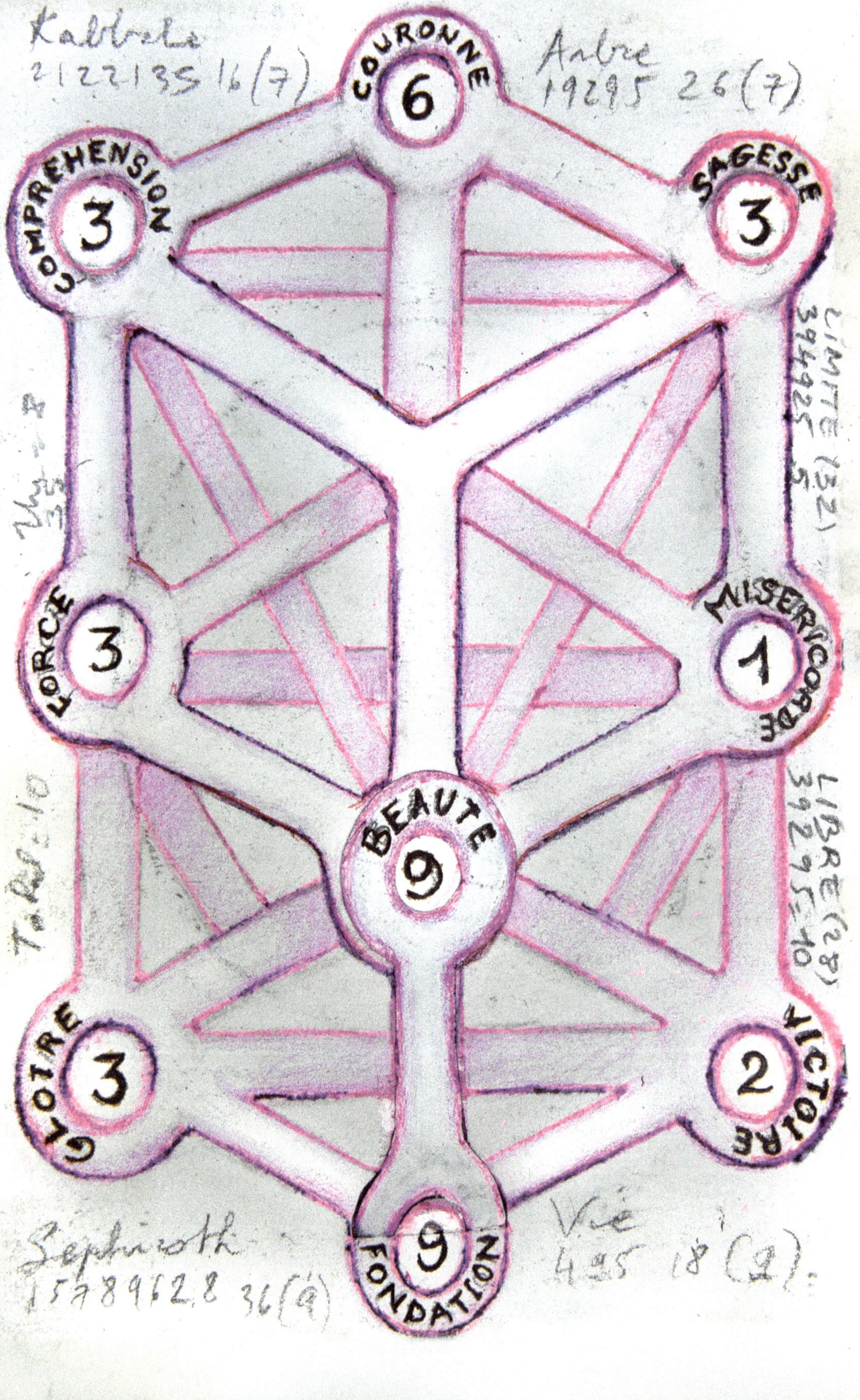
Kabbale
2122135 16(7)
COURONNE
6
Arbre
19295 26(7)
COMPREHENSION
3
SAGESSE
3
LIMITE
394925 (32)
5
FORCE
3
MISERICORDE
1
BEAUTE
9
LIBRE
39295 (28) = 10
GLOIRE
3
VICTOIRE
2
FONDATION
9
Sephiroth
15789628 36(9)
Vie
495 18(9)

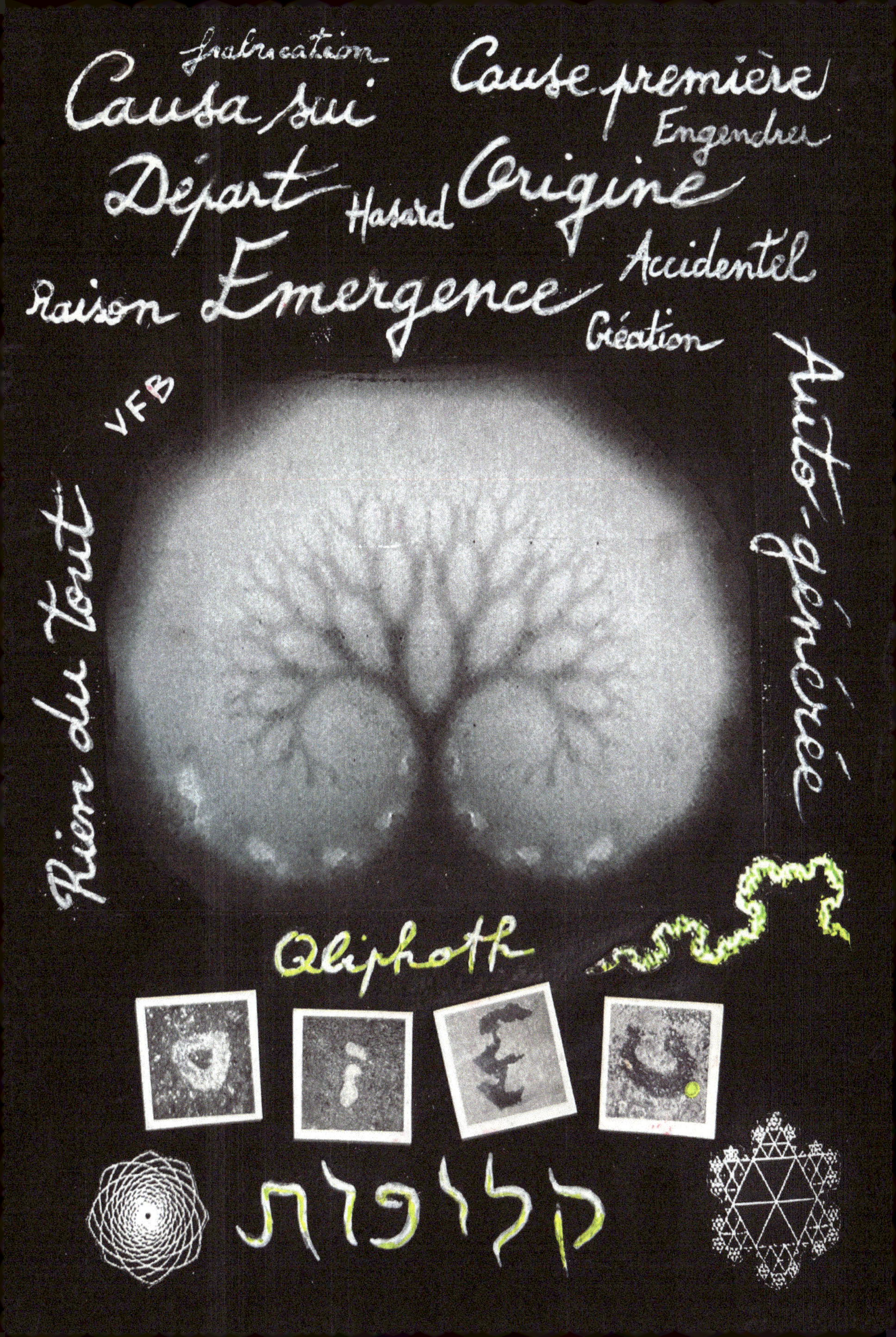

Causa sui
Cause première
Engendrer
Départ
Hasard
Origine
Accidentel
Raison
Emergence
Création
VFB
Rien du Tout
Auto-générée
Qliphoth
קליפות

Video feedback

Cette image (virtuelle pure)
n'a aucun référent.
Cette structure émergente est impercep-

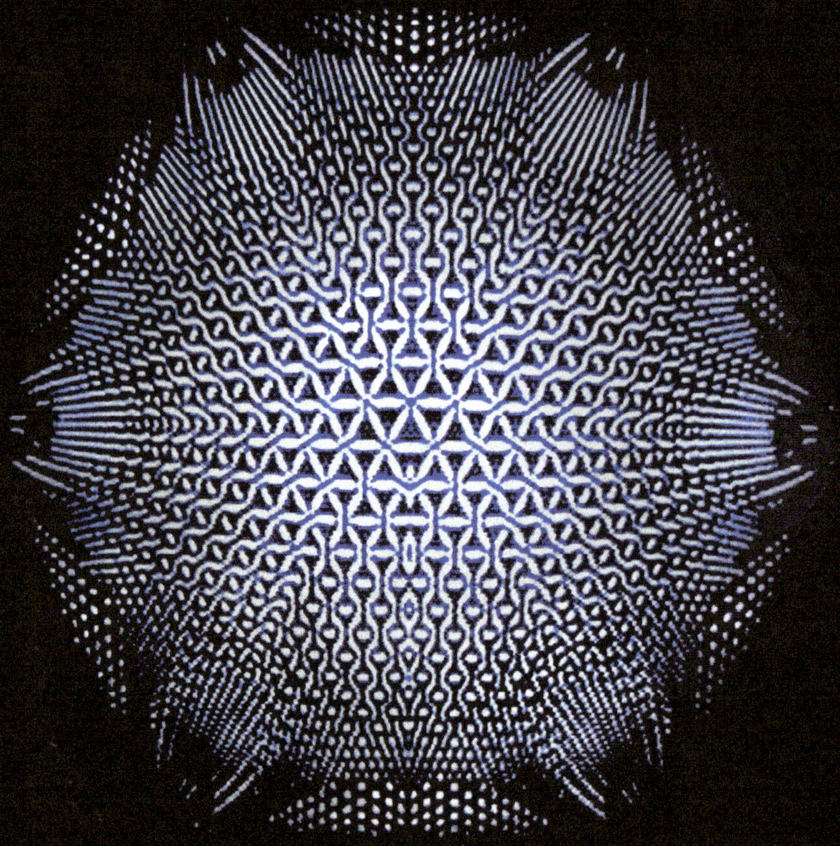

Fleur de vie virtuelle

tiblement changeante, mais globalement,
sa forme persiste un laps de temps,
comme le fait le vivant.

Image orpheline

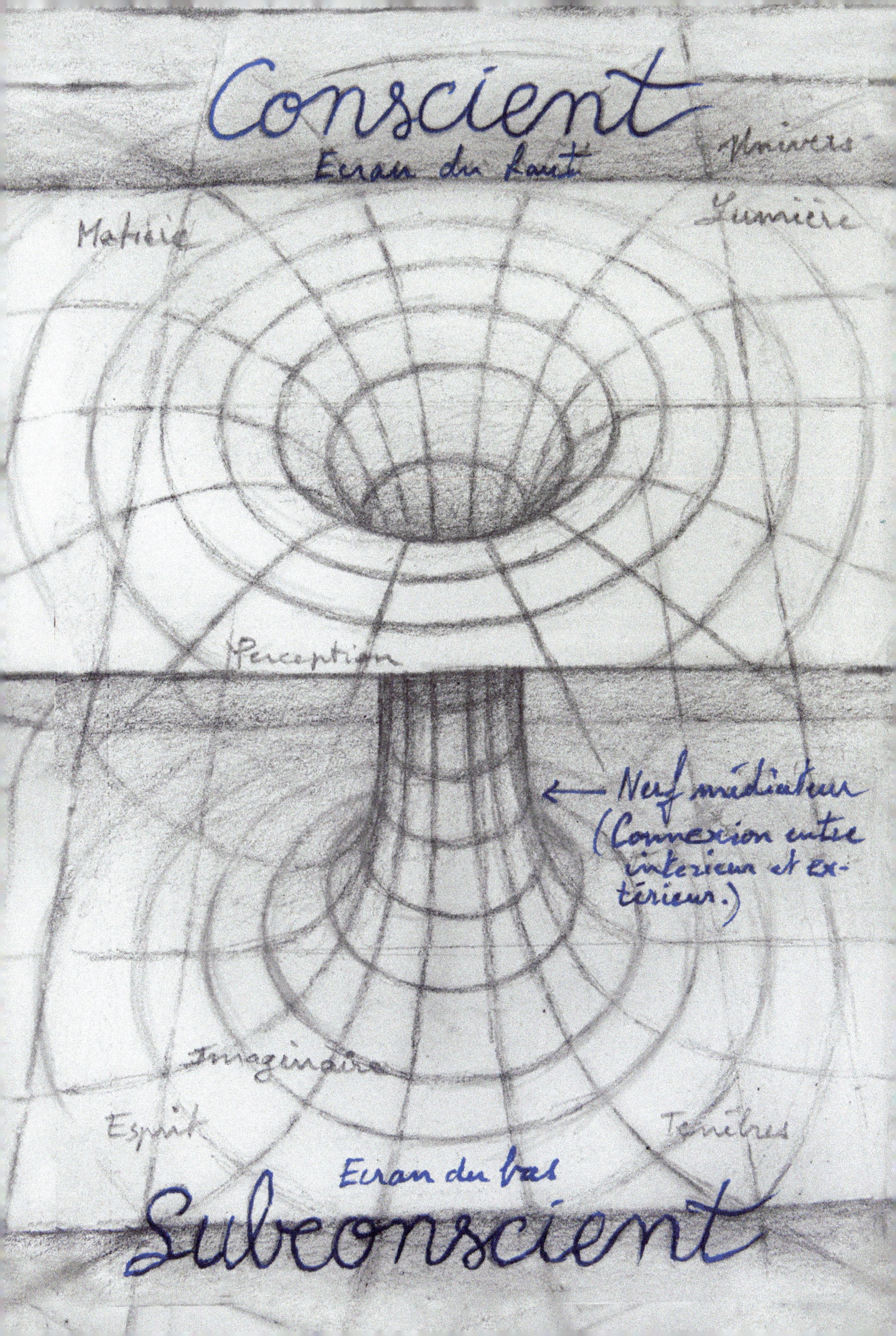
Conscient
Ecran du haut
Univers
Lumière
Matière
Perception
← Nerf médiateur
(Connexion entre
intérieur et ex-
térieur.)
Imaginaire
Esprit
Ténèbres
Ecran du bas
Subconscient

Produit à Los Angeles 2017

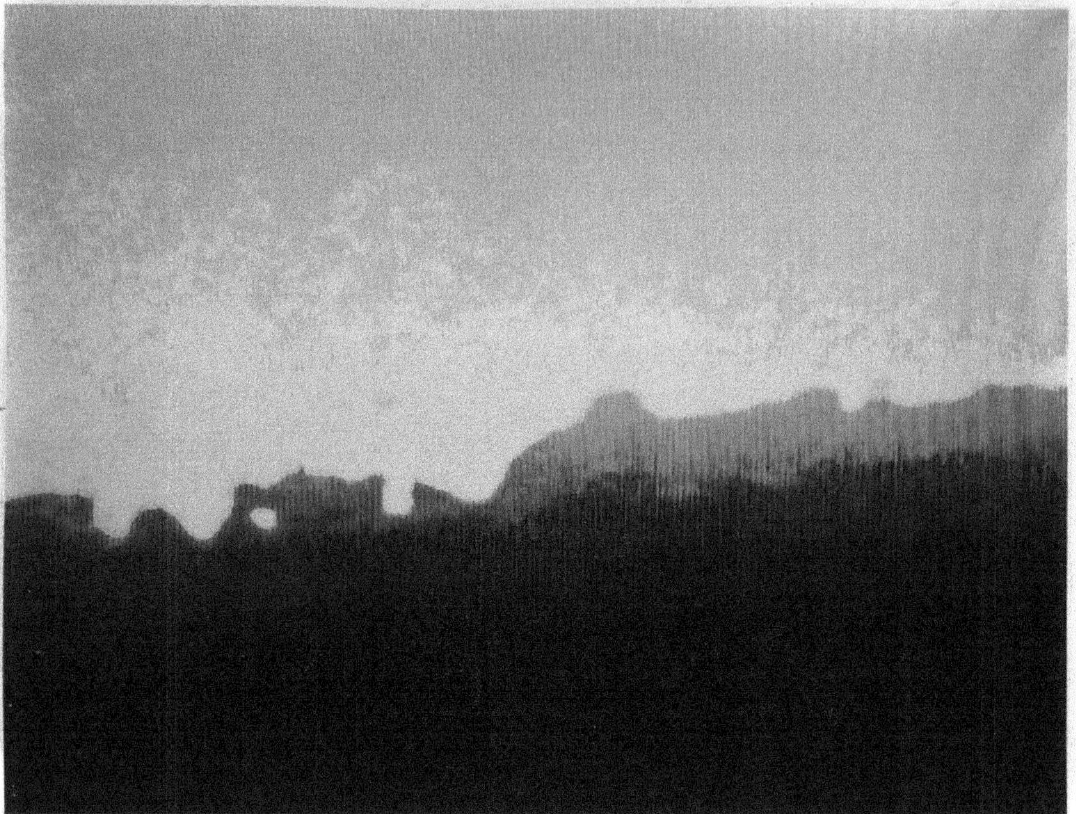

Paysage engendré par le système vidéo Feed back

2023

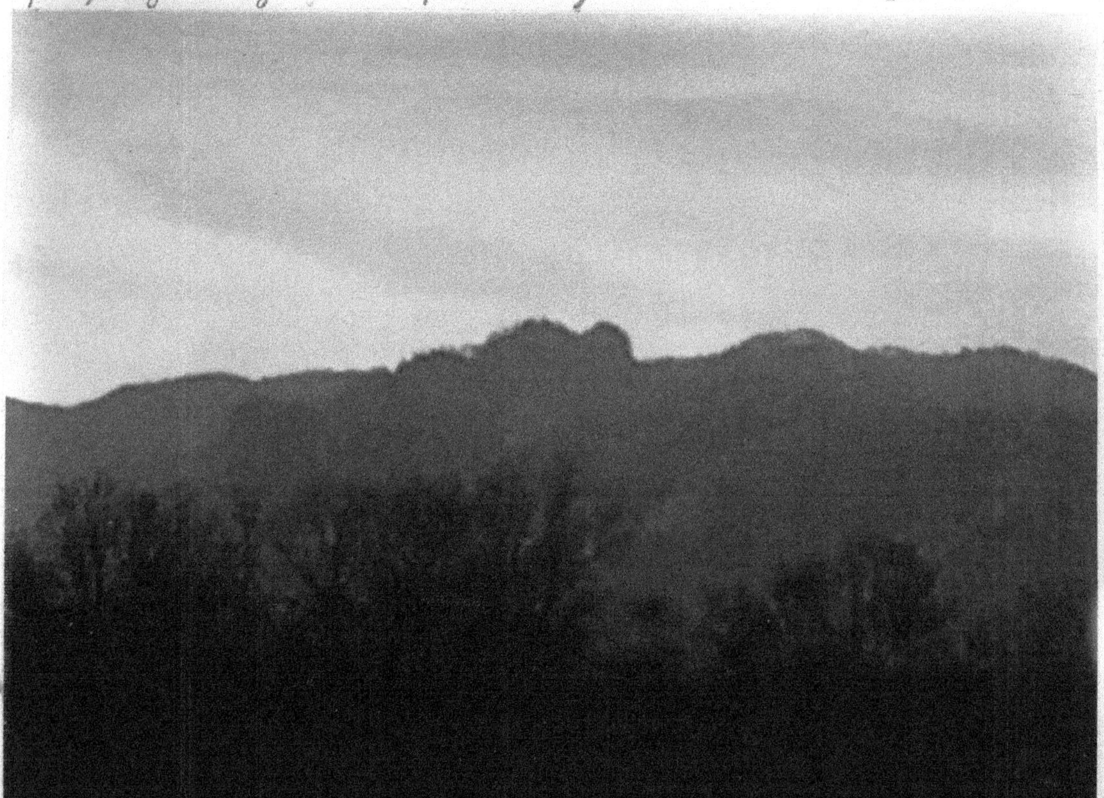

Panorama devant chez moi

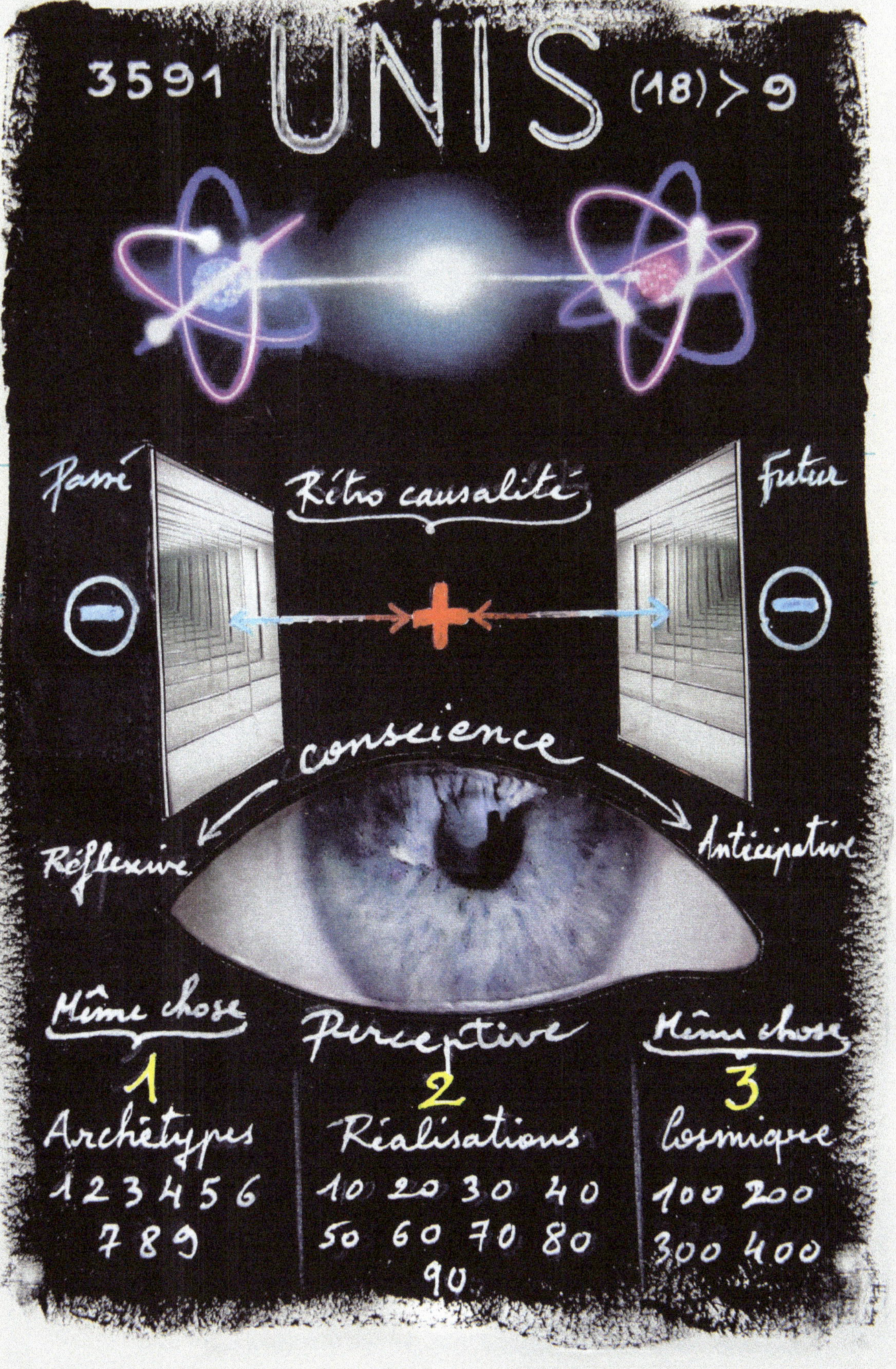
3591
UNIS
(18) > 9
Passé
Rétro causalité
Futur
conscience
Réflexive
Anticipative
Même chose
Perceptive
Même chose
1
Archétypes
1 2 3 4 5 6
7 8 9
2
Réalisations
10 20 30 40
50 60 70 80
90
3
Cosmique
100 200
300 400

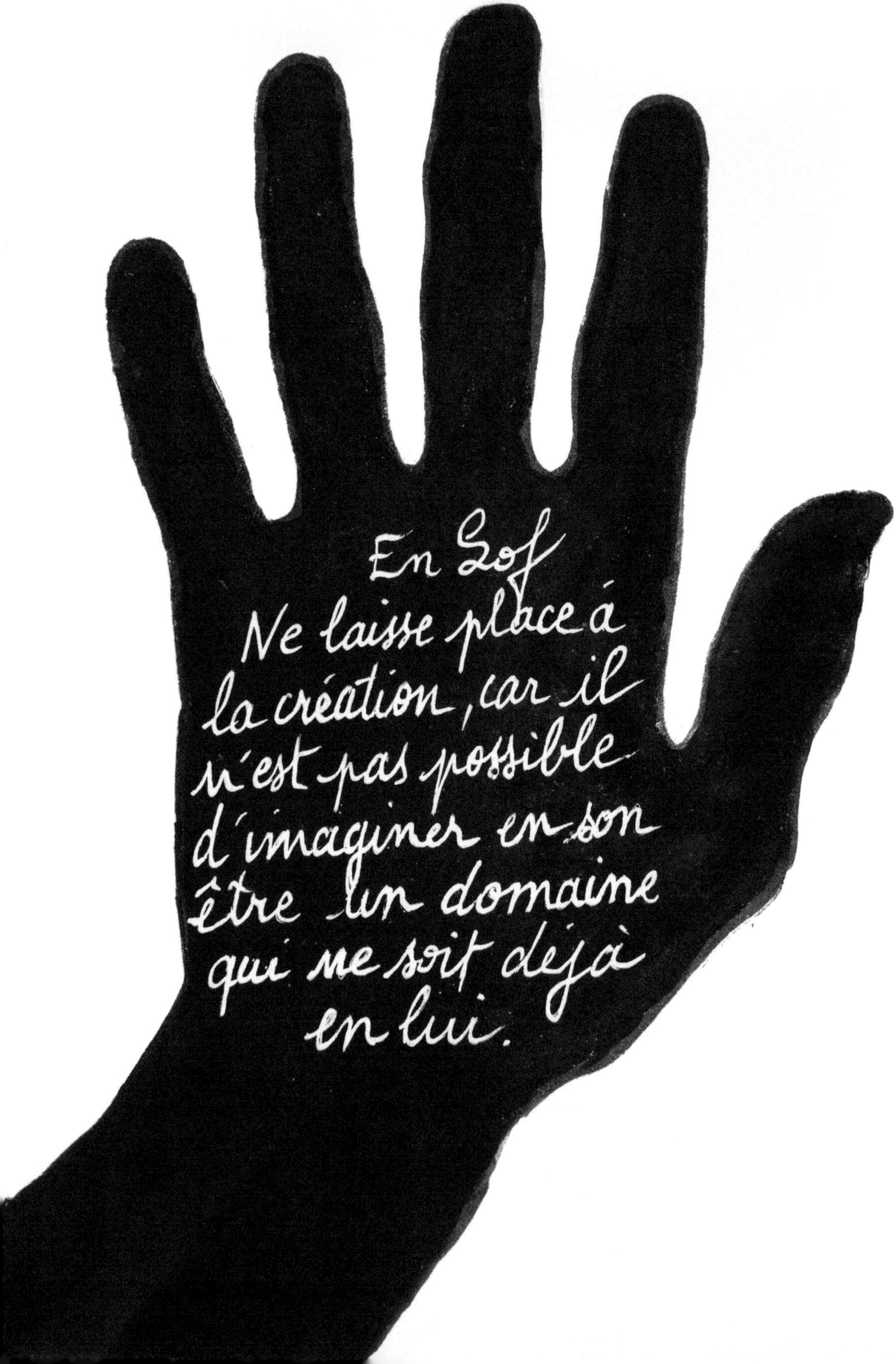
En Sof
Ne laisse place á
la création, car il
n'est pas possible
d'imaginer en son
être un domaine
qui ne soit dejà
en lui.

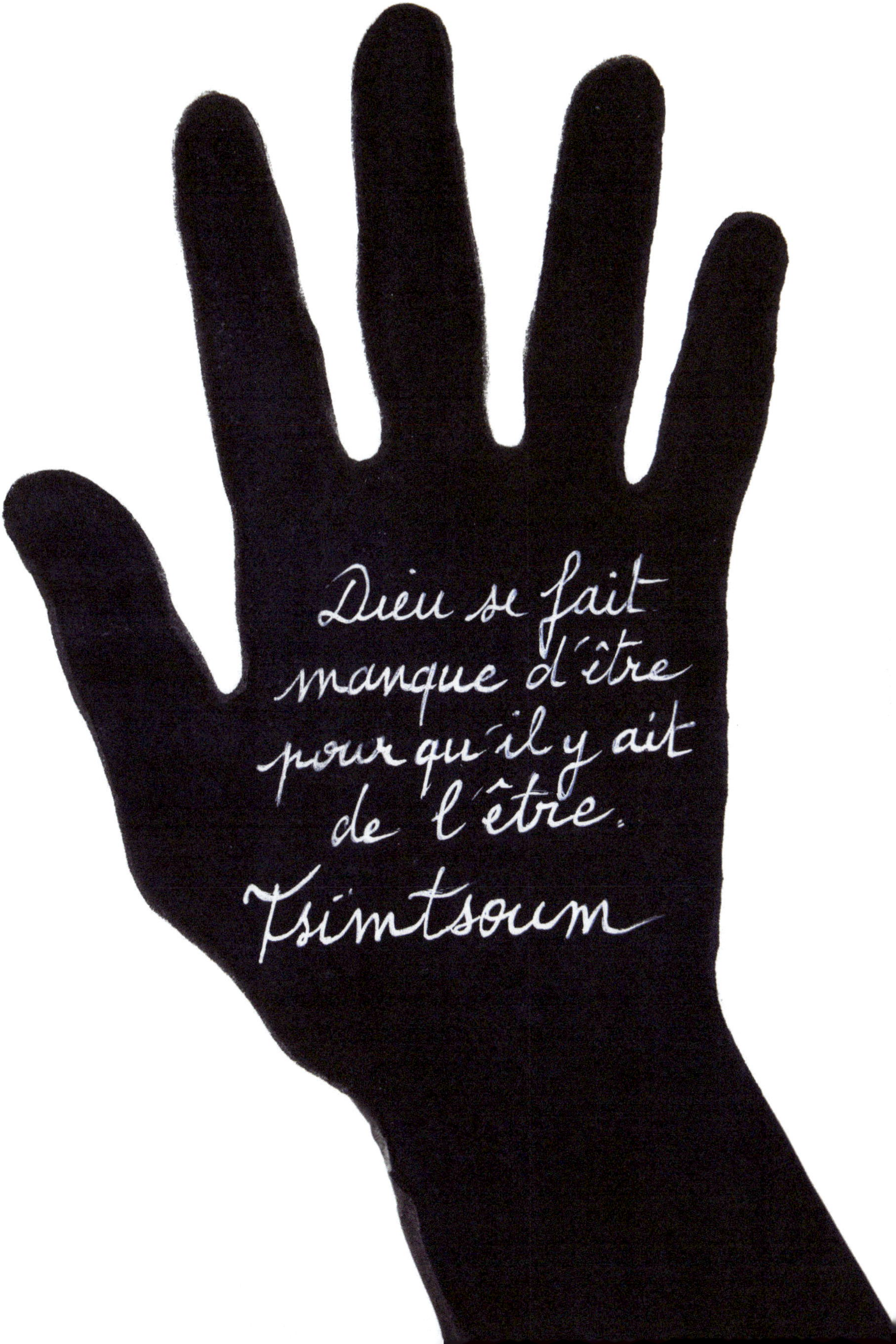
Dieu se fait
manque d'être
pour qu'il y ait
de l'être.
Tsimtsoum

OVNI vu près de l'abbaye de Royaumont dans les années 60

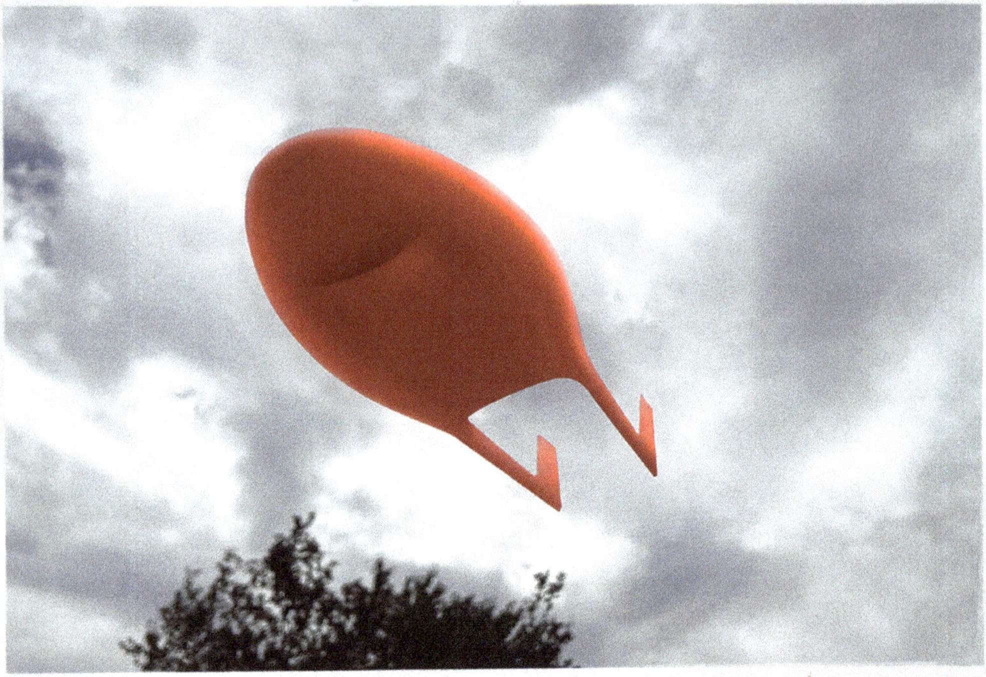

Souvenir du futur ? Création présente, vue dans le passé ? Peut-on intervenir sur notre passé ? Changer qui nous avons été pour devenir qui nous sommes. Cette image créée à partir d'une maquette (de ma fabrication) apparaît dans le ciel de mon passé ce qui me fait la créer au présent. Une boucle de rétro causalité.

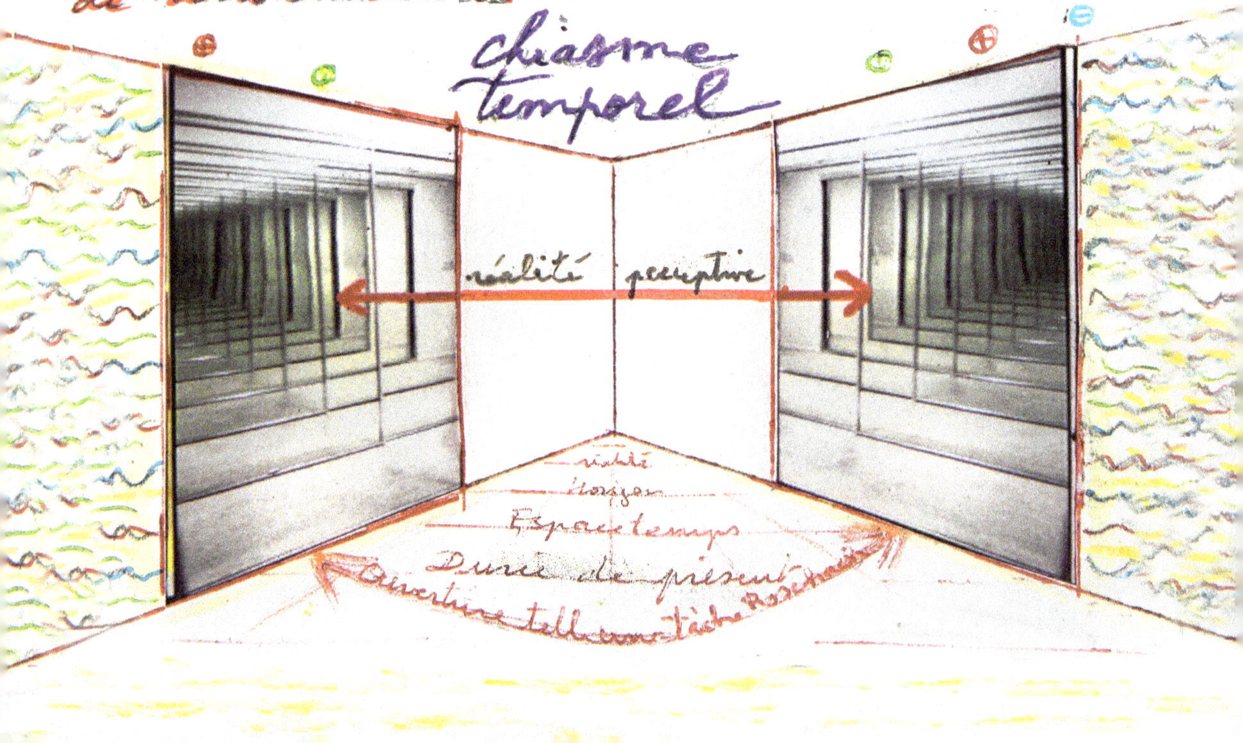

Boucle causale

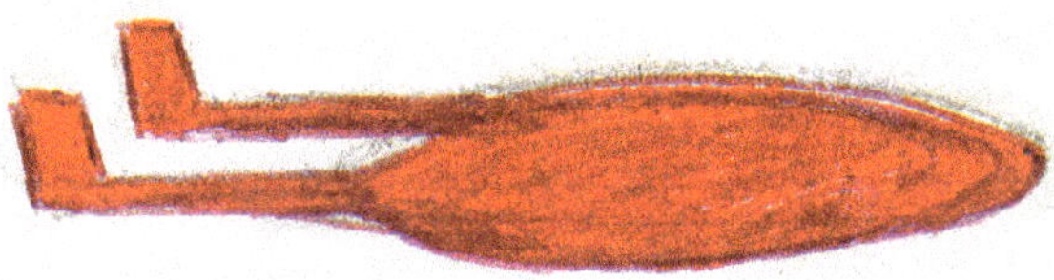

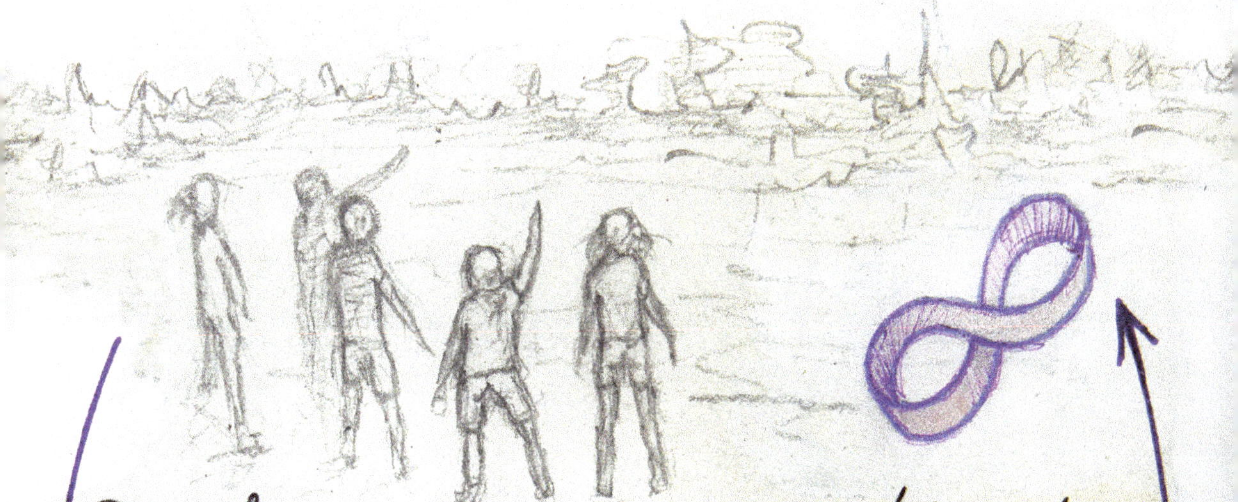

Dans les années 60, mes camarades, ma soeur et moi voyons passer dans le ciel d'été un ovni rouge. 50 ans plus tard, je réalise une maquette, que je mets en scène dans la photo sur la page de gauche.

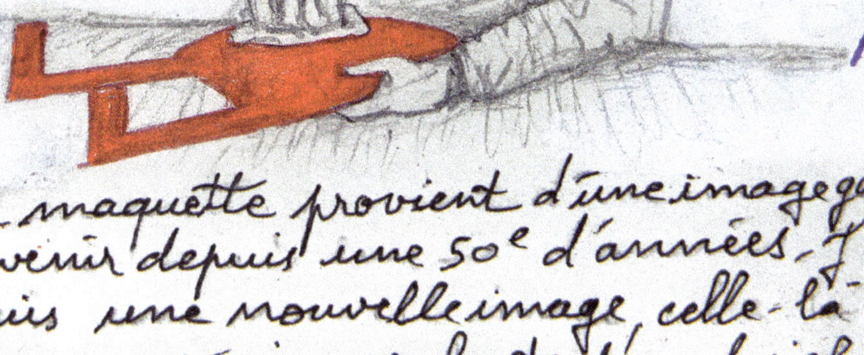

Cette maquette provient d'une image gardée en souvenir depuis une 50e d'années. J'en produis une nouvelle image, celle-là même que j'ai vue enfant, dans le ciel près de l'abbaye de Royaumont.

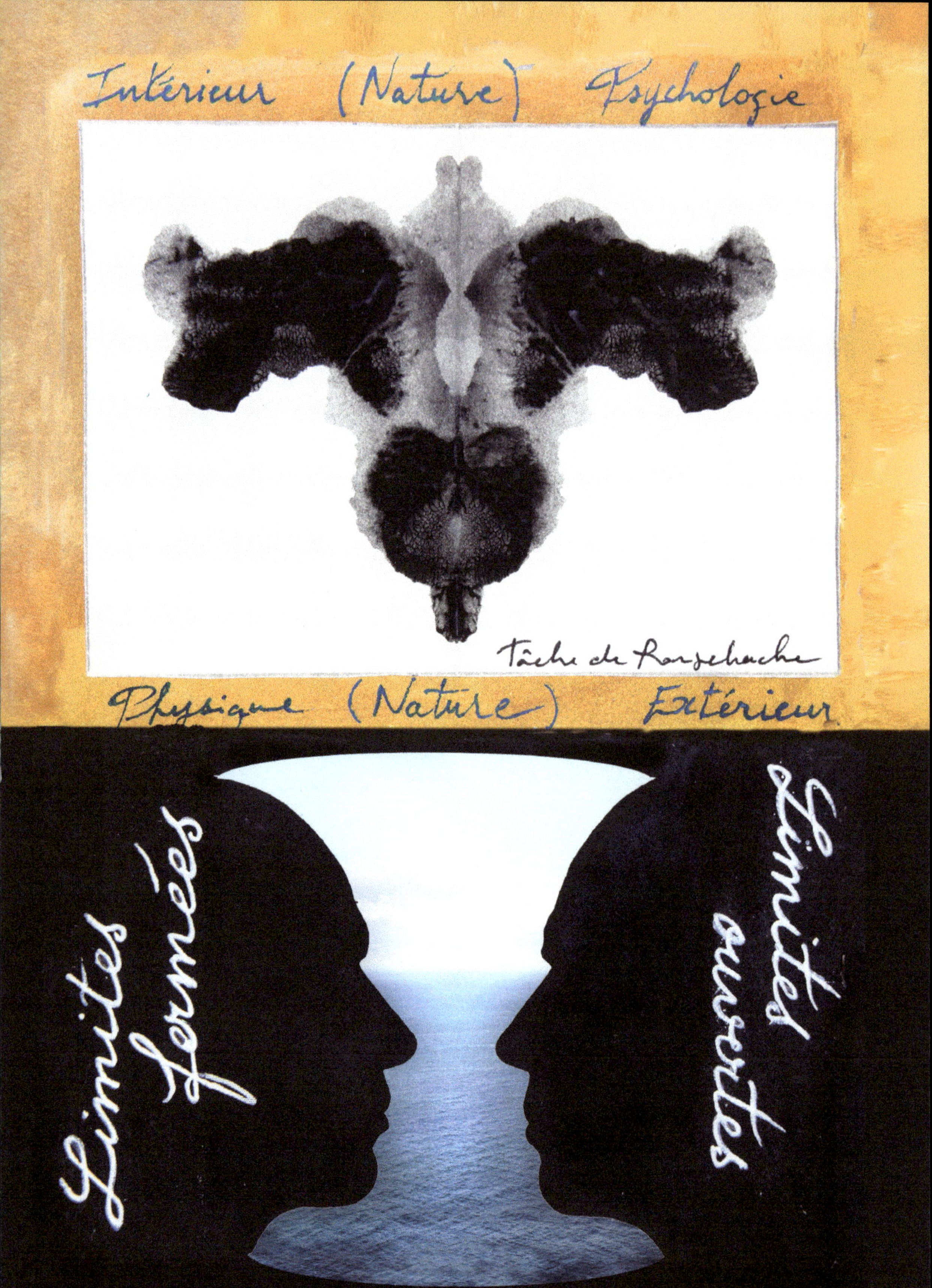
Intérieur (Nature) Psychologie
Tâche de Rorschach
Physique (Nature) Extérieur
Limites fermées
Limites ouvertes

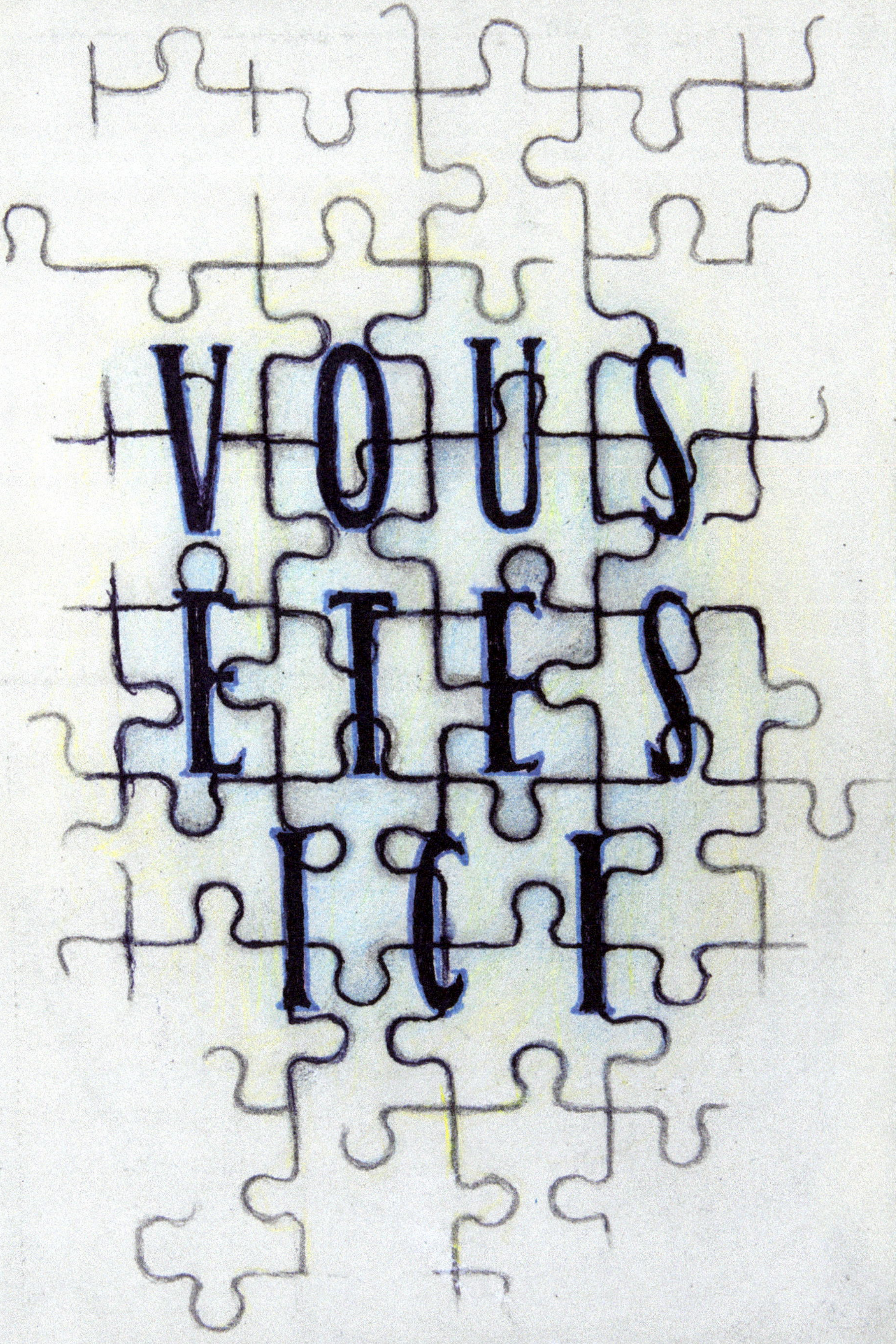
VOUS
ETES
ICI

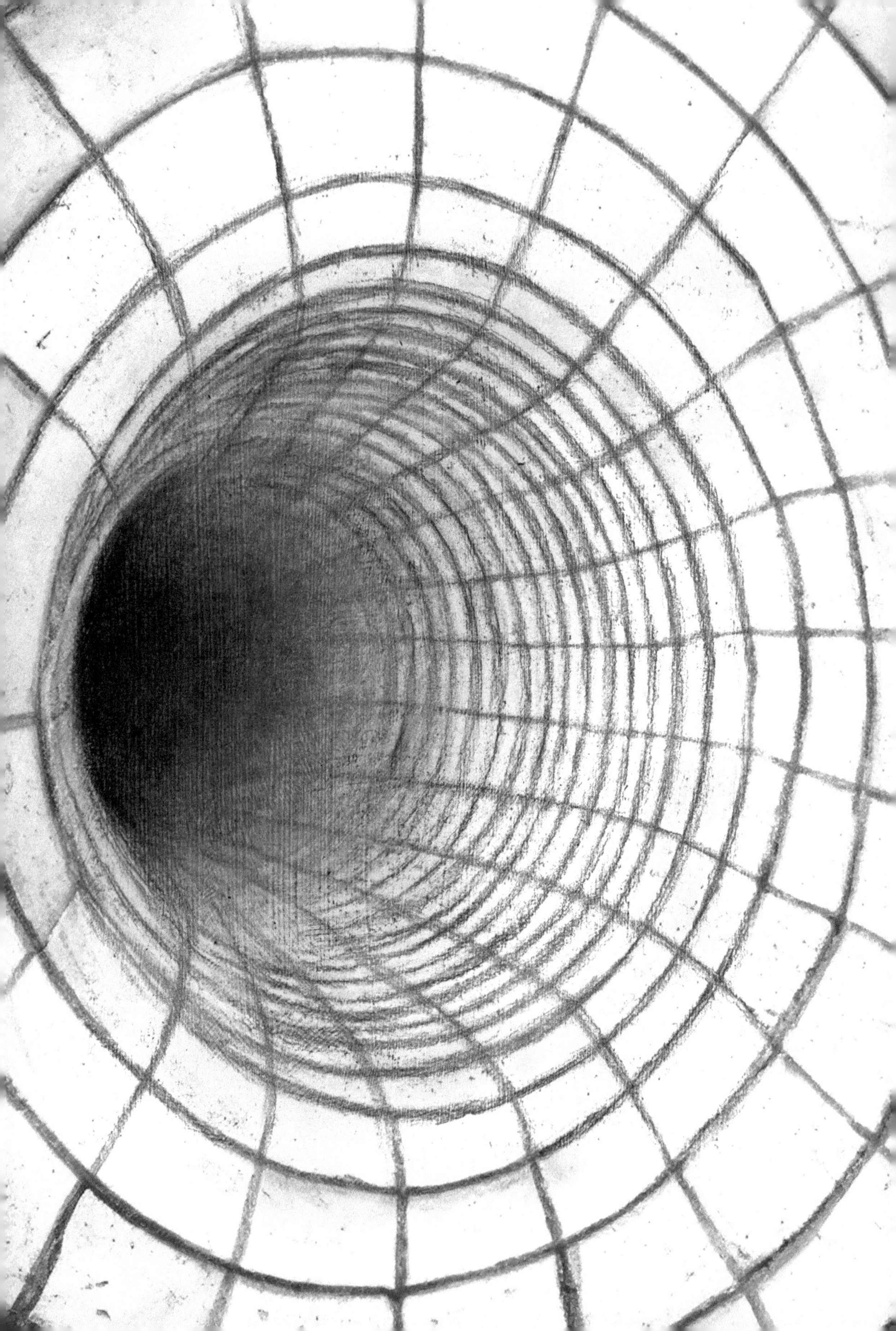

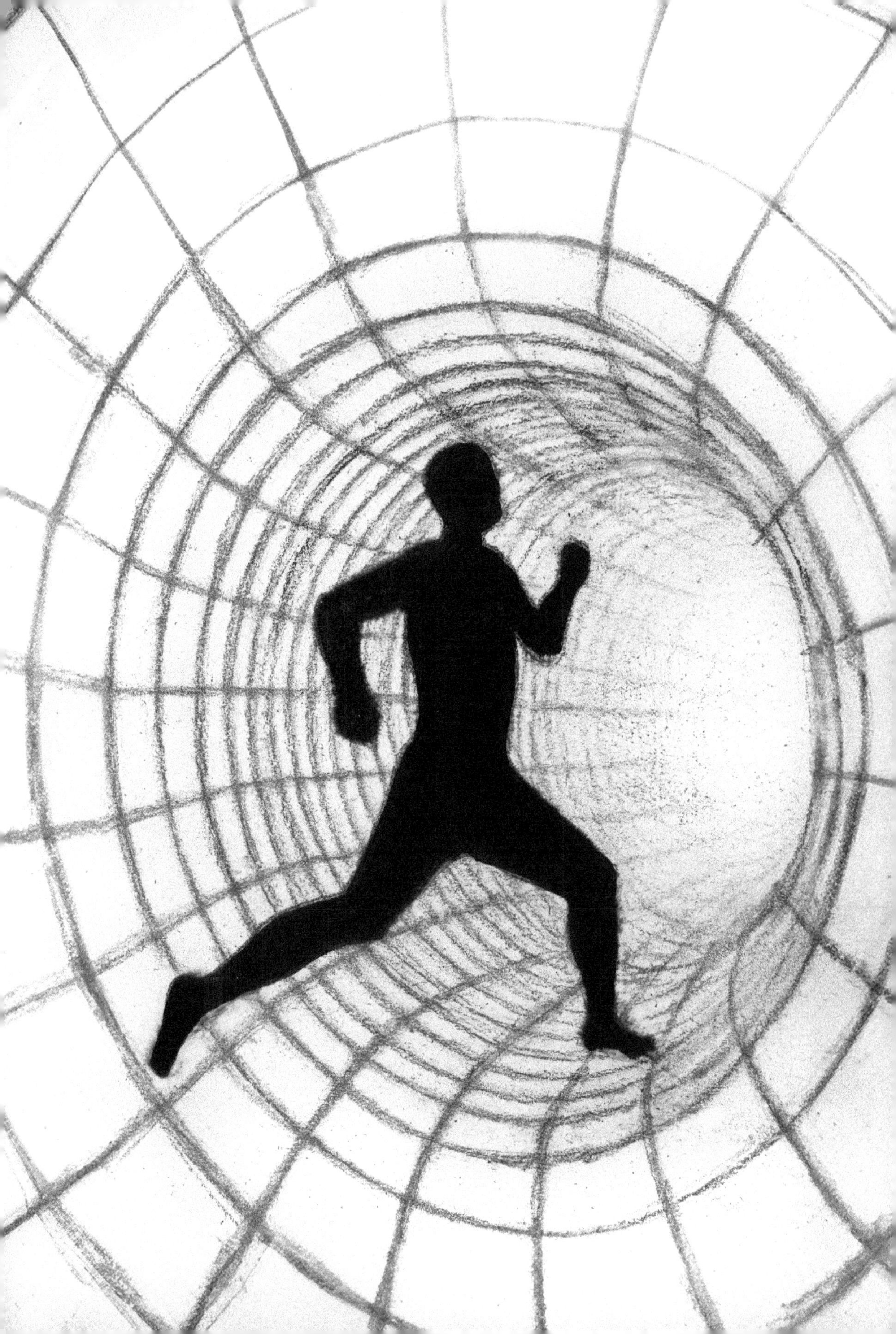

Vision de la réalité vue comme la bande d'un film image par image.

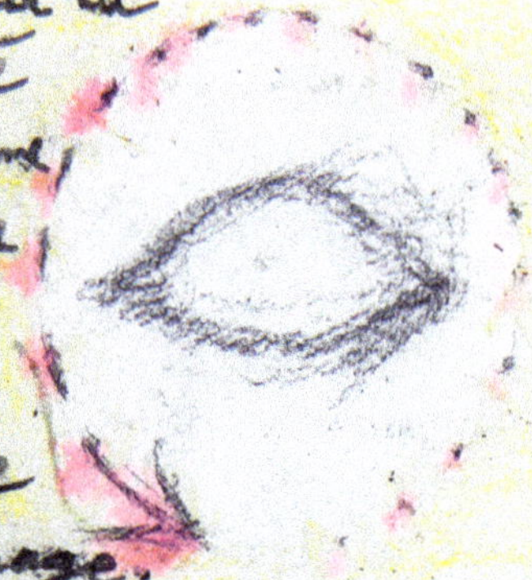

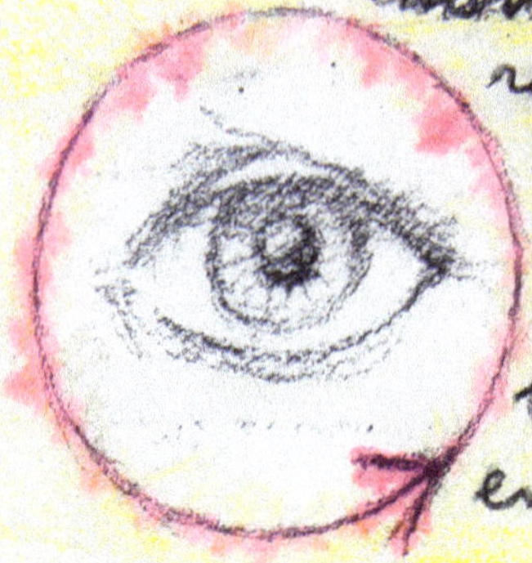

Vision de la réalité telle que nous l'appréhendons.

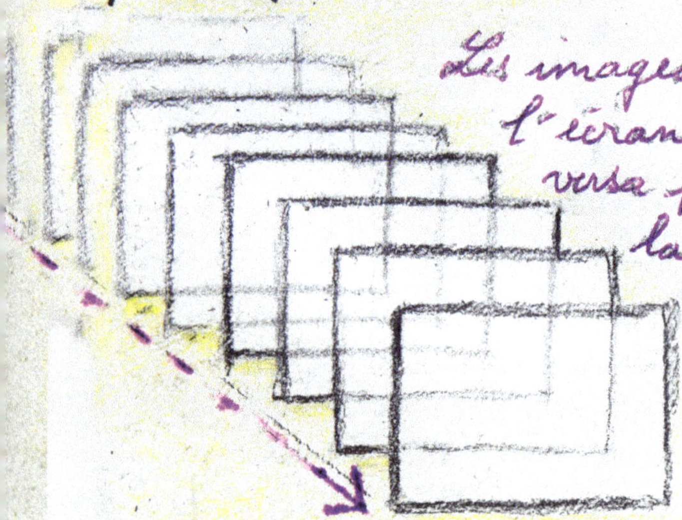

Les images sont renvoyées de l'écran à la caméra et vice-versa presque à la vitesse de la lumière. Comme un film qui se déroulerait si vite que nous verrions au même moment le début et la fin.

Ouroboros

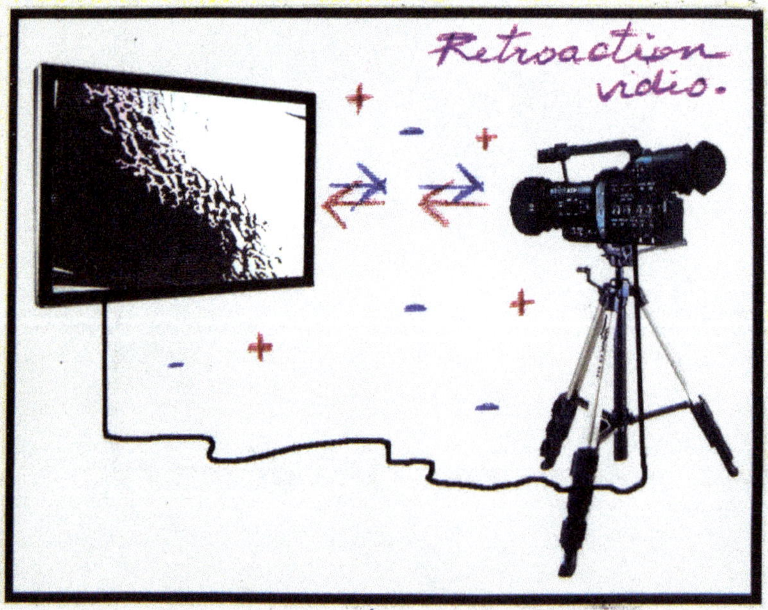

Ondes électromagnétiques

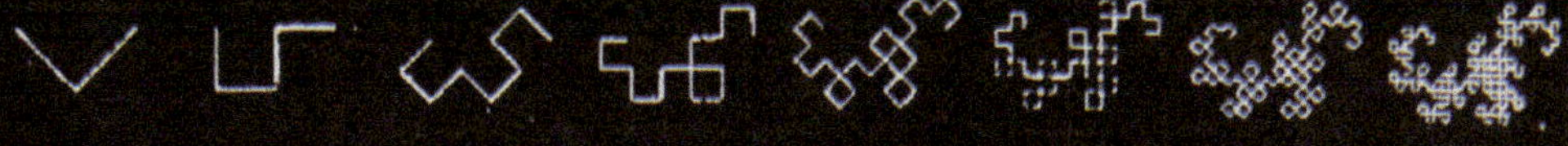

ZOOM OUT

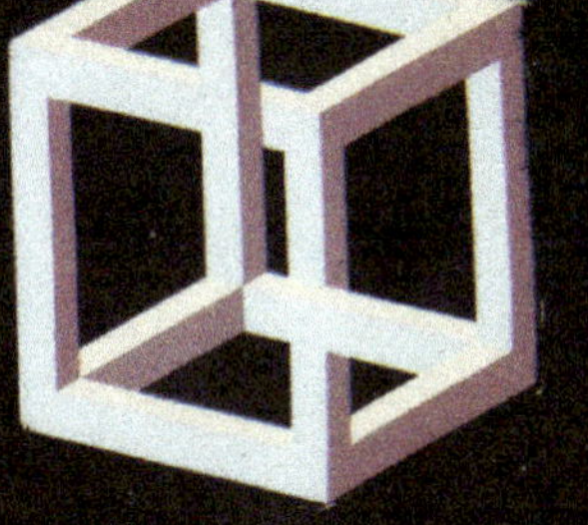

(A) Mise en abyme du moniteur

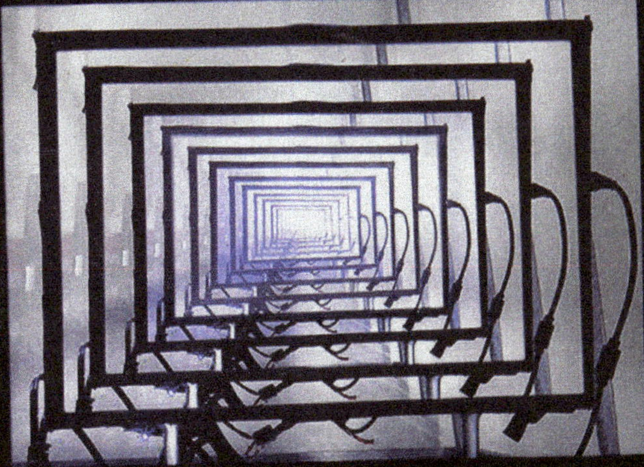

3D

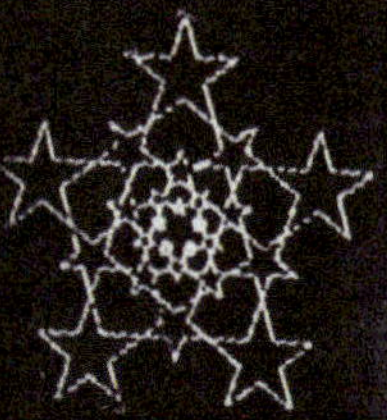

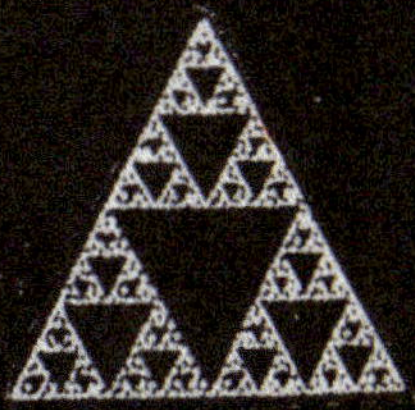

(B) Zoom in jusqu'à la surface de l'écran. Celui-ci n'apparait plus dans l'image.

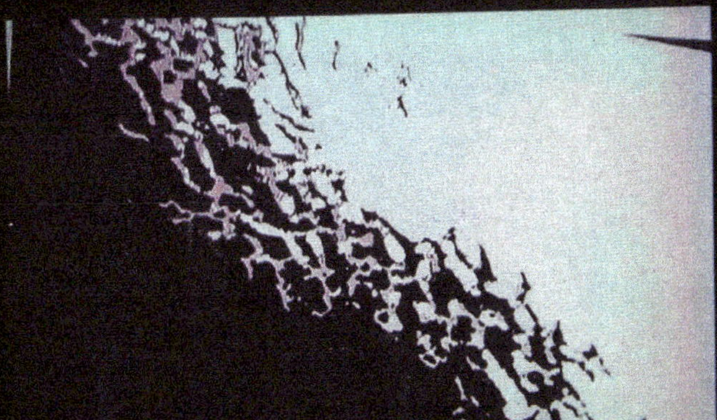

2D

C'est ici sur la surface de l'écran que l'émergence de formes devient possible.

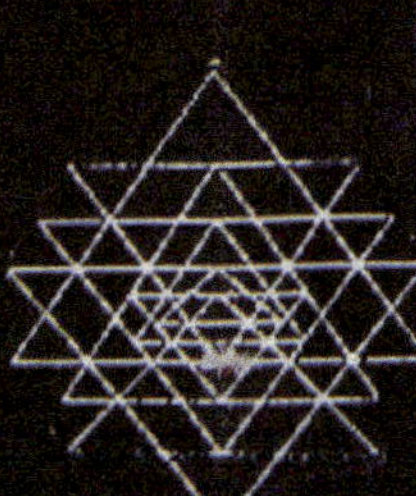

ZOOM IN

Selon la tradition juive, c'est par la langue hébraïque que Dieu a créé l'univers.

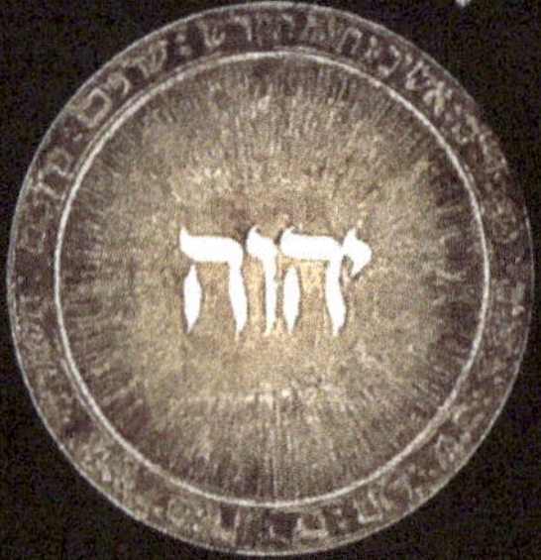

Les clés de l'univers

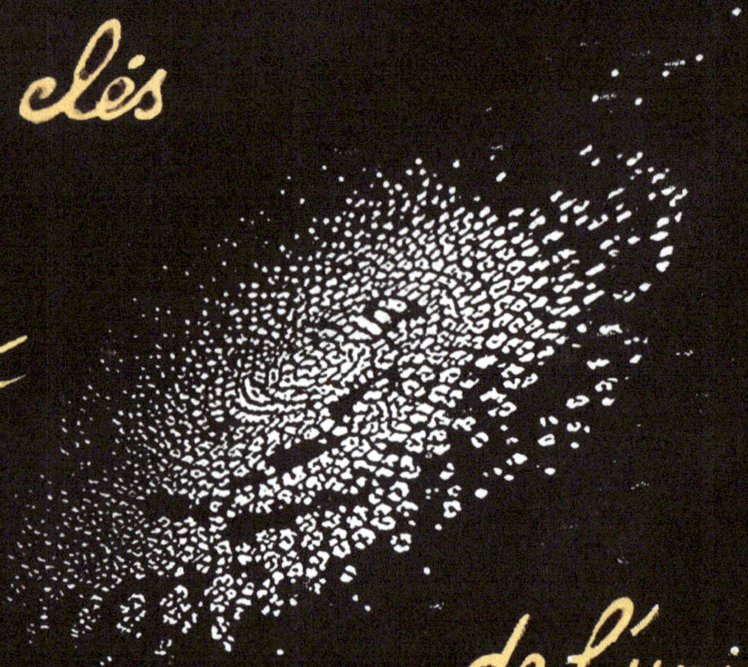

Les 72 Shemot

יהוה

Selon la Kabbale, les lettres contiennent et véhiculent l'énergie de la lumière primordiale. L'homme la porte au cœur de ses cellules.

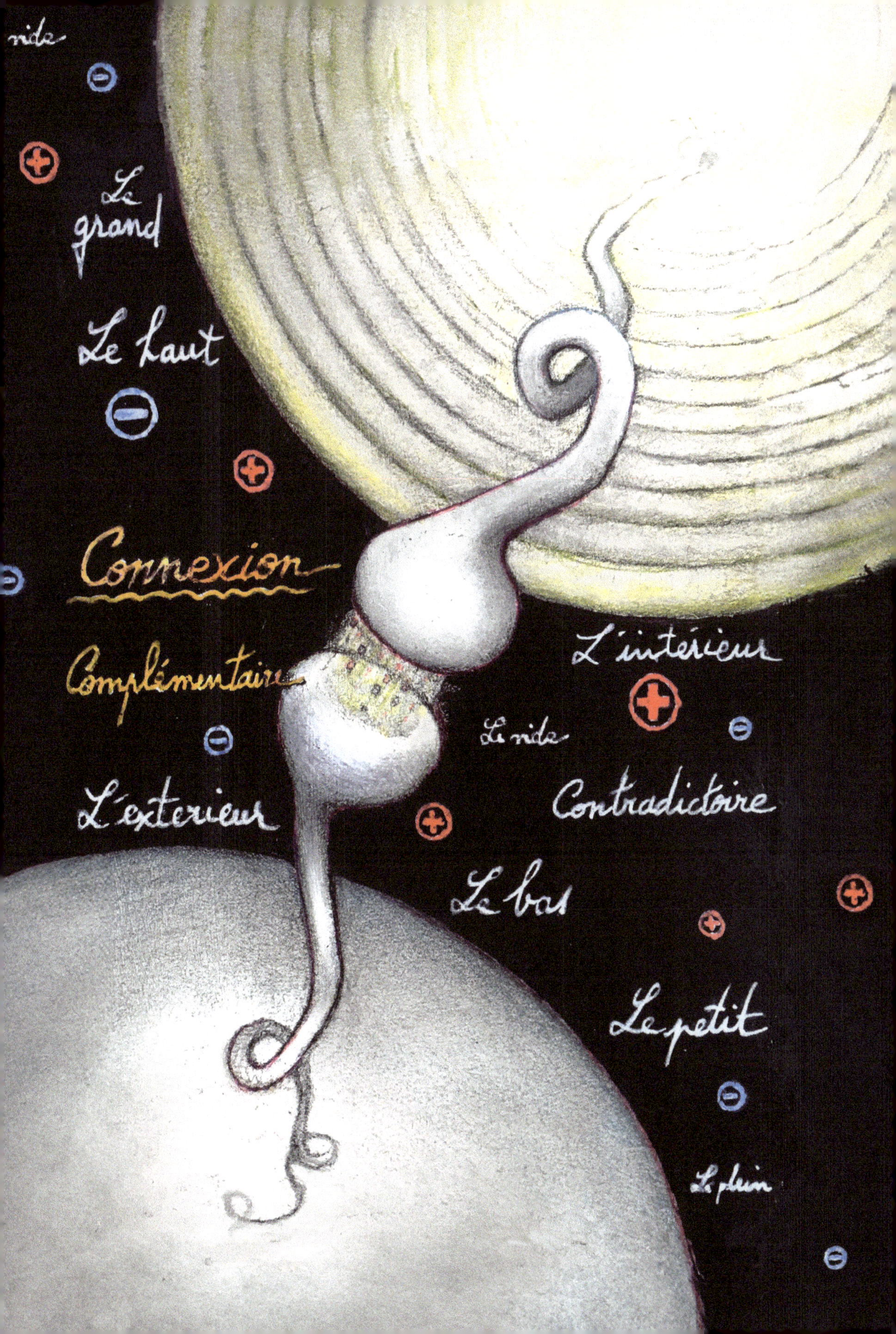

vide
Le grand
Le haut
Connexion
Complémentaire
L'exterieur
L'intérieur
Le vide
Contradictoire
Le bas
Le petit
Le plein

עמעום

Nous sommes dans la nature
La nature est en nous.
Nature est nous
Nous savons quelle est notre
nature profonde.
Nous sommes des individus
unis dans la partie non
visible, comme le sont les
arbres, par les racines, sous
la terre.

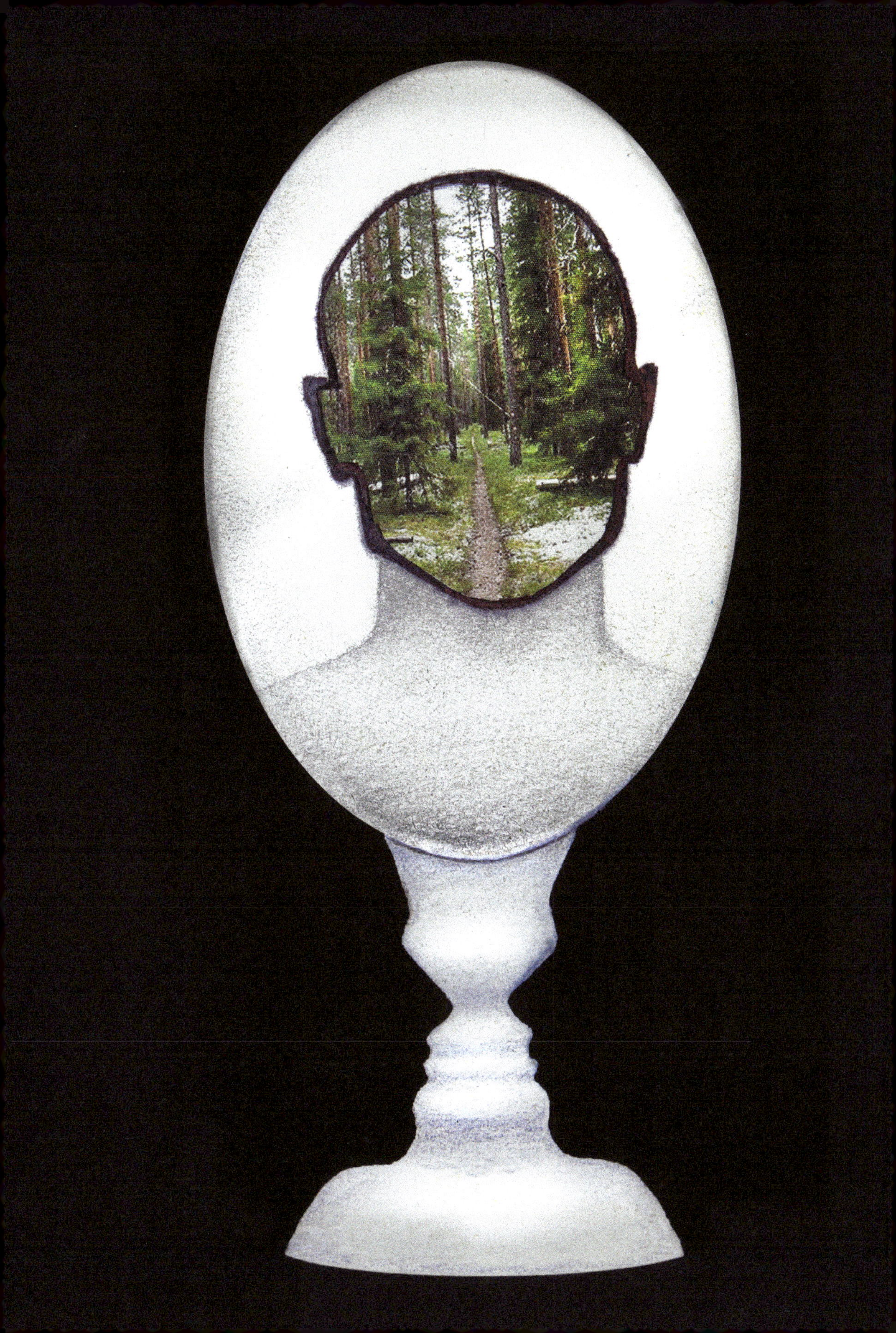

Il ne s'agit pas de faire un choix ou de suivre une direction particulière, mais plutôt de retrouver ses coordonnées initiales. Celles-là se trouvent dans le mode d'emploi que nous sommes. Nous avons toute notre vie pour recomposer ce puzzle. Le choix n'est qu'illusion et la direction, celle du courant qui nous emporte.

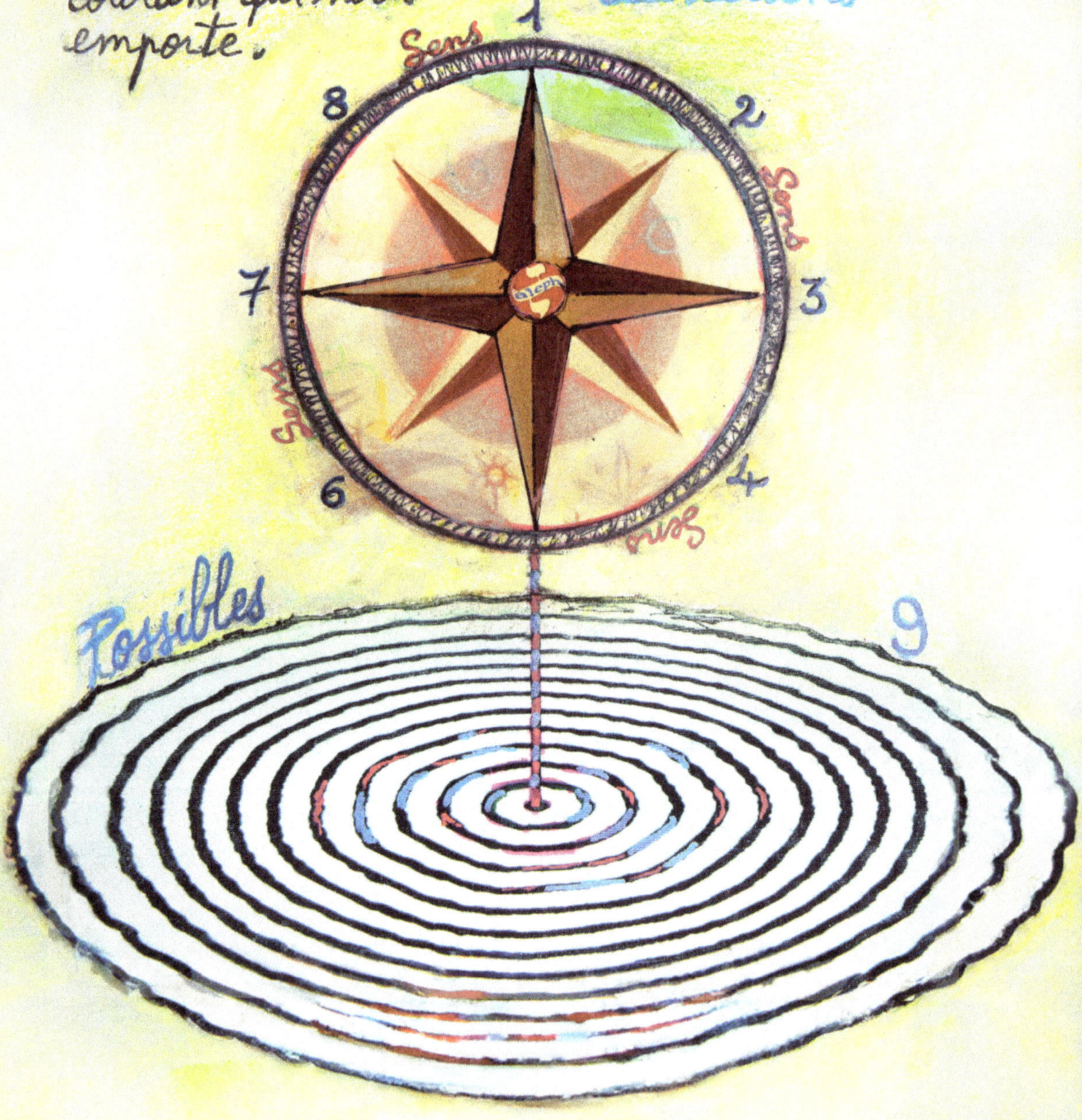

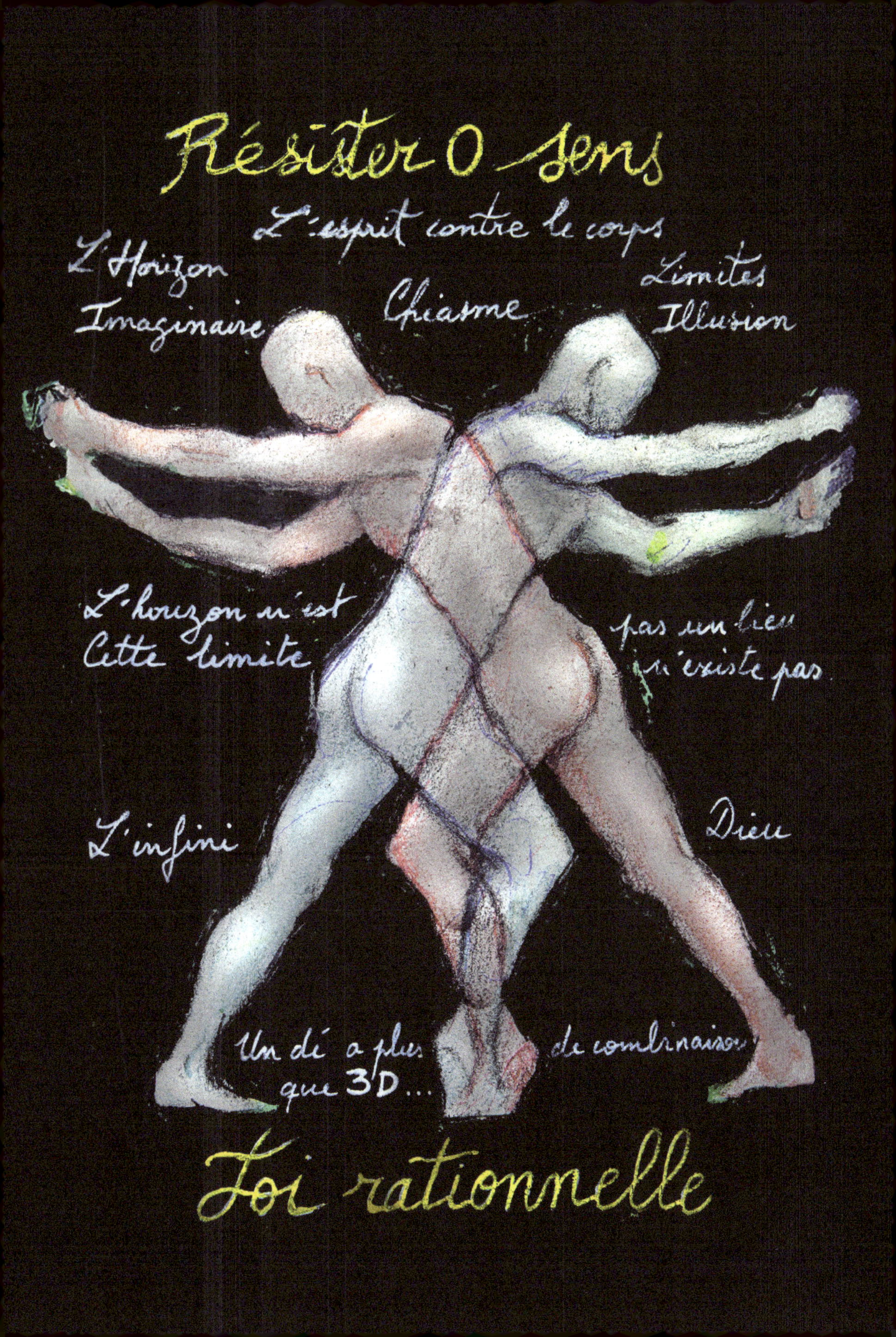
Résister O sens
L'esprit contre le corps
L'Horizon
Imaginaire
Chiasme
Limites
Illusion
L'horizon n'est
pas un lieu
Cette limite
n'existe pas.
L'infini
Dieu
Un dé a plus
de combinaison
que 3D...
Foi rationnelle

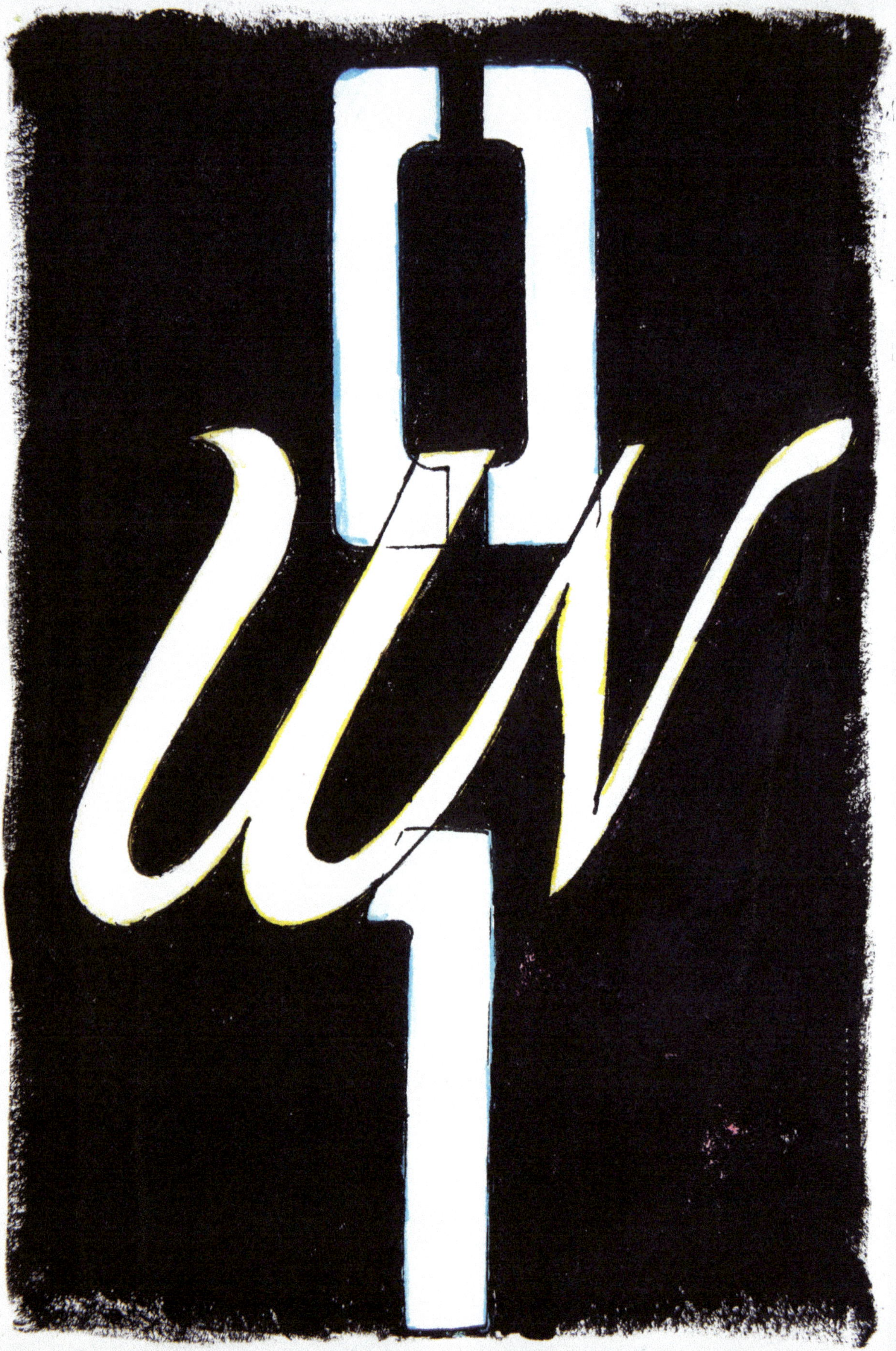

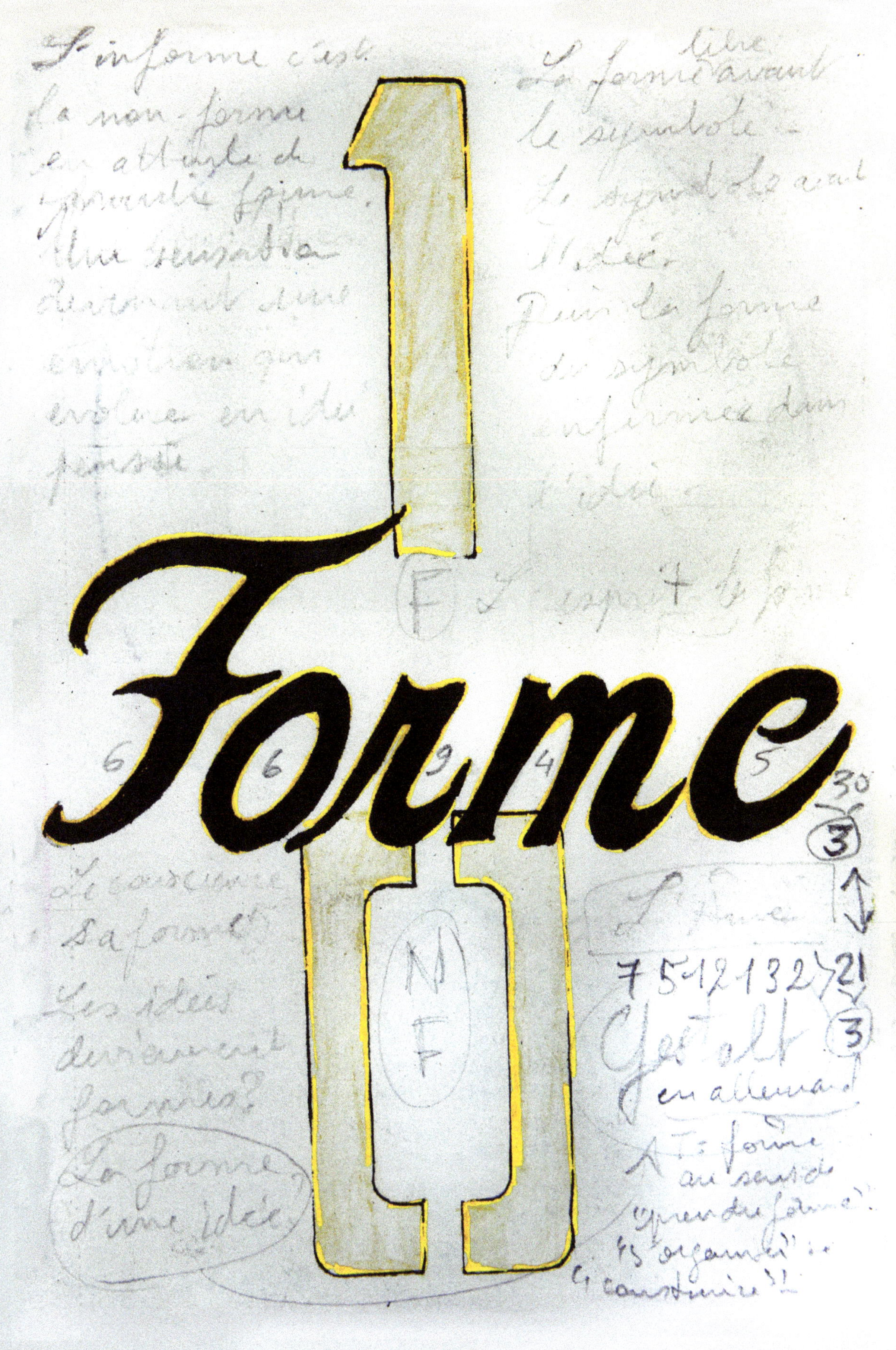
Forme
F
6 6 9 4 5
30
3
7 5 12 13 2
21
3
N
F
Gestalt
en allemand
La forme d'une idée

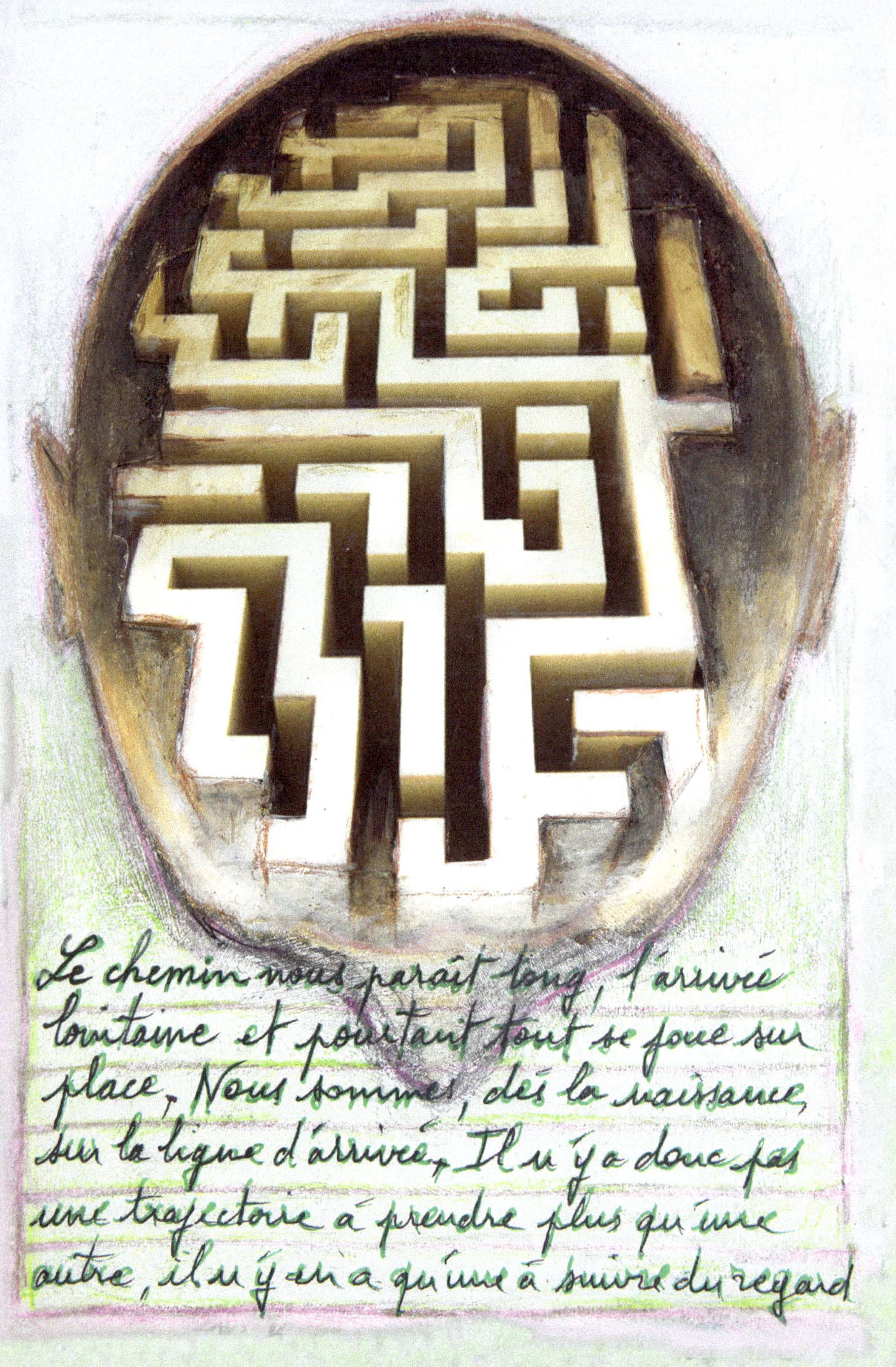
Le chemin nous paraît long, l'arrivée
lointaine et pourtant tout se joue sur
place. Nous sommes, dès la naissance,
sur la ligne d'arrivée. Il n'y a donc pas
une trajectoire à prendre plus qu'une
autre, il n'y en a qu'une à suivre du regard

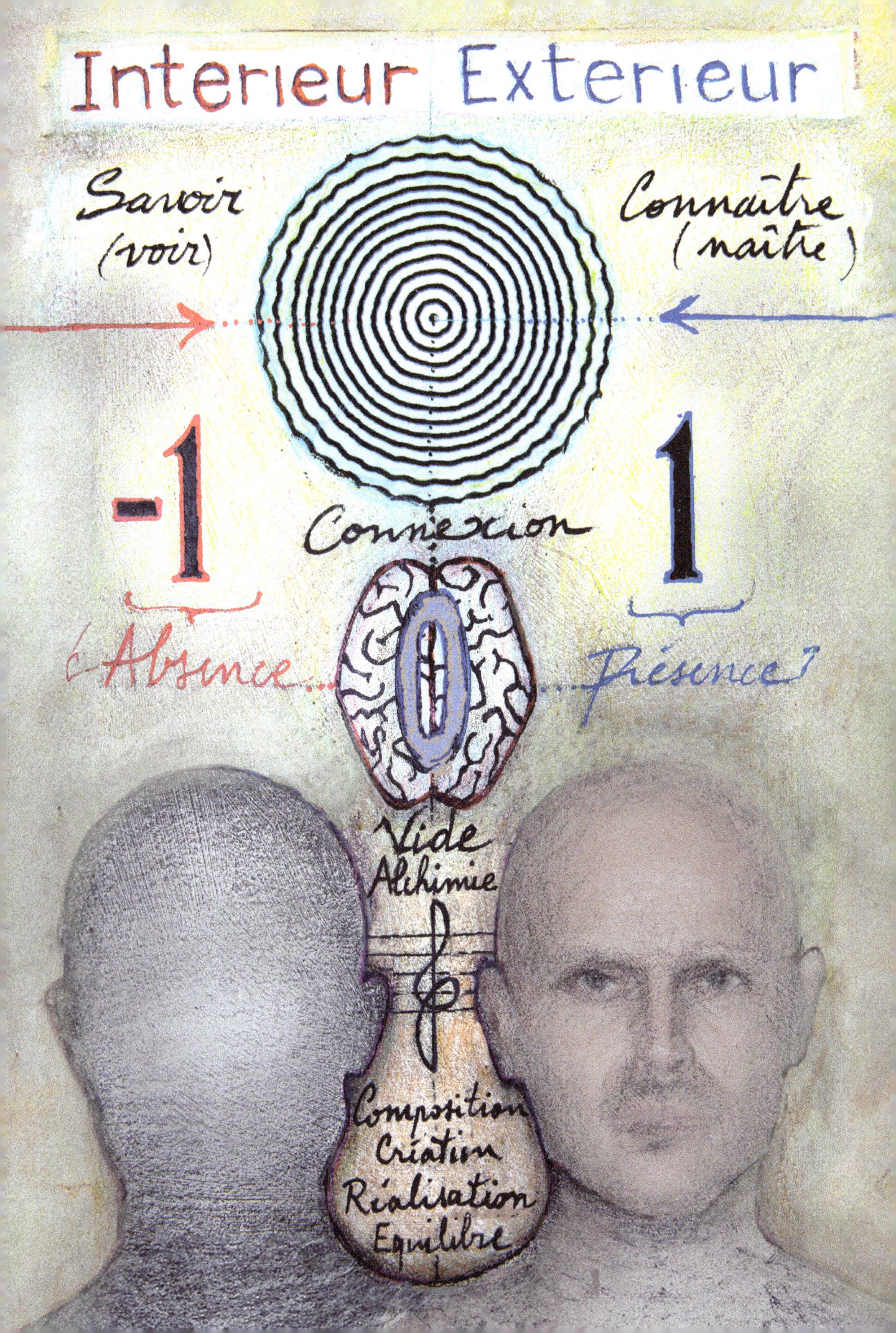
Interieur Exterieur
Savoir
(voir)
Connaître
(naître)
-1
1
Connexion
Absence
Présence
0
Vide
Alchimie
Composition
Création
Réalisation
Equilibre

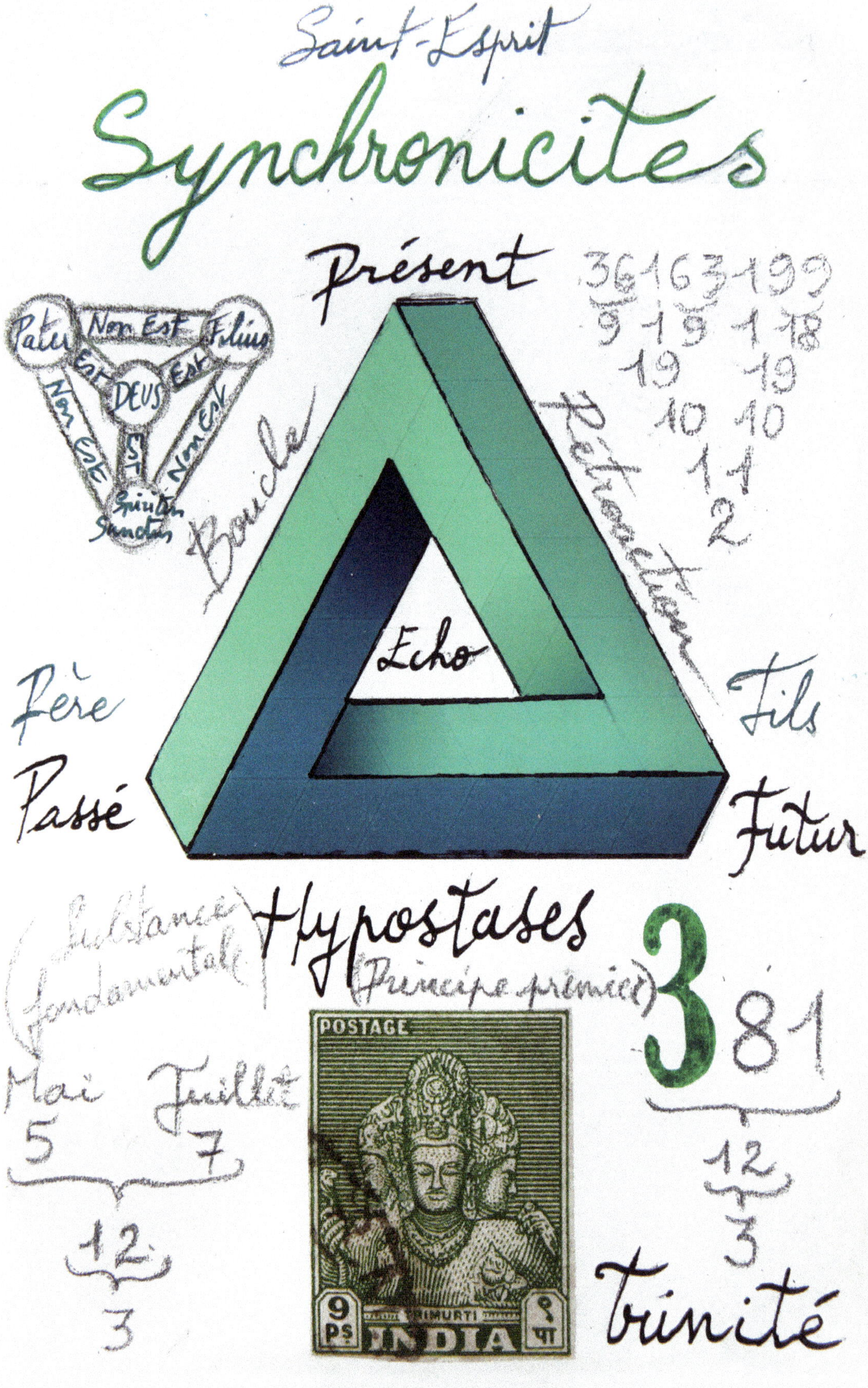
Saint-Esprit
Synchronicités
Présent
36163199
9 19 1 18
19 19
10 10
1 1
2
Pater
Non Est
Filius
Est
Est
DEUS
Non Est
Est
Non Est
Spiritus Sanctus
Boucle
Rétroaction
Echo
Père
Fils
Passé
Futur
Substance fondamentale
Hypostases
(Principe premier)
3
81
12
3
Mai
Juillet
5
7
12
3
POSTAGE
TRIMURTI
9 PS
INDIA
trinité

SCHEMA SYMBOLICVM NOVEM MVSARVM ET APOLLINIS
iuxtamentem Mythologorum & Græcorum & Hebræorum Iconis IV.

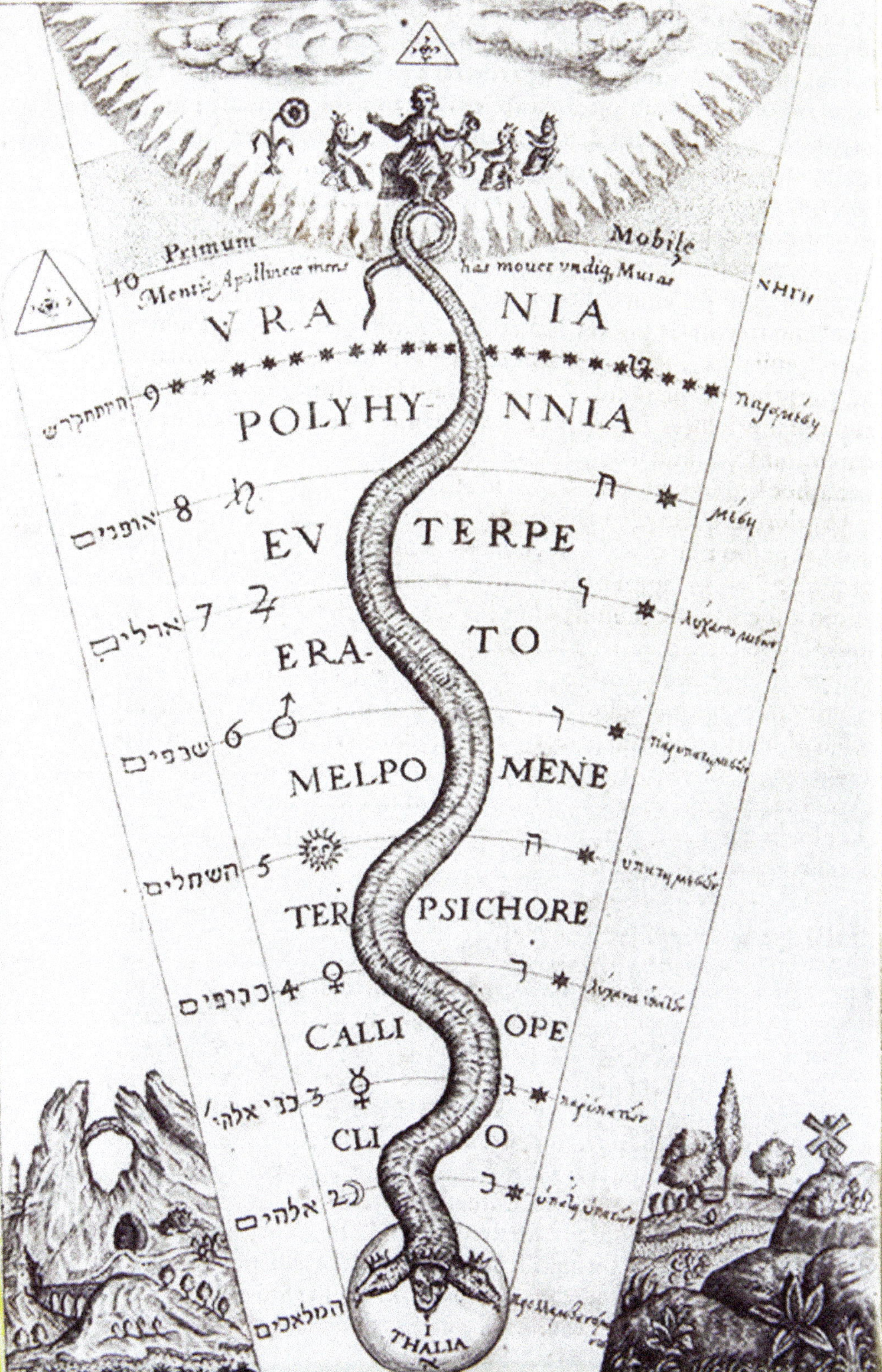

Paréidolie

Une substance informe, mouvante, saisie par les regards, se cristalise en forme. Un consensus s'installe et la réalité naît. Les choses du monde vivantes ou non, n'ont aucun autre but que celui qu'on leur concède. L'imaginaire palpe, malaxe et finalement sculpte ce décor qui nous entoure.

Absolument rien

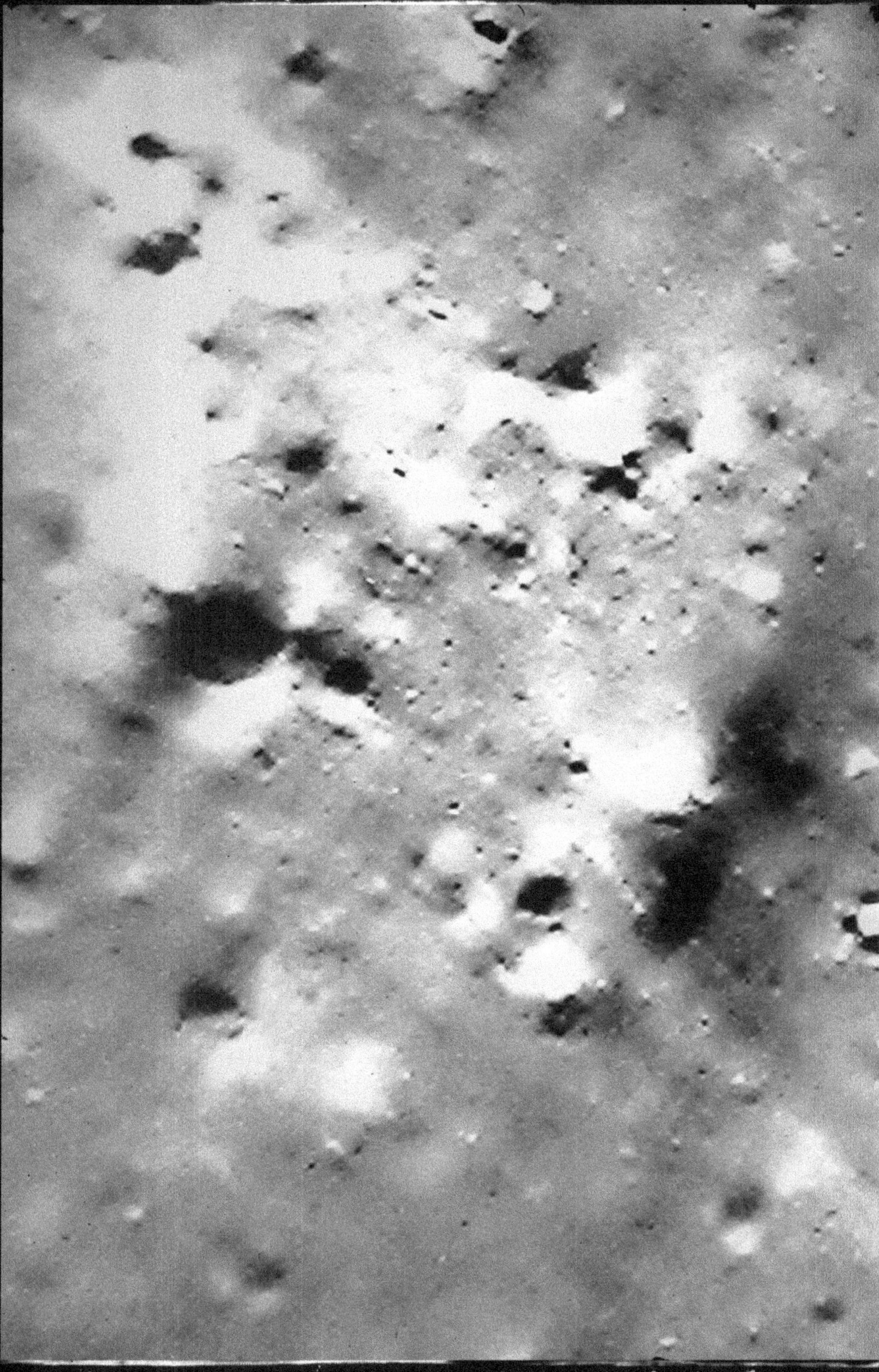

Ceci n'est pas la surface de la Lune.

Image émergente du système vidéo feedback

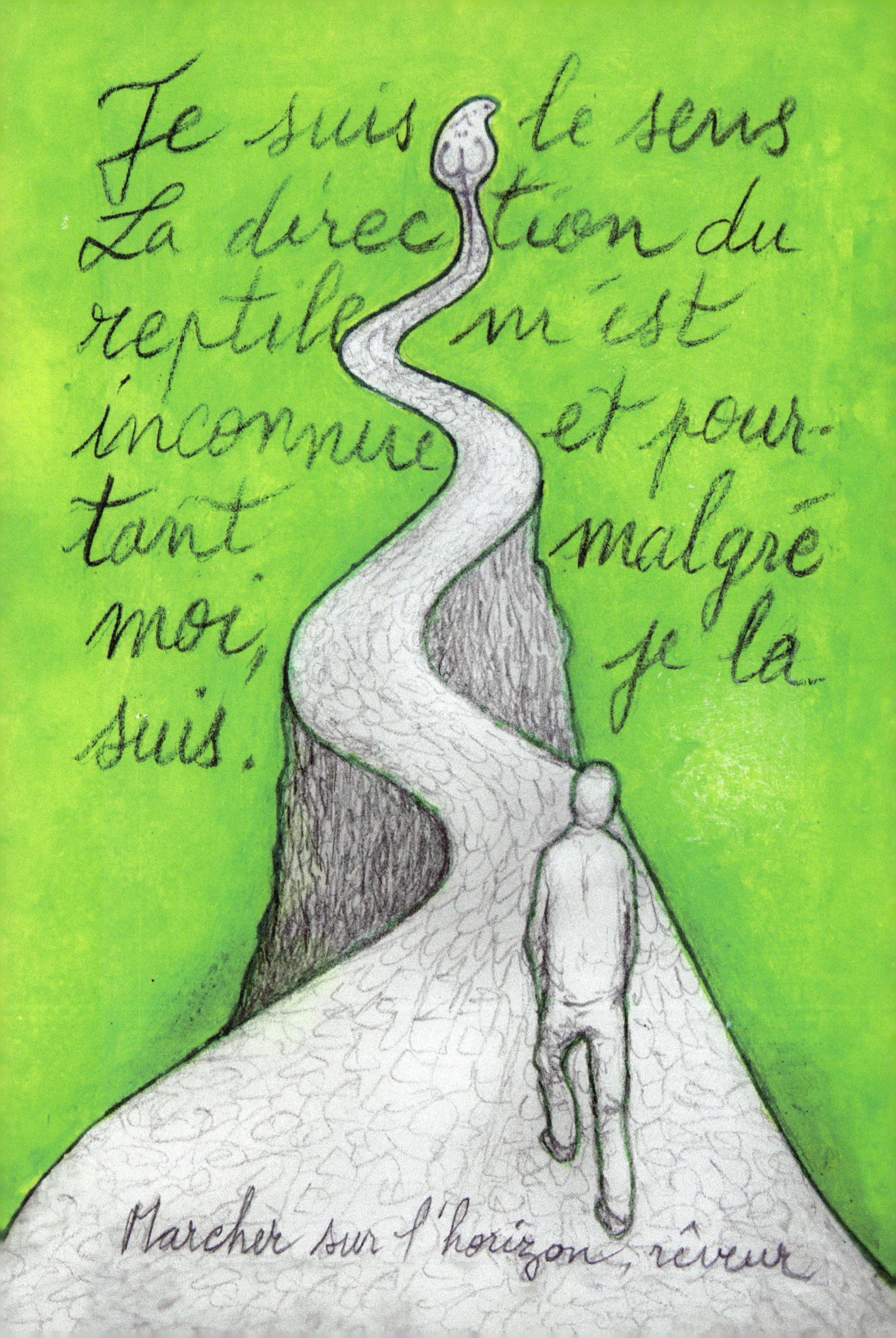
Je suis le sens
La direction du
reptile m'est
inconnue et pour-
tant malgré
moi, je la
suis.
Marcher sur l'horizon, rêveur

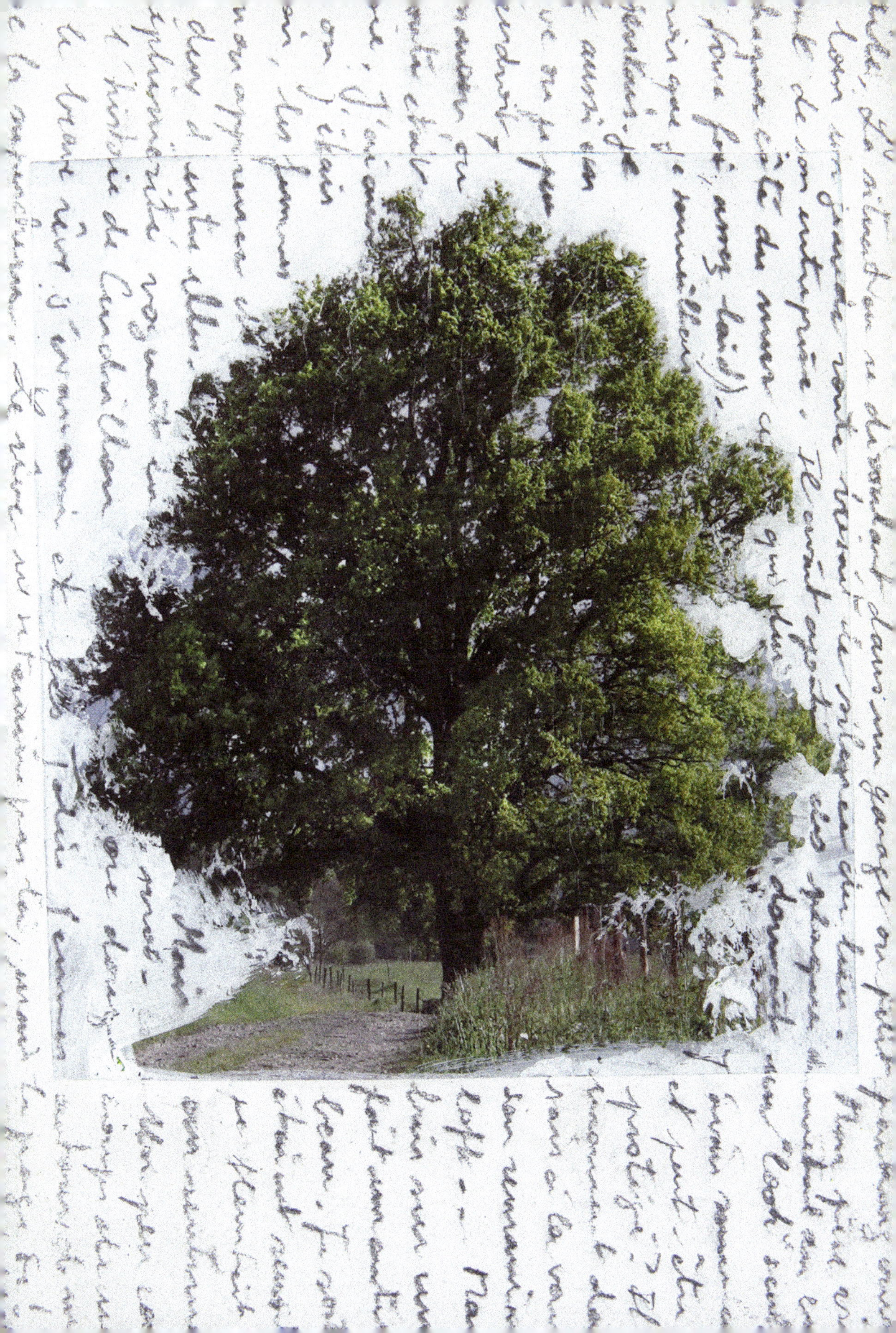

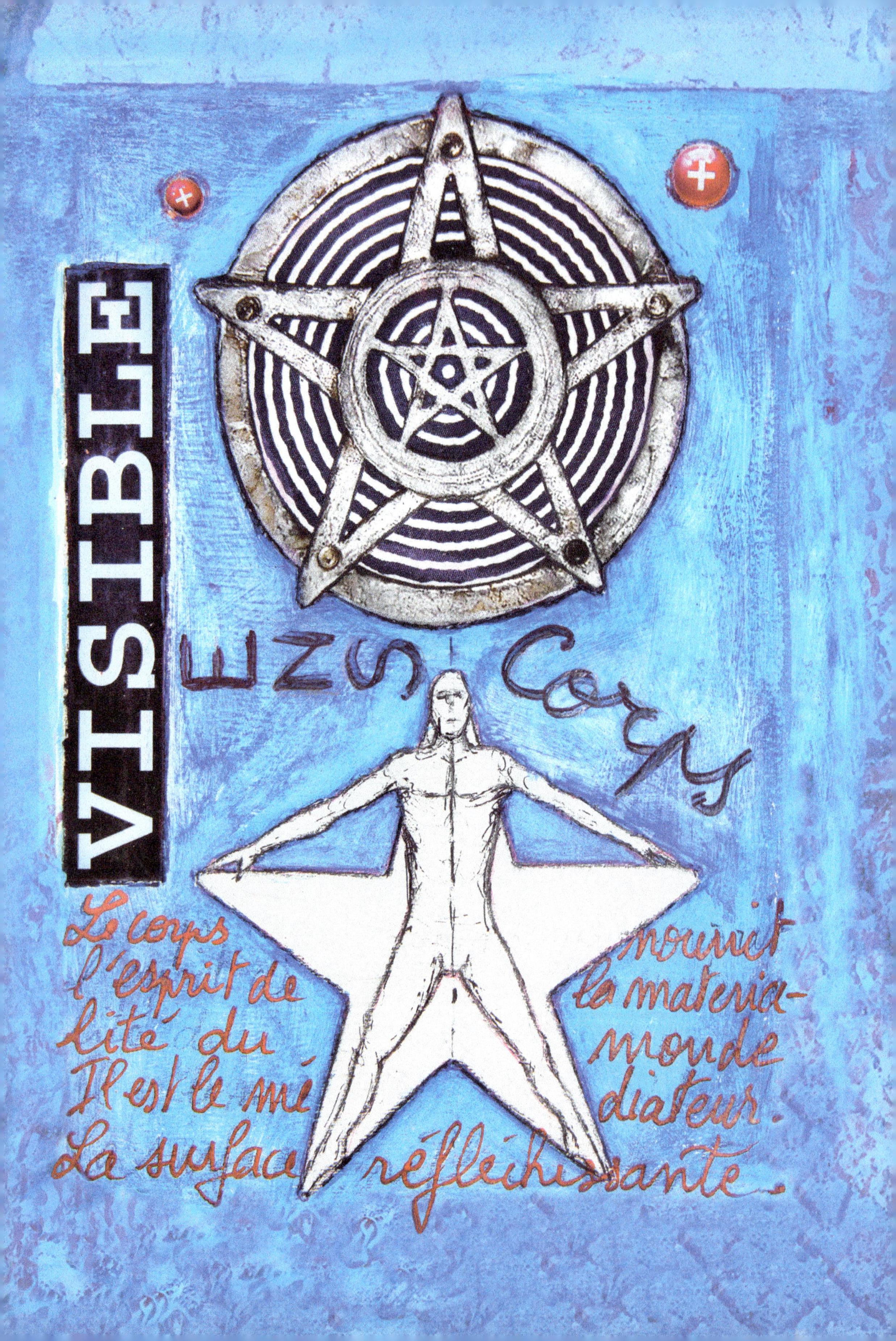
VISIBLE
Corps
Le corps
nourrit
l'esprit de
la matéria-
lité du
monde
Il est le mé
diateur.
La surface
réfléchissante.

L'esprit saisit le corps.
Il l'anime aussi. Il transforme la matérialité du monde en information.
Il est le miroir réfléchissant.

A
M

INVISIBLE

S
P
R
I
T

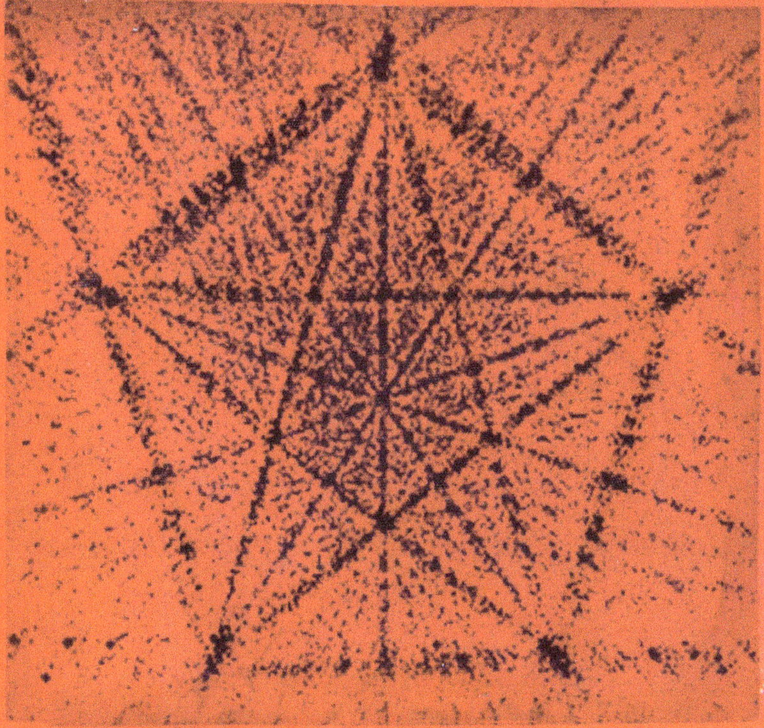

Quasi-cristaux dans la première explosion nucléaire

!

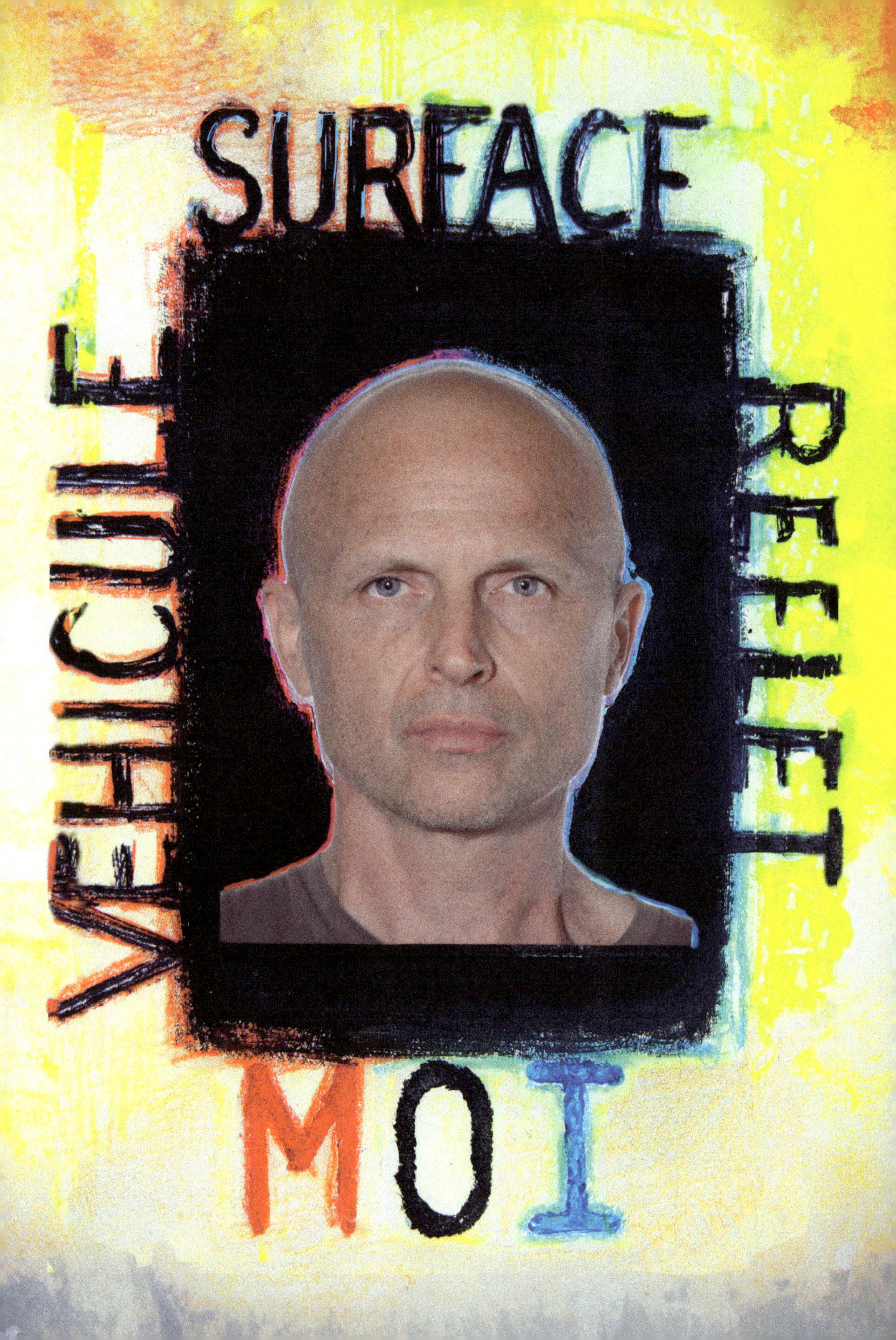
SURFACE
VEHICULE
REFLET
MOI

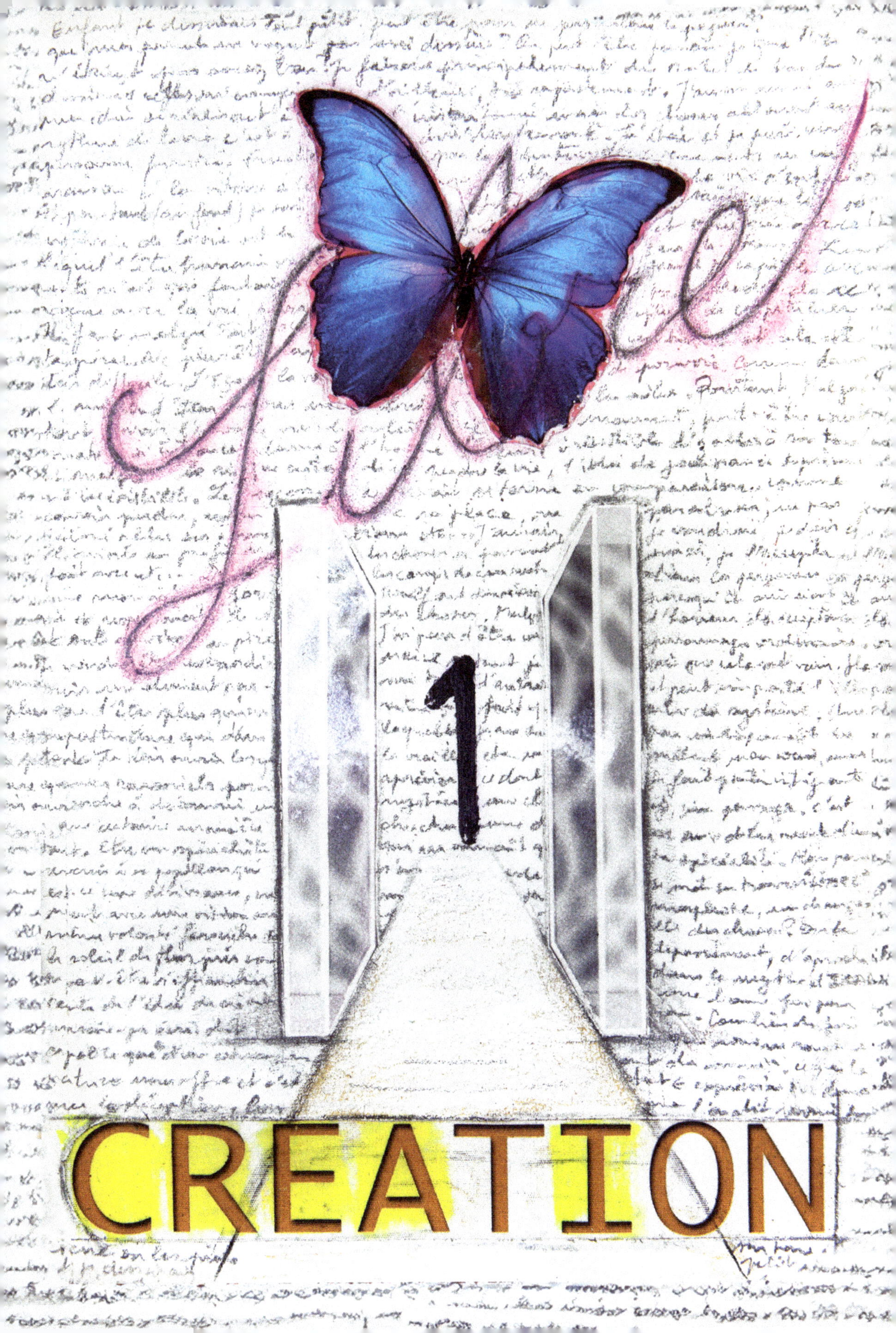
1
CREATION

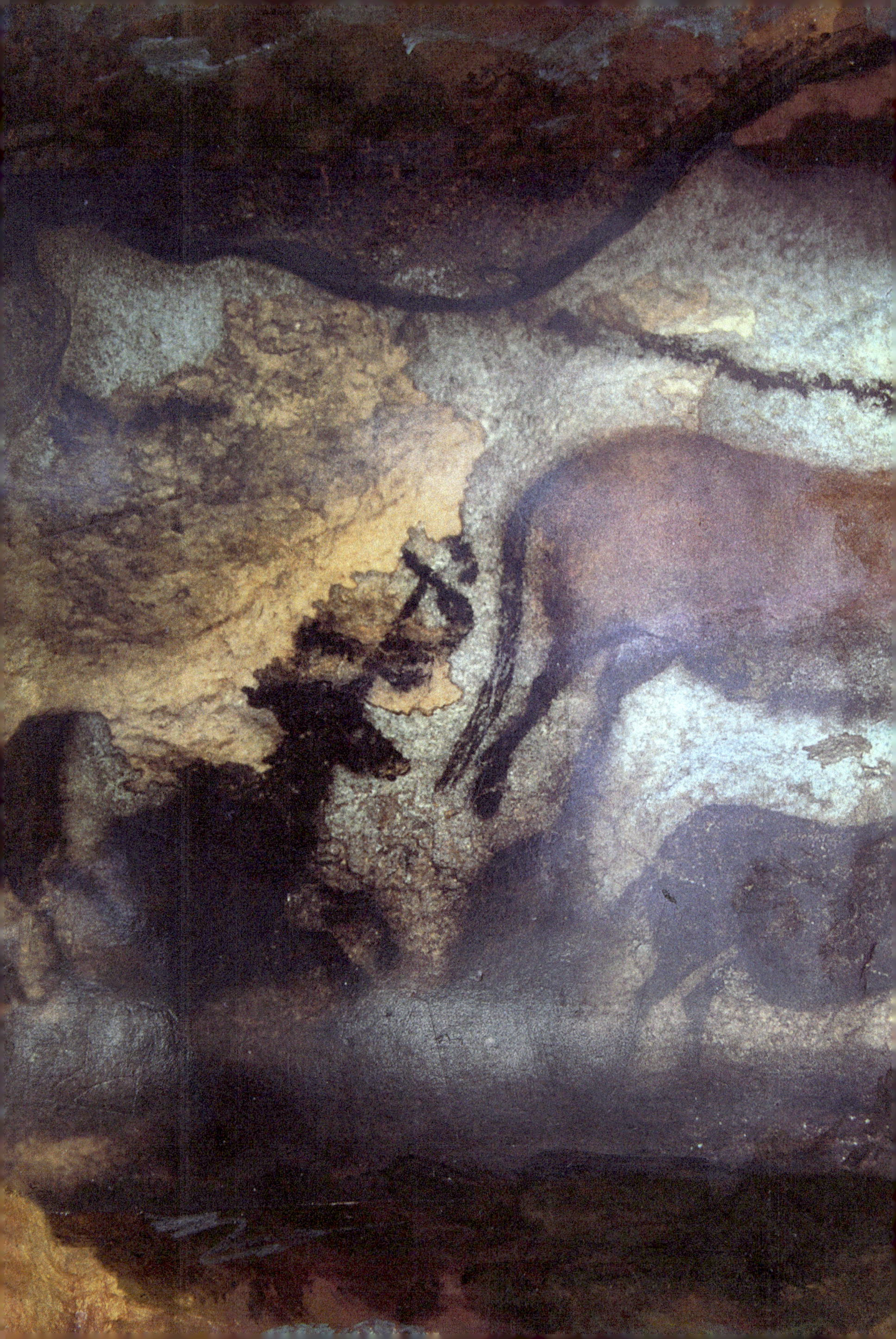

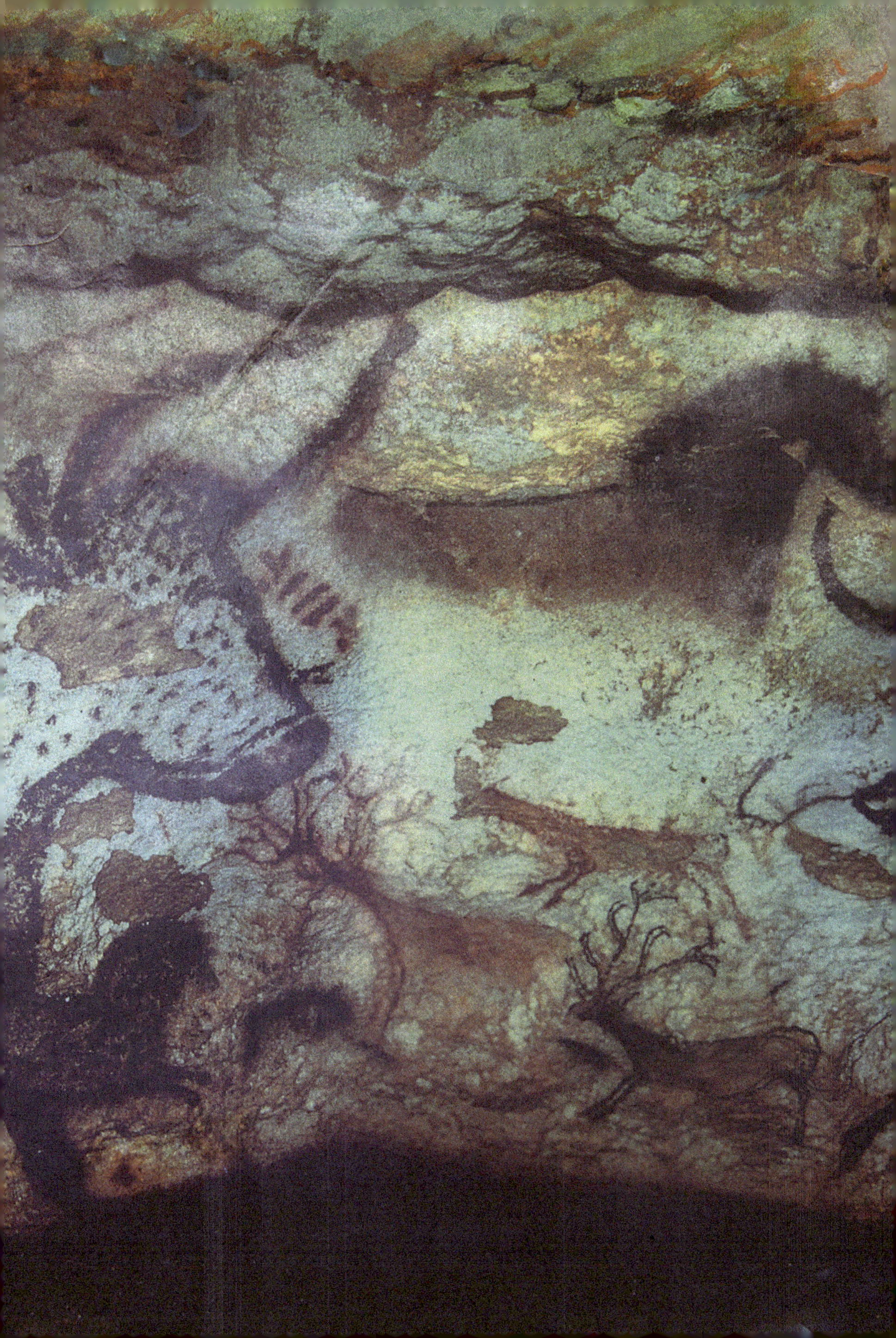

Ma vie est unique et sans retour.

Je regrette les vies que je n'ai pas vécues -

Leurs souvenirs m'envahissent -

Toutes ces vies, ces histoires compressées en l'instant - mon présent à présent, trop lent trop court, ne peut s'ajuster au déroulement du film, qui pourtant dure si peu -

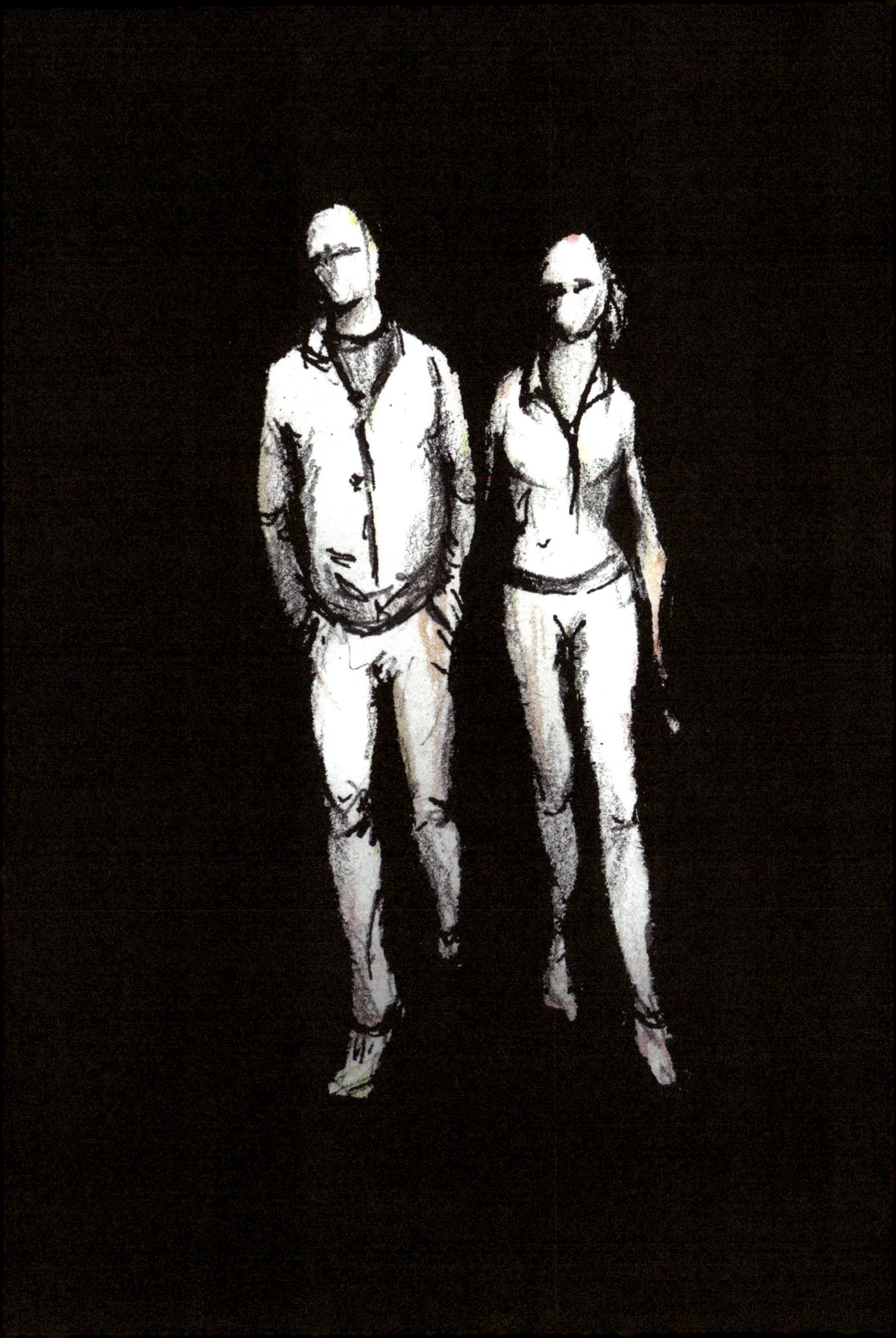

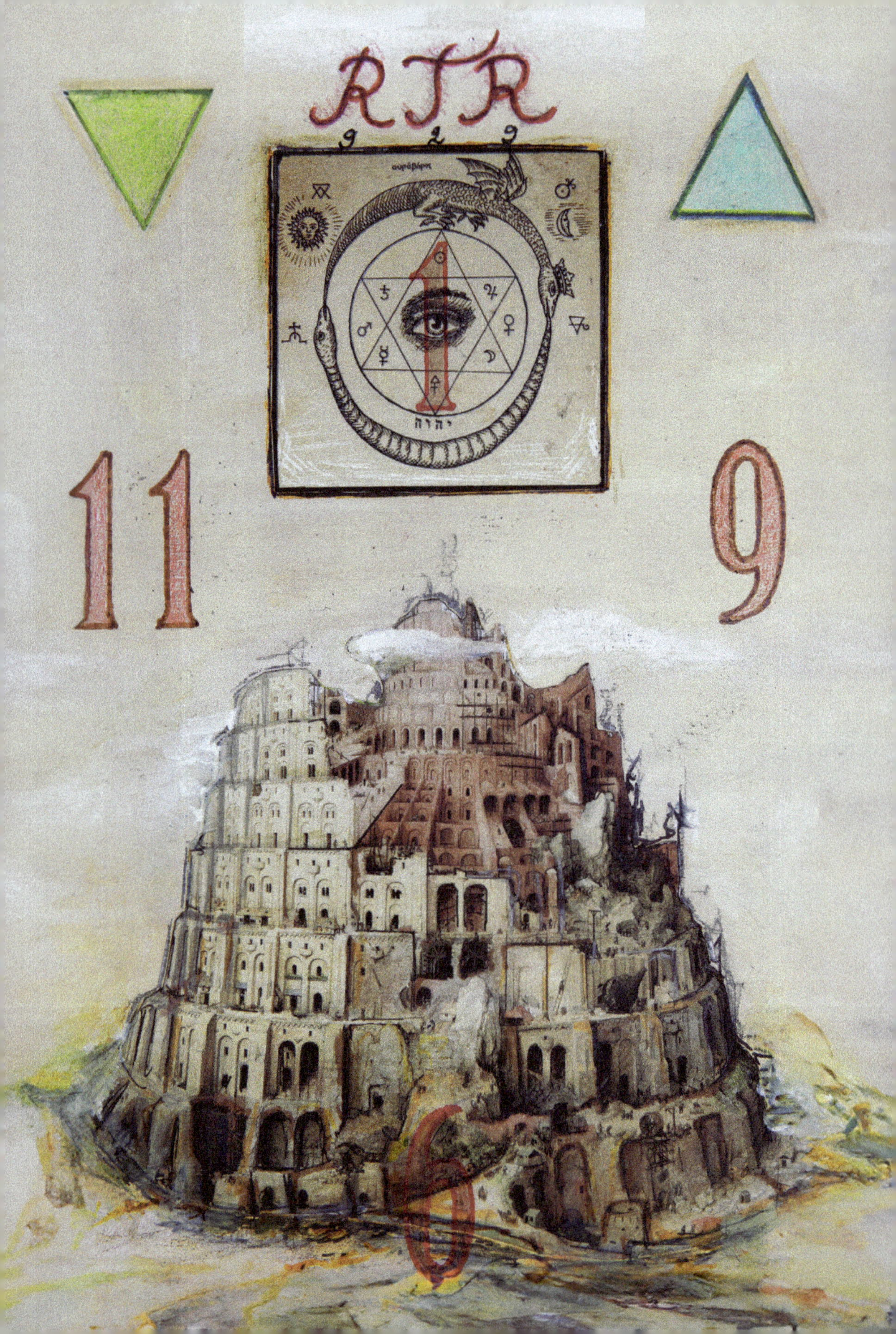
RTR
9 2 9
11
9
6

Emergence d'une forme organique au sein d'une structure géometrique simple. Le simple se multipliant devient complexe et engendre une nouvelle forme, qui à son tour, reproduira le processus et ainsi de suite augmentant la complexité

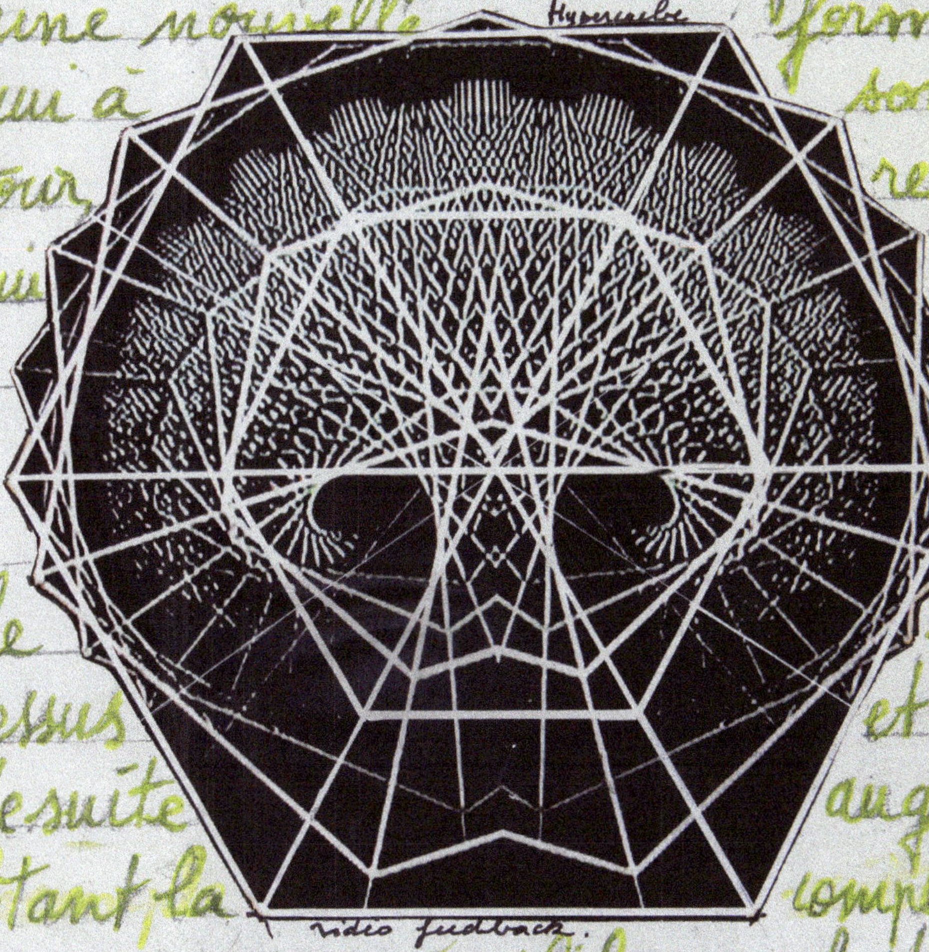

jusqu'à un équilibre parfait ou l'effondrement, le chaos. De toutes les manières l'entropie finira par vaincre l'équilibre.

Le soleil symbolise le jour, la lune la nuit. La lune dans un ciel clair nous apparaît comme l'empreinte de la nuit.

Claire

Il n'y a ni nuit ni jour dans l'univers. La lumière, c'est la matière se reflétant en elle-même Comme notre soleil qui, entre autres, se reflète sur la lune ou la terre.

Exterieur

L'étoile

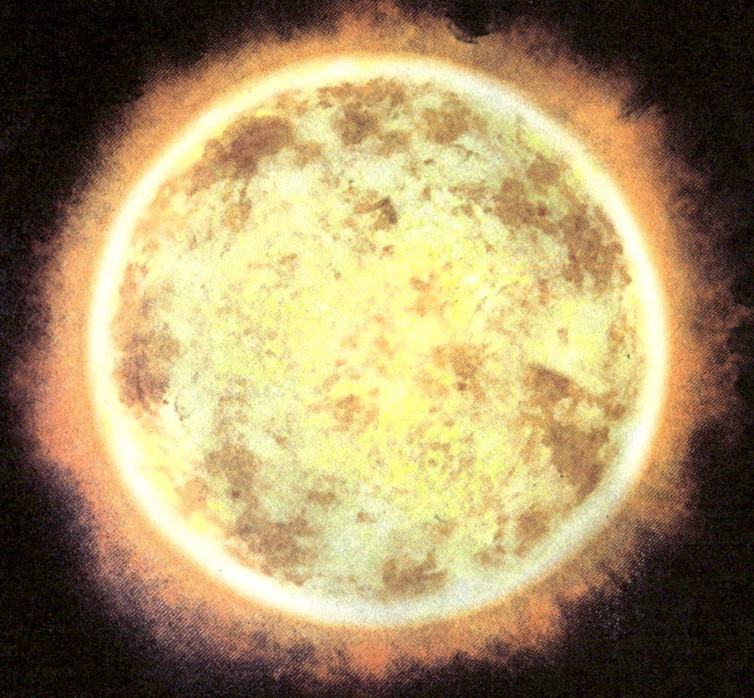

Obscure
Lumière
Interieur

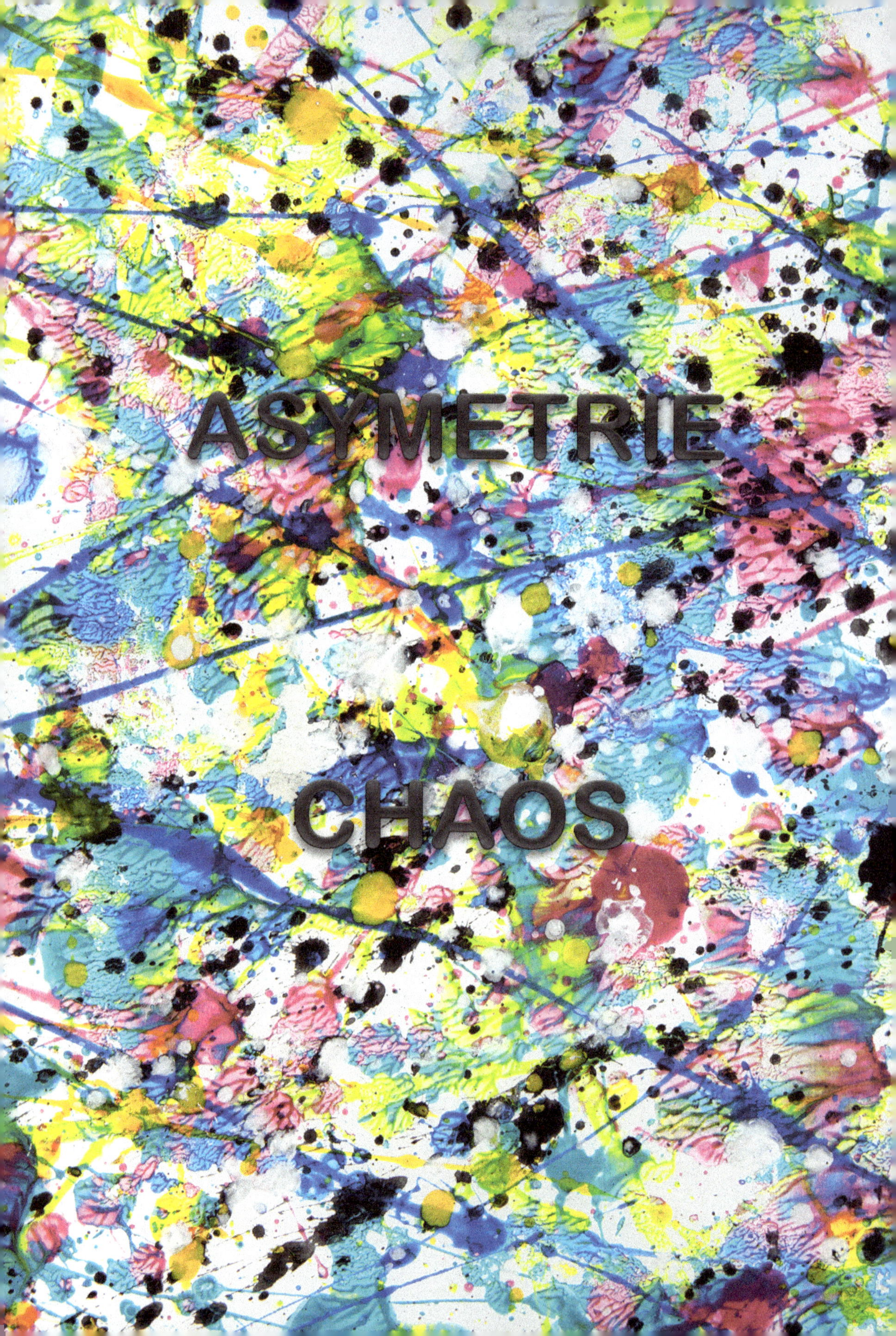
ASYMETRIE
CHAOS

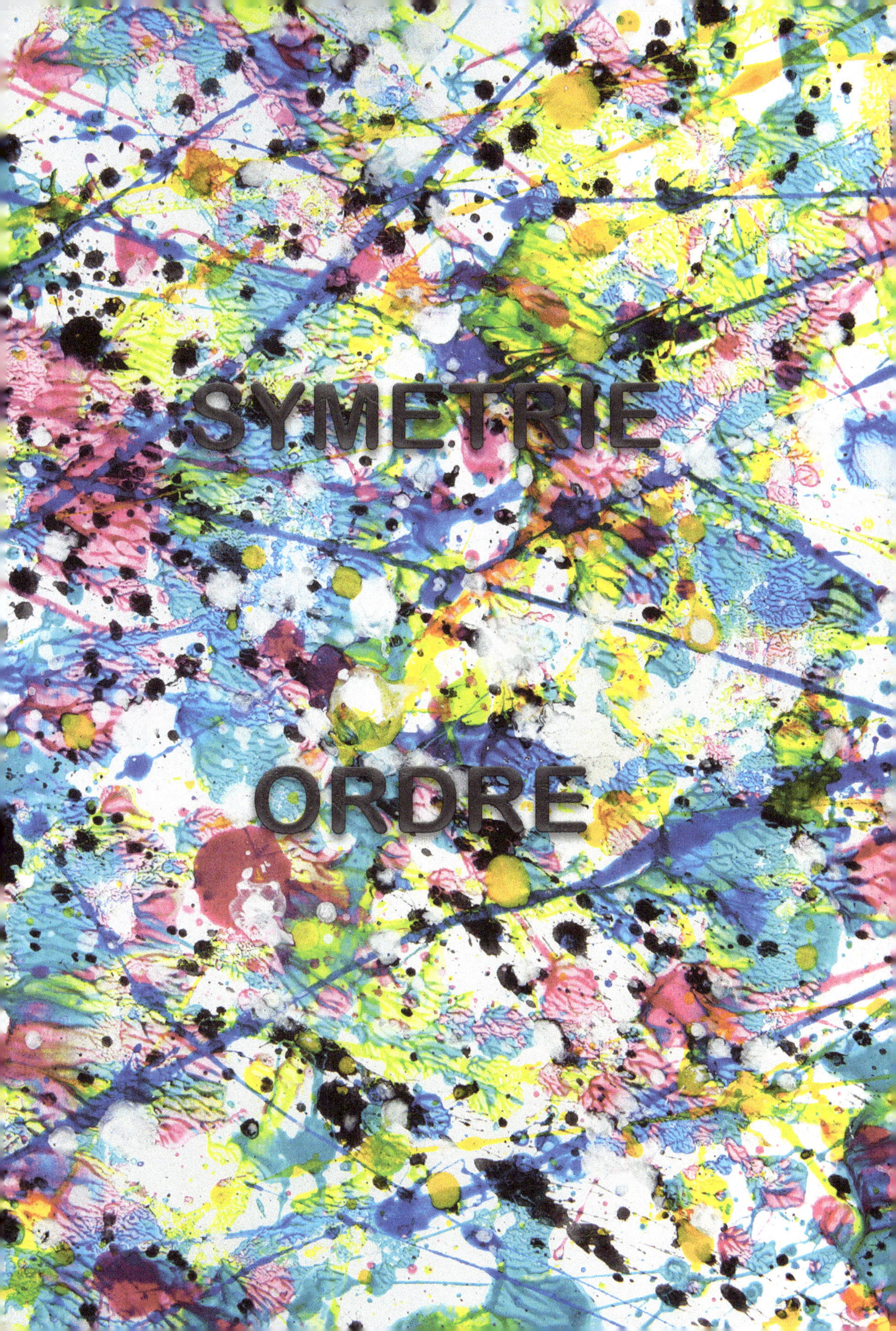
SYMETRIE
ORDRE

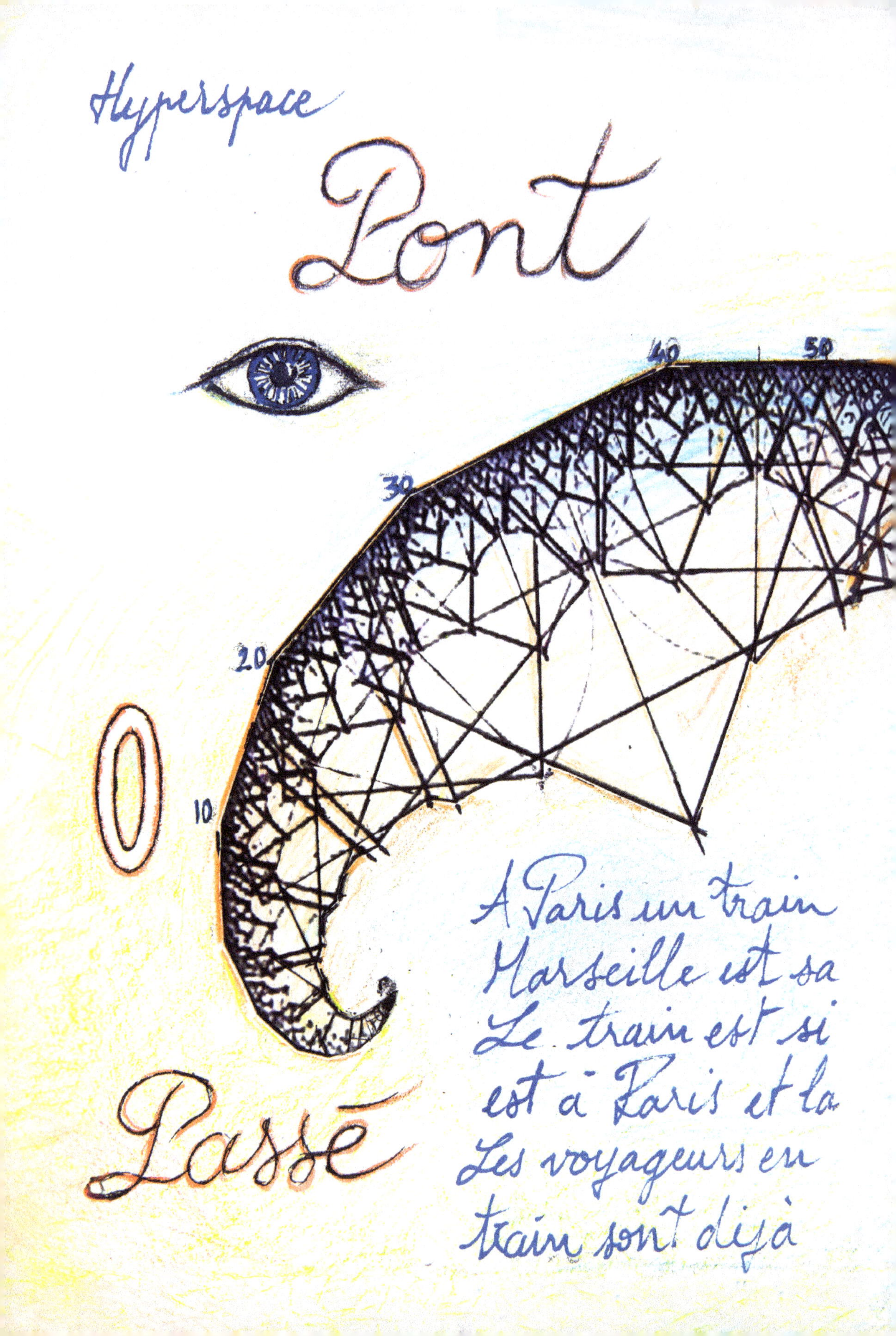
Hyperspace
Pont
40
50
30
20
10
0
Passé
A Paris un train
Marseille est sa
Le train est si
est à Paris et la
Les voyageurs en
train sont déjà

Espace-temps

temporel

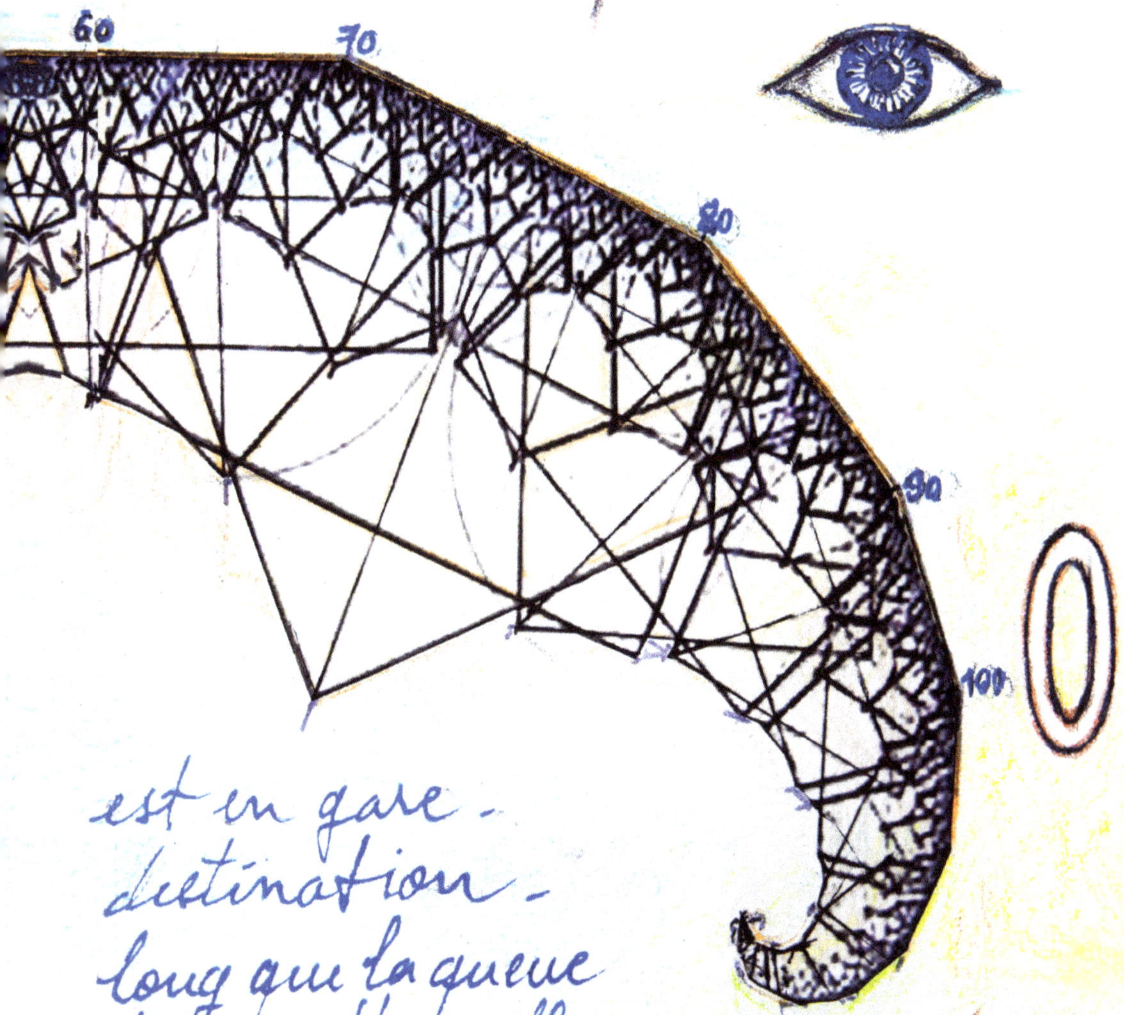

est en gare -
destination -
long que la queue
tête à Marseille.
montant dans le
arrivés à Marseille.

Futur

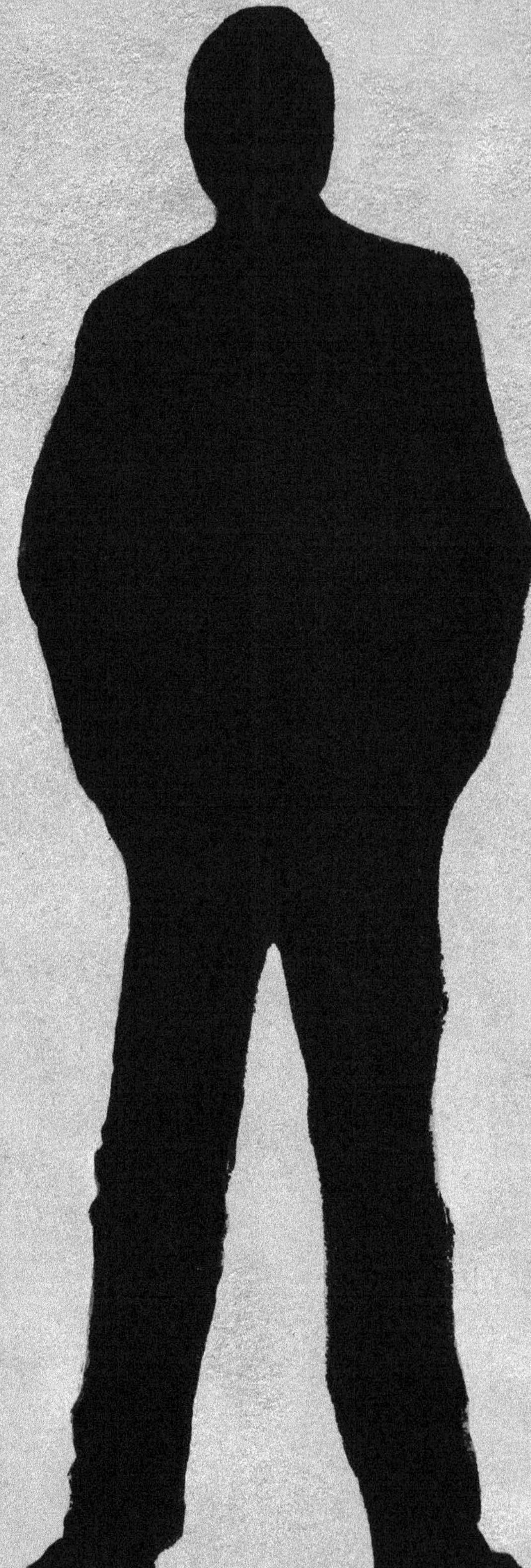

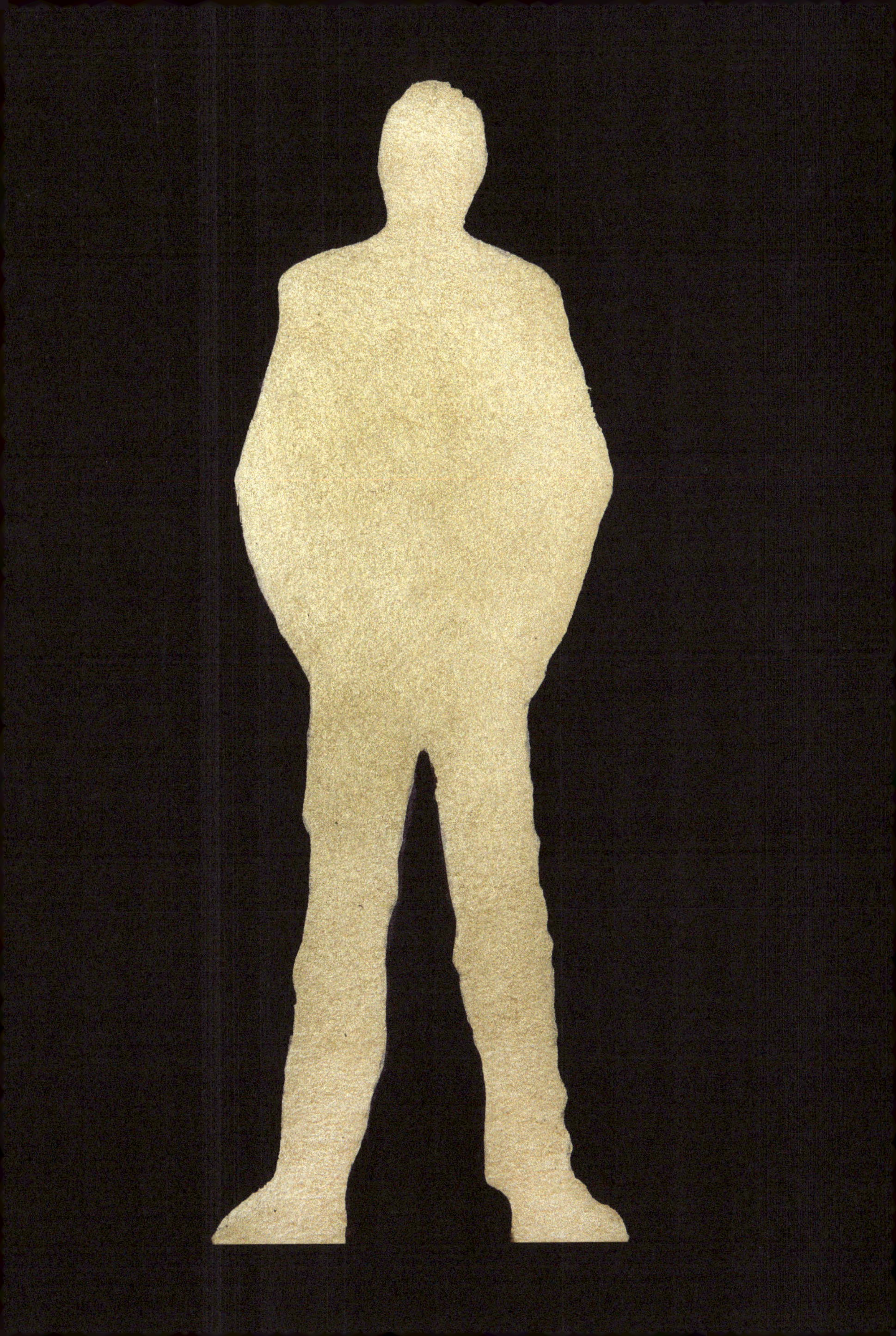

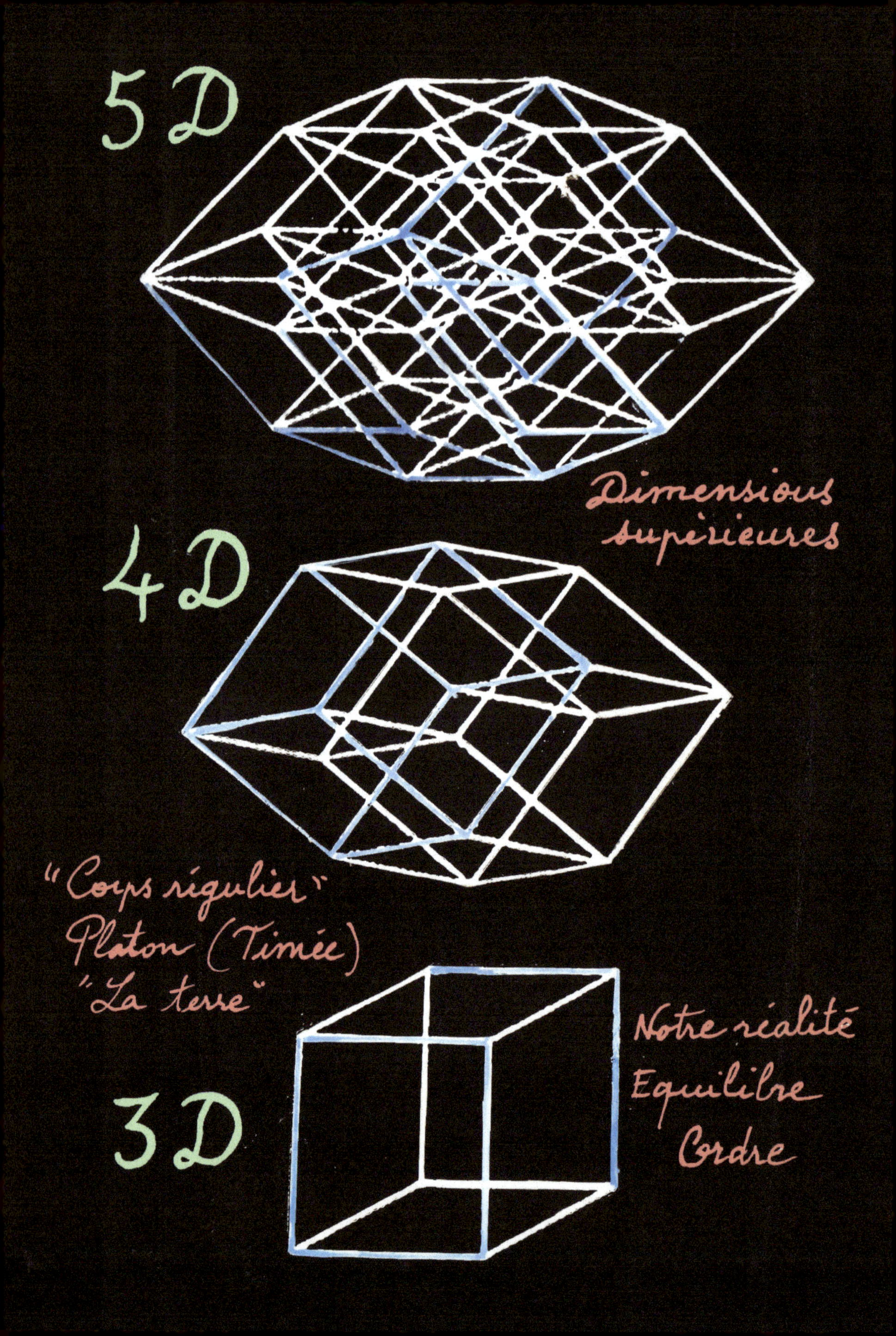
5D
Dimensions supérieures
4D
"Corps régulier"
Platon (Timée)
"La terre"
Notre réalité
Equilibre
Ordre
3D

Le cube est l'expression tridimensionnelle du carré

Stabilité

Pérennité

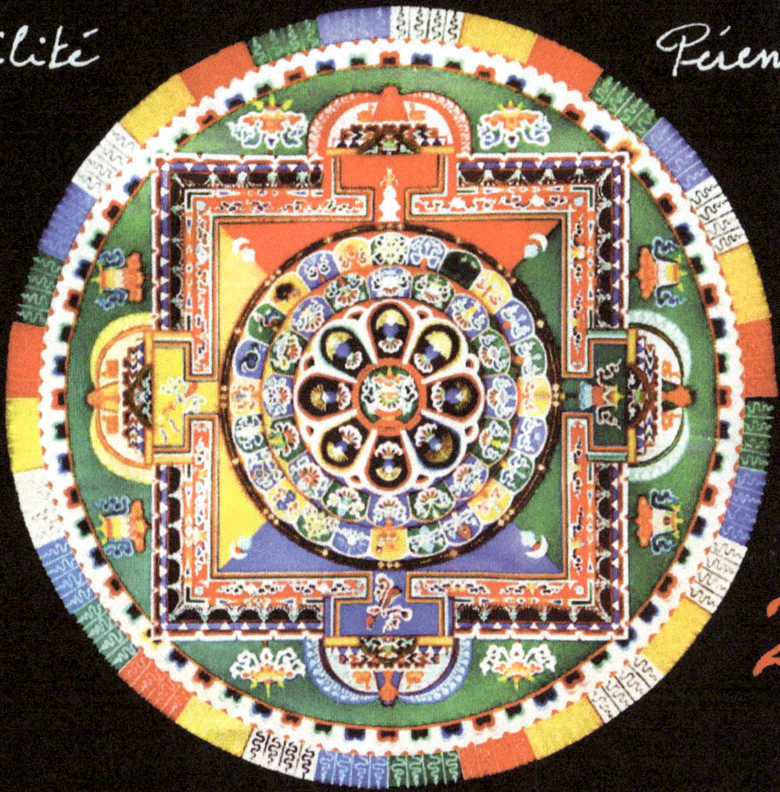

2 D

8 D

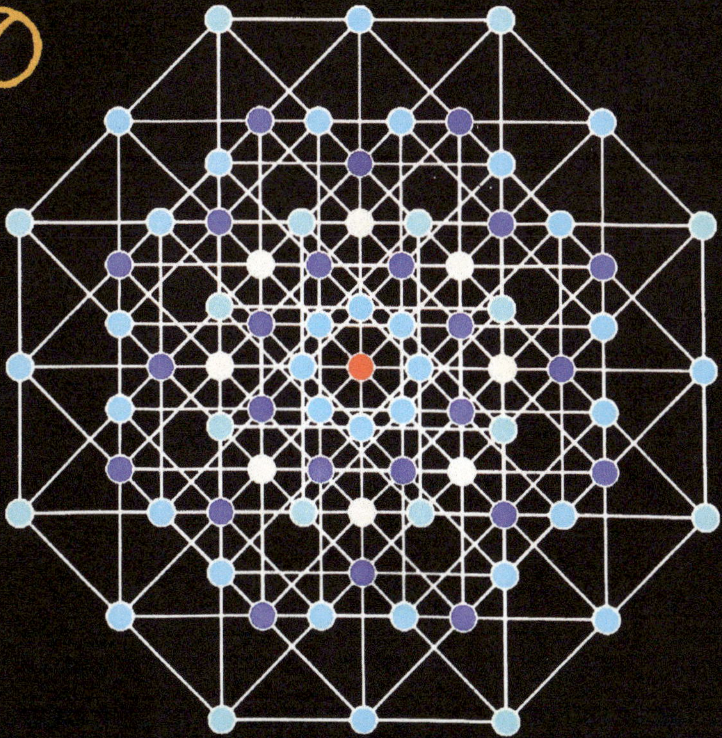

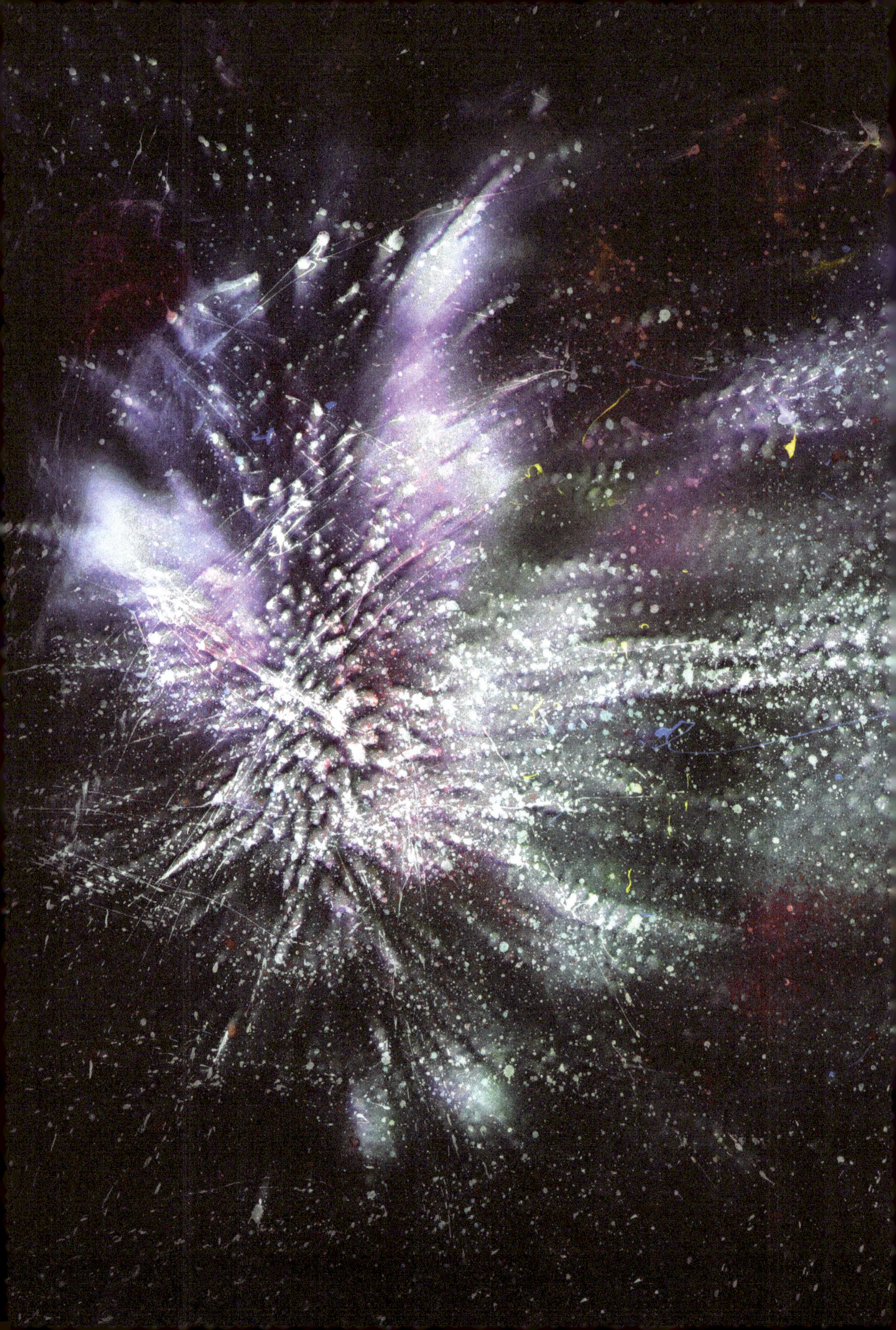

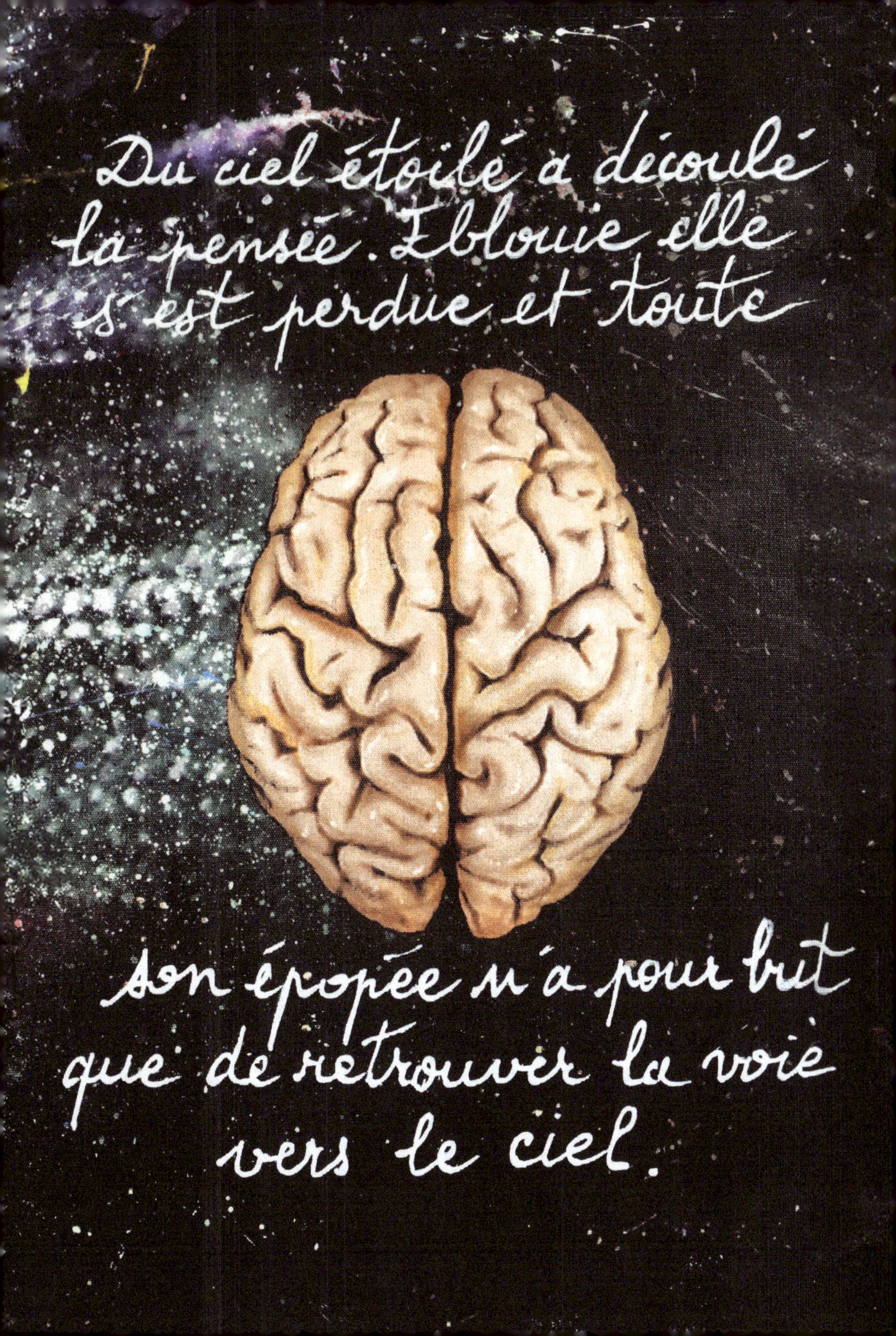
Du ciel étoilé a découlé
la pensée. Éblouie elle
s'est perdue et toute
Son épopée n'a pour but
que de retrouver la voie
vers le ciel.

1 10 9

1 ART

4 MATIERE

5 ESPRIT

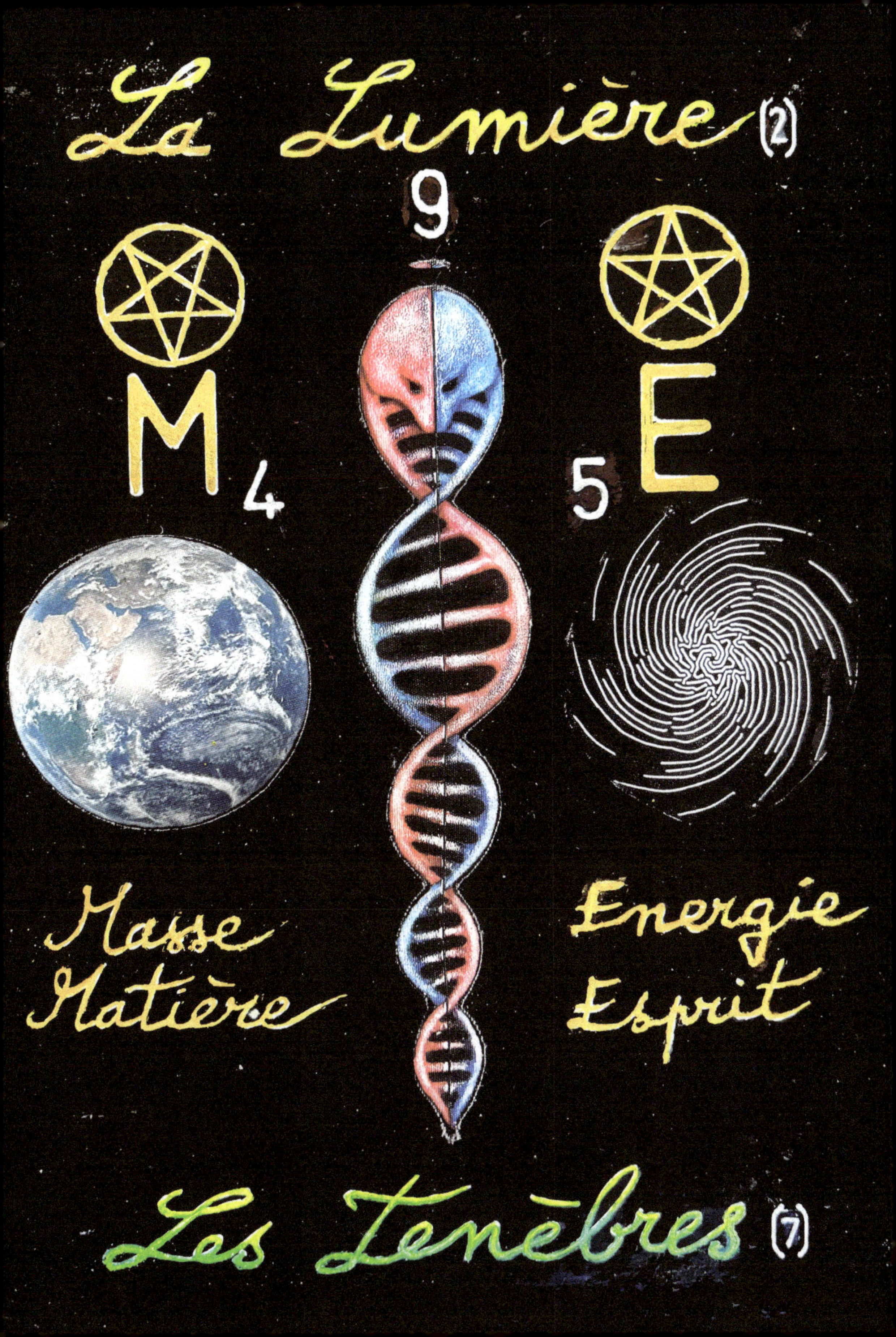

La Lumière (2)
9
M
4
5
E
Masse
Matière
Energie
Esprit
Les Ténèbres (7)

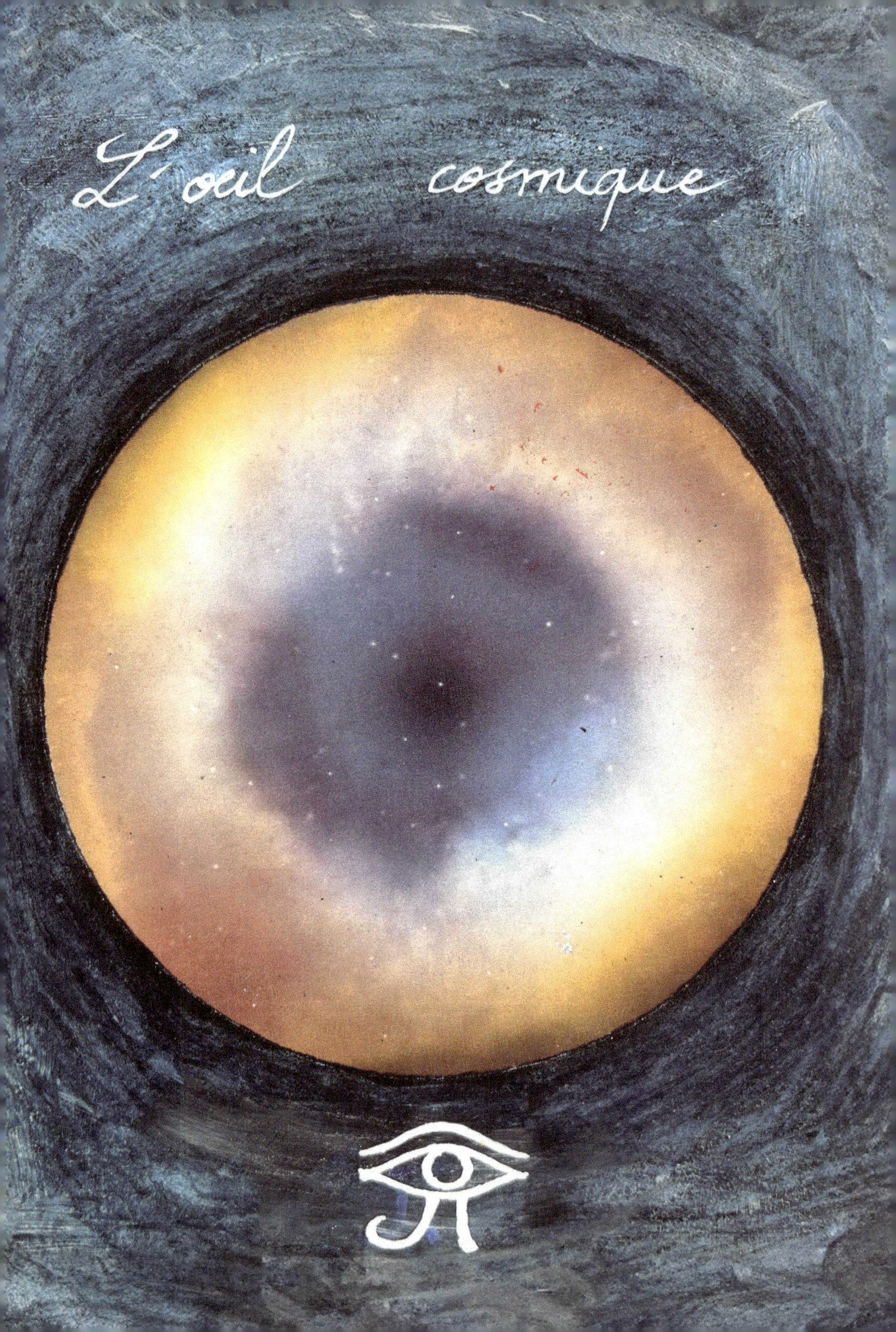
L'oeil cosmique

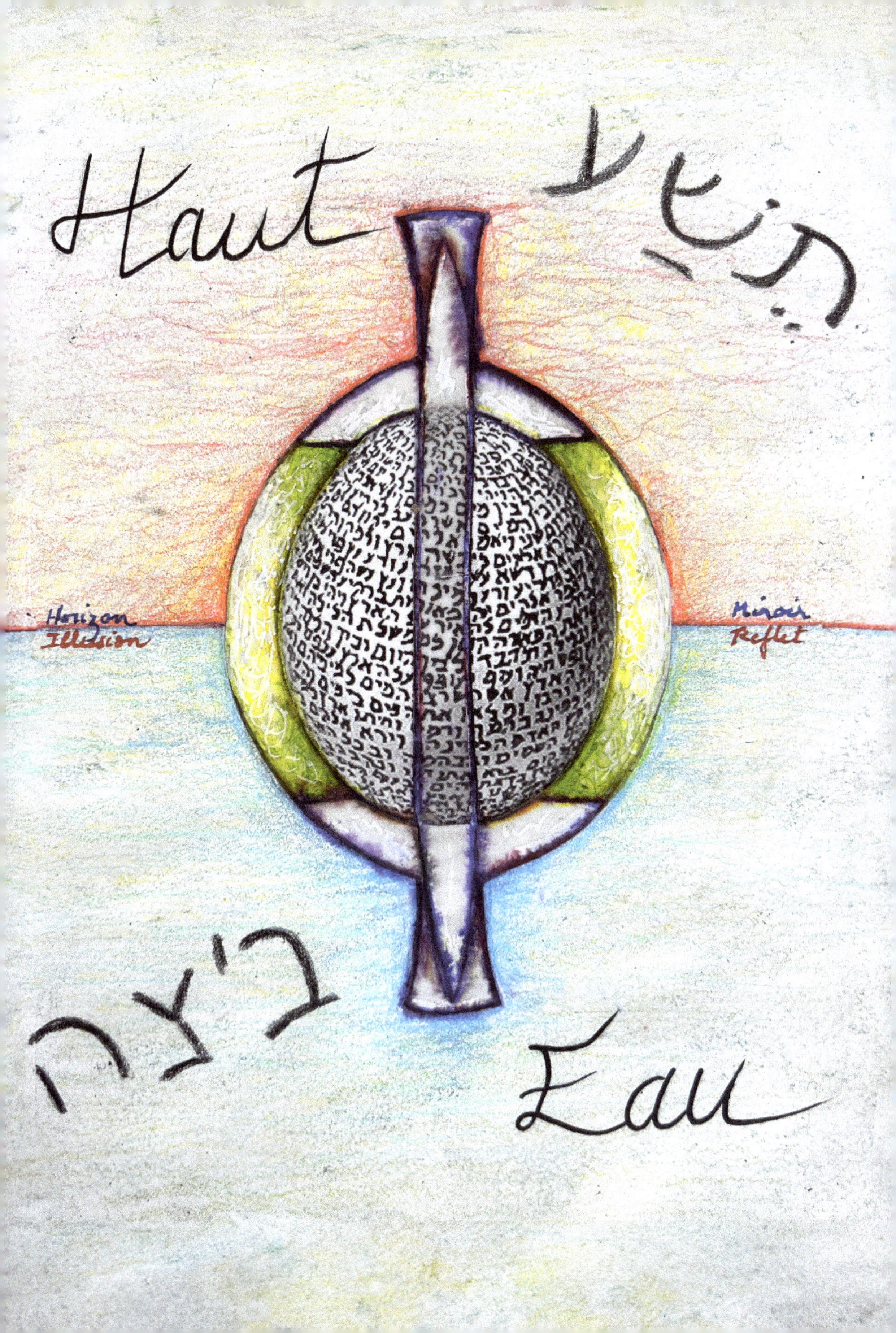
Haut
Horizon
Illusion
Miroir
Reflet
ביצה
Eau

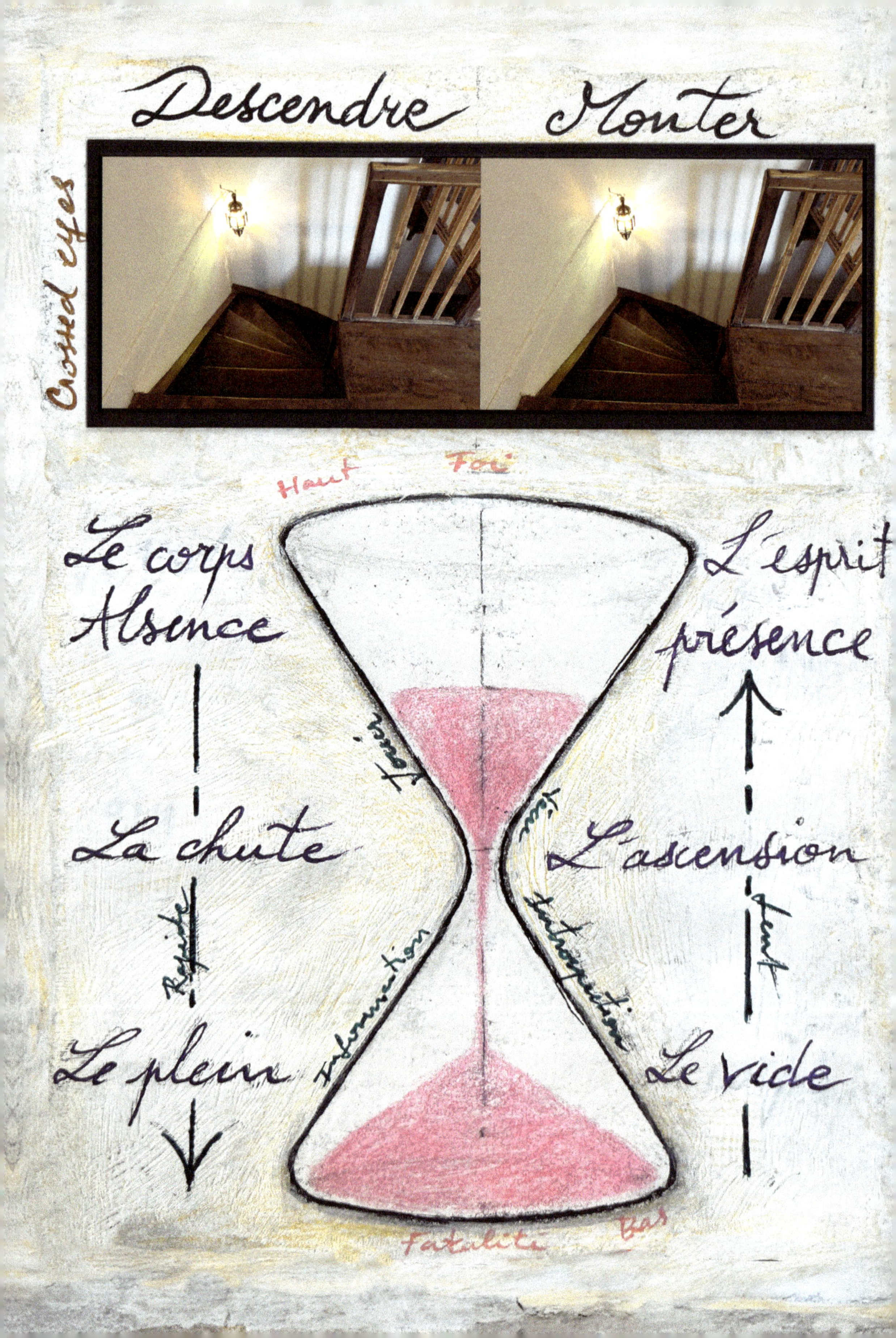

Descendre
Monter
Crossed eyes
Haut
Foi
Le corps
Absence
L'esprit
présence
La chute
L'ascension
Répit
Lent
Information
Introspection
Le plein
Le vide
Fatalité
Bas

Interieur Exterieur

Existe t-il un
monde sans chose
sans repère
pour les sens?

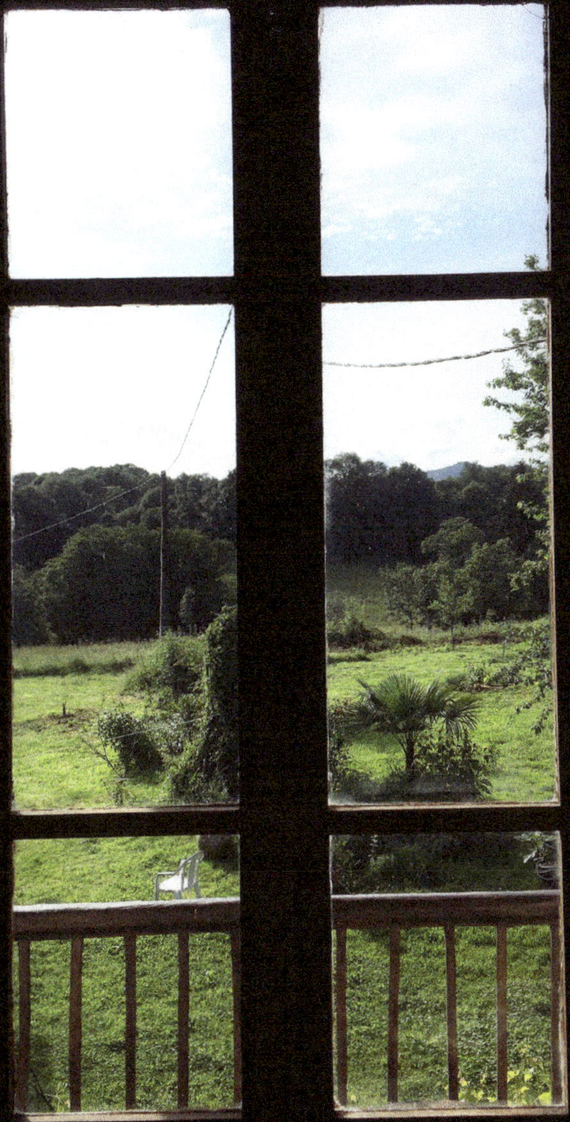

mais un lieu
sans chose, sans
limite est-il
toujours un monde
où tout simplement
le néant?

Feu Naître

Cherchant à échapper à
se dirigeant vers la lumière,
Elle tisse sa toile, reliant tout
Mais les ténèbres persistent,
leur échapper, puisque ce sont
sens à la lumière-

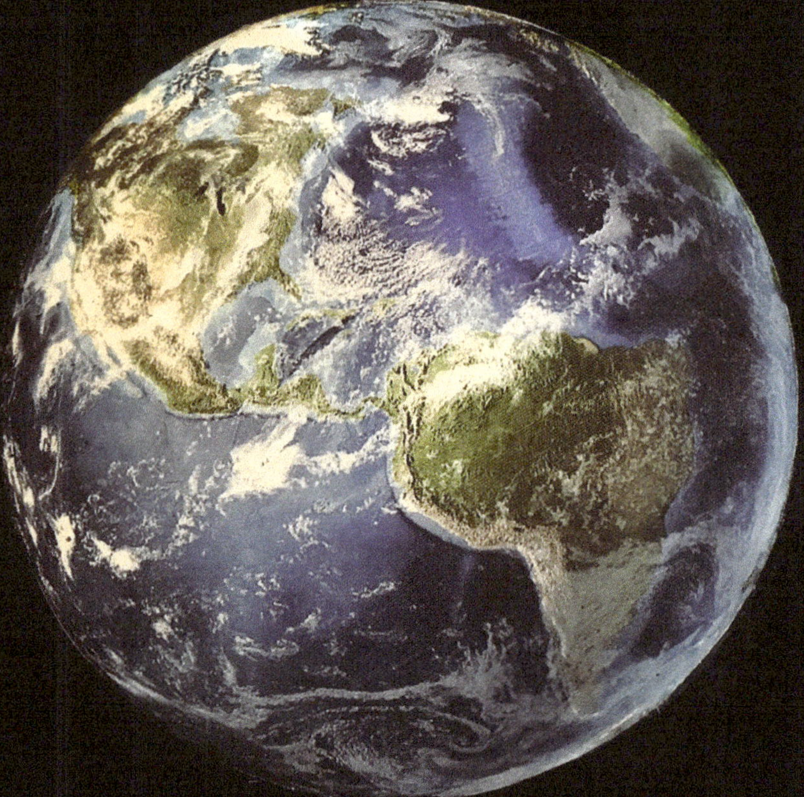

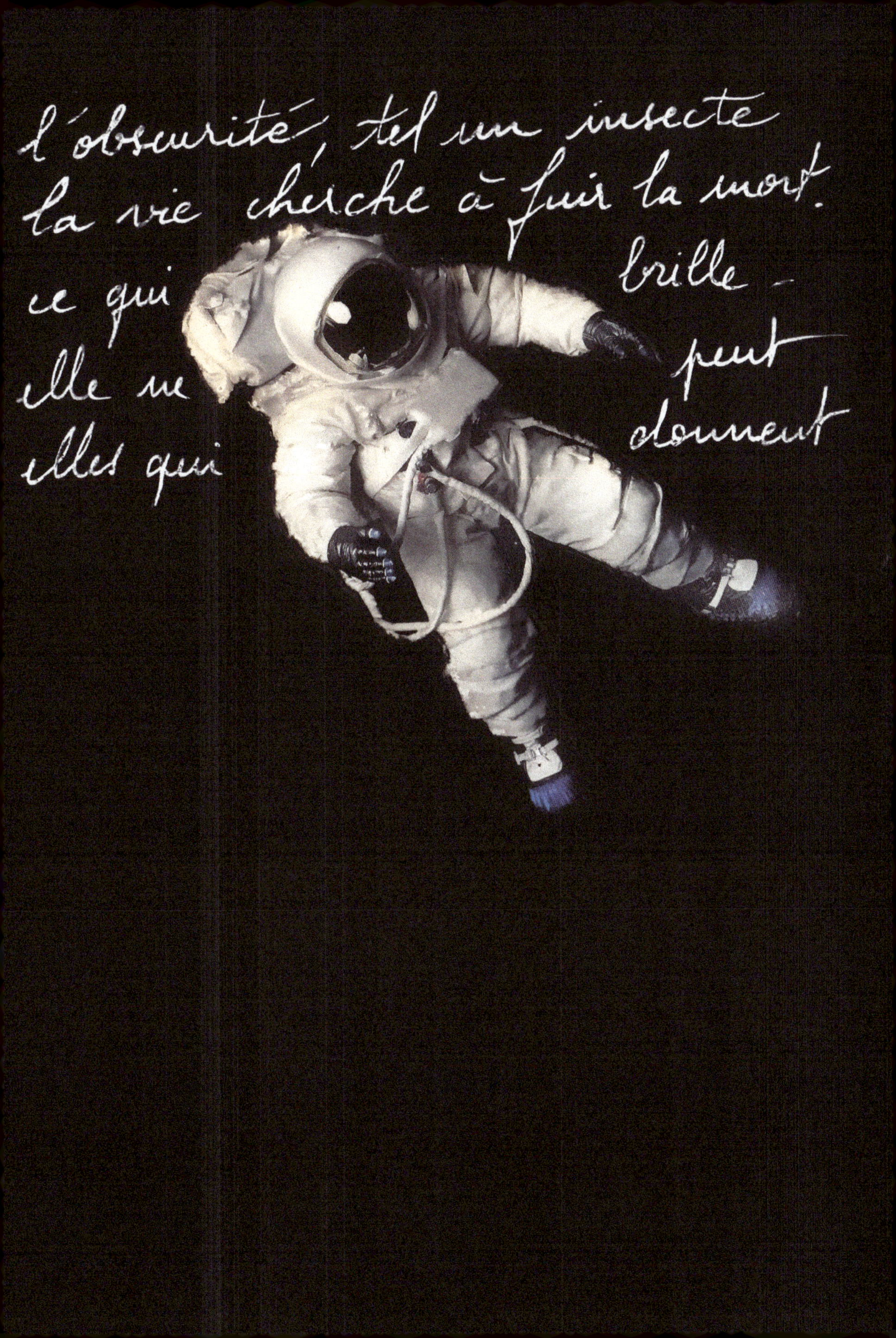
l'obscurité, tel un insecte
la vie cherche à fuir la mort.
ce qui brille -
elle ne peut
elles qui donnent

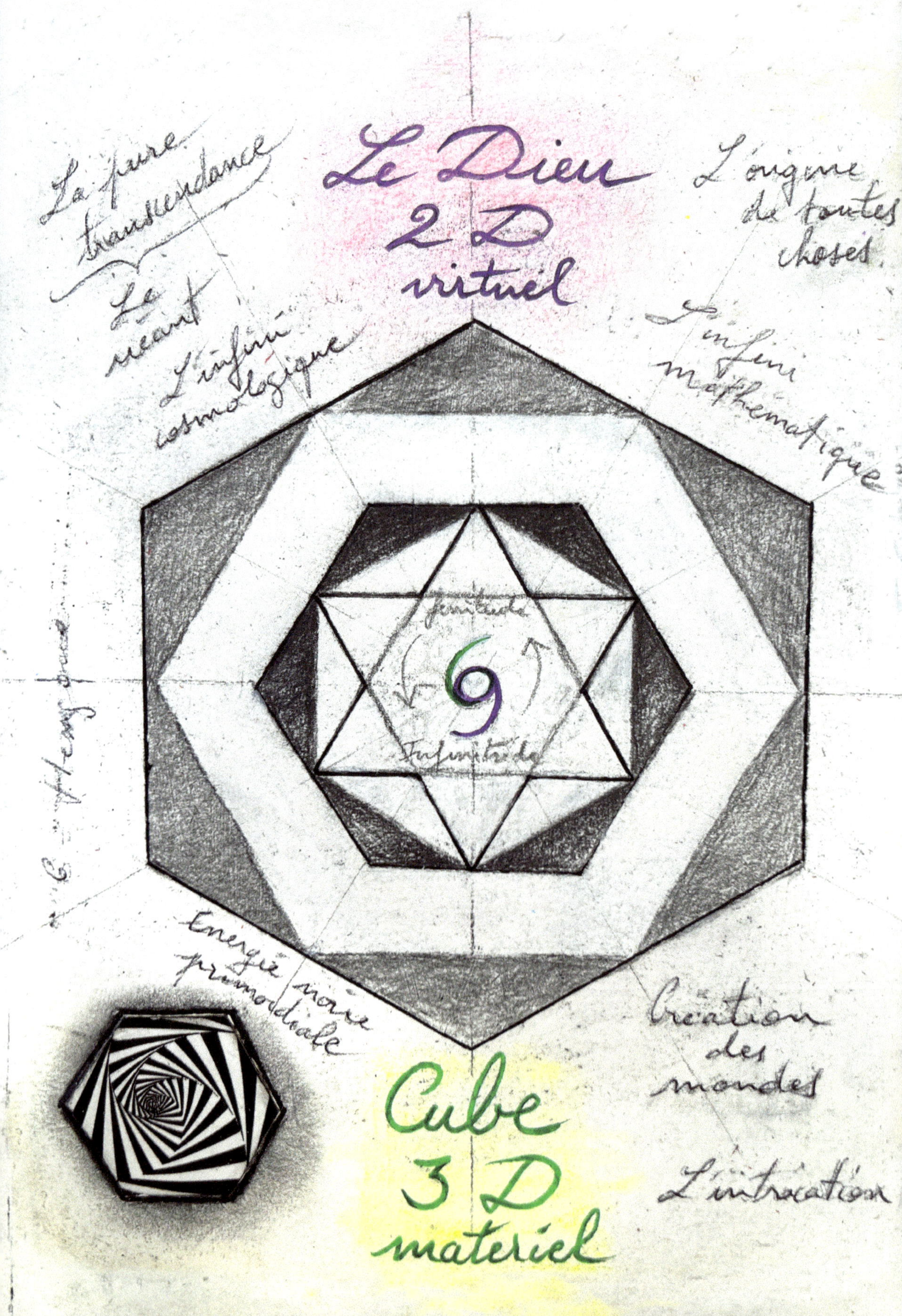

Le Dieu
2 D
virtuel
La pure transcendance
Le néant
L'infini cosmologique
L'origine de toutes choses.
L'infini mathématique
Finitude
9
Infinitude
6 - Hexagone
Energie noire primordiale
Création des mondes
Cube
3 D
matériel
L'intrication

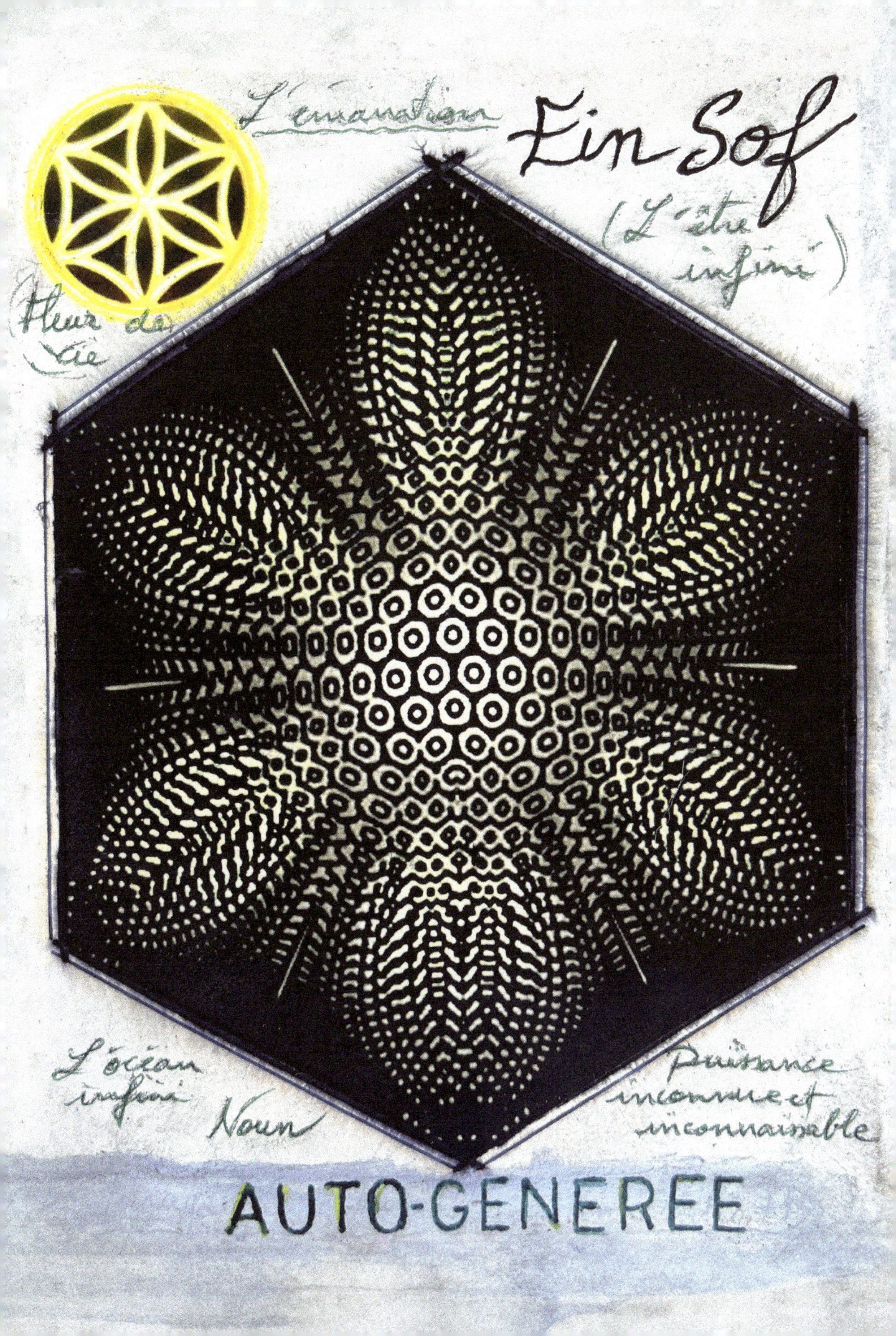
L'émanation
Ein Sof
(L'être infini)
Fleur de vie
L'océan infini
Noun
Puissance inconnue et inconnaissable
AUTO-GENEREE

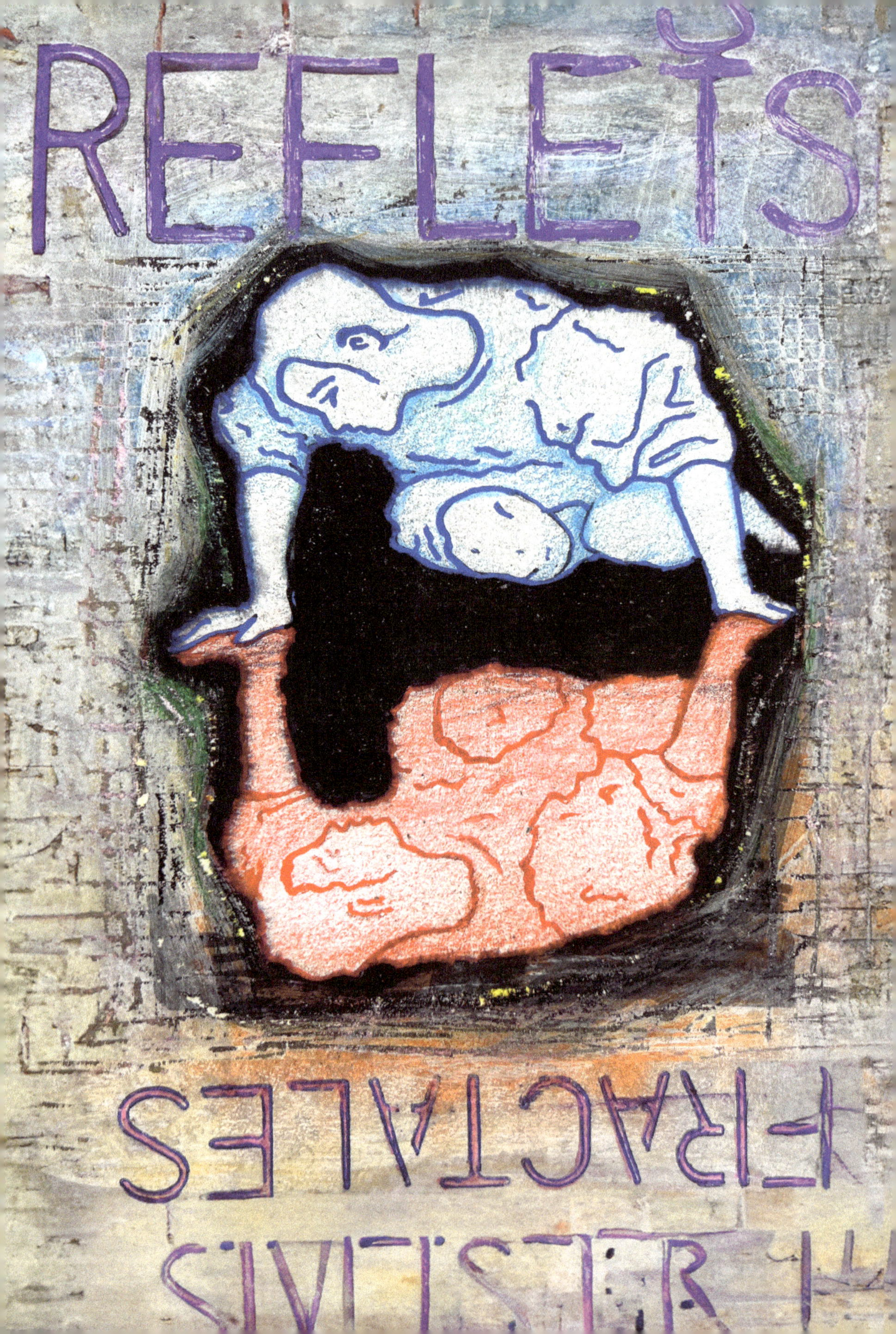
REFLETS
FRACTALES

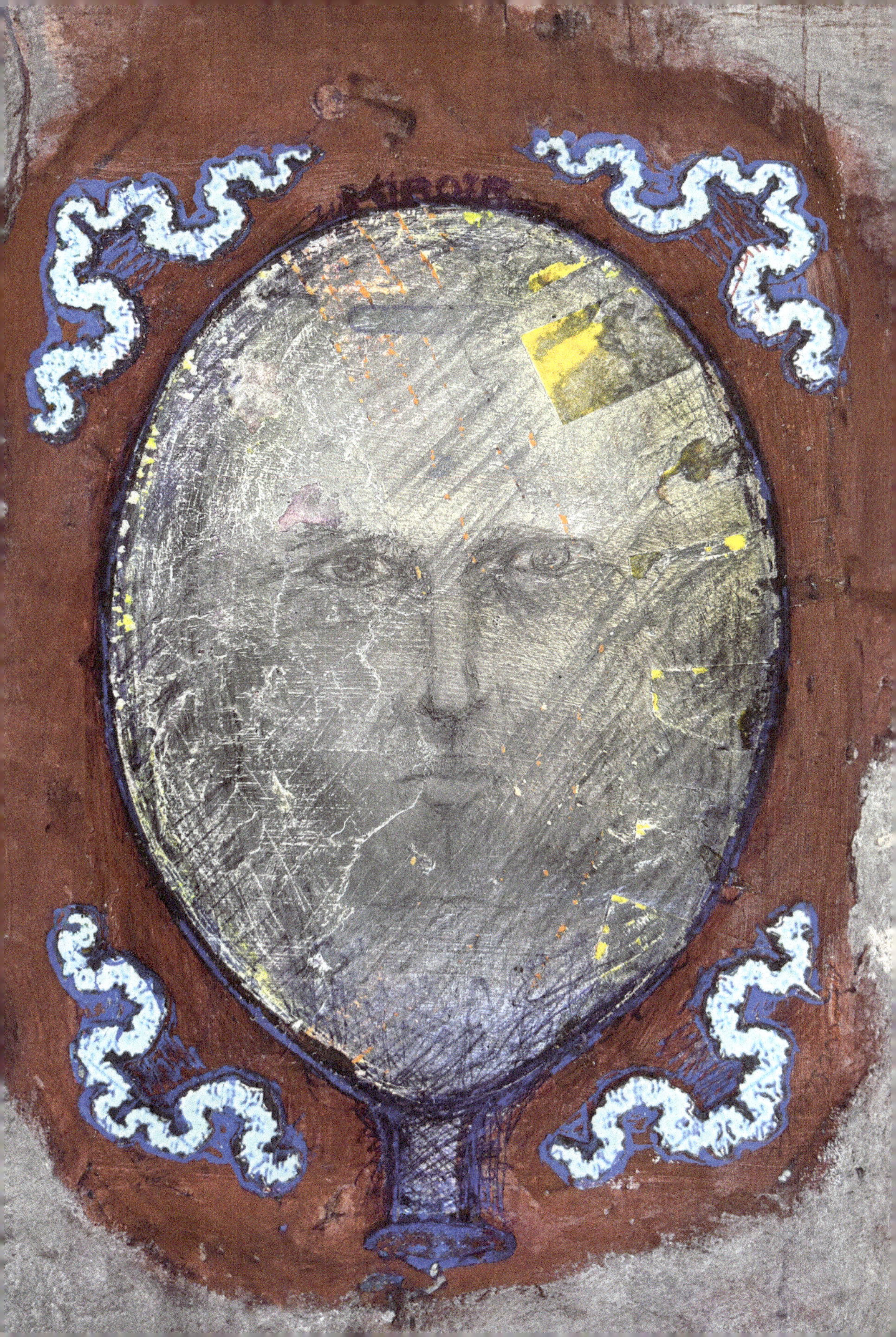

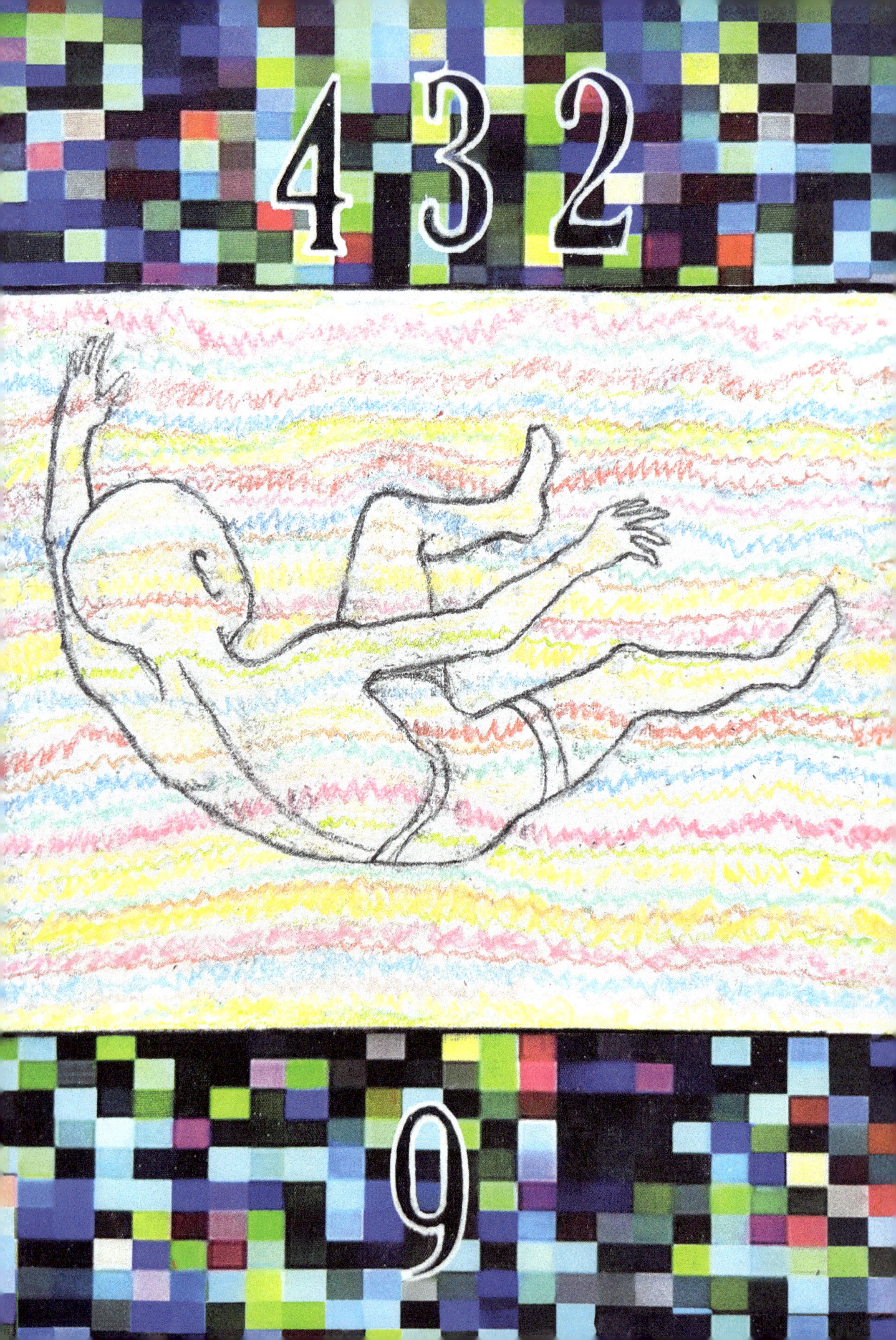
432
9

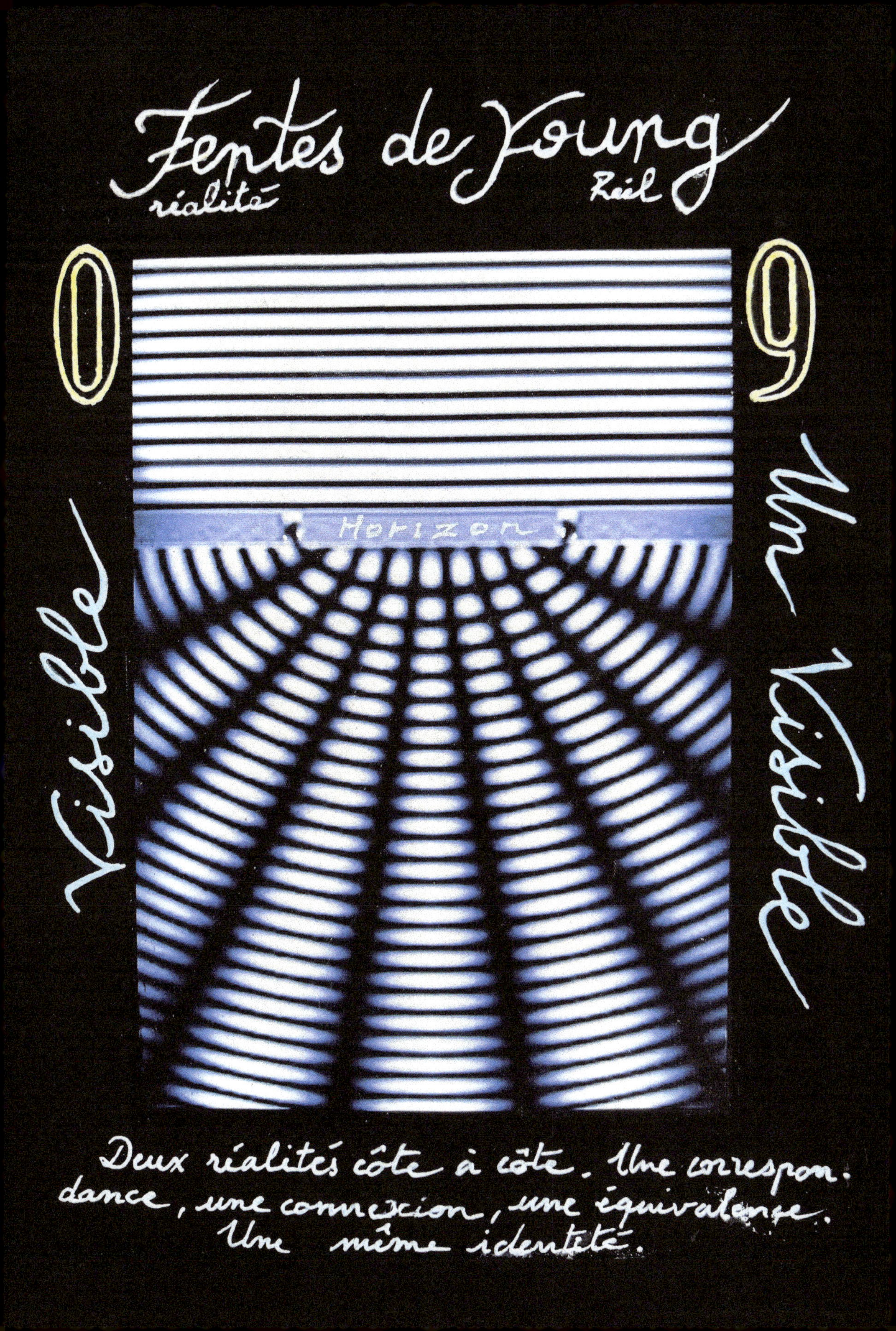
Fentes de Young
réalité
Réel
0
9
Visible
Un Visible
Horizon
Deux réalités côte à côte. Une correspon-
dance, une connexion, une équivalence.
Une même identité.

Ne pense pas à la course, au but à atteindre ou là d'où tu es parti, vide-toi et tu tiendras.

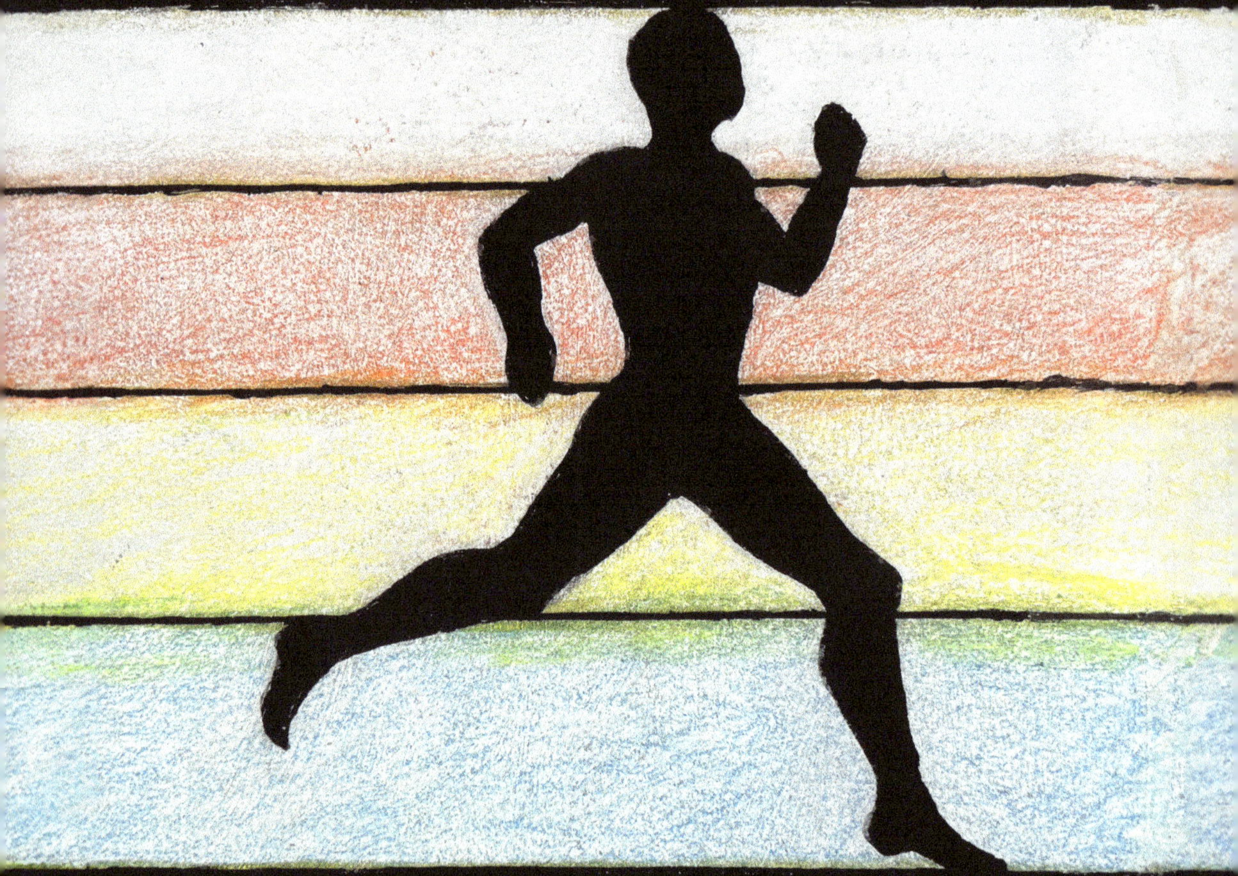

Comme pour la musique, si tu cherches à décrypter la note ou identifier les instruments, tu n'écoutes pas la musique.

SI TU ES HANTÉ PAR
LES POSSIBLES TU
TE PERDRAS DANS
TON LABYRINTHE
INTERIEUR

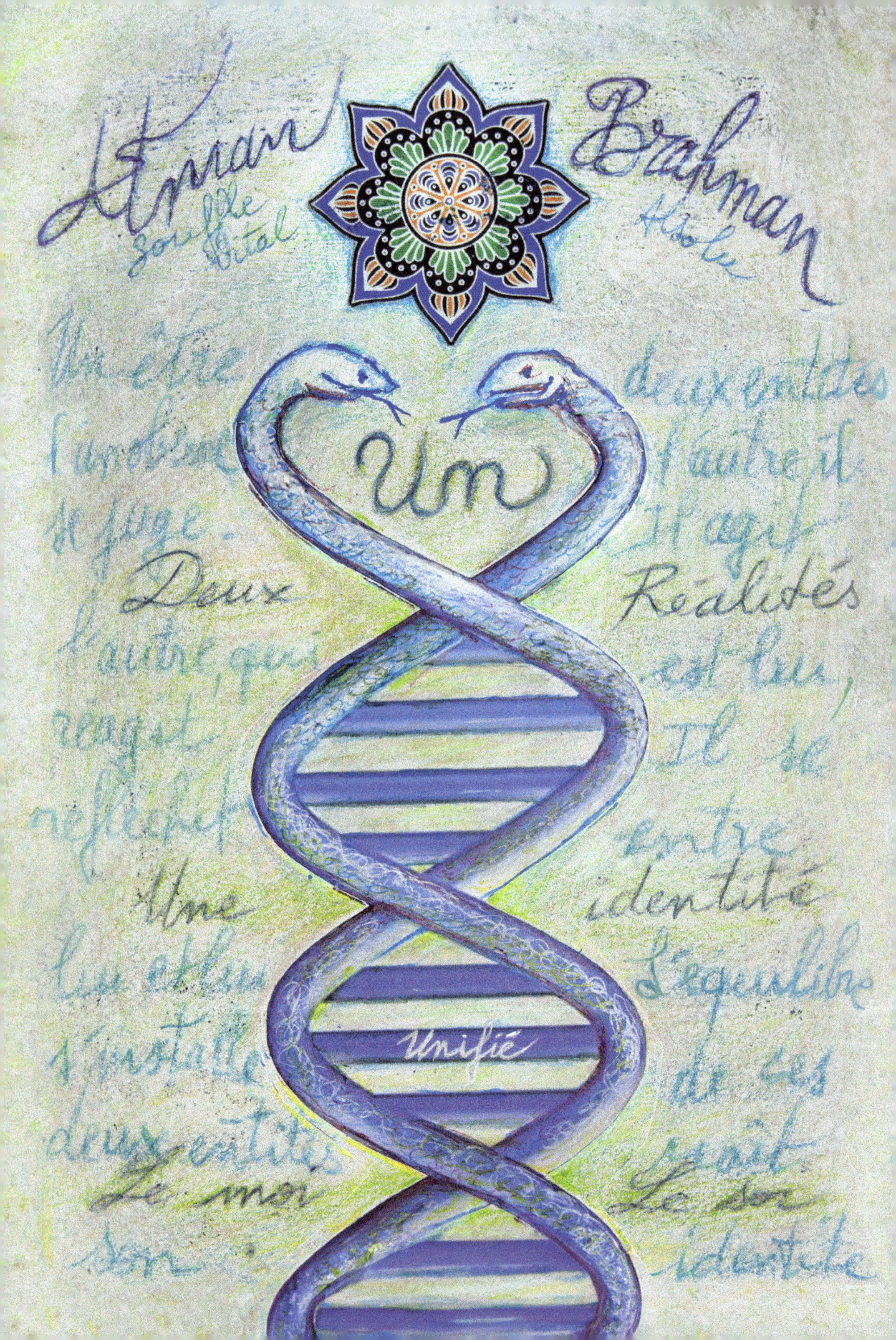
Atman
Souffle Vital
Brahman
Un
Deux
Réalités
Une
Unifié
Le moi
Le soi

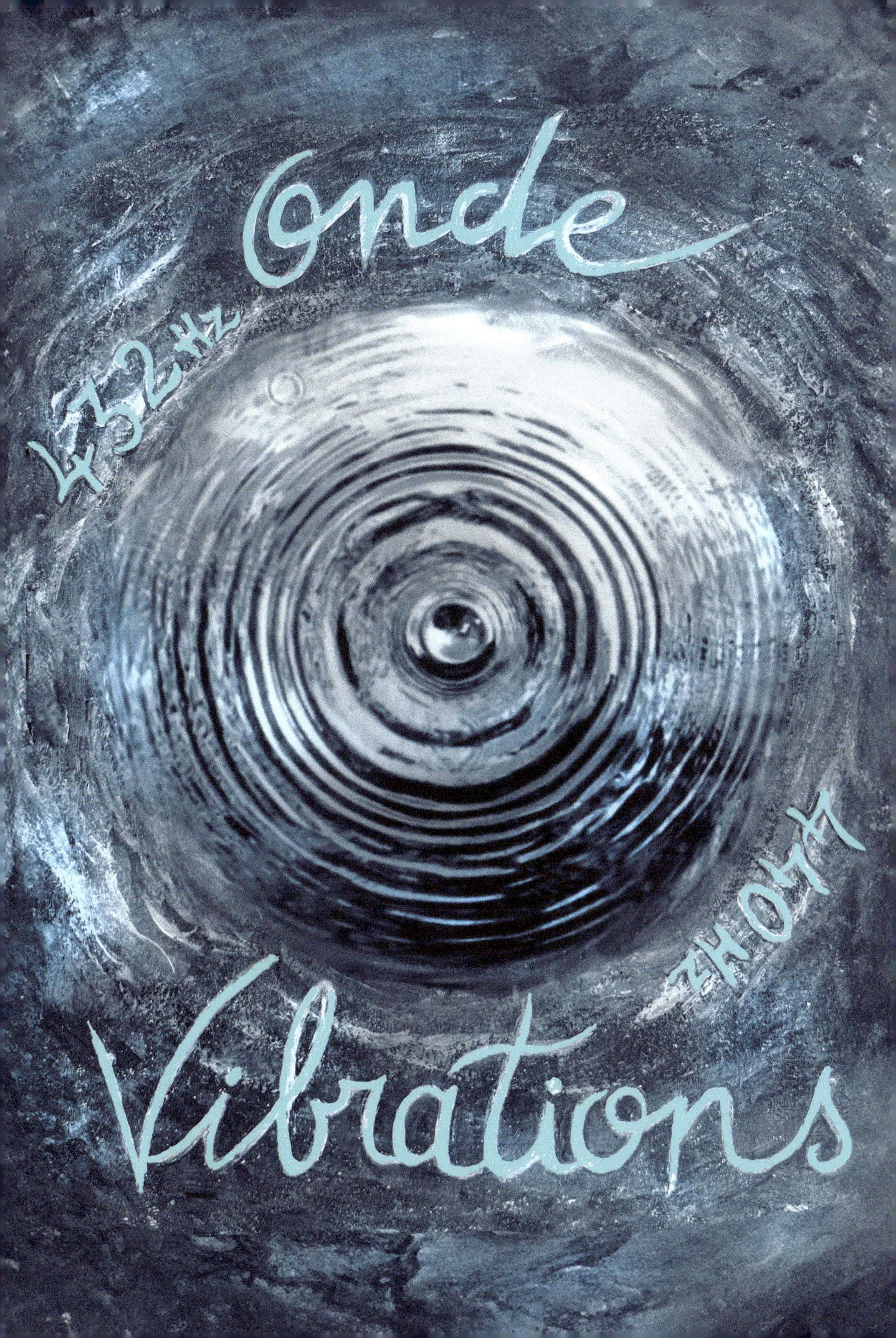
Onde
432 Hz
440 Hz
Vibrations

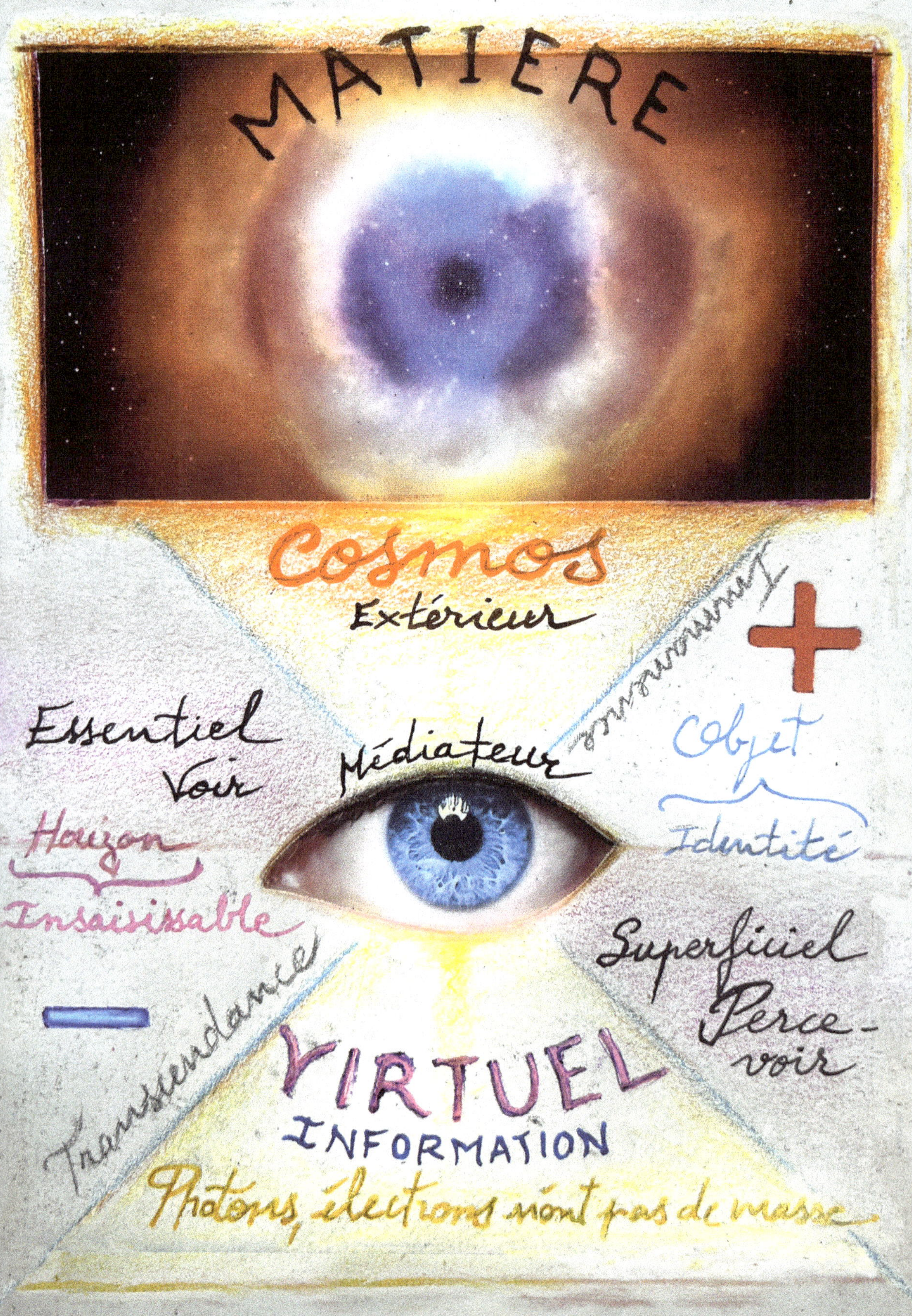
MATIERE
Cosmos
Extérieur
Immanence
+
Essentiel
Voir
Horizon
Insaisissable
Médiateur
Objet
Identité
Superficiel
Perce-
voir
Transcendance
−
VIRTUEL
INFORMATION
Photons, électrons n'ont pas de masse

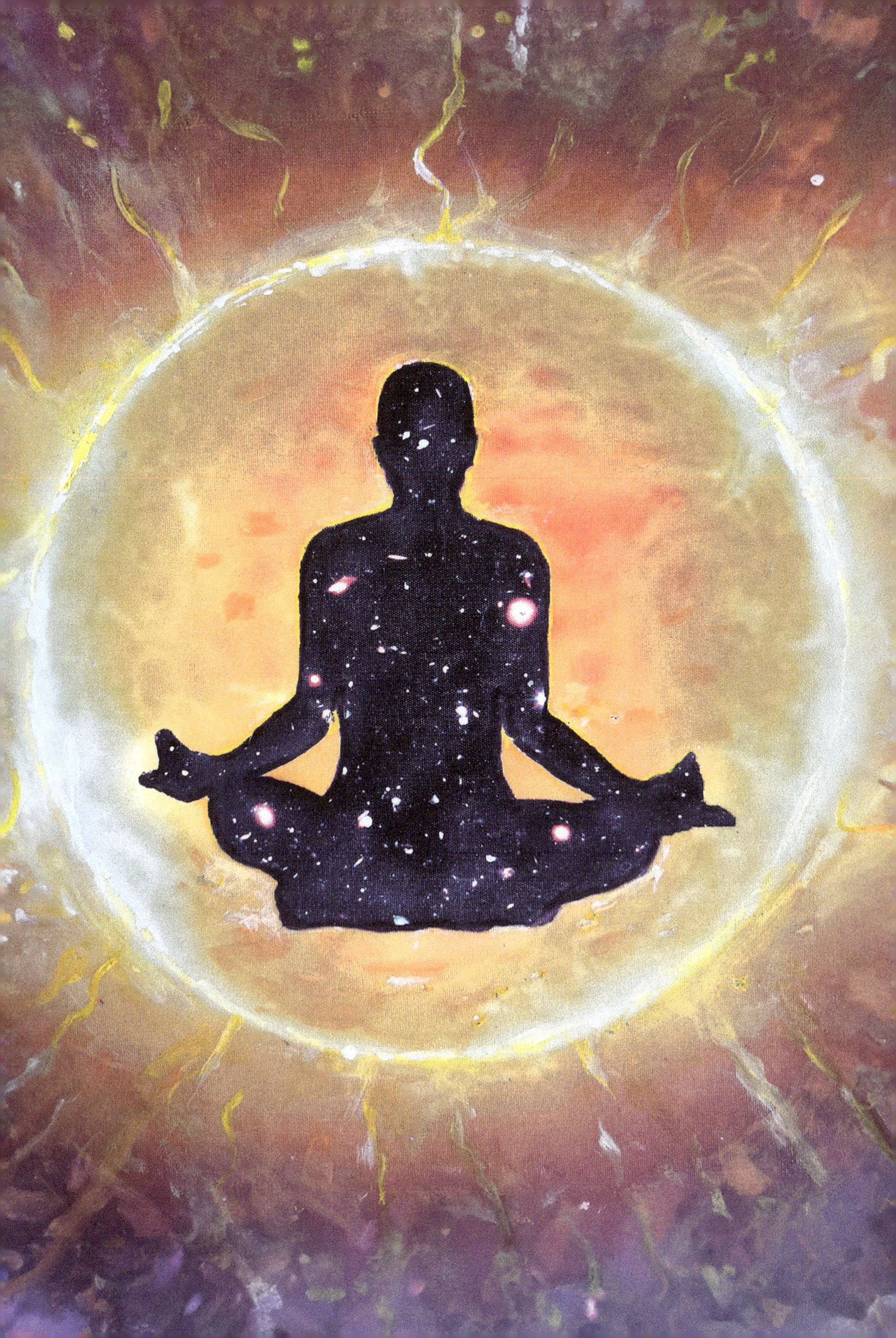

7

L'O

Du vide naît le plein, la matière, qui le contient.

מלא

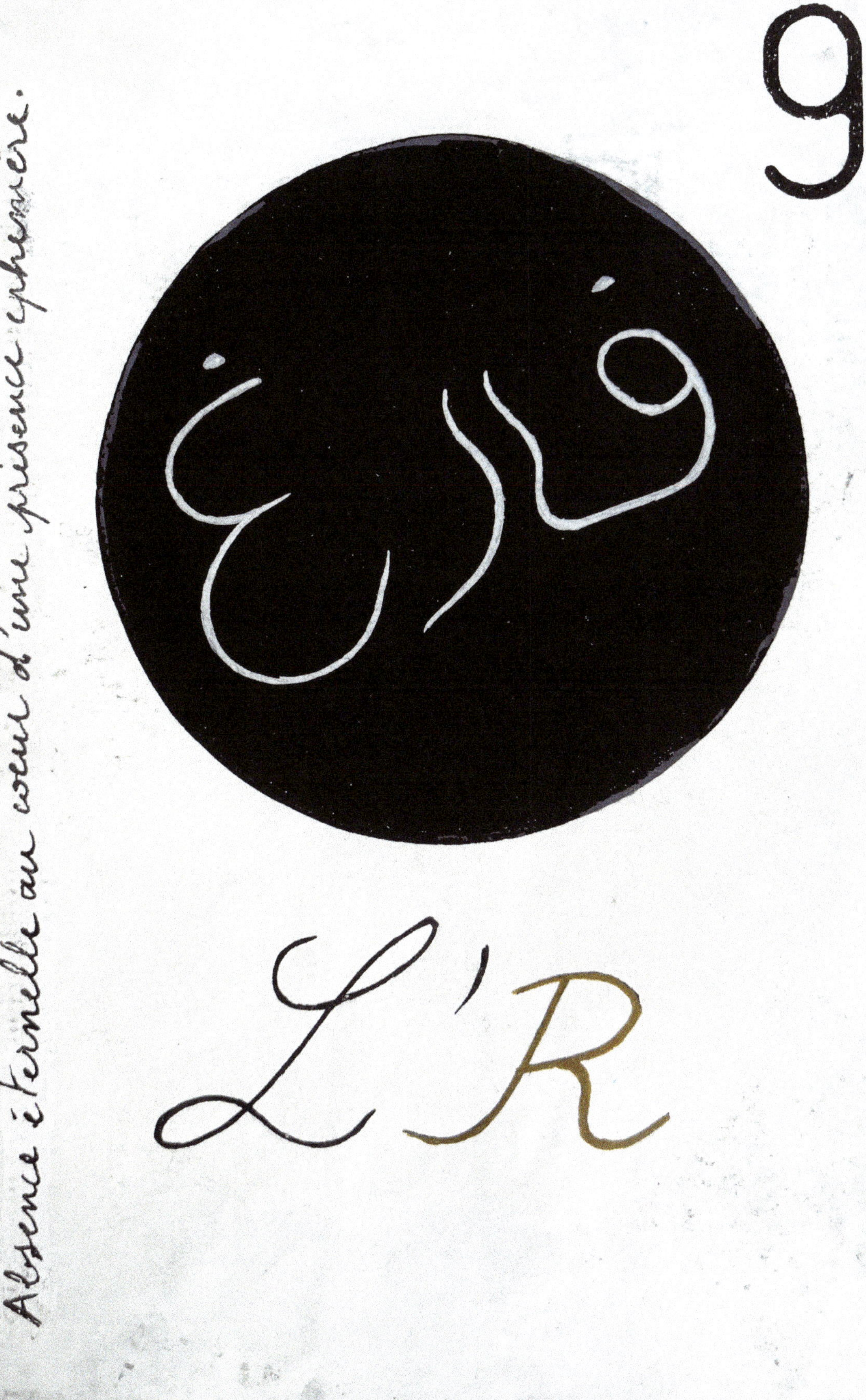
9
فراغ
L'R
Absence éternelle au coeur d'une présence éphémère.

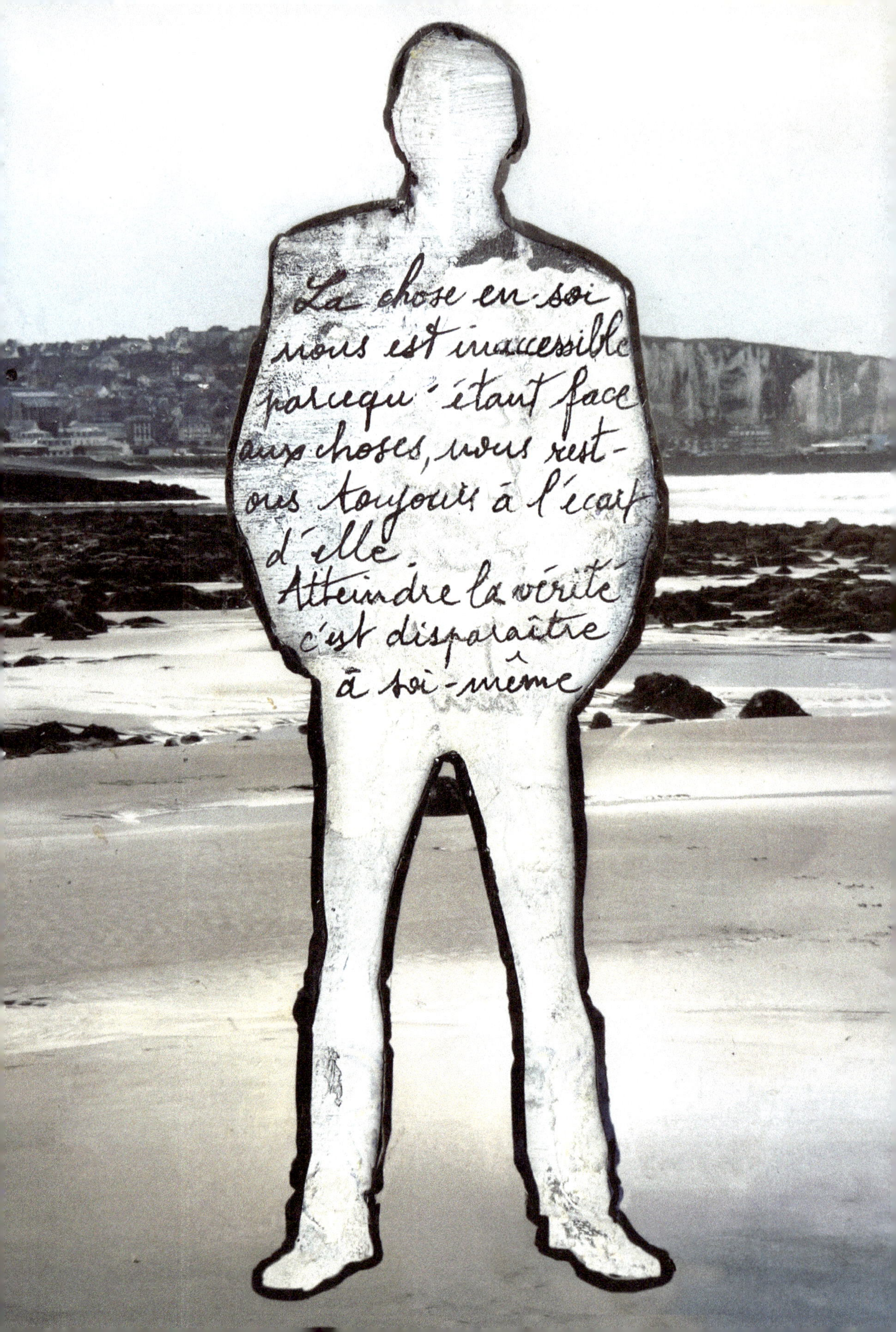
La chose en-soi
nous est inaccessible
parcequ' étant face
aux choses, nous rest-
ons toujours à l'écart
d'elle
Atteindre la vérité
c'est disparaître
à soi-même

Notre image est une croyance
engendrée par le regard
des autres, notre reflet
dans le miroir etc...

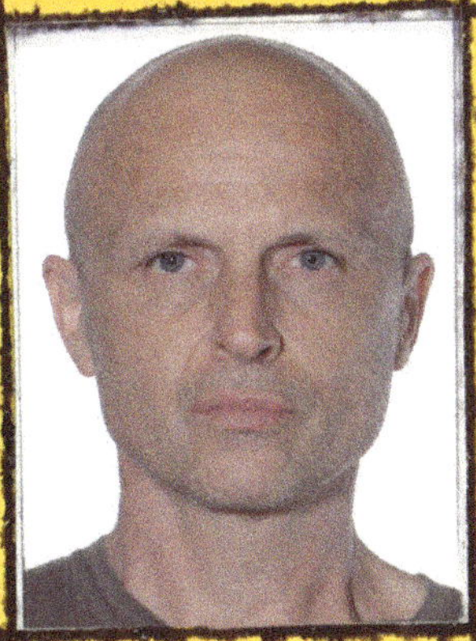

Je dois dissoudre
cette ID de moi
qui n'est qu'un
costume d'apparat
relié forcément au décor
qui l'environne. Je
dois dissoudre cet horizon,
cette illusion qui sépare.

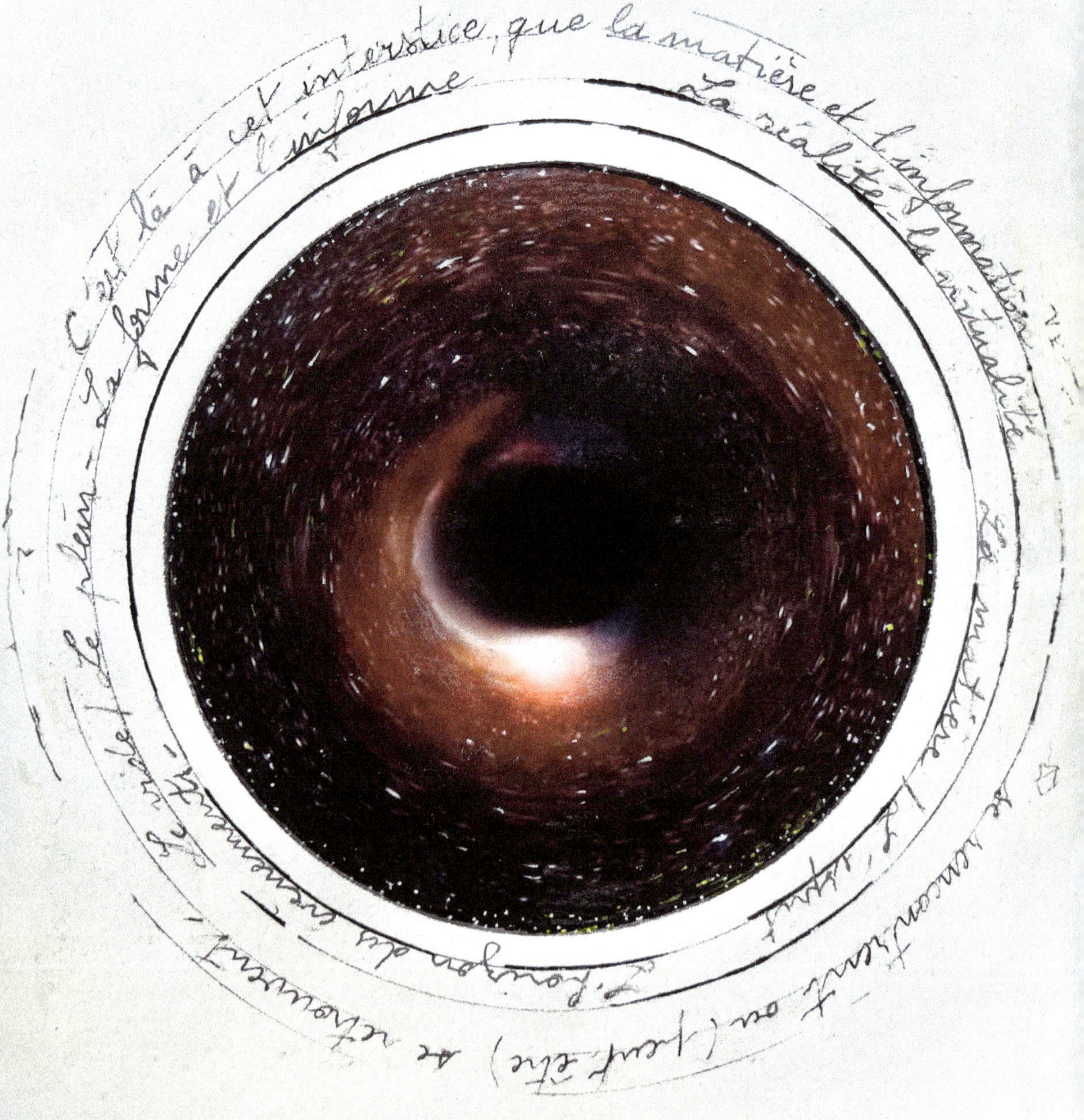
C'est là à cet interstice, que la matière et l'information
La forme et l'informe
La réalité – la virtualité
Le plein

Horizon Division

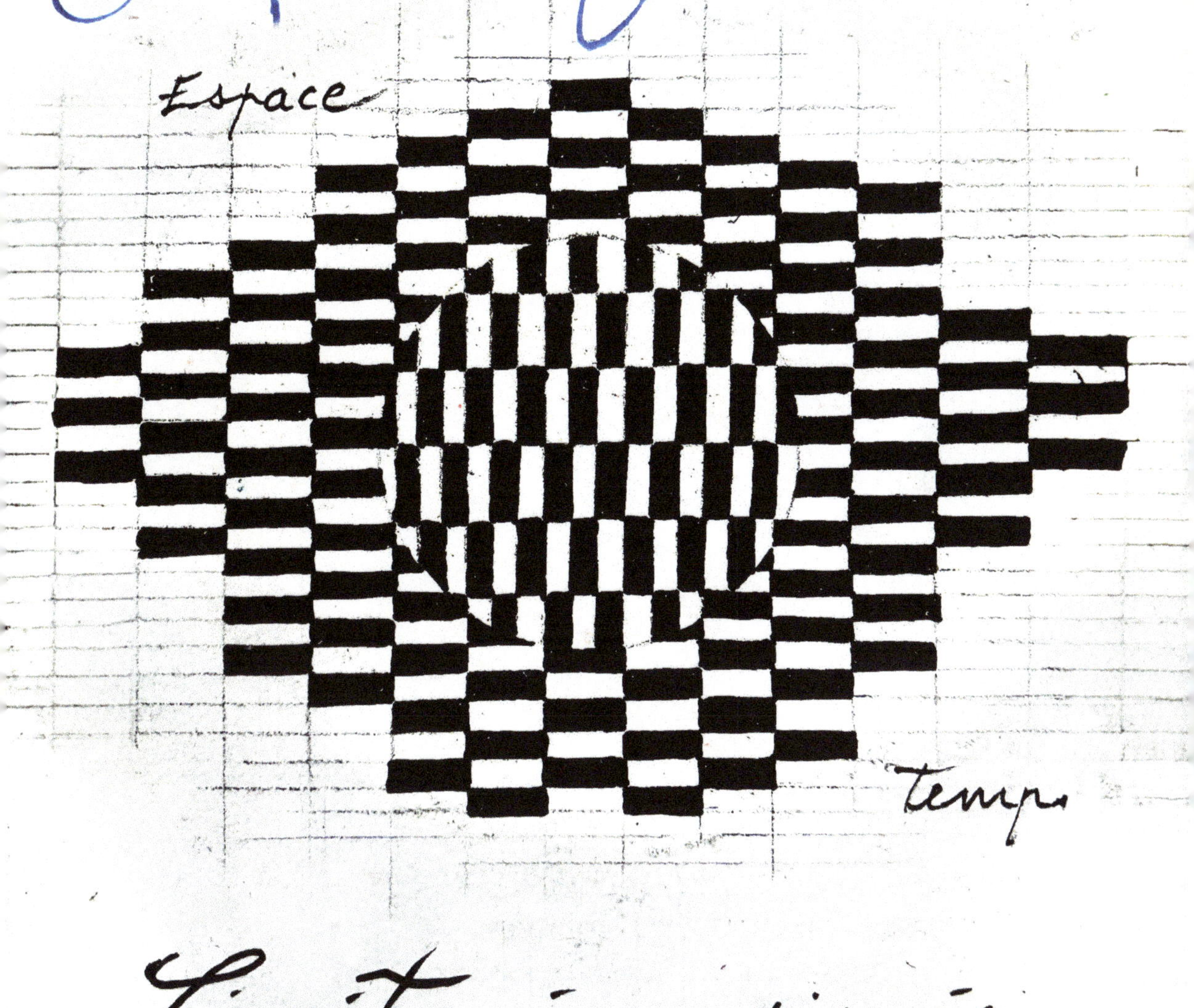

Limite imaginaire

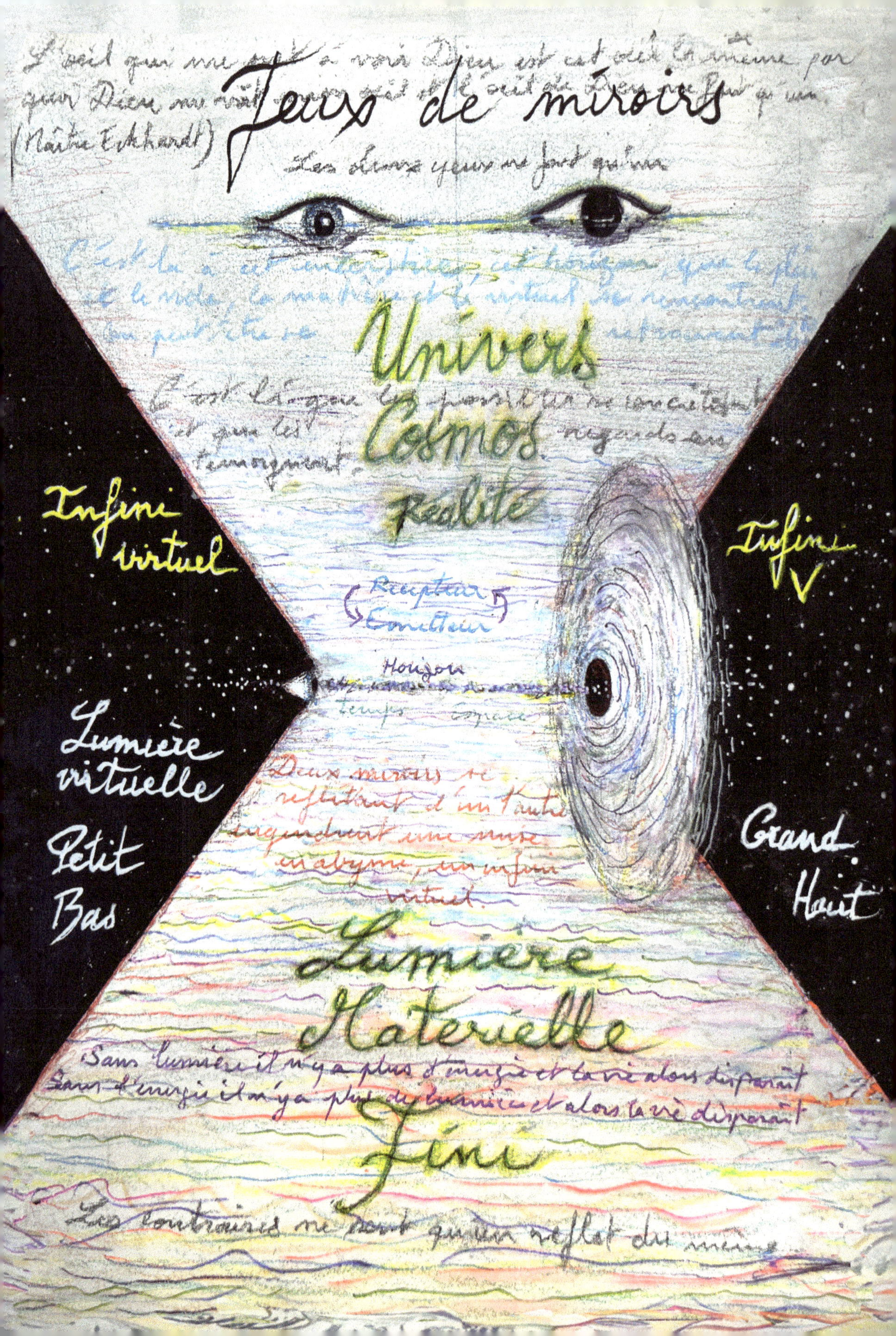

Jeux de miroirs
(Maître Eckhardt)
Les deux yeux ne font qu'un
Univers
Cosmos
Réalité
Infini virtuel
Infini V
Récepteur
Émetteur
Horizon
temps
espace
Lumière virtuelle
Petit
Bas
Grand
Haut
Deux miroirs se reflétant l'un l'autre engendrent une mise en abyme, un infini virtuel
Lumière Matérielle
Sans lumière il n'y a plus d'énergie et la vie alors disparaît
Sans énergie il n'y a plus de lumière et alors la vie disparaît
Fini
Les contraires ne sont qu'un reflet du même

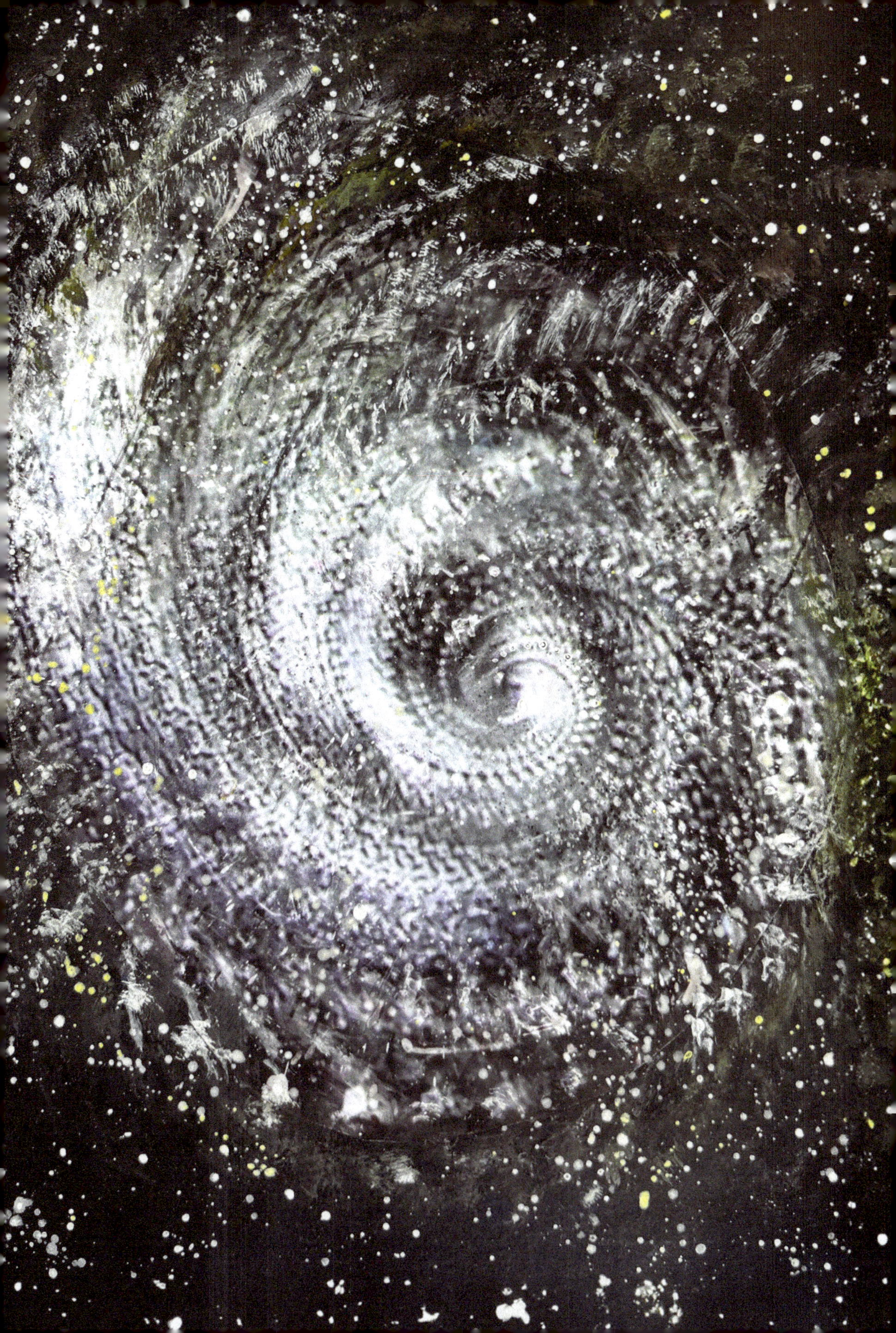

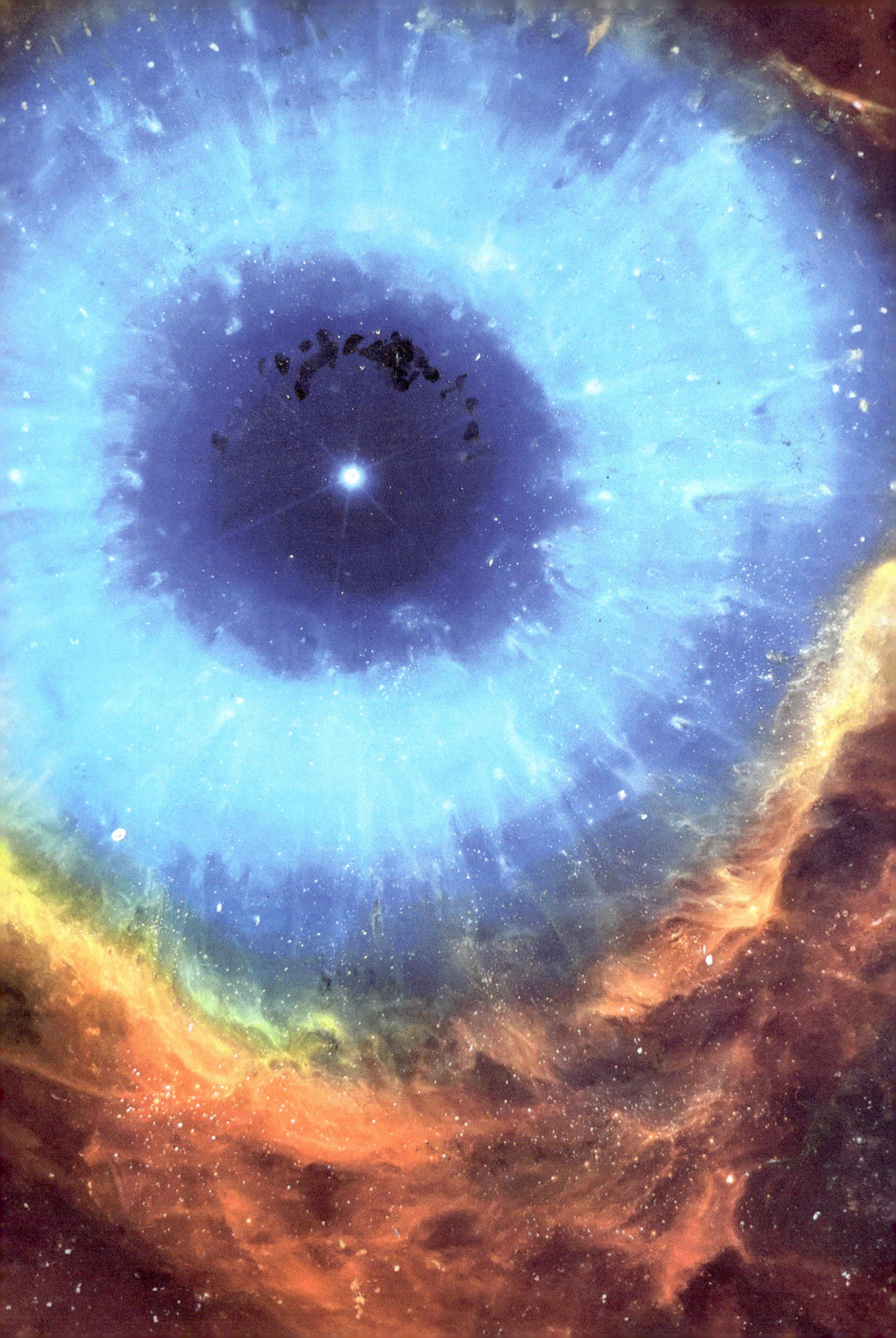

L'oeil cosmique

Un jeu de miroirs
qui fait apparaître le
monde

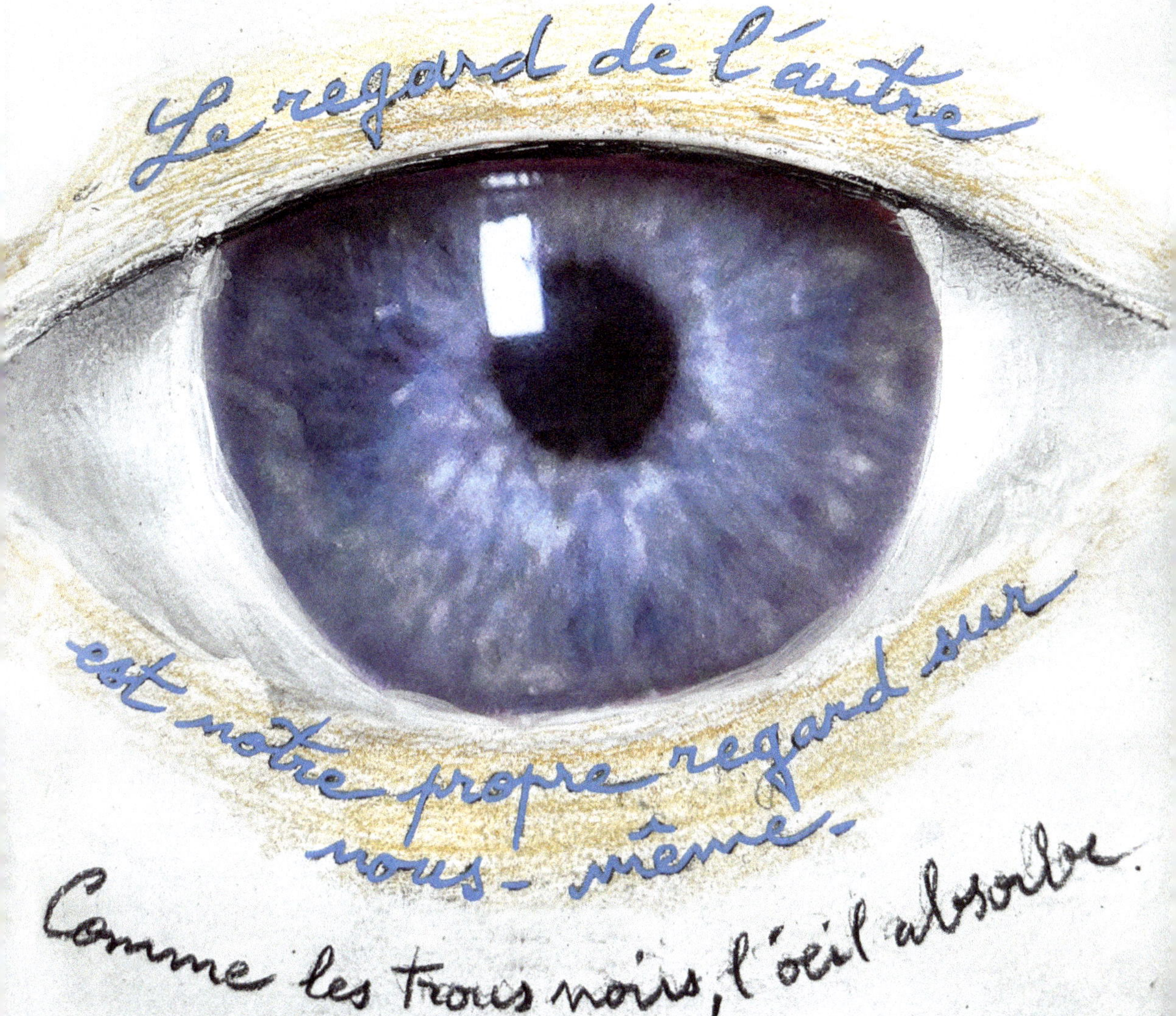

Comme les trous noirs, l'oeil absorbe
La lumière

Sans énergie il n'y a plus de lumière, et tout alors disparaît dans l'obscurité.

MECANIQUE

Ecran LCD

S'il reflète le visible, alors il fait écran à l'invisible.

Caméra Vidéo

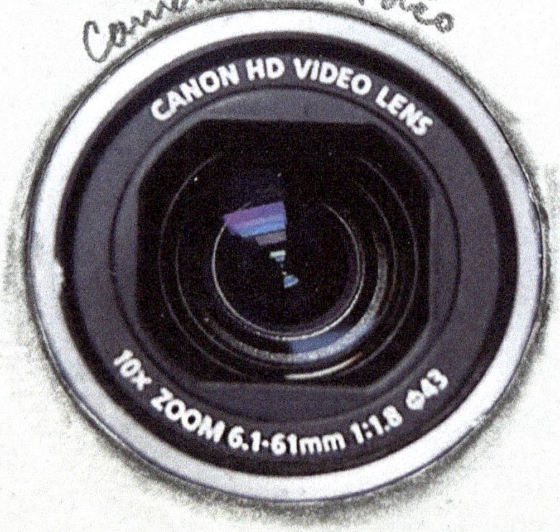

~~Voir~~
~~Regarder~~
~~Mémoriser~~

Saisir
Capter
Enregistrer

L'oeil

qui reflète sans réfléchir

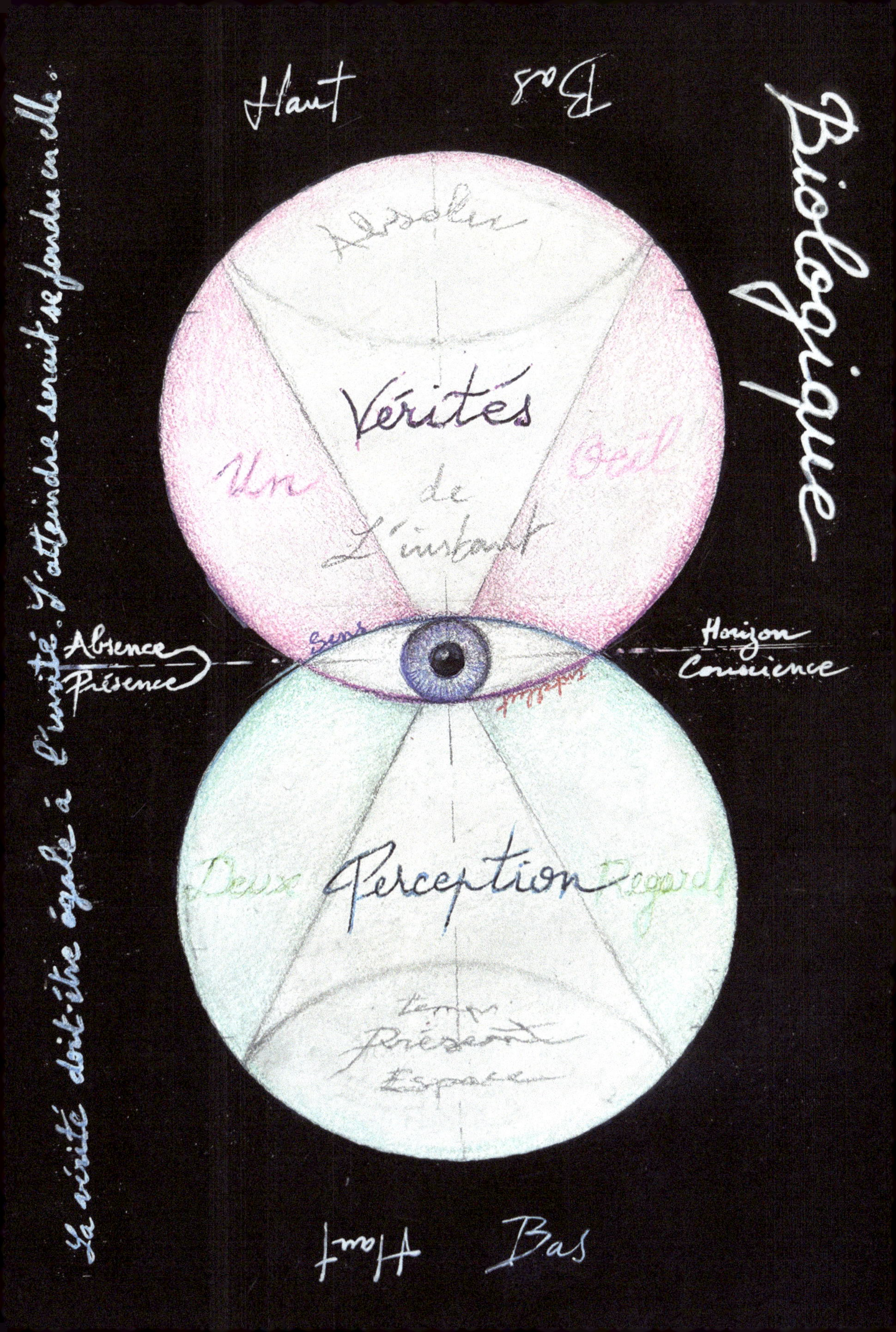

La vérité doit-être égale à l'unité. L'atteindre serait se fondre en elle.
Haut
Bas
Biologique
Absolu
Vérités
Un
Oeil
de
L'instant
Sens
Absence
Présence
Horizon
Conscience
Deux
Perception
Regard
temps
Présent
Espace
Haut
Bas

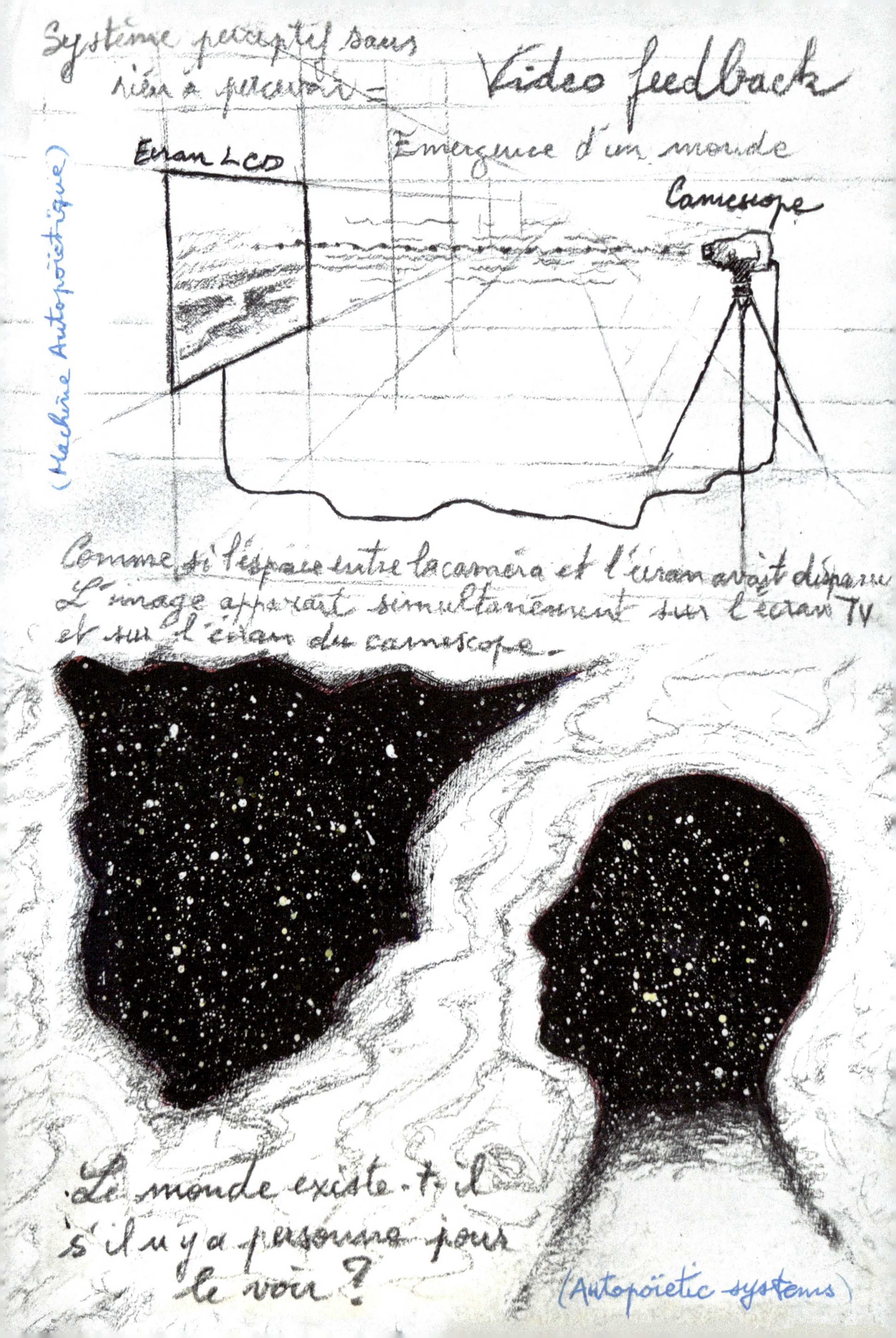
Système perceptif sans rien à percevoir
Video feedback
Ecran LCD
Emergence d'un monde
Camescope
(Machine Autopoïetique)
Comme si l'espace entre la caméra et l'écran avait disparu
L'image apparaît simultanément sur l'écran TV
et sur l'écran du camescope.
Le monde existe-t-il
s'il n'y a personne pour
le voir ?
(Autopoïetic systems)

Paysage auto-généré par le système vidéo feedback

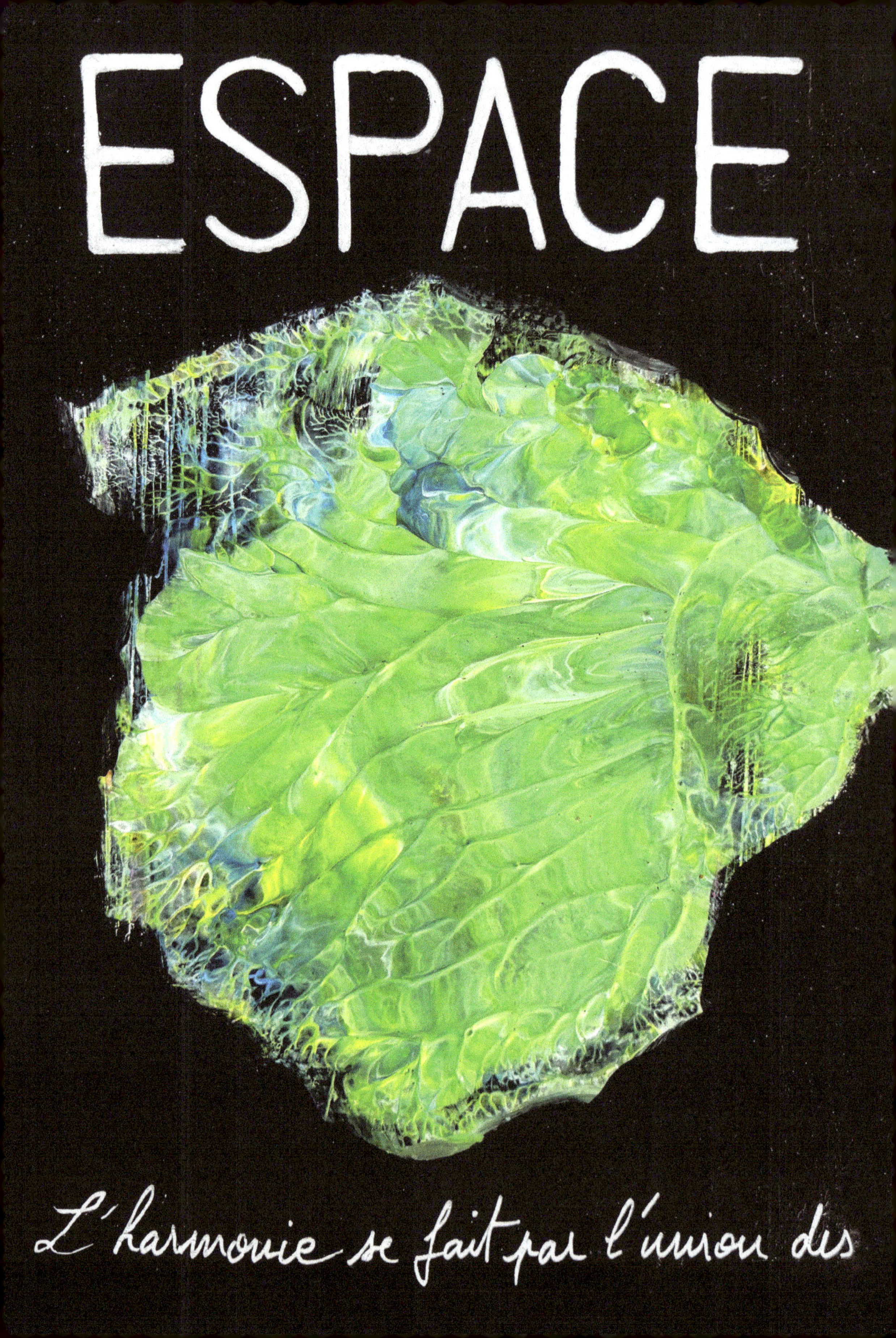
ESPACE
L'harmonie se fait par l'union des

TEMPS

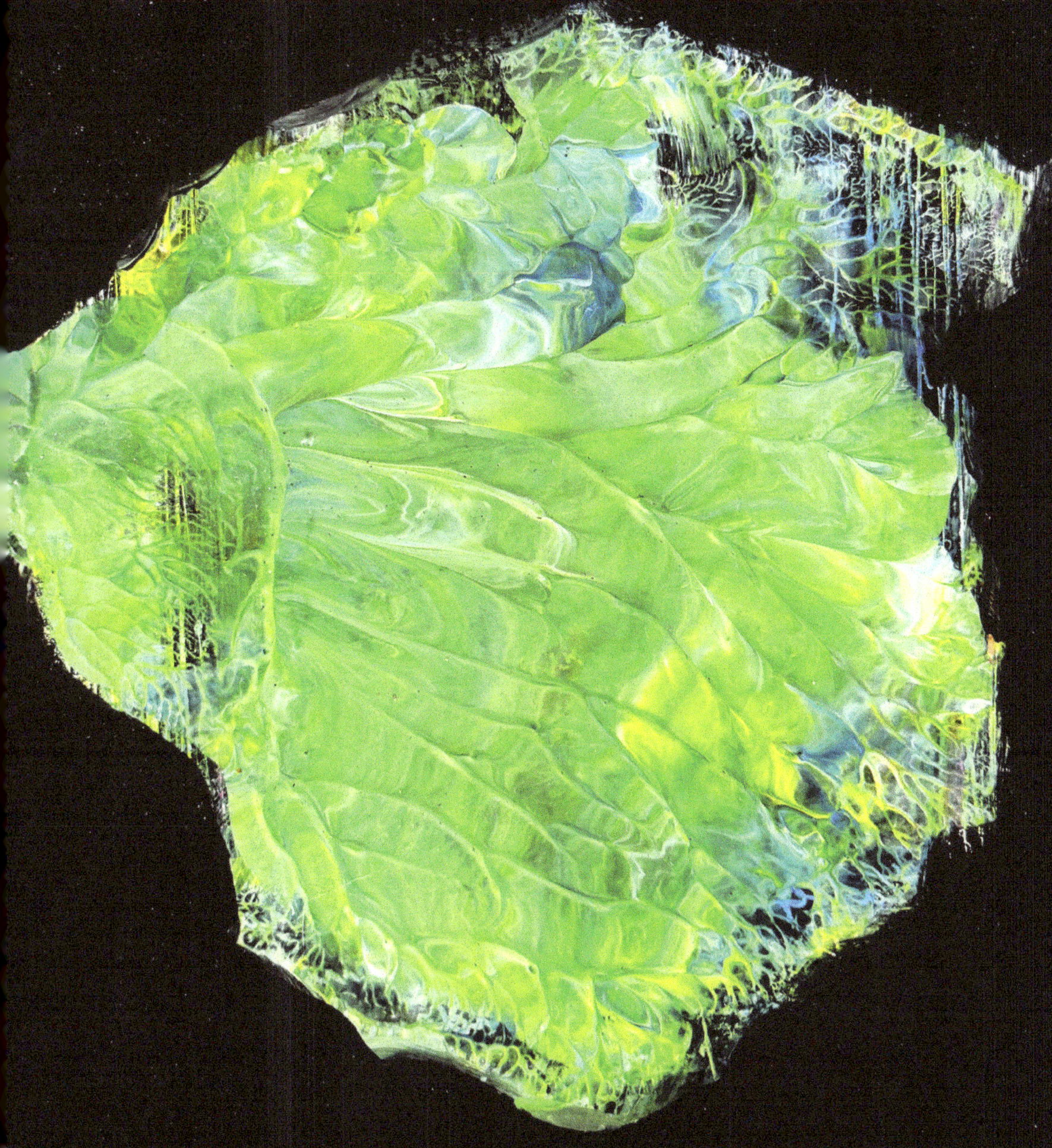

contraires, car la dualité fonde l'unité.

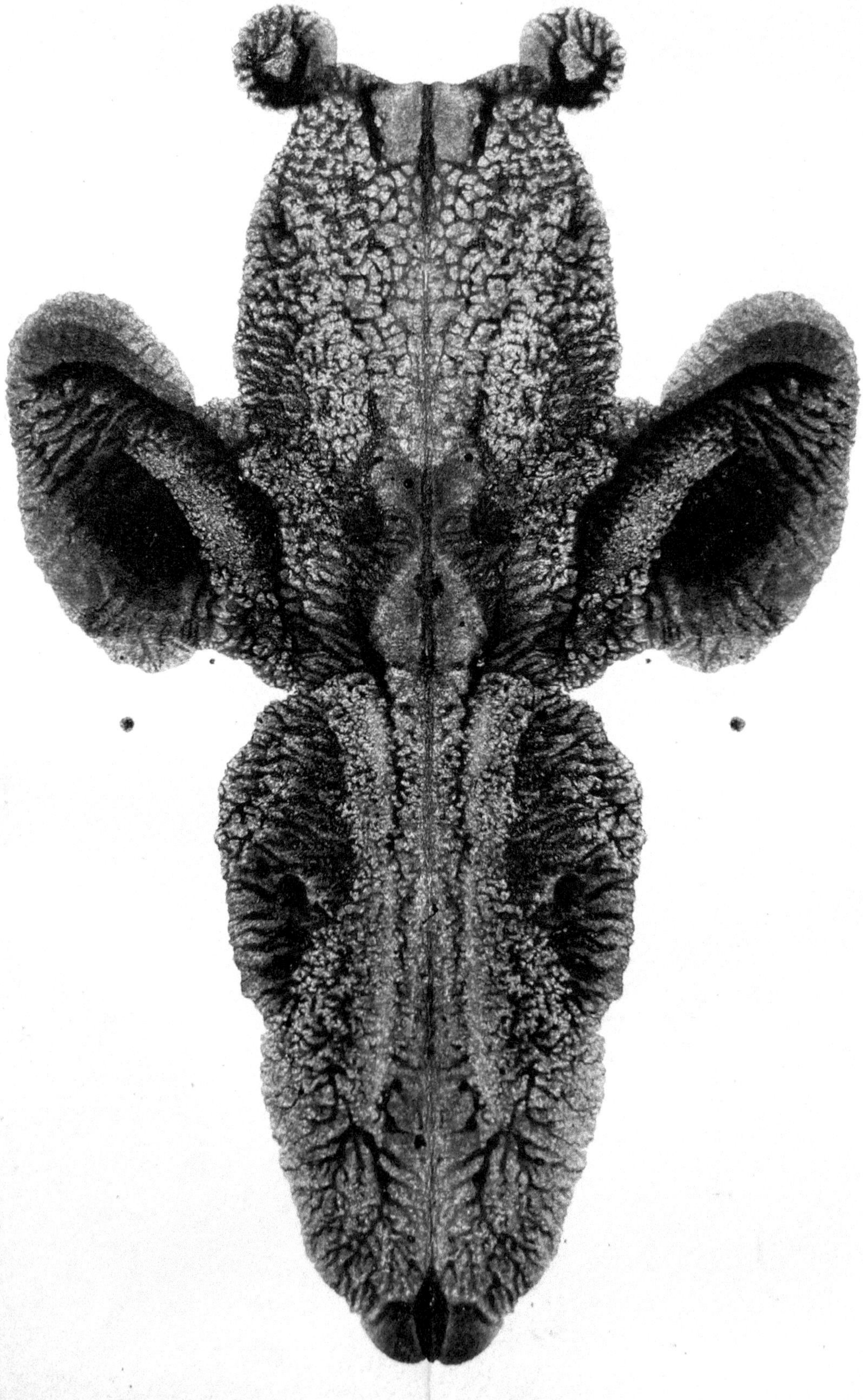

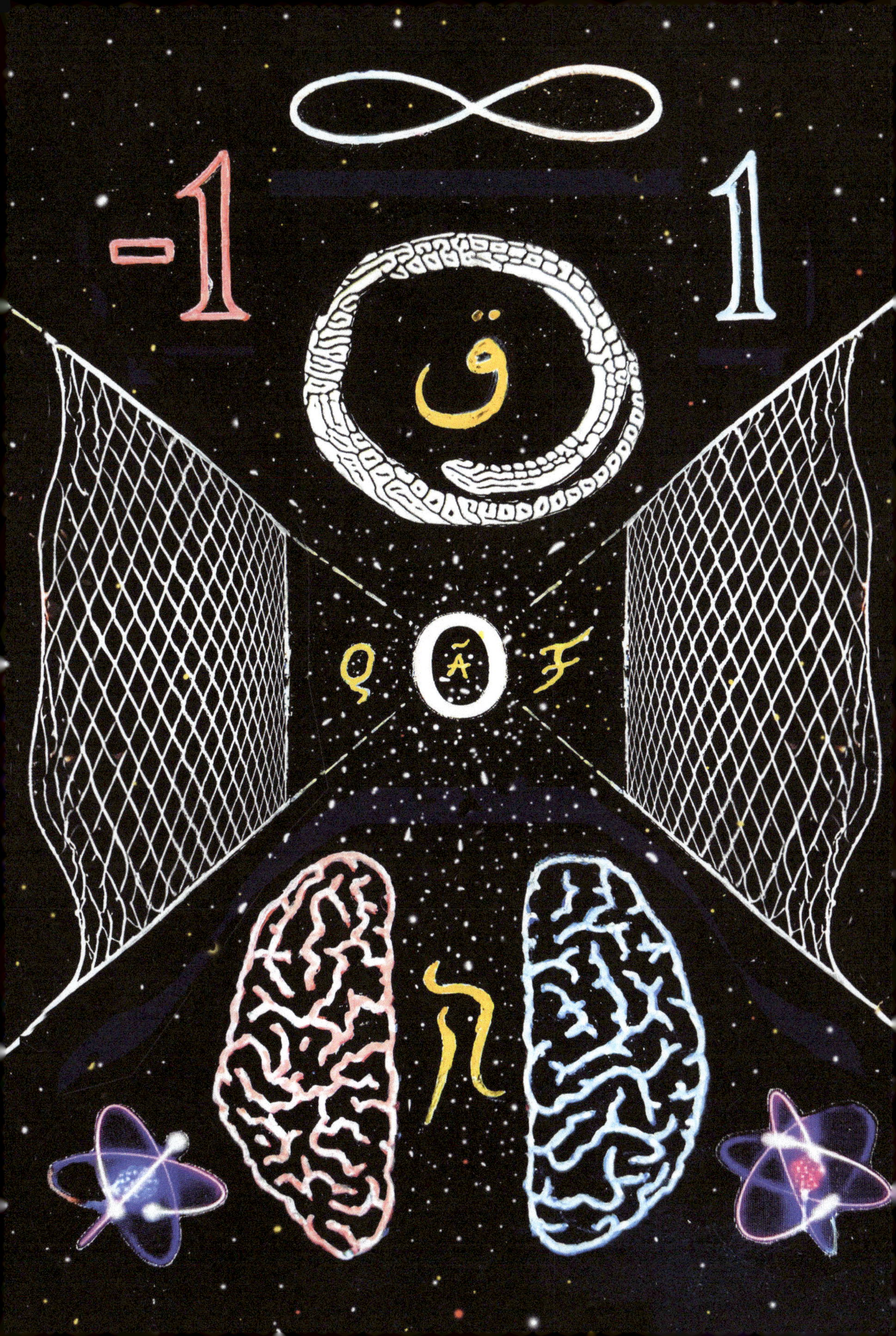
-1
1
ق
Q
0
Ã
F
ק

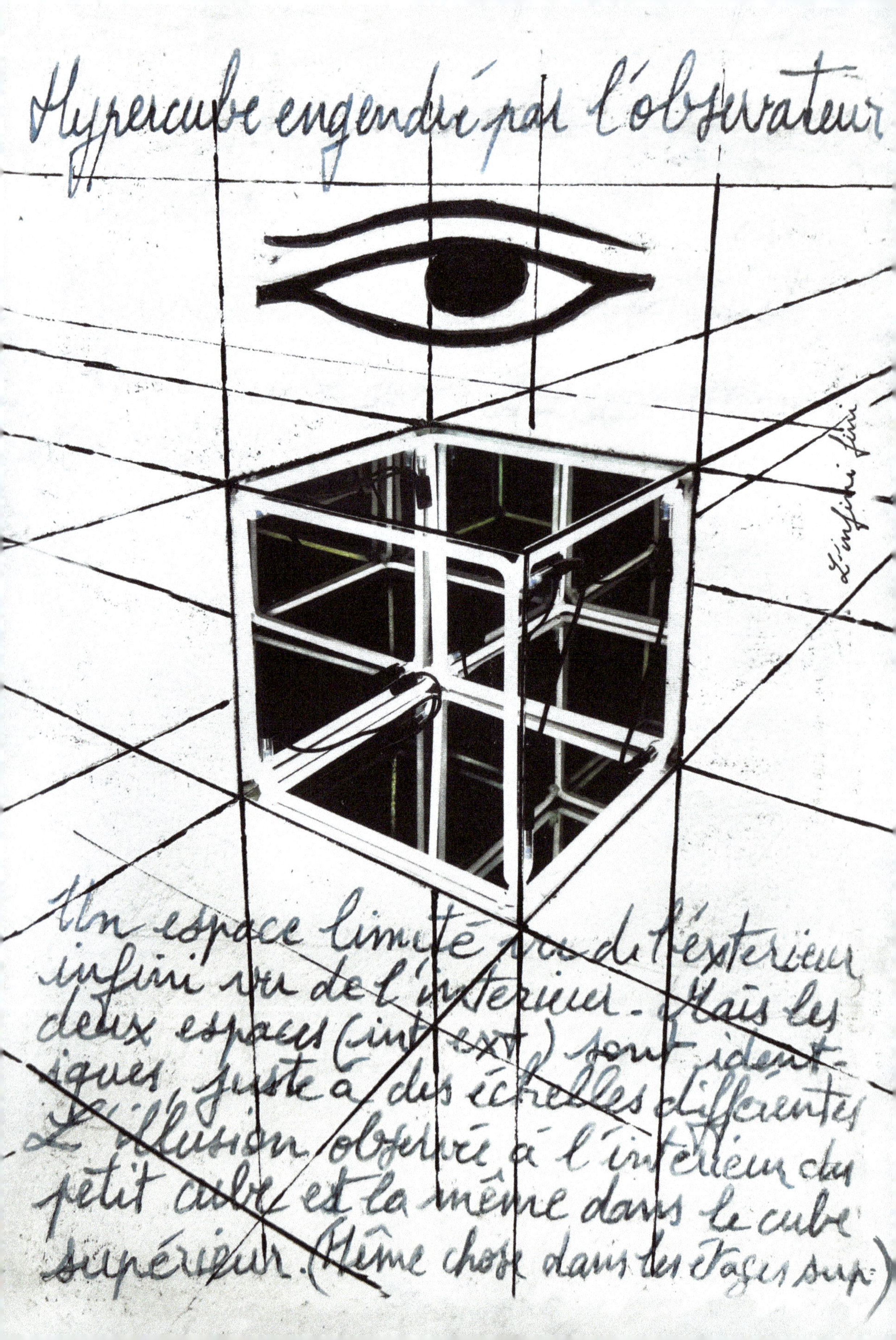
Hypercube engendré par l'observateur
L'infini fini
Un espace limité vu de l'extérieur
infini vu de l'intérieur. Mais les
deux espaces (int. ext.) sont ident-
iques juste à des échelles différentes
L'illusion observée à l'intérieur du
petit cube est la même dans le cube
supérieur. (Même chose dans les étages sup.)

Géométrie organique

La voie centrale permettant d'équilibrer les forces à l'oeuvre

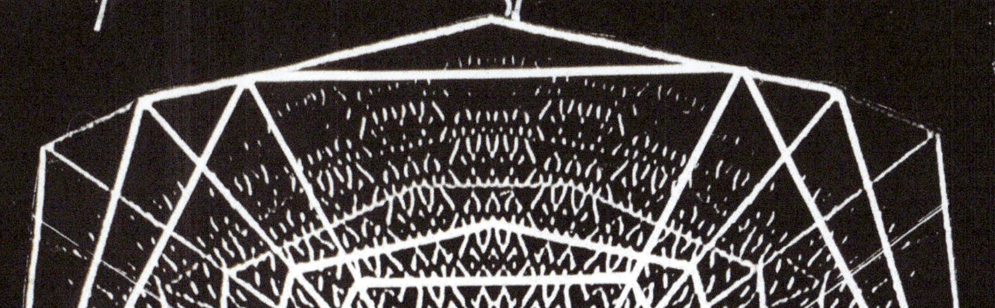

Forces fondamentales qui animent tout ce qui existe dans l'Univers.

Tout naît du vide

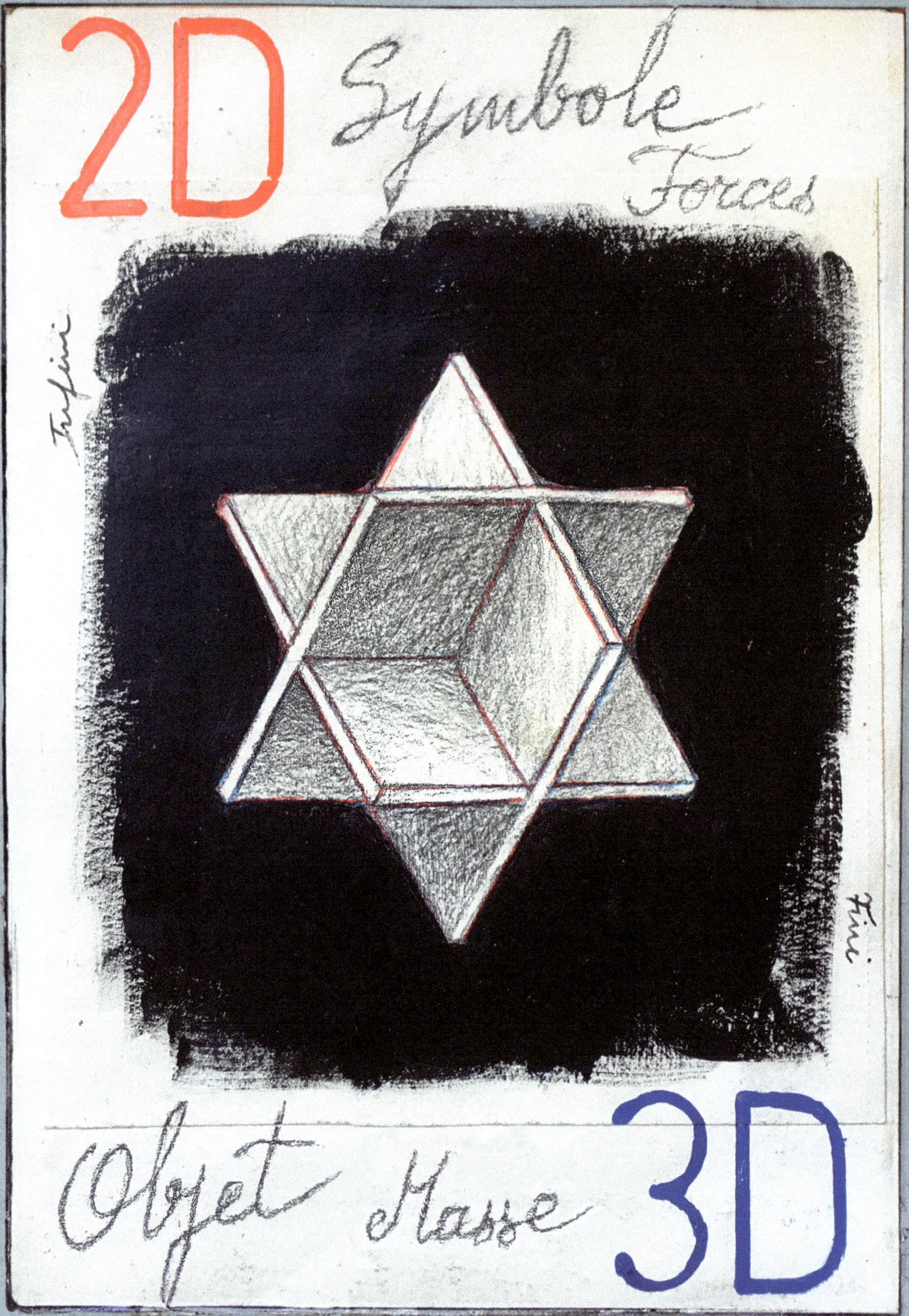
2D
Symbole
Forces
Objet
Masse
3D

Une illusion bien réelle –

Notre réalité 3D est virtuelle
Nos yeux sont comme des
caméras et nous, tels

Objet

⊕ – Crossed eyes – ⊕

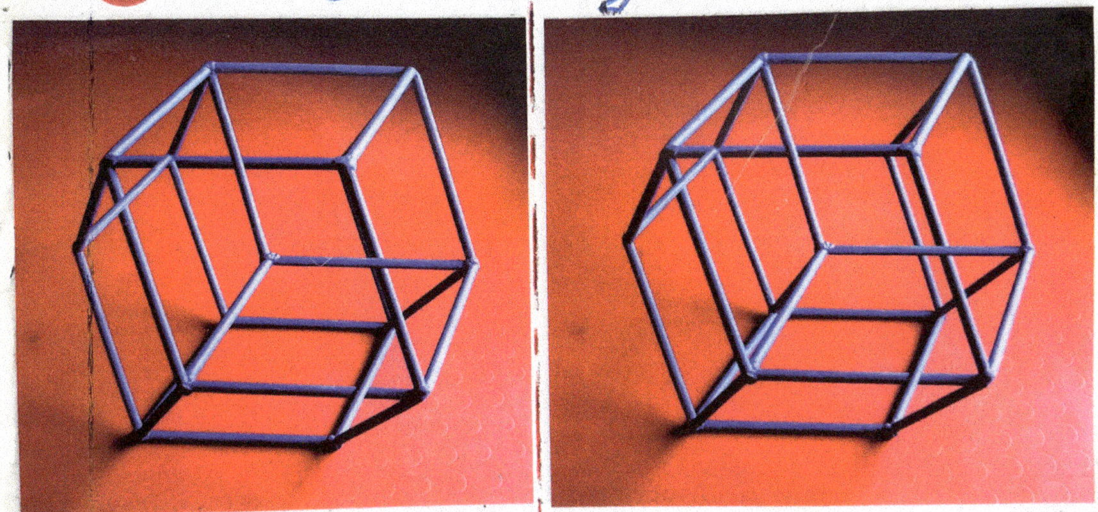

2D 2D

Virtuel

des réalisateurs construisant
ce film projeté en
nous-mêmes et dans lequel
chacun, en ⊖ héros, joue sa
propre histoire.

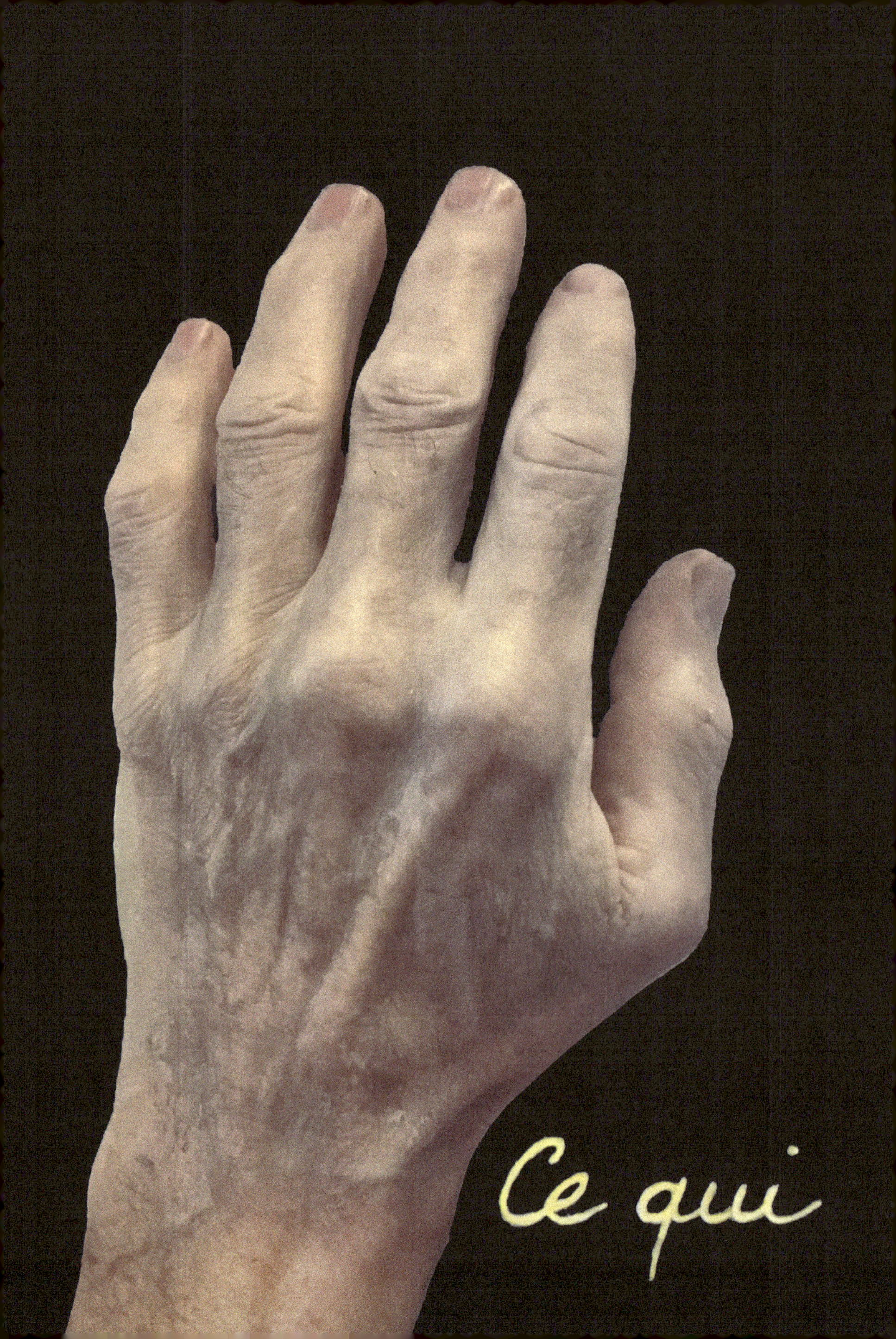
Ce qui

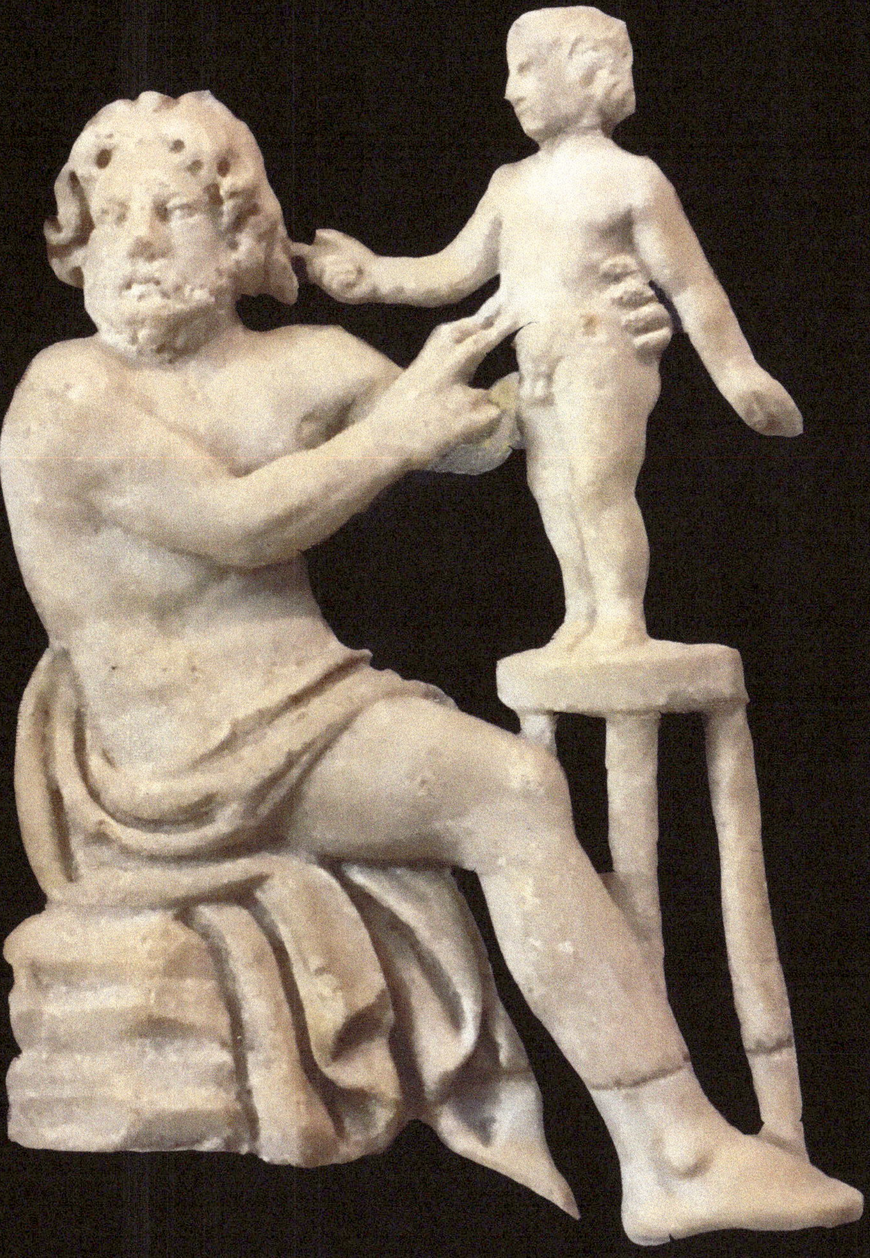

sera est ce qui était.

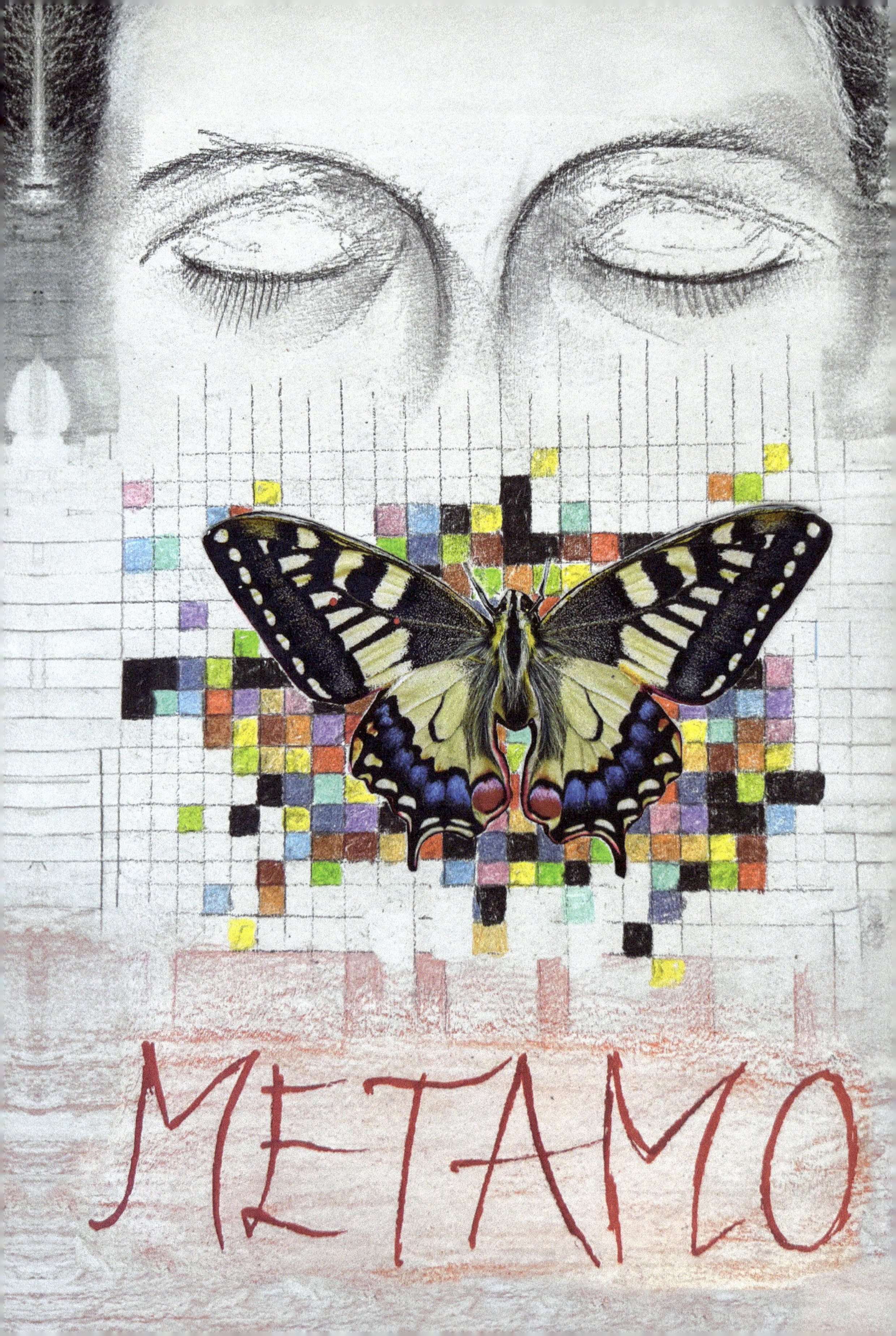
METAMO

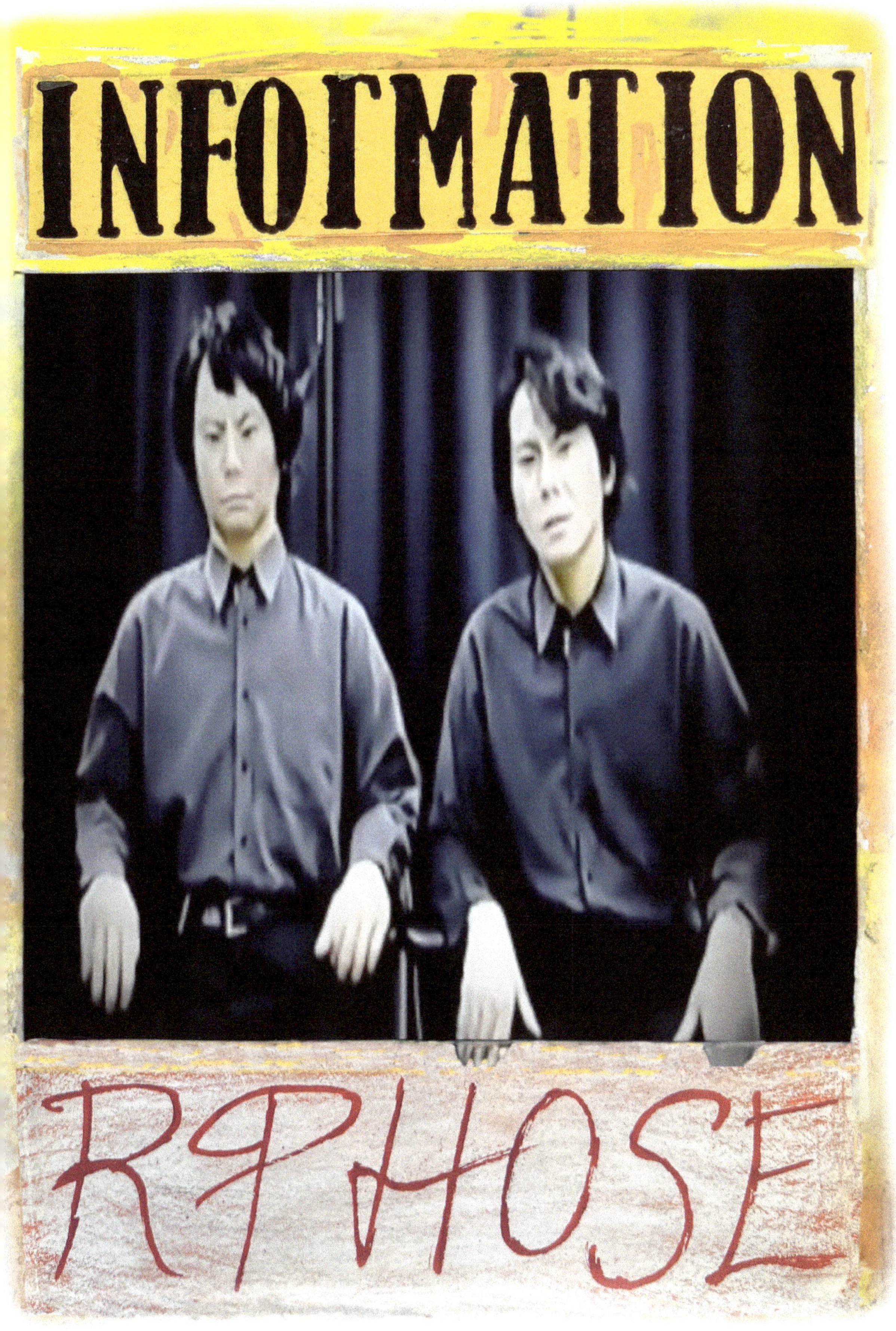
INFOΓMATION

Fini dans l'infini

Un tout dans lequel la vie en s'écoulant impliquerait le temps ?

Le mouvement la vie nécessite une durée. L'action n'est pas envisageable sans le temps

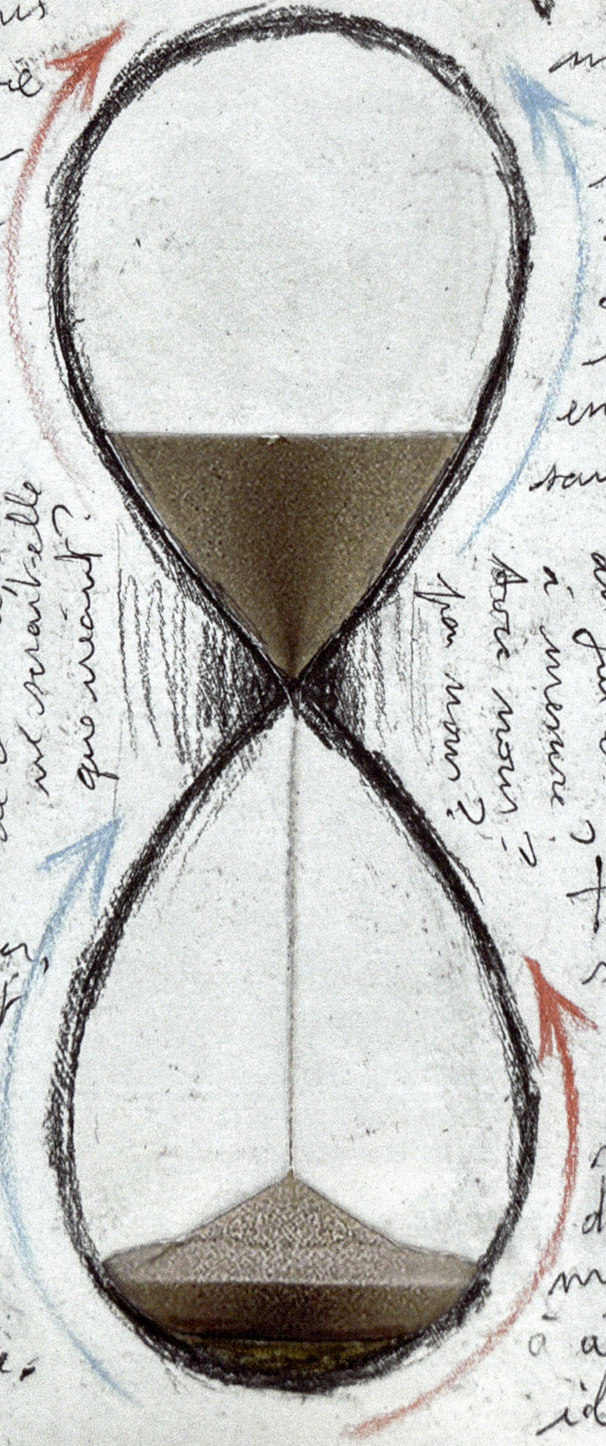

Est-ce nous qui produisons la réalité ? Nous la porterions en nous et hors de la vie celle-ci ne serait-elle que néant ?

Est-ce que la réalité se construit au fur et à mesure ? Avec nous ? par nous ?

Le temps vécu indéniablement disparu, est pourtant celui-là même qui me constitue.

Tous mes souvenirs sont tels les maillons d'une chaîne me rattachant à mon identité.

L'empreinte

Flatland

Compression du temps dans une surface

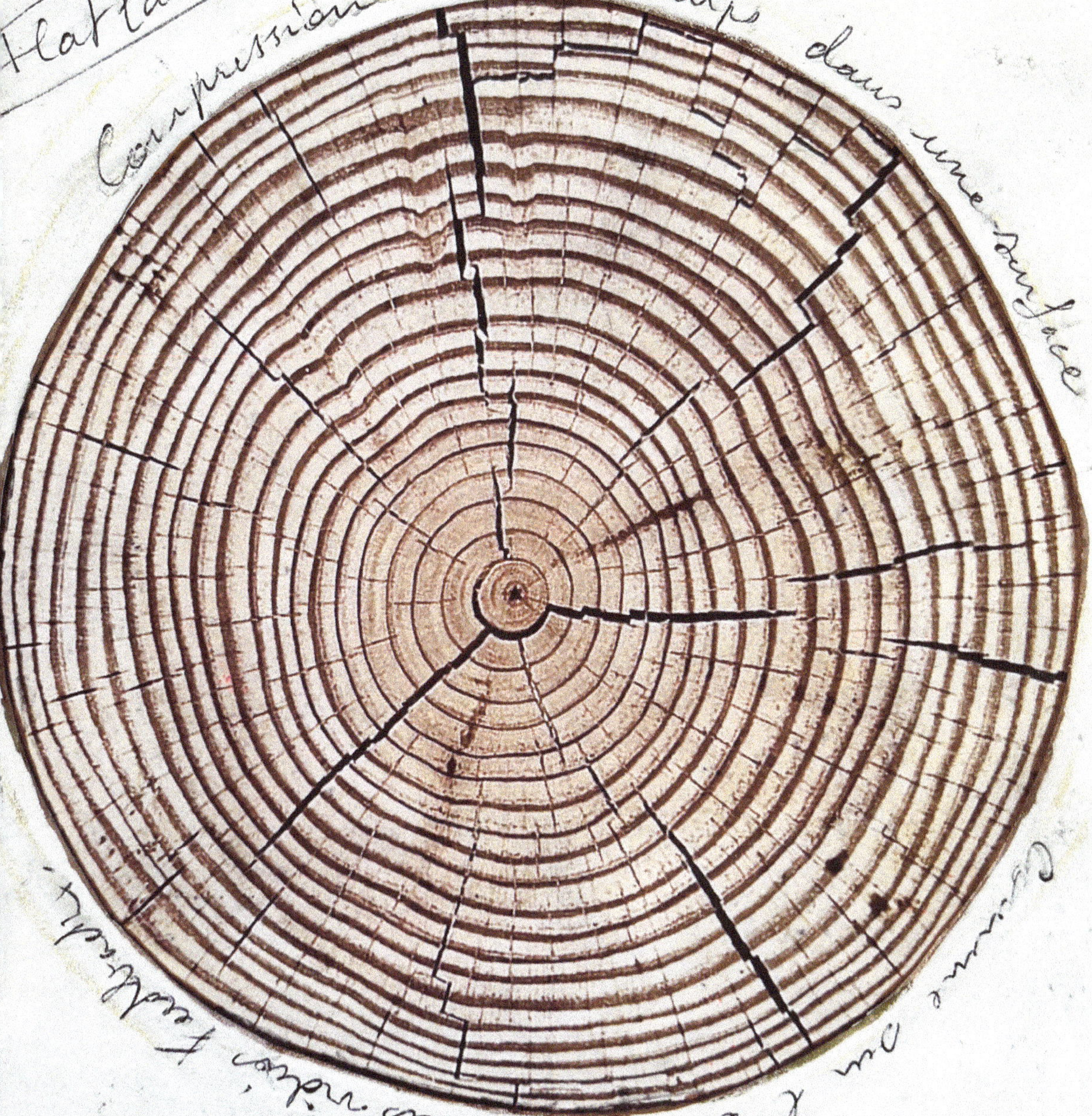

Comme sur l'écran dans les vidéos Feedback.

du temps

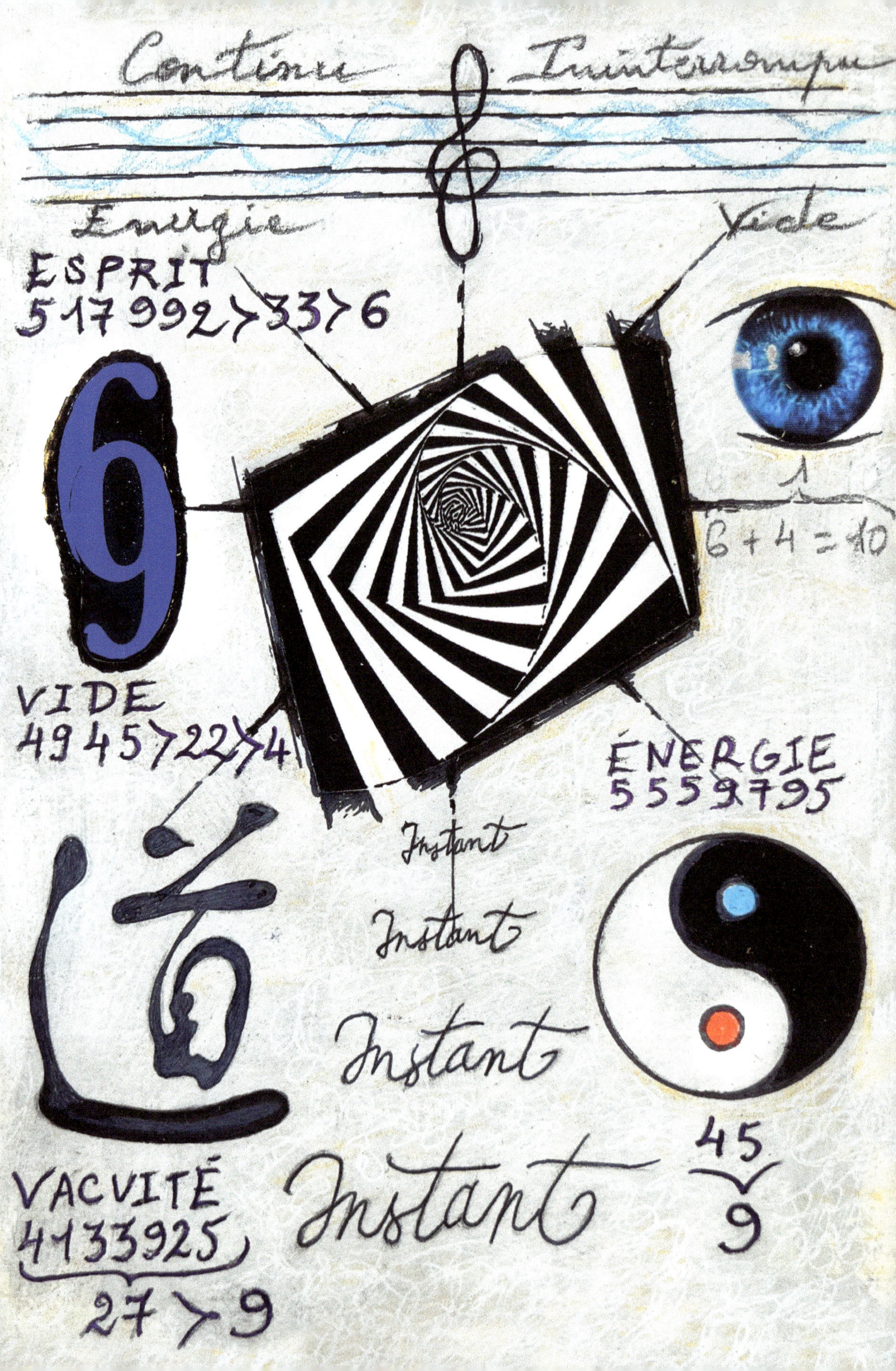

Continu Ininterrompu
Energie
Vide
ESPRIT
517992>33>6
6 + 4 = 10
VIDE
494572274
ÉNERGIE
5559795
Instant
Instant
Instant
Instant
VACUITÉ
4133925
27>9
45
9

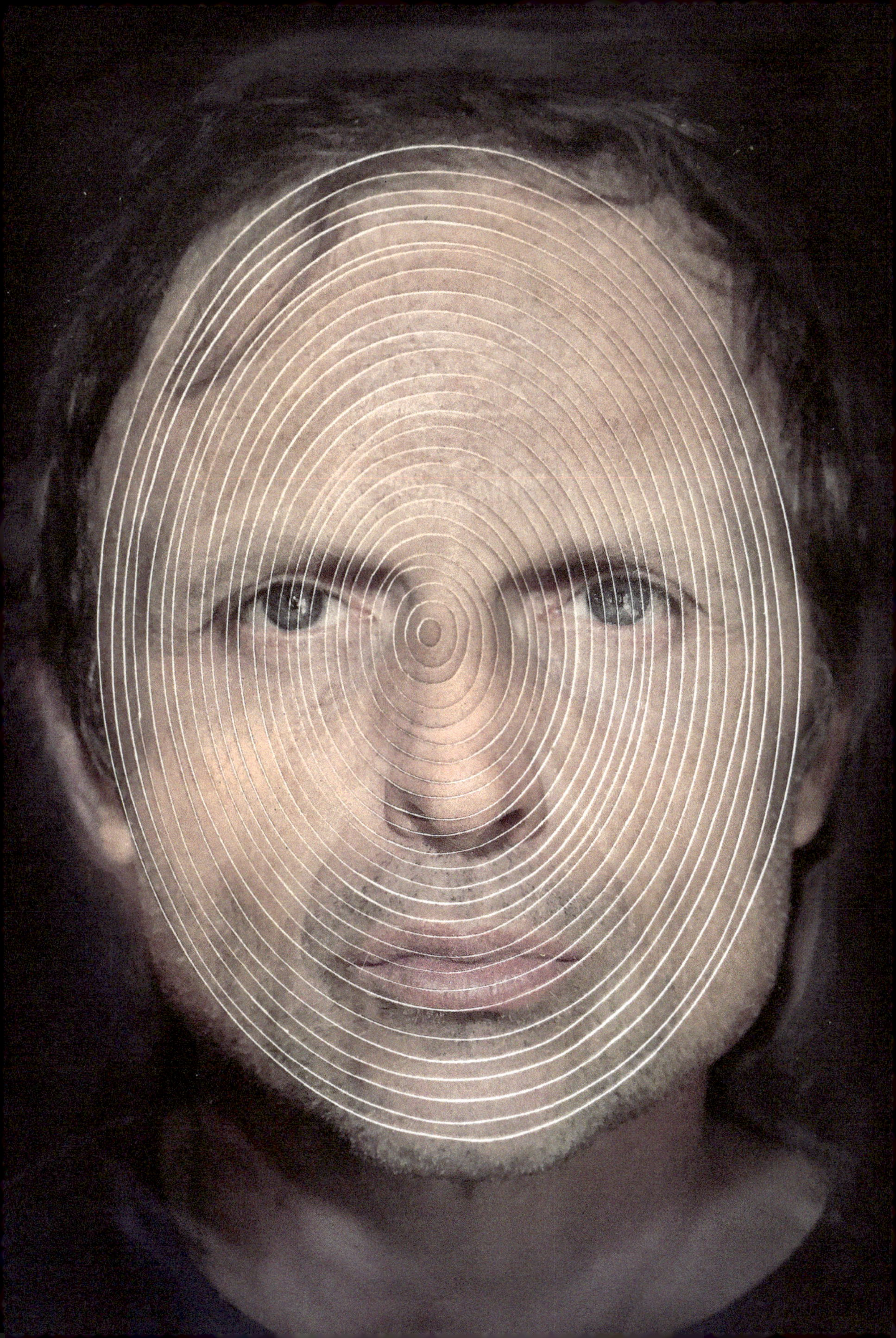

DESCRIPTIF VIDEO FEEDBACK

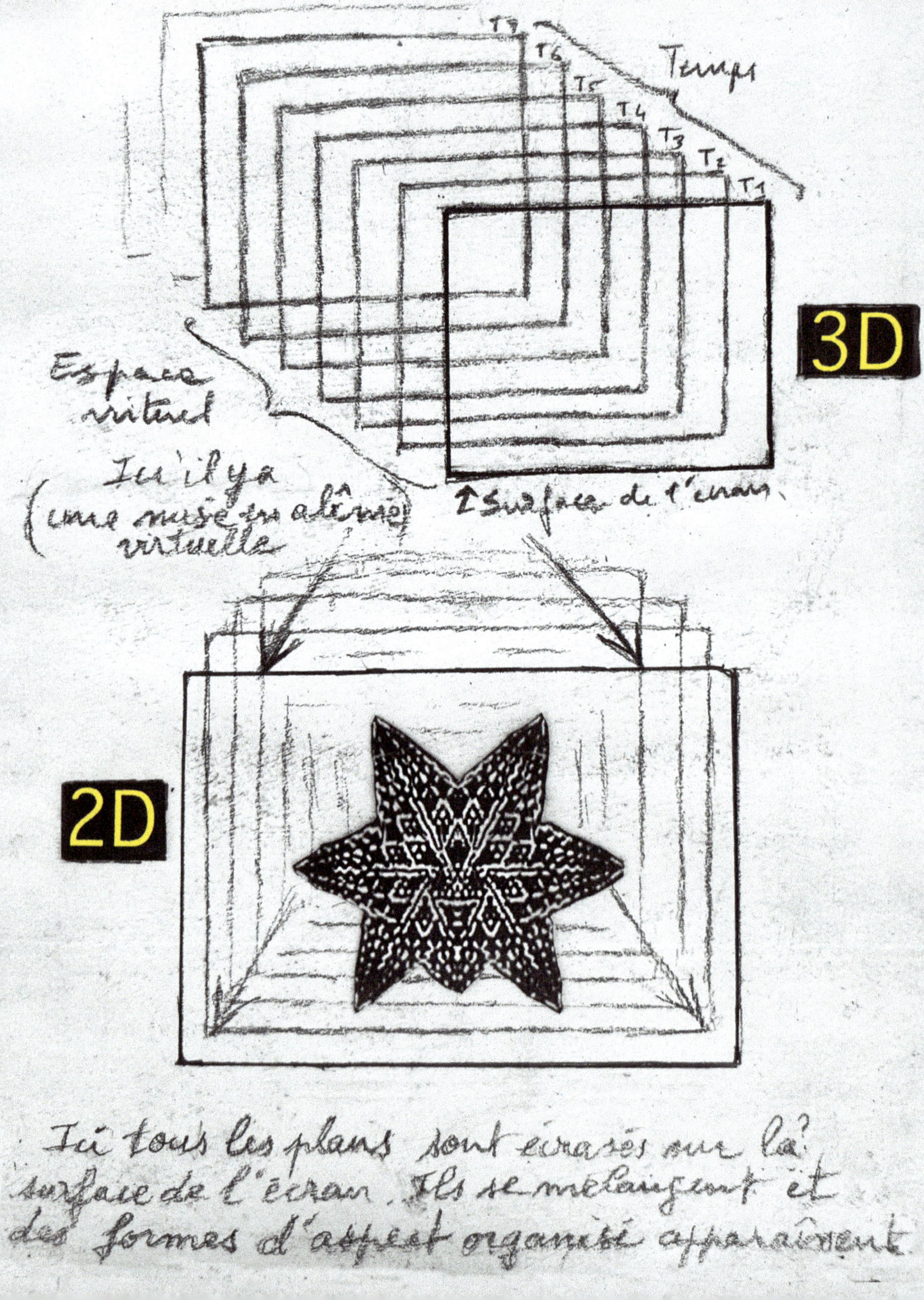

Un principe vidéo feedback nécessite une caméra et un écran TV reliés l'un à l'autre et se faisant face. Entre les deux, rien à voir. Comme deux miroirs se réfléchissant l'un dans l'autre, la lumière fera naître une mise en abîme. Celle-ci doit être

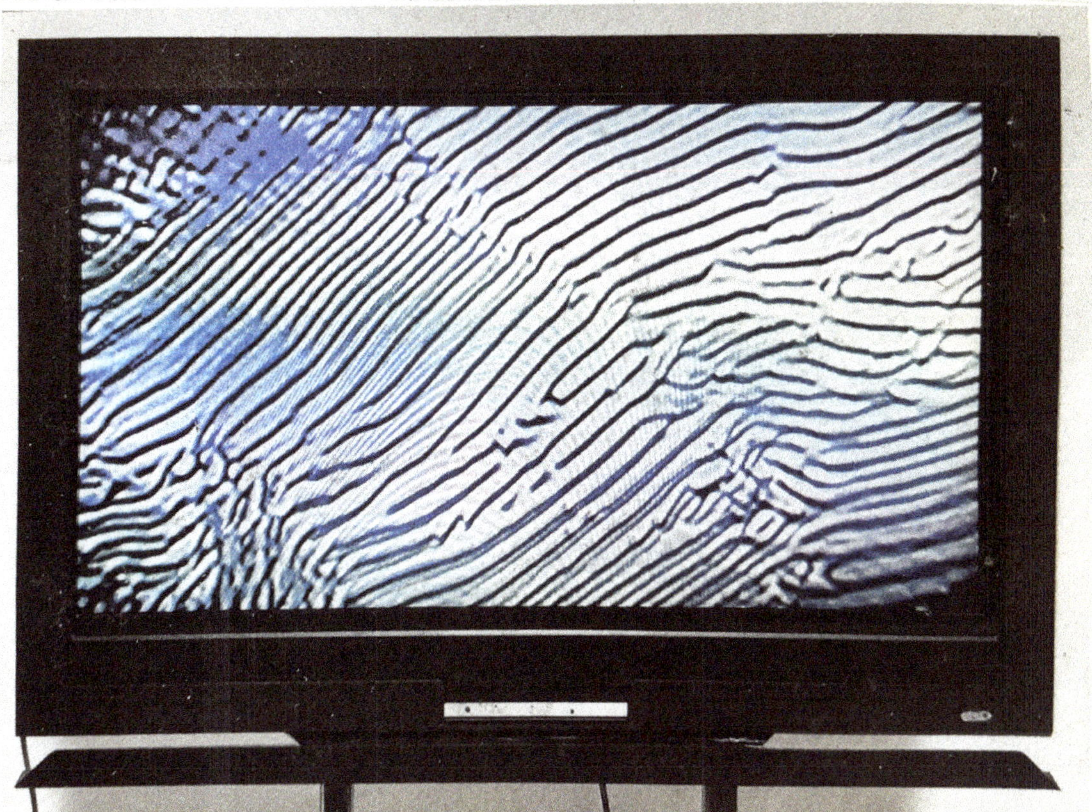

compressée (virtuellement) sur le plan 2D de l'écran. Le regardé et le regardeur ne font plus qu'un et tout un univers de formes émerge. Et si notre réalité émergeait d'un principe similaire?

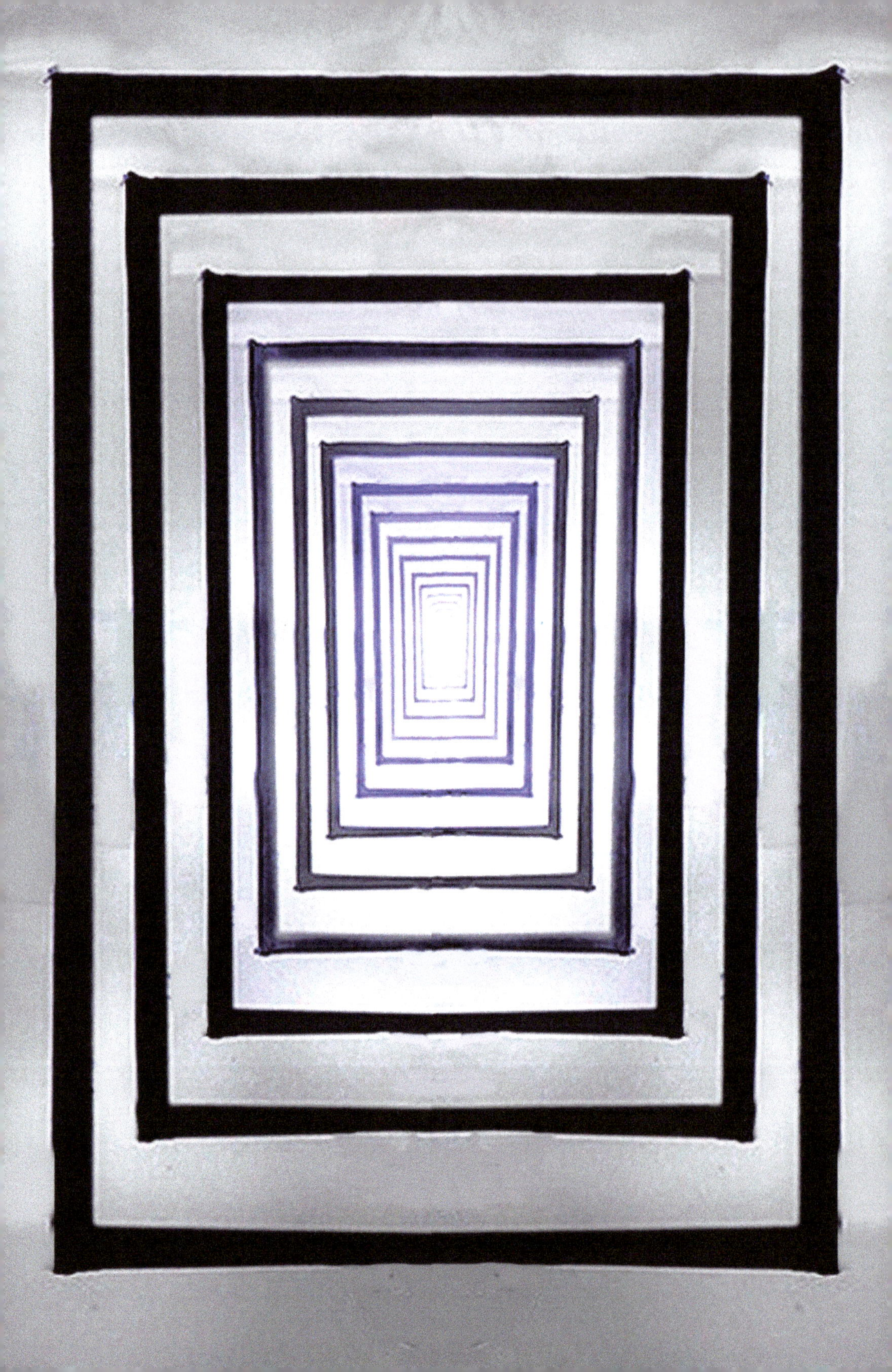

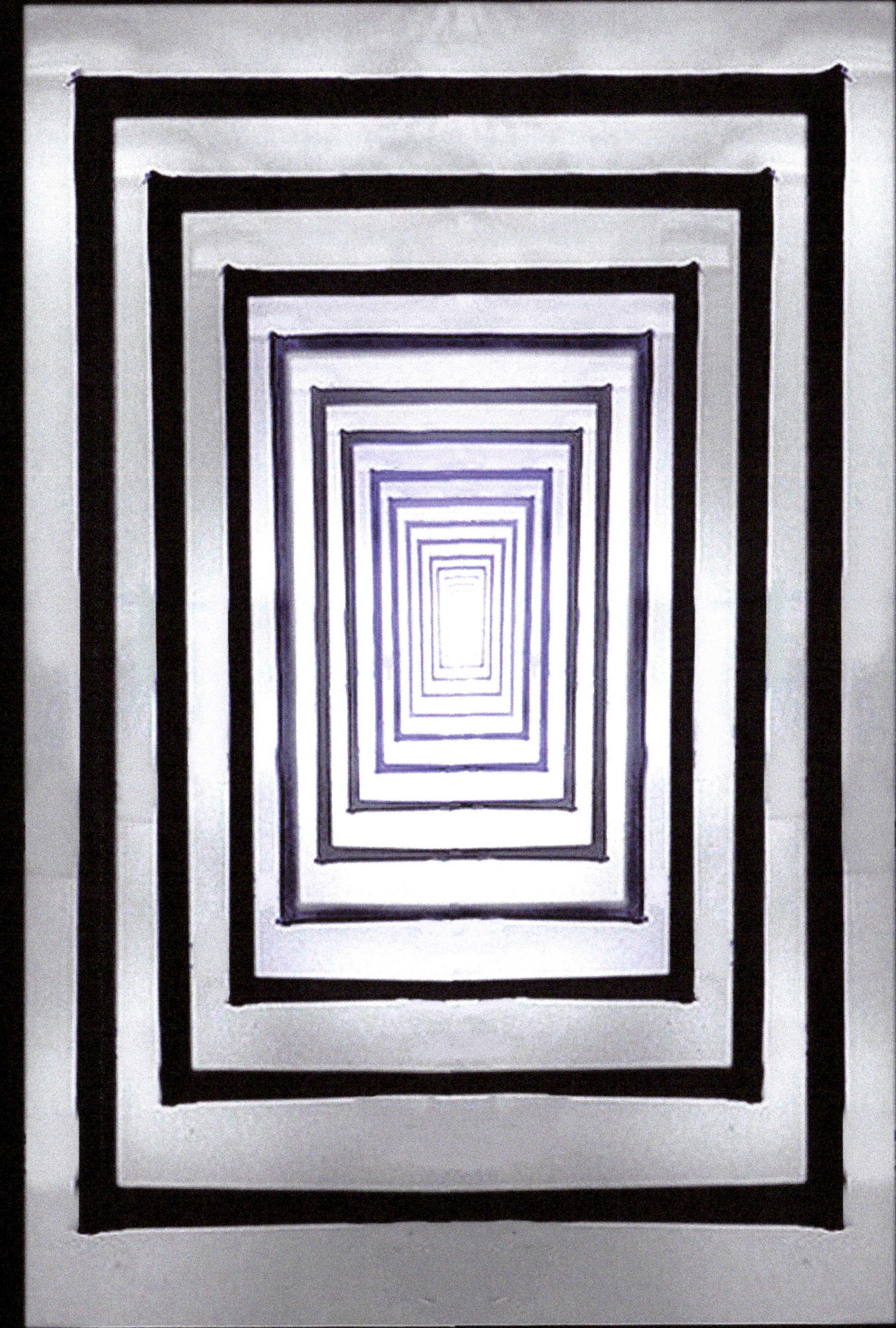

Sous sa forme virtuelle l'objet prend corps dans le sujet.

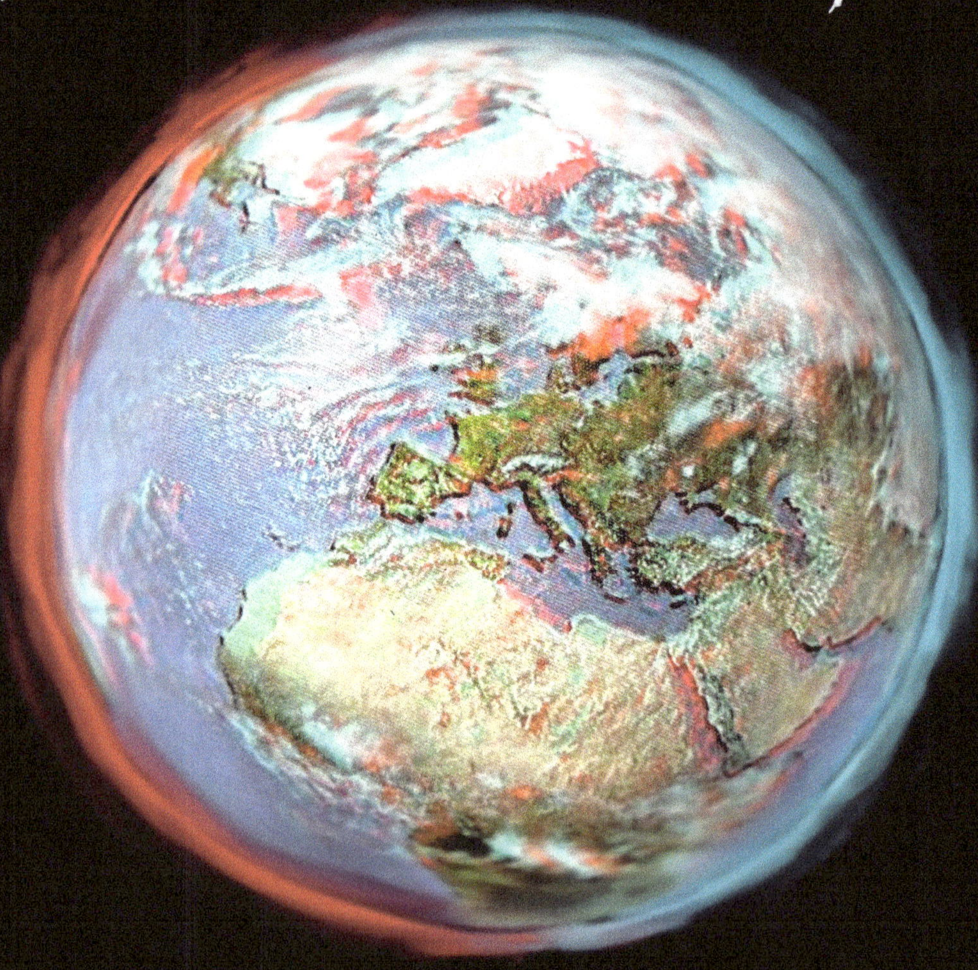

Ce mirage devenu une empreinte indélébile et dorénavant bien réelle.

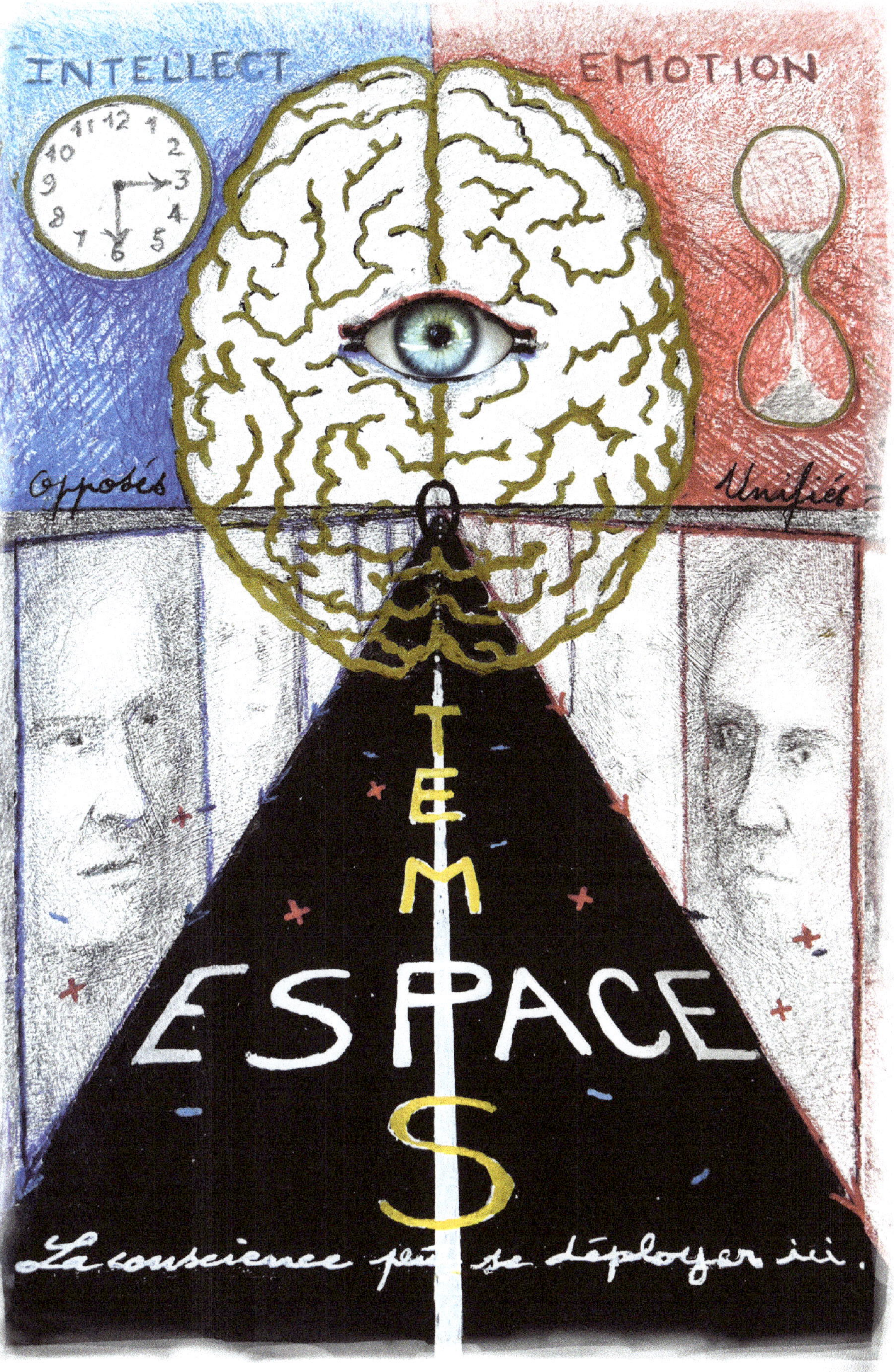
INTELLECT
EMOTION
Opposés
Unifiés
TEMPS
ESPACE
La conscience peut se déployer ici.

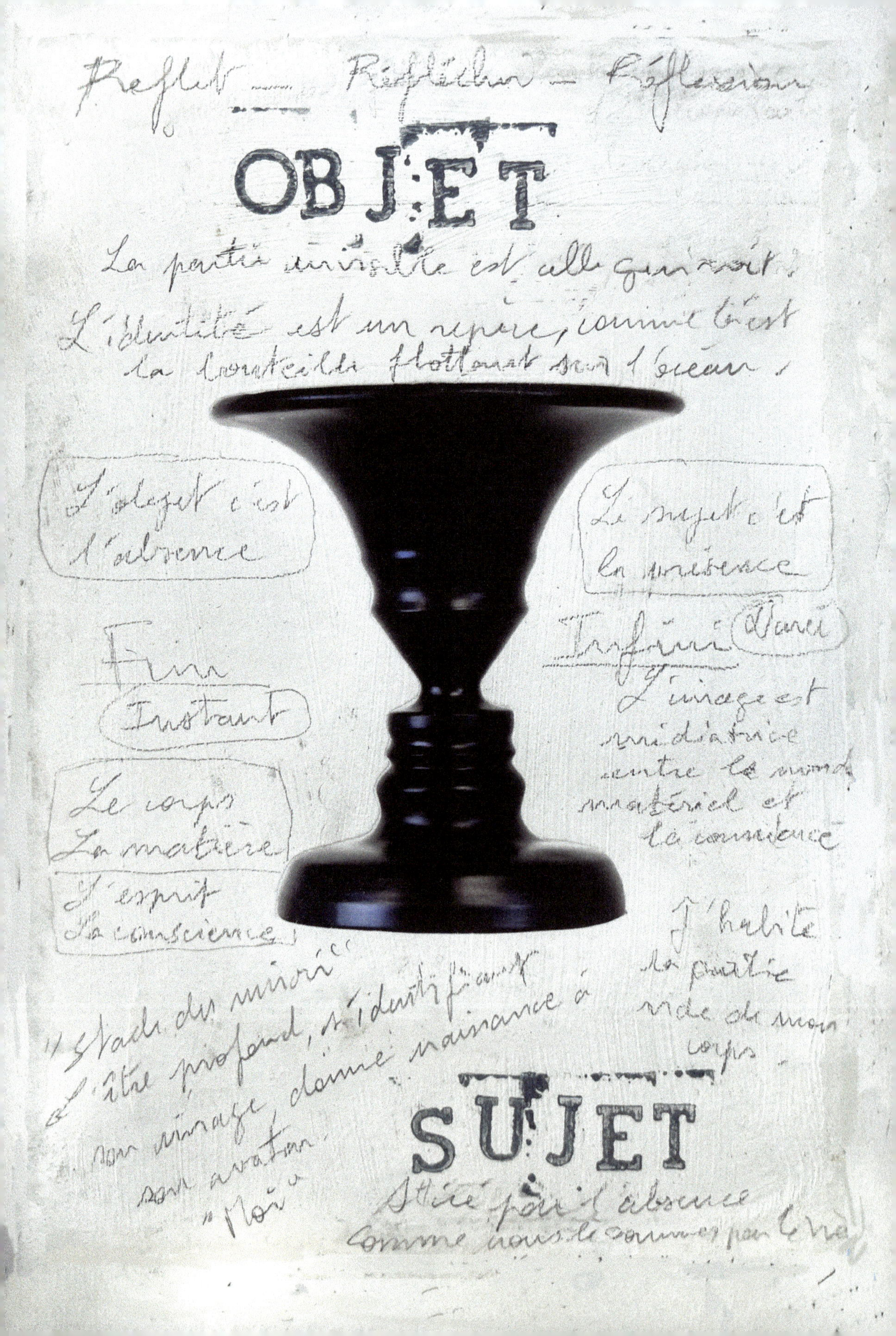
OBJET
L'identité est un repère, comme l'est la bouteille flottant sur l'océan.
L'objet c'est l'absence
Le sujet c'est la présence
Fini
Instant
Infini
Durée
L'image est médiatrice entre le monde matériel et la conscience
Le corps
La matière
L'esprit
La conscience
J'habite la partie vide de mon corps
SUJET

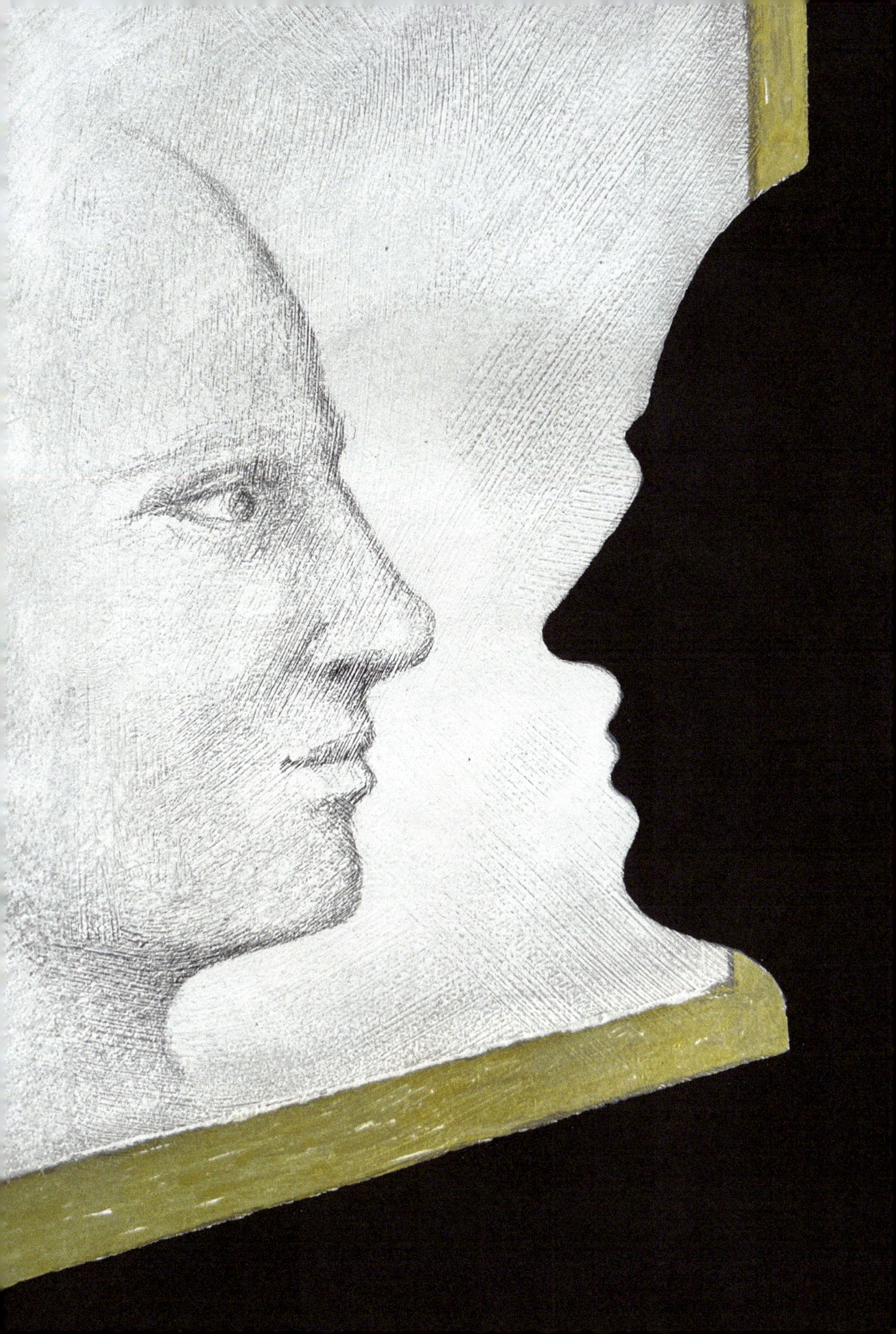

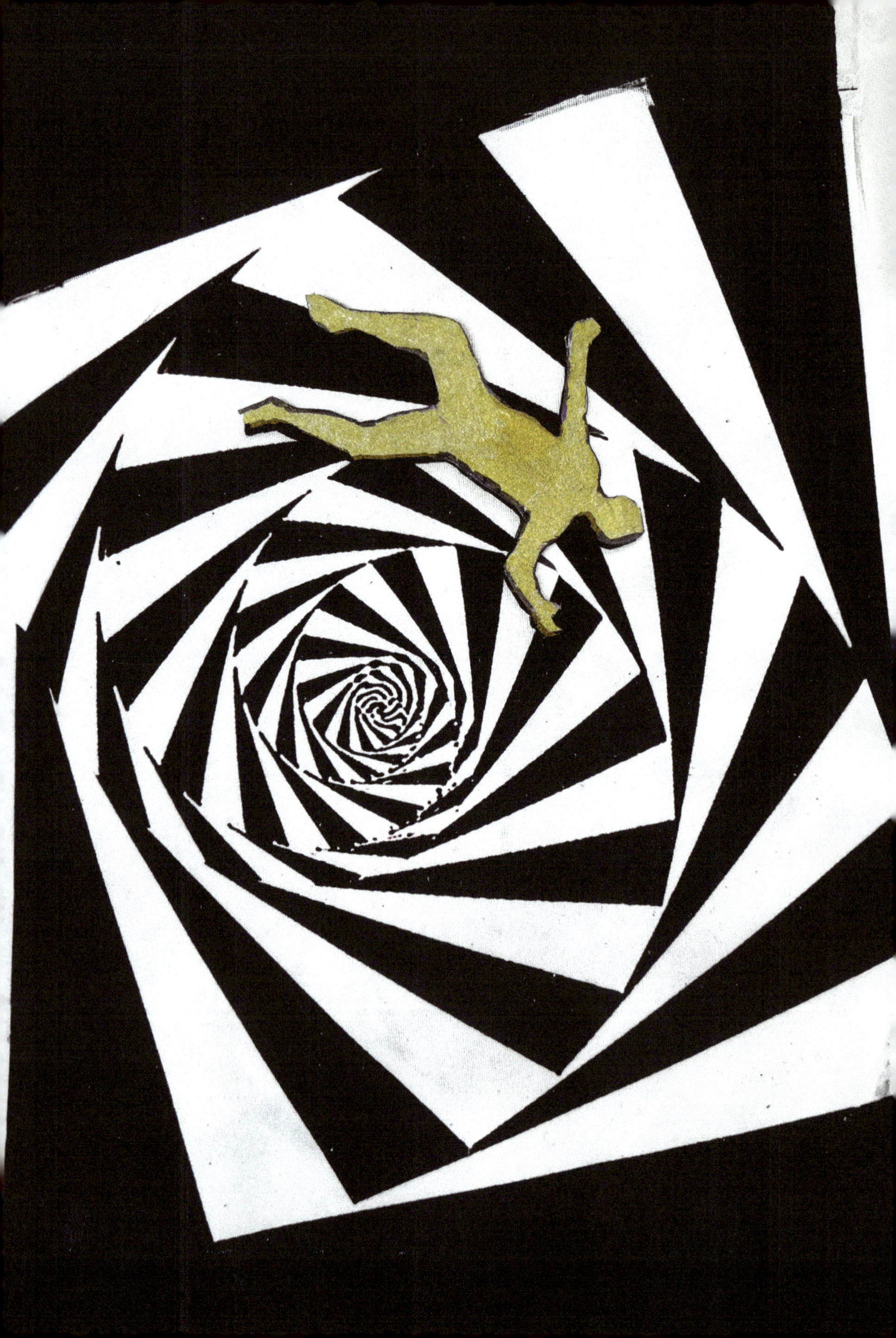

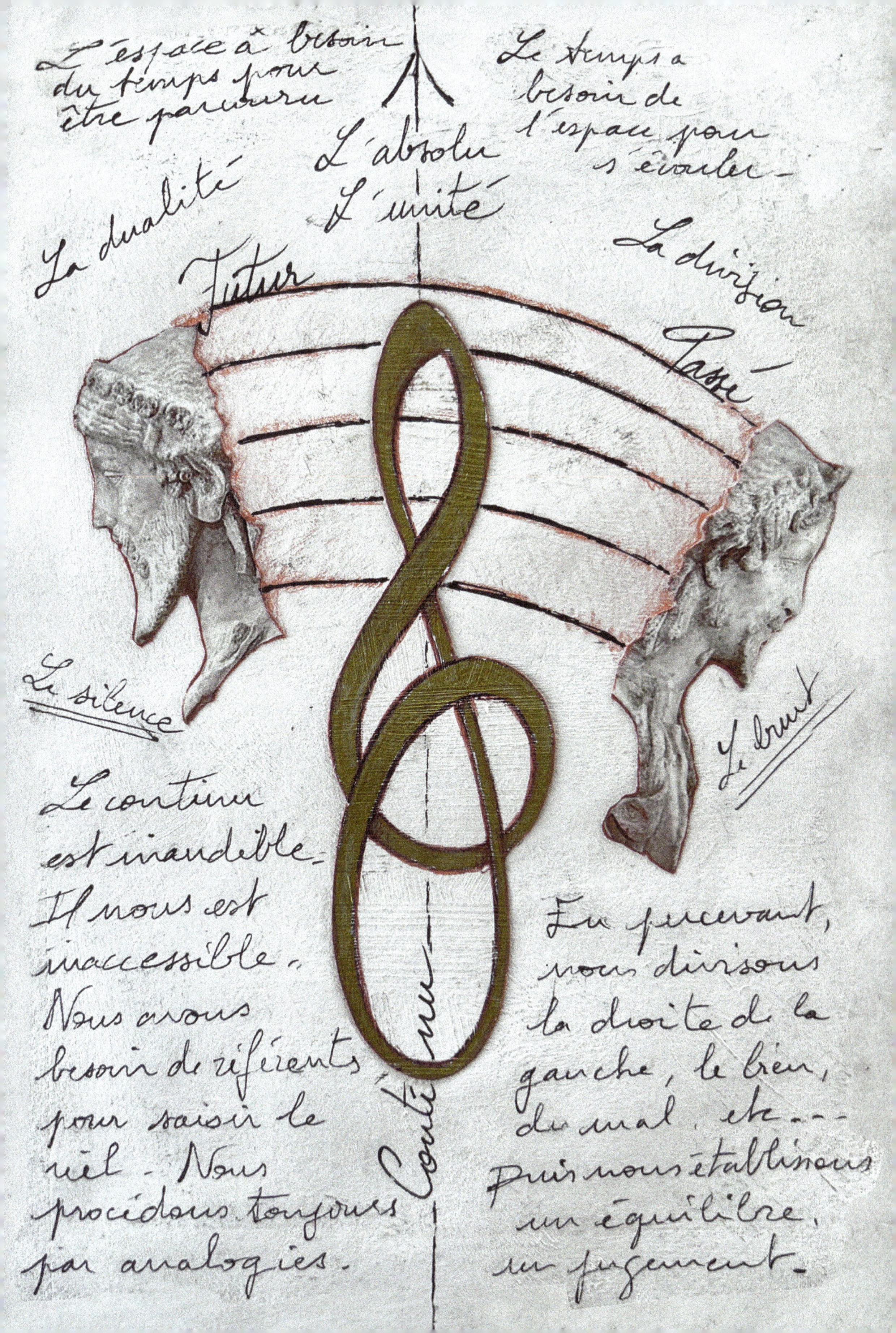
L'espace a besoin du temps pour être parcouru
Le temps a besoin de l'espace pour s'écouler.
L'absolu
L'unité
La dualité
La division
Futur
Passé
Le silence
Le bruit
Le continu est inaudible. Il nous est inaccessible. Nous avons besoin de référents pour saisir le réel. Nous procédons toujours par analogies.
Continu
En percevant, nous divisons la droite de la gauche, le bien, du mal, etc... puis nous établissons un équilibre, un jugement.

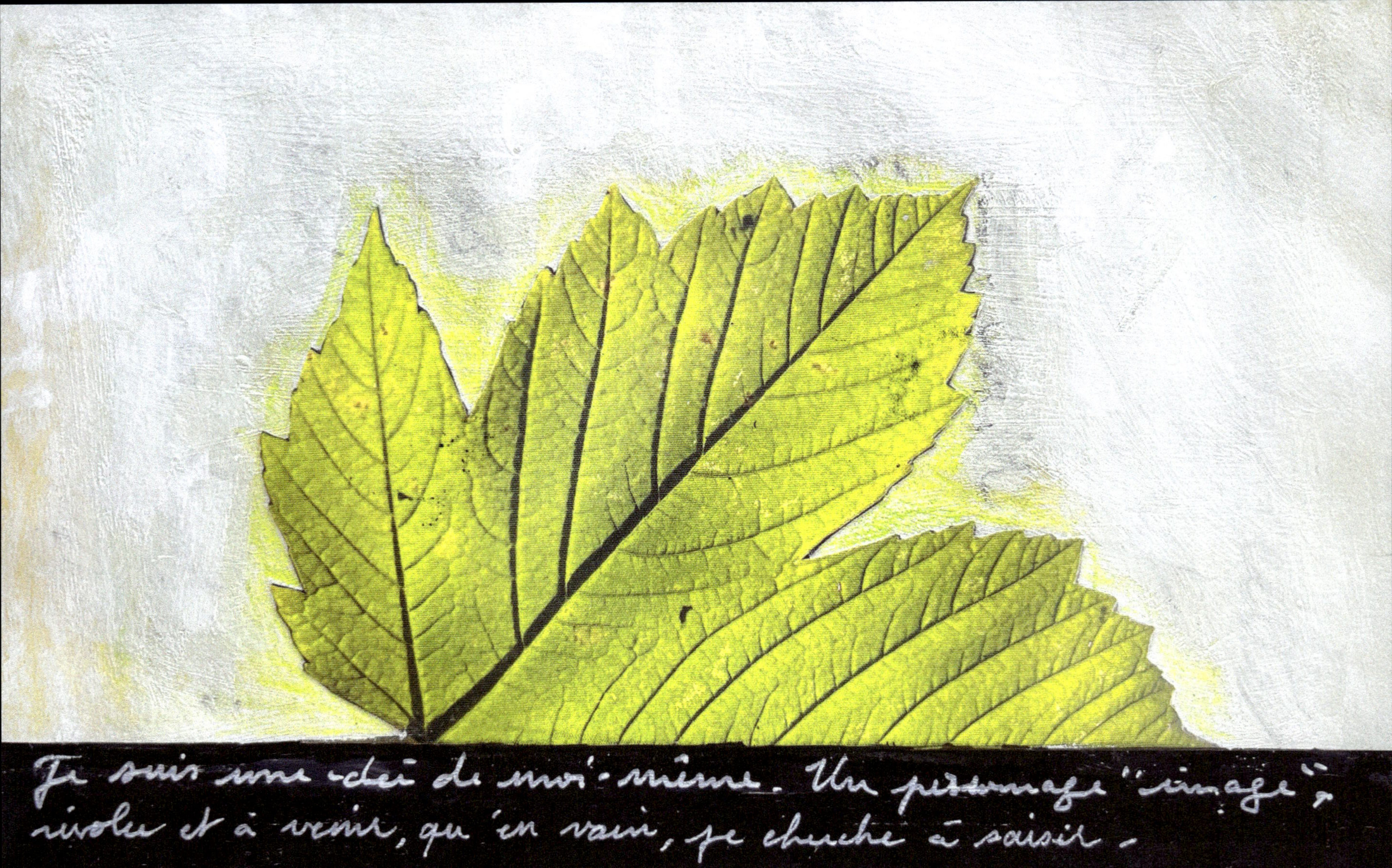
Je suis une clé de moi-même. Un personnage "image", révolu et à venir, qu'en vain, je cherche à saisir.

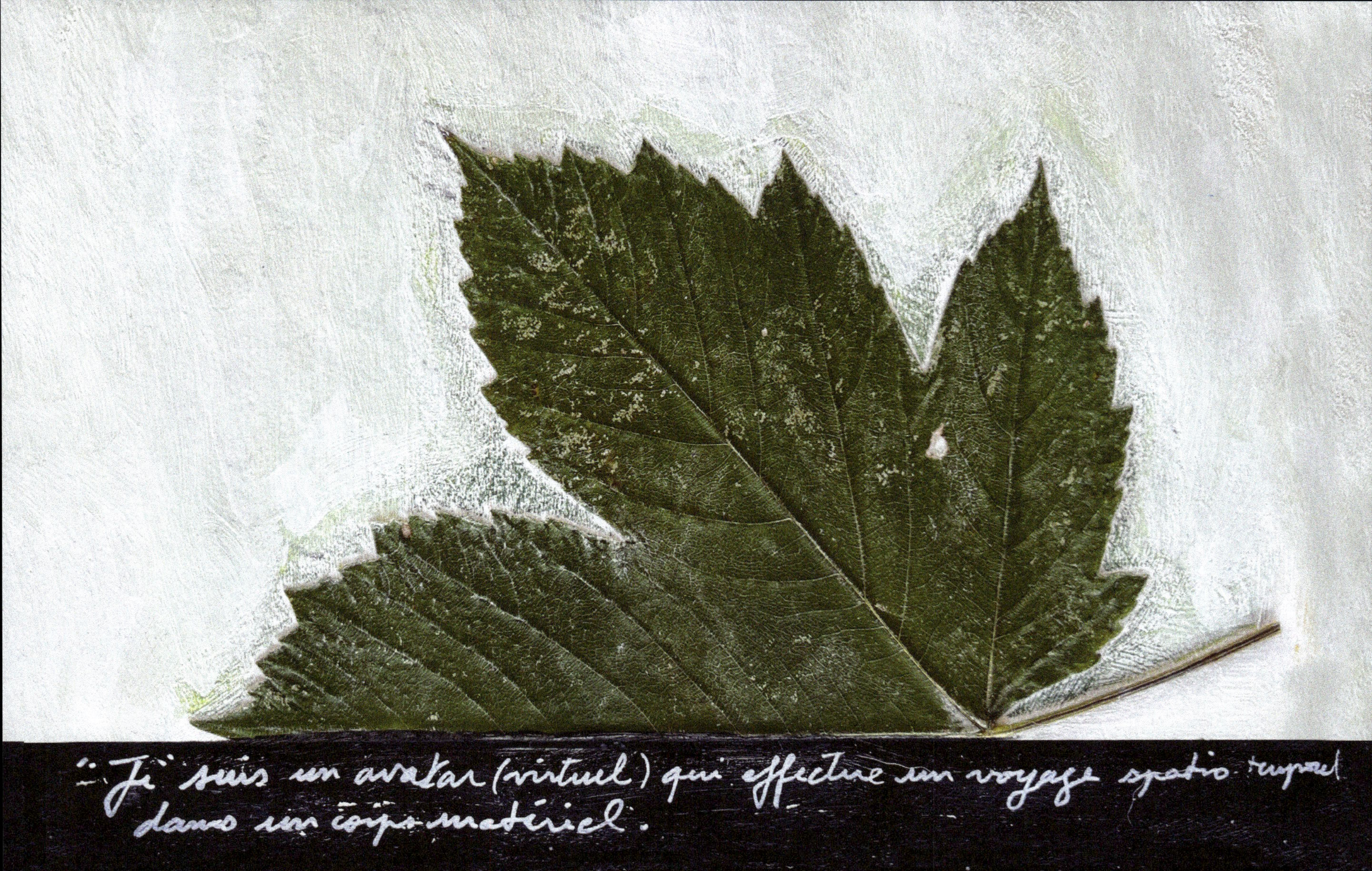
Je suis un avatar (virtuel) qui effectue un voyage spatio-temporel
dans un corps matériel.

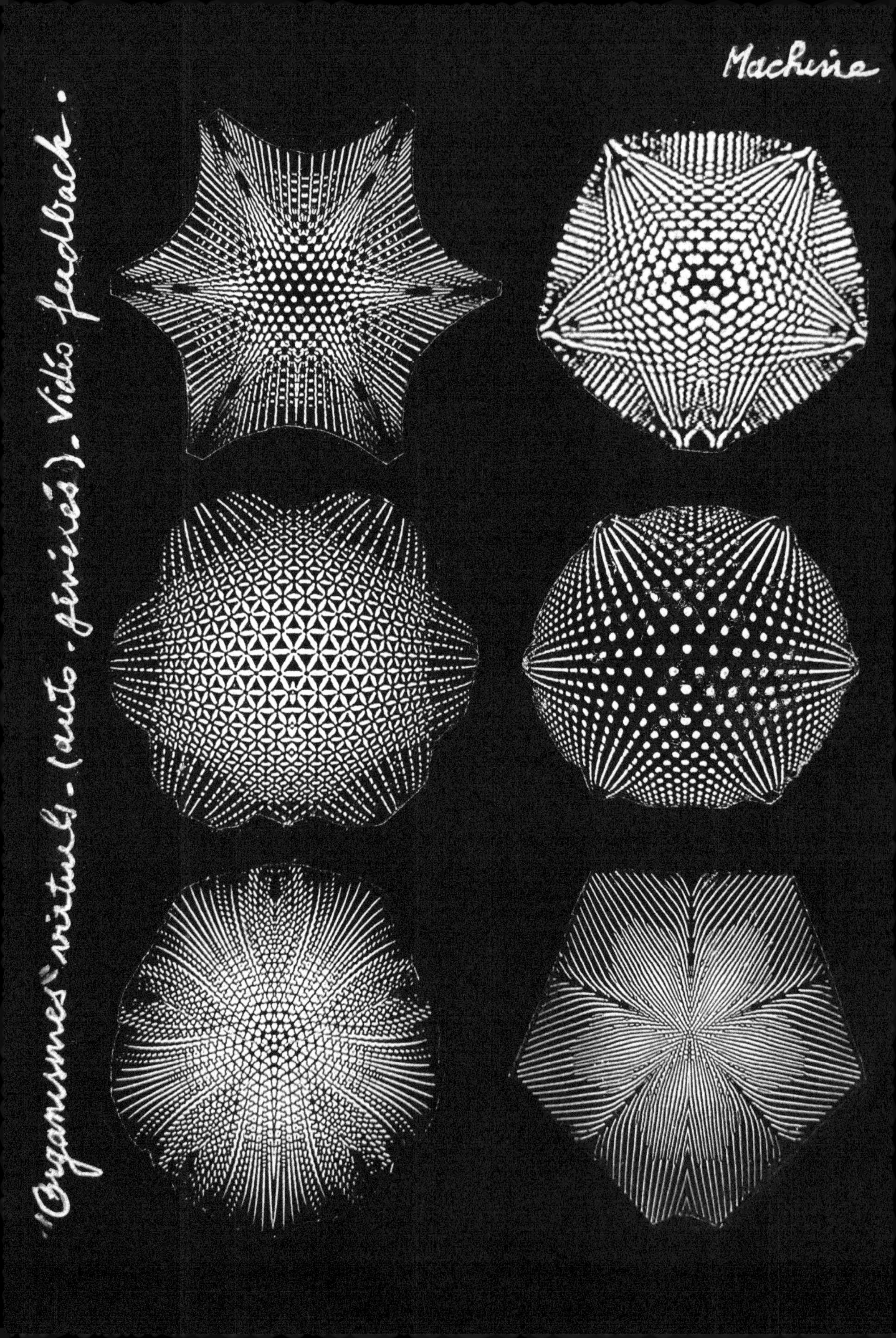
Machine
'Organismes' virtuels. (auto. générés). Vidéo feedback.

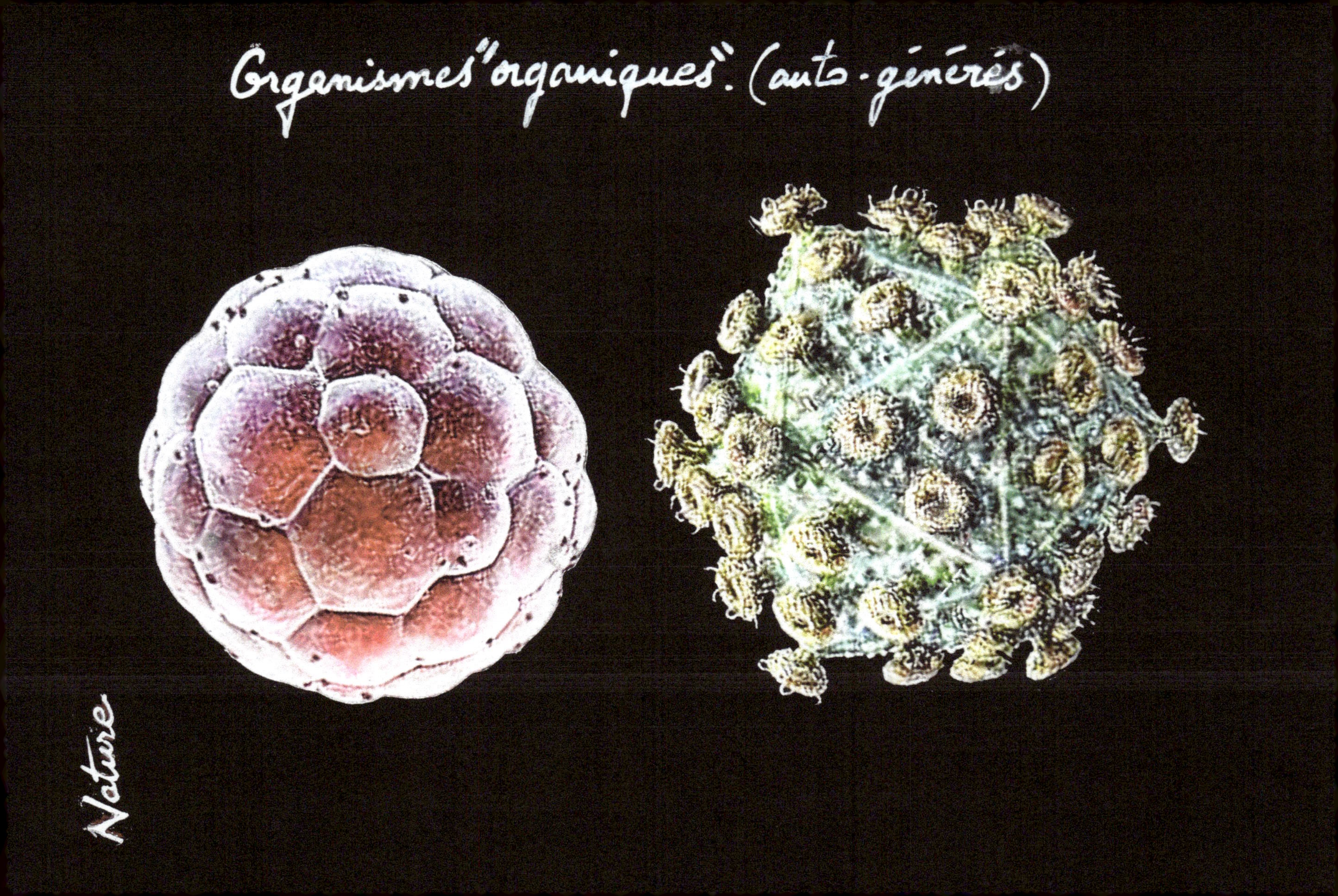
Organismes "organiques". (auto-générés)
Nature

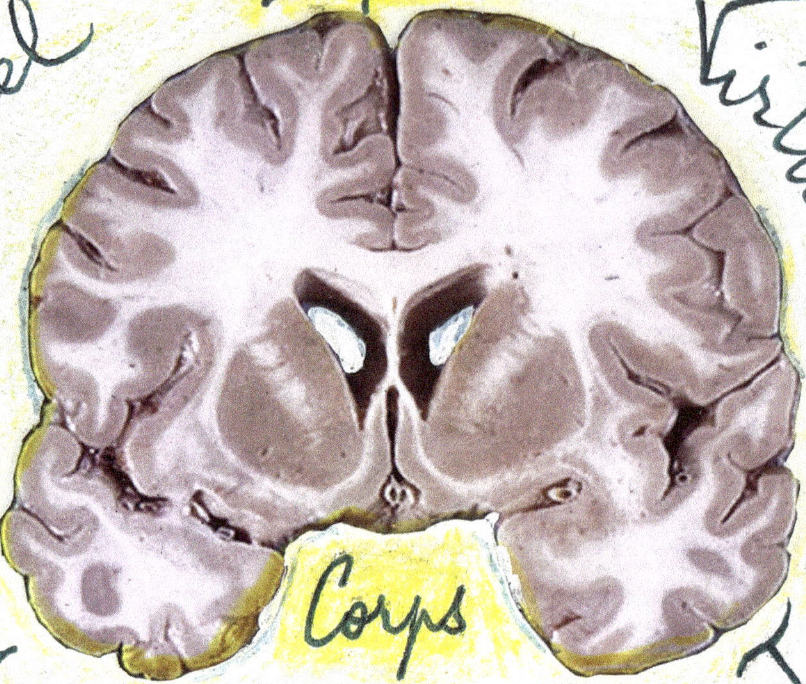

Physiquement mon cerveau est en moi mais je suis virtuellement dans mon cerveau. Une idée de moi produite par moi-même.

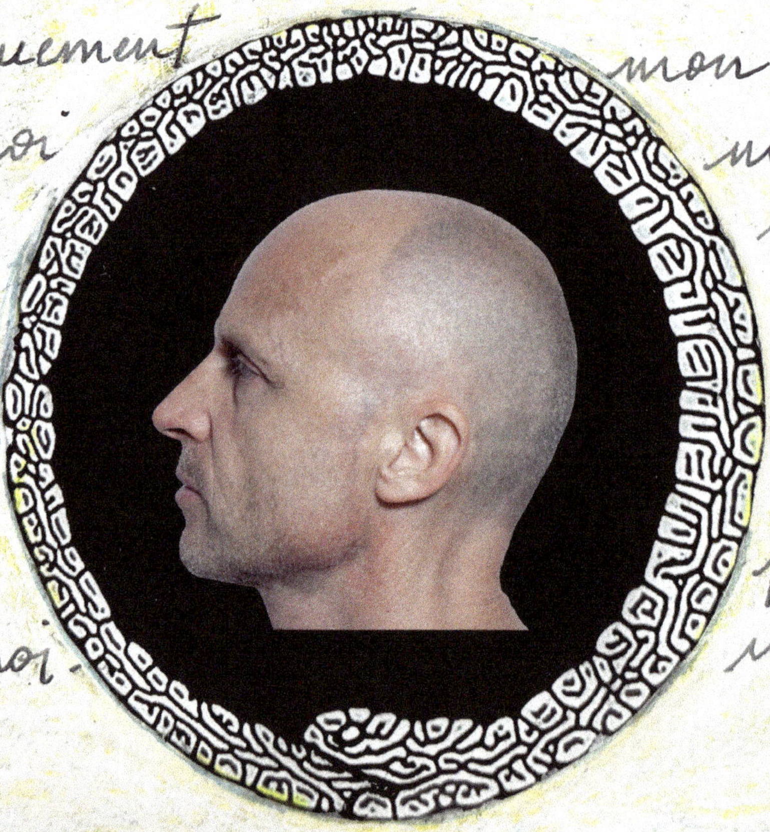

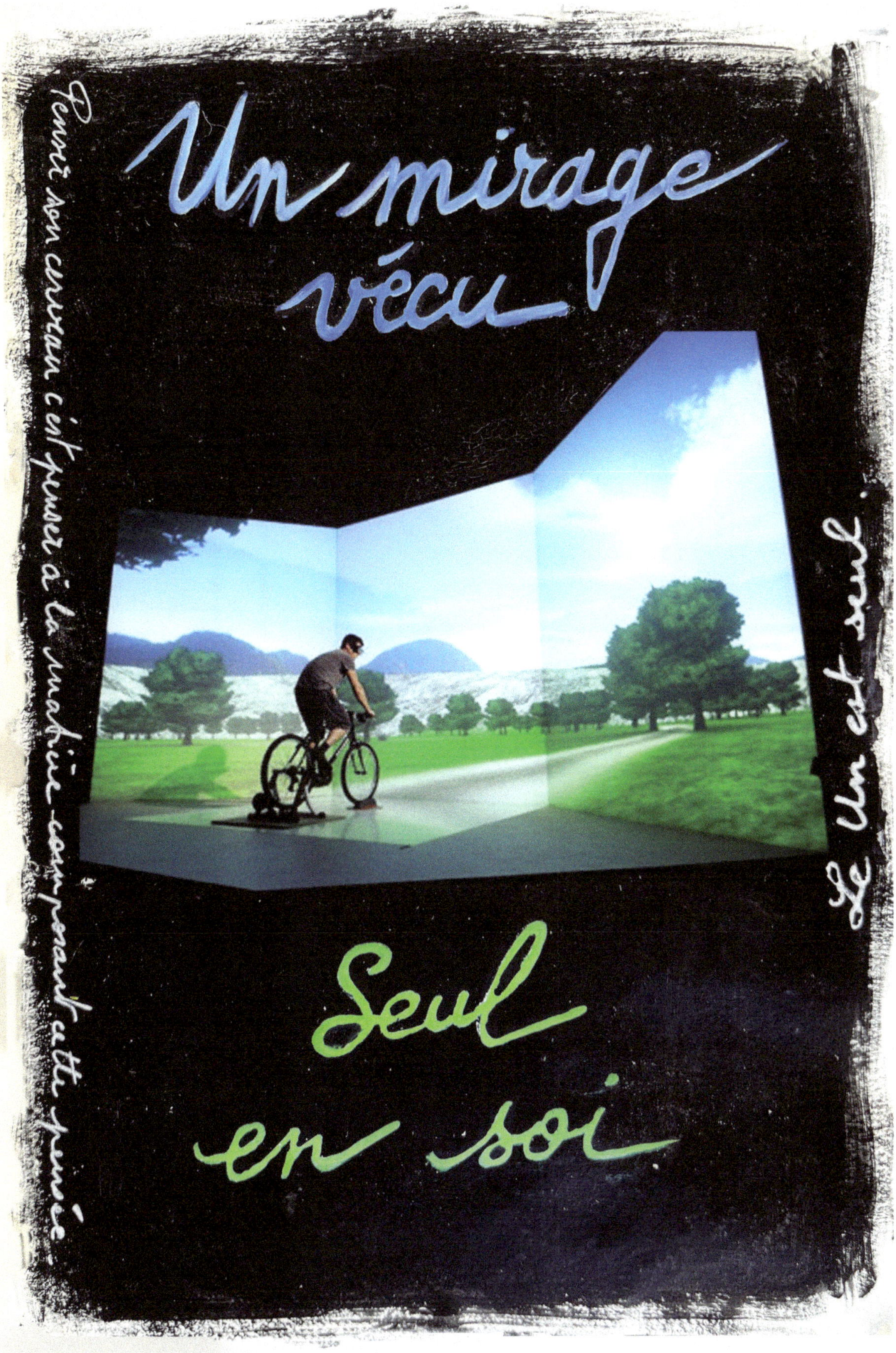
Un mirage vécu
Seul en soi
Penser son cerveau c'est penser à la matière composant cette pensée
Le Un est seul.

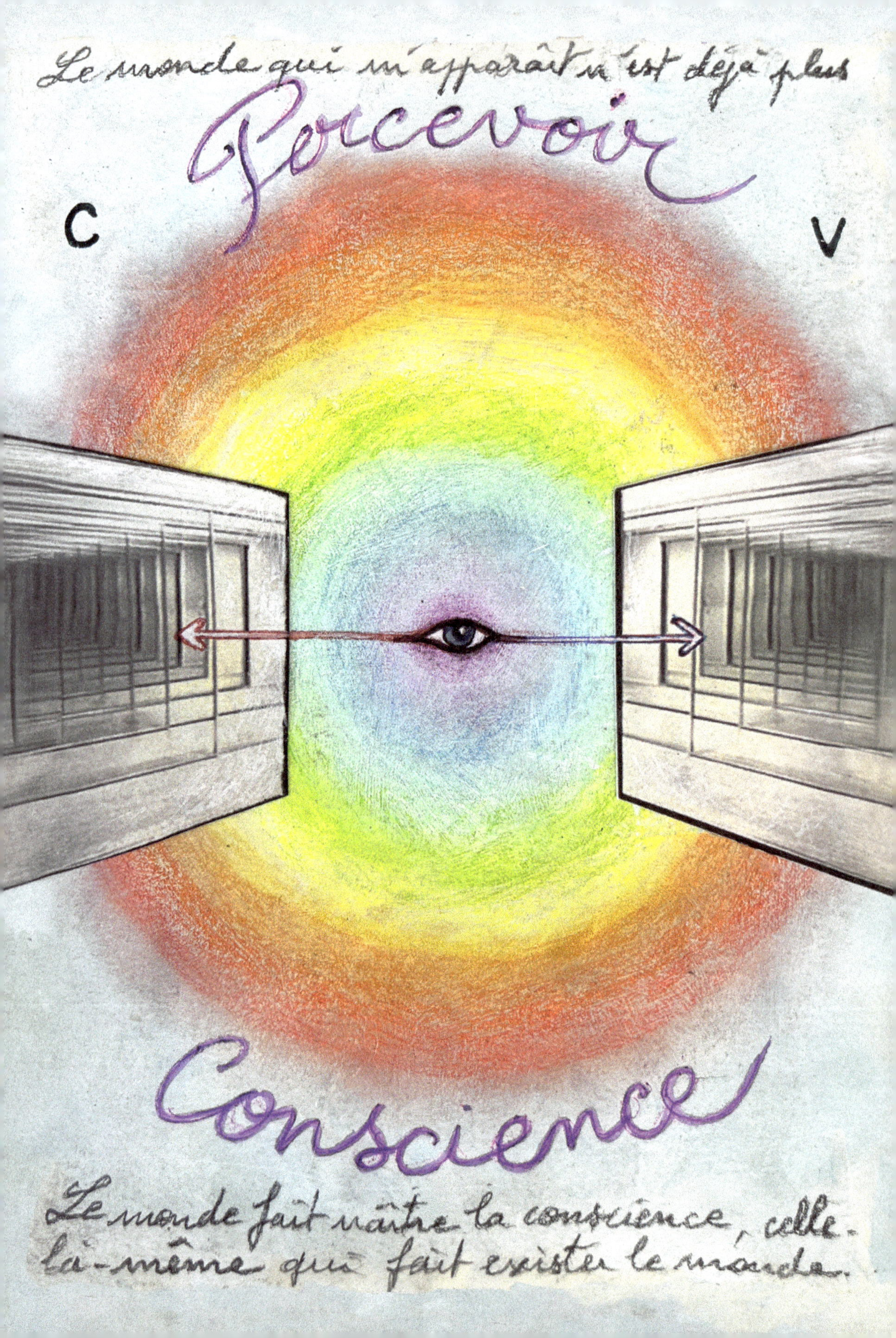
Le monde qui m'apparaît n'est déjà plus
Percevoir
C
V
Conscience
Le monde fait naître la conscience, celle-là-même qui fait exister le monde.

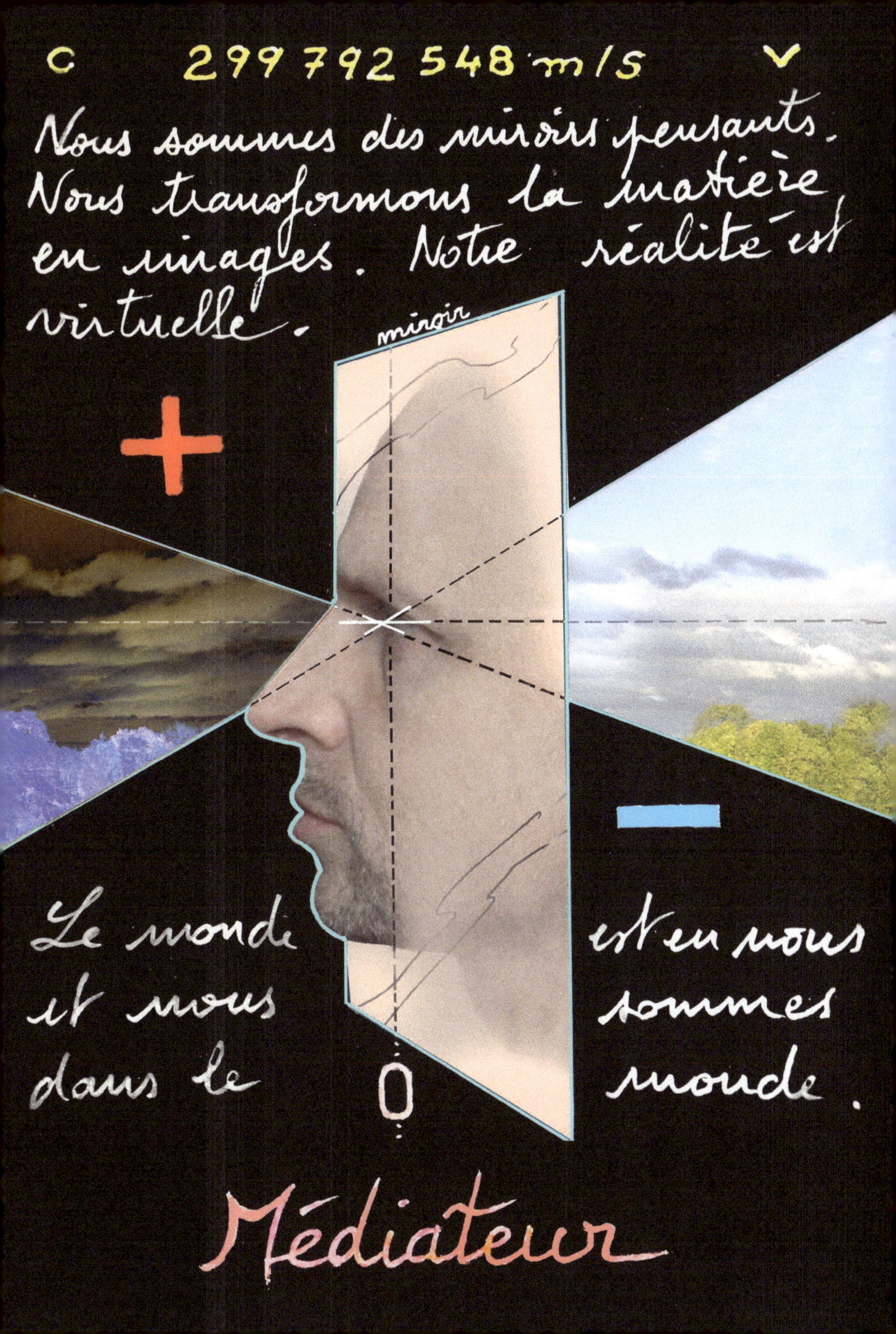
c
299 792 548 m/s
v
Nous sommes des miroirs pensants.
Nous transformons la matière
en images. Notre réalité est
virtuelle.
miroir
+
−
Le monde est en nous
et nous sommes
dans le monde.
0
Médiateur

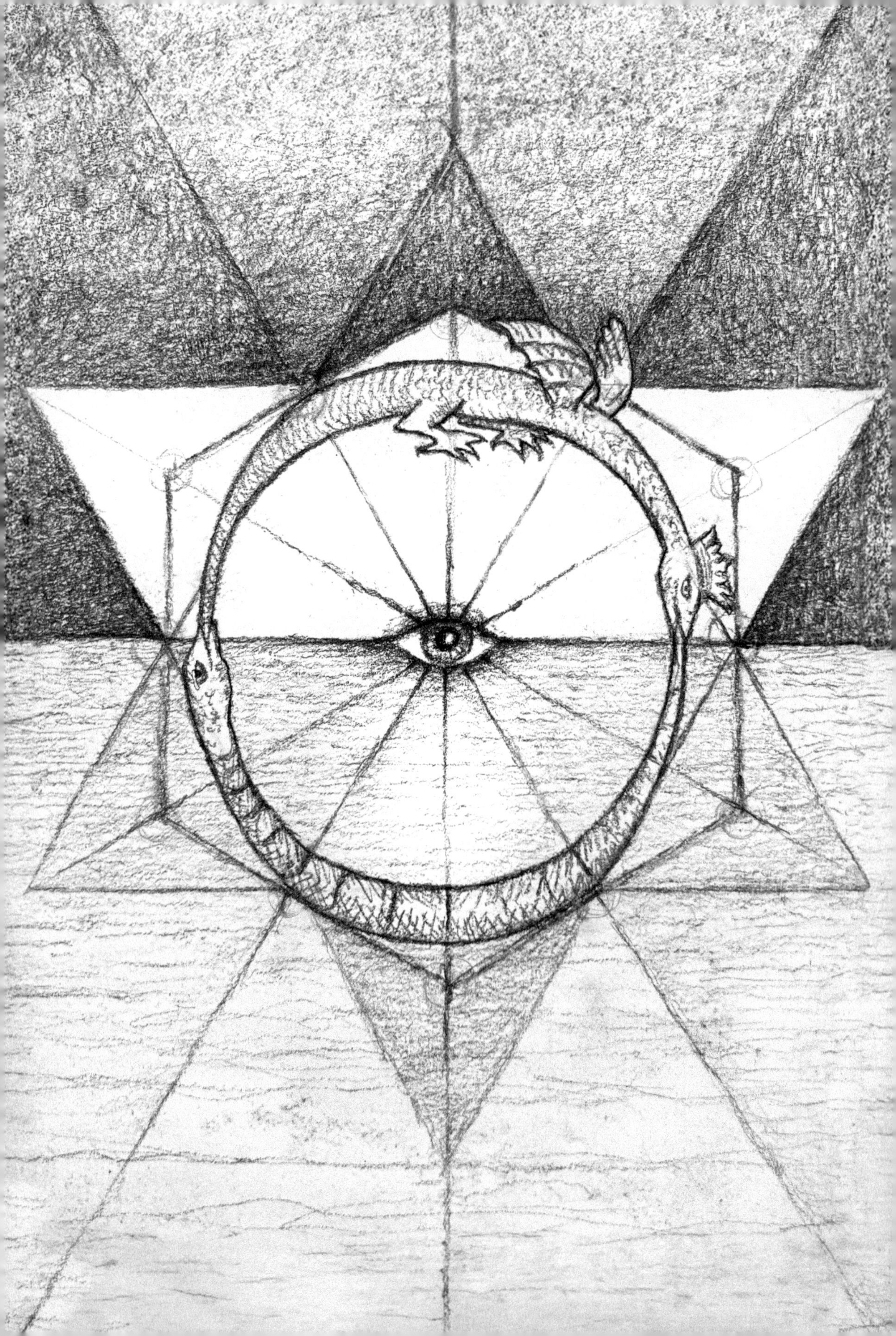

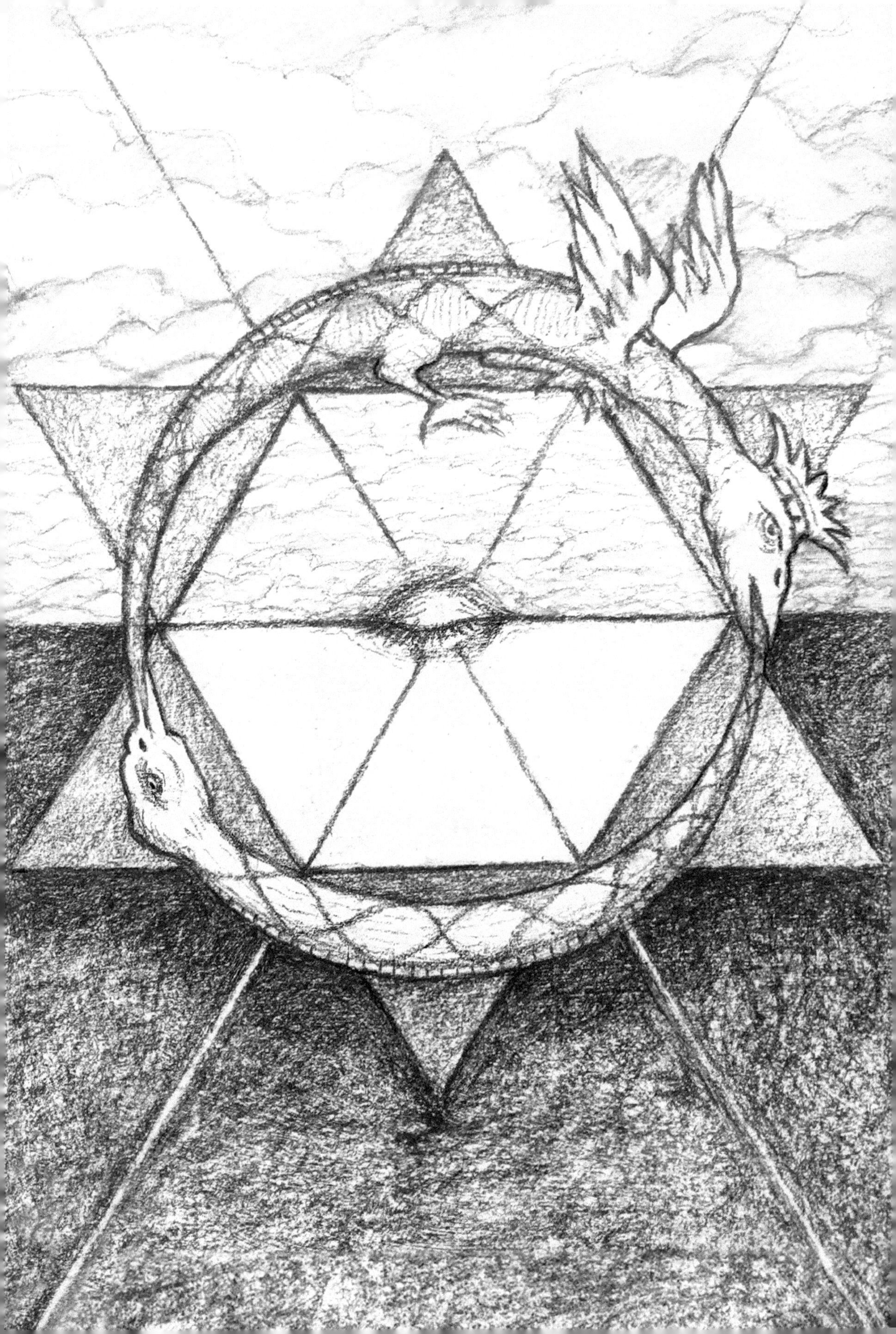

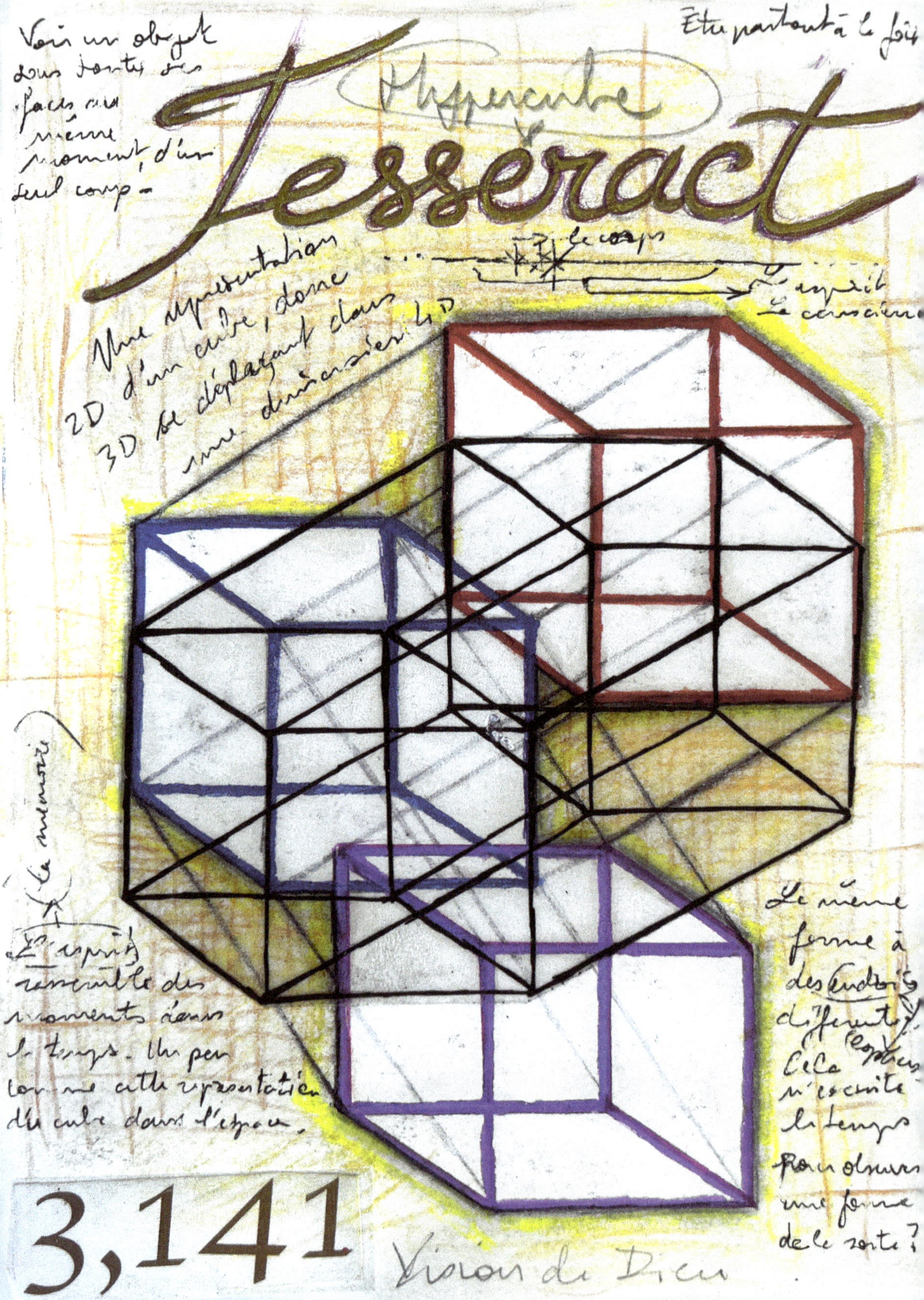

Tesseract
Hypercube
Voir un objet sous toutes ses faces au même moment, d'un seul coup.
Être partout à la fois
Une représentation 2D d'un cube, donc 3D se déplaçant dans une dimension 4D
Le corps
L'esprit
La conscience
La mémoire
L'esprit rassemble des moments dans le temps. Un peu comme cette représentation du cube dans l'espace.
La même forme à des endroits différents.
Vision de Dieu

3,141

1,618

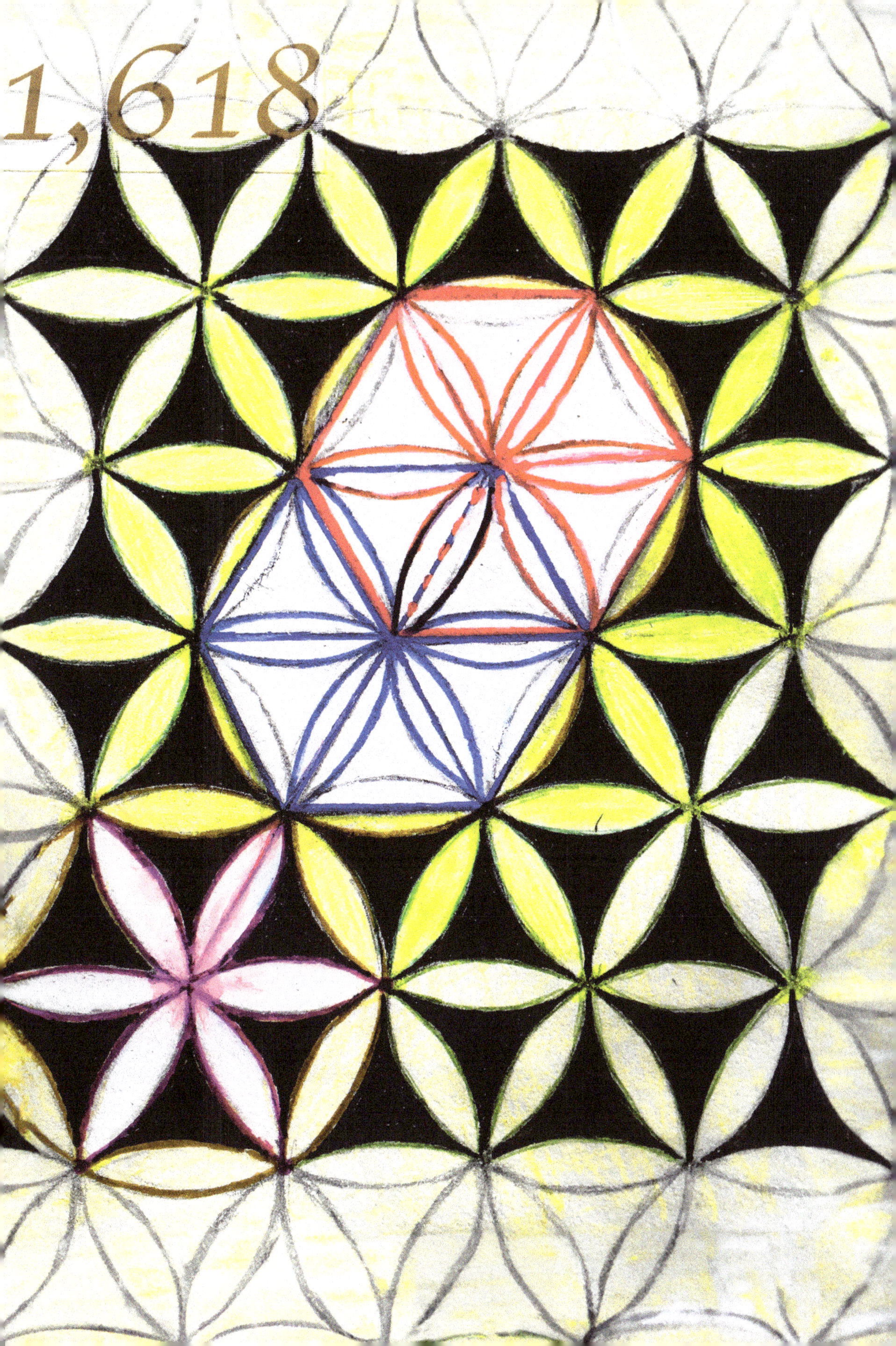

Dans le système Vidéo feedback, le passé et le futur sont compressés sur le plan 2D qu'est l'écran. —

Cela dit, un décalage temporel entre les images existe bien.

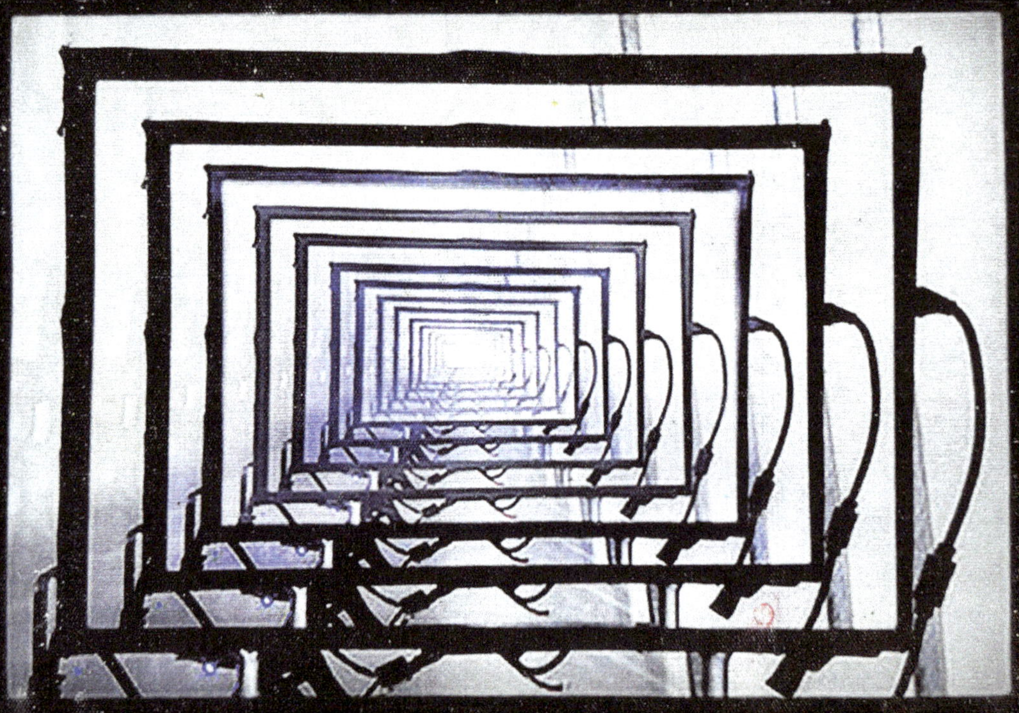

Cela pourrait faire écho avec ce qu'il se produit avec nos mémoires

. Nous retenons bien une durée (informationnelle, virtuelle) — dans l'instant matériel qu'est notre cerveau

ⓐ est une position dans le temps où ce texte a commencé. ⓔ en est une autre dans le futur où le texte se termine. Le texte n'étant pas encore achevé, ou bien ⓔ n'est qu'un possible pas encore réalisé ou encore de l'information déjà inscrite dans le futur. Si le futur "existe" déjà alors ce texte est déjà terminé.

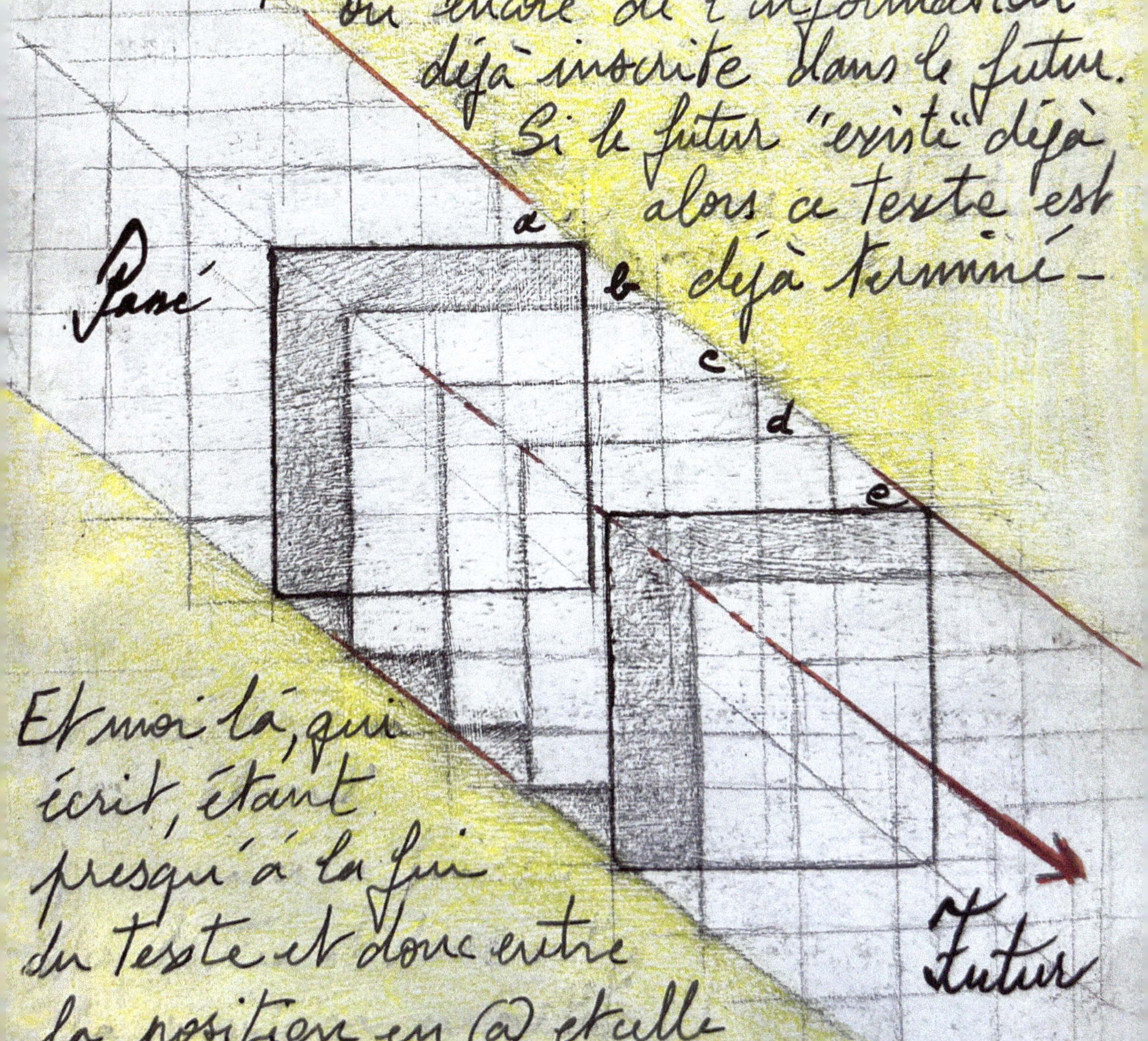

Et moi là, qui écrit, étant presqu'à la fin du texte et donc entre la position en ⓐ et celle en ⓔ, suis-je aussi de l'"info" en rapport à un futur préexistant?

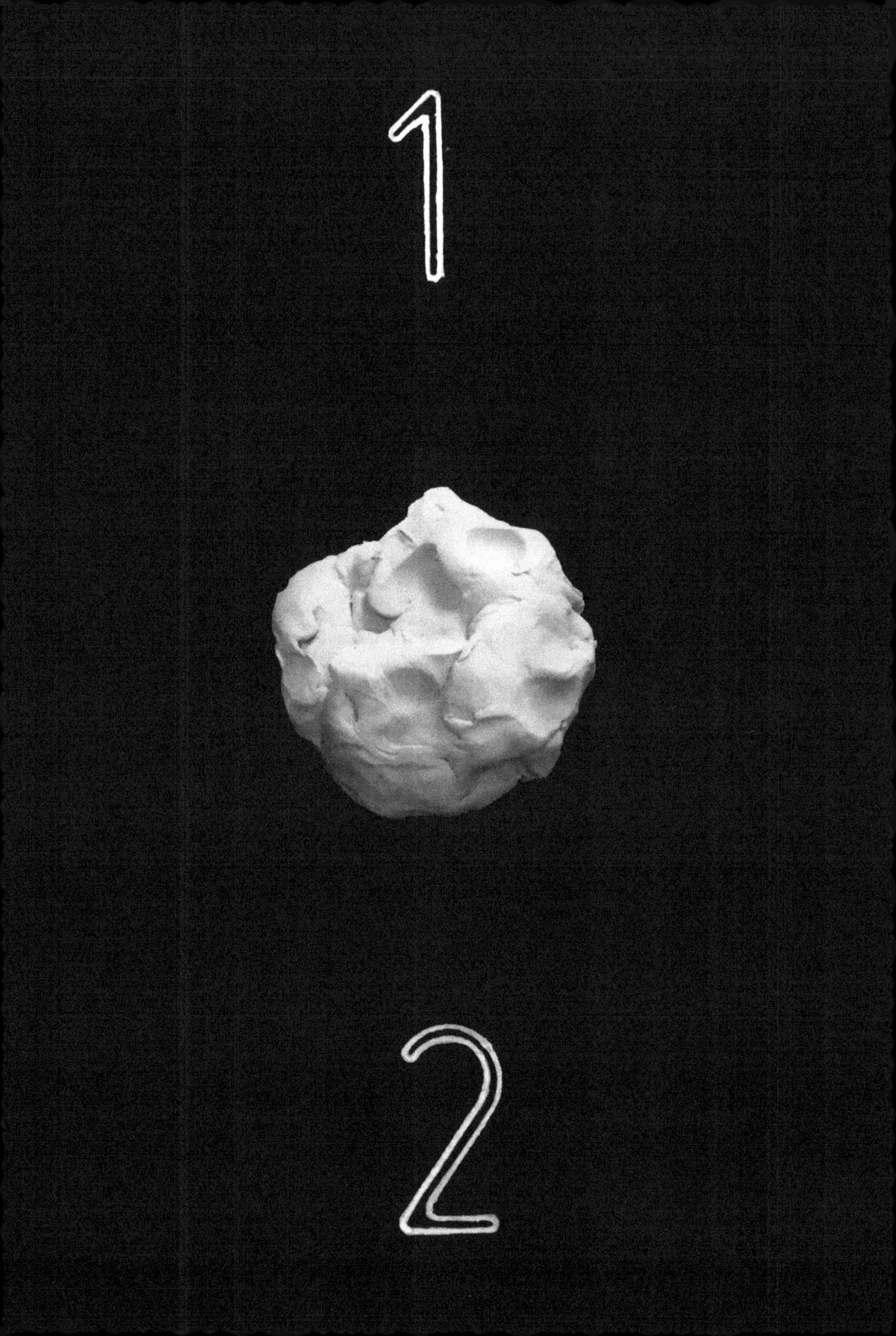
1
2

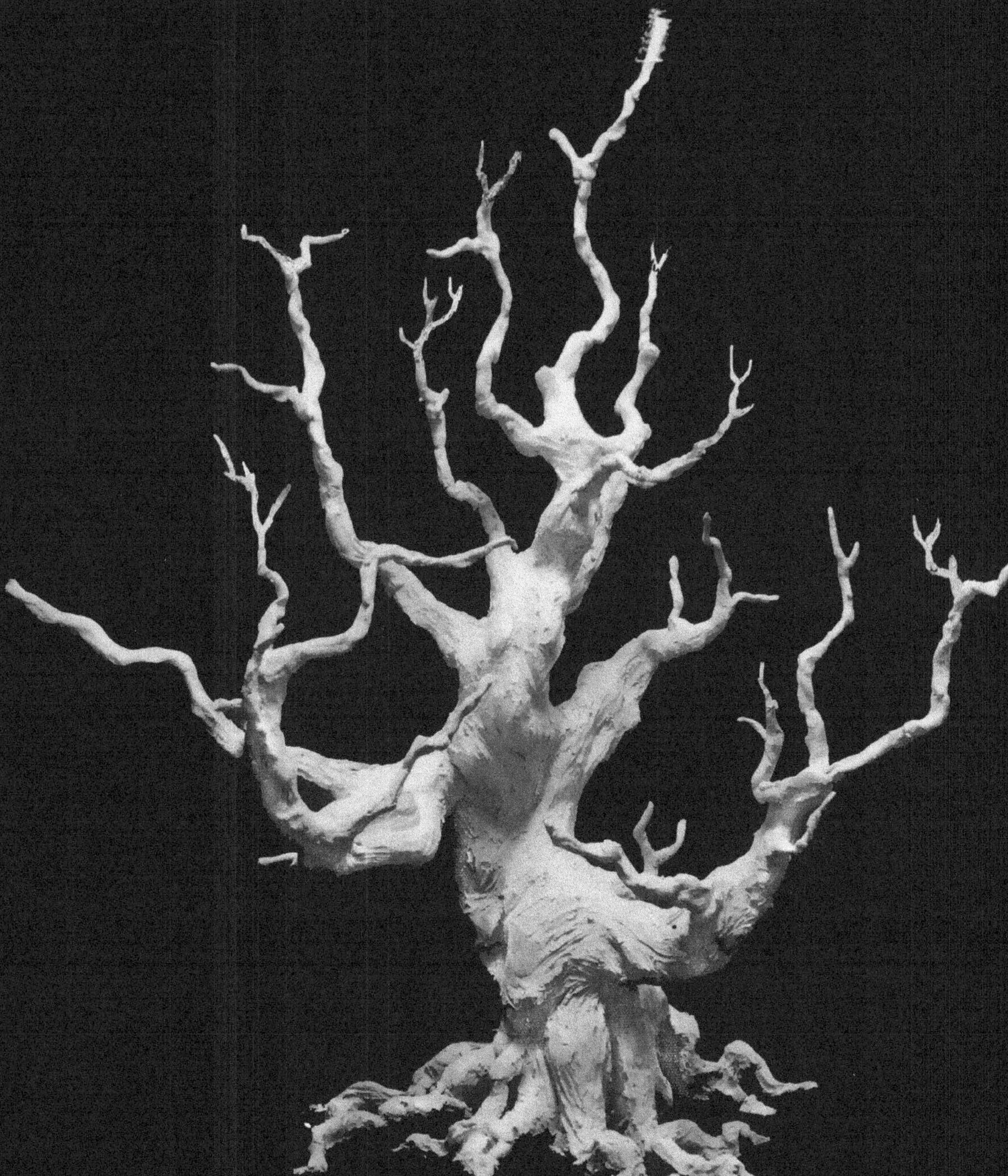

$$(x_n) \rightarrow \boxed{x_n + 1 = f(x_n)} \rightarrow (x_n + 1)$$

A l'exception du crayon à papier, je vais garder
fois le carnet terminé.

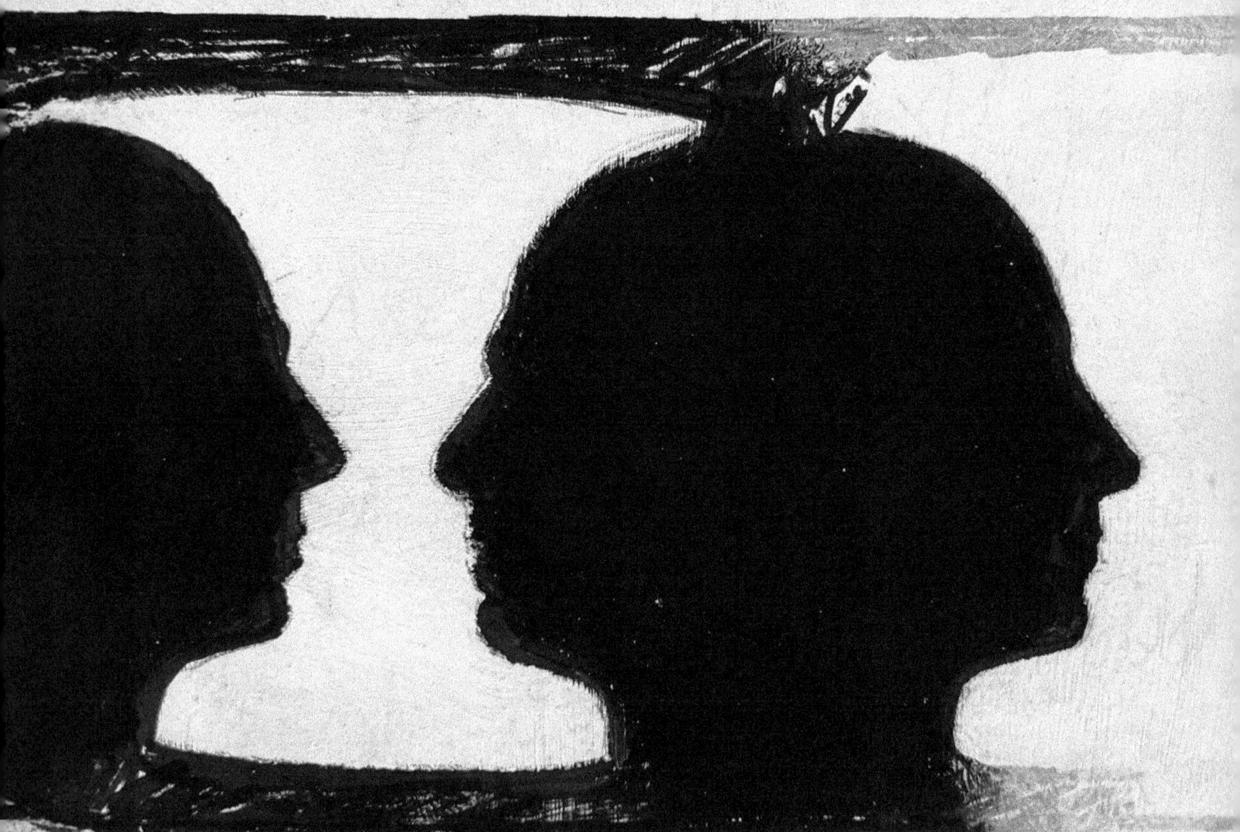

ces deux pages vierges. Je reviendrai dessus une

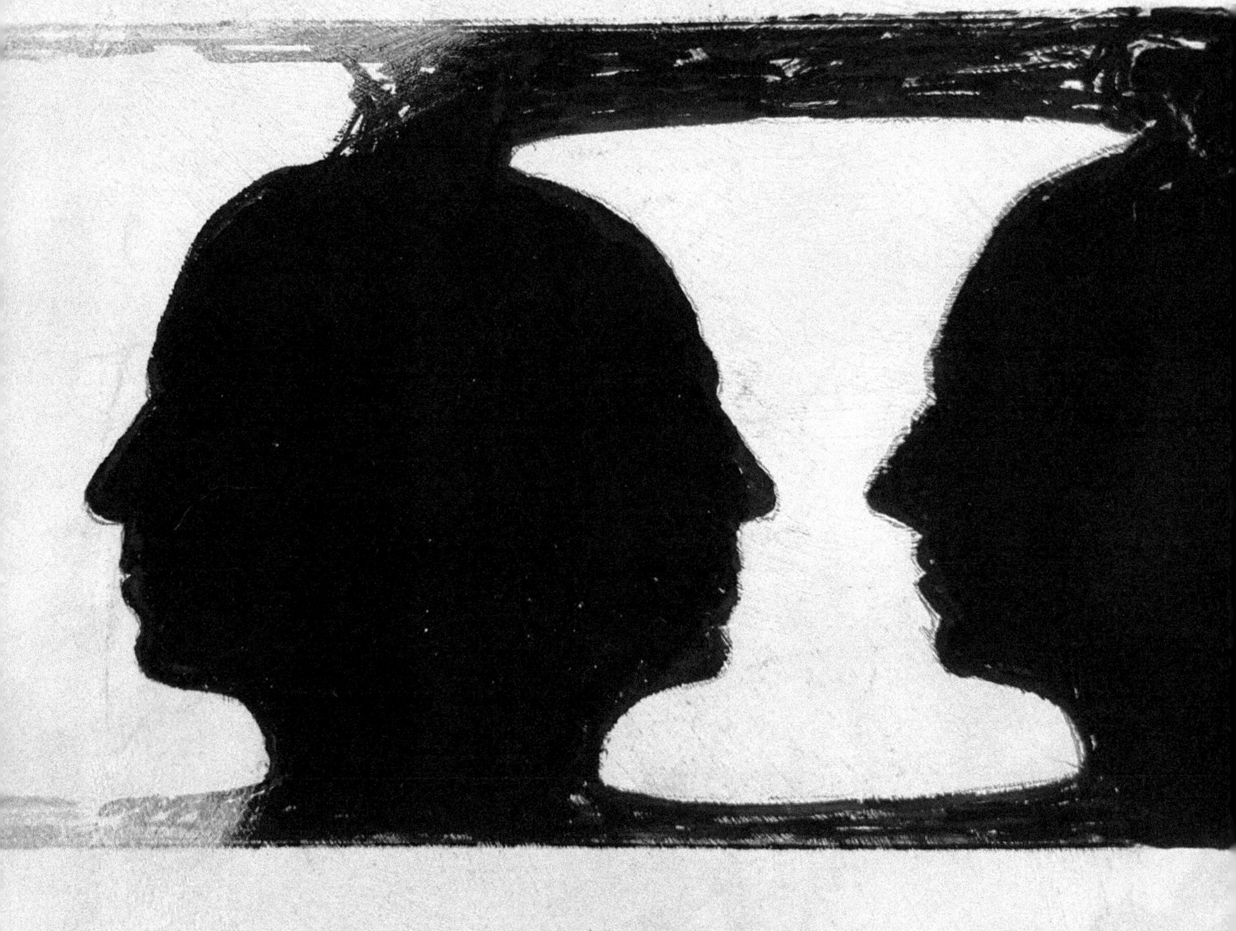

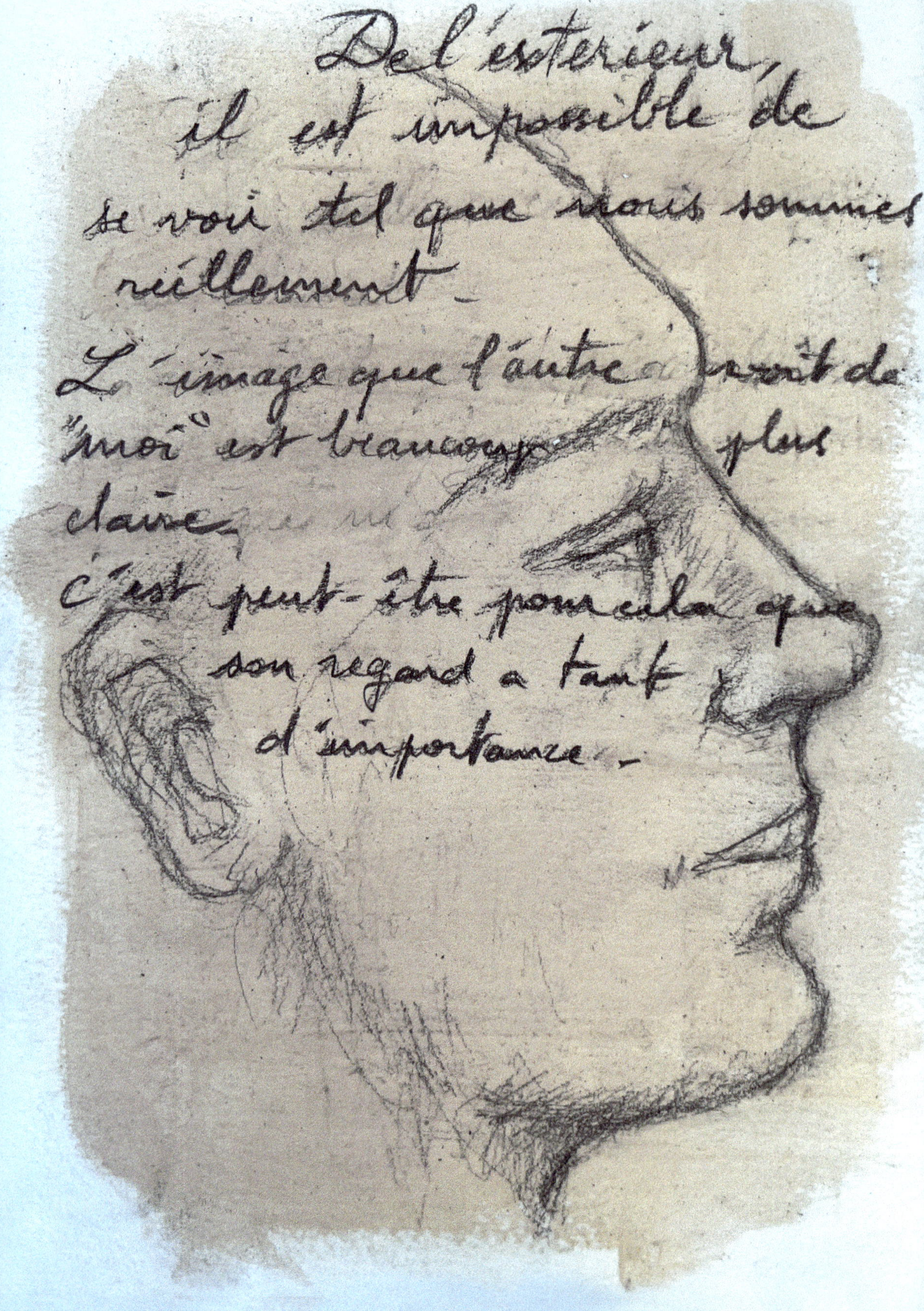
De l'exterieur,
il est impossible de
se voir tel que nous sommes
réellement –
L'image que l'autre voit de
"moi" est beaucoup plus
claire –
c'est peut-être pour cela que
son regard a tant
d'importance –

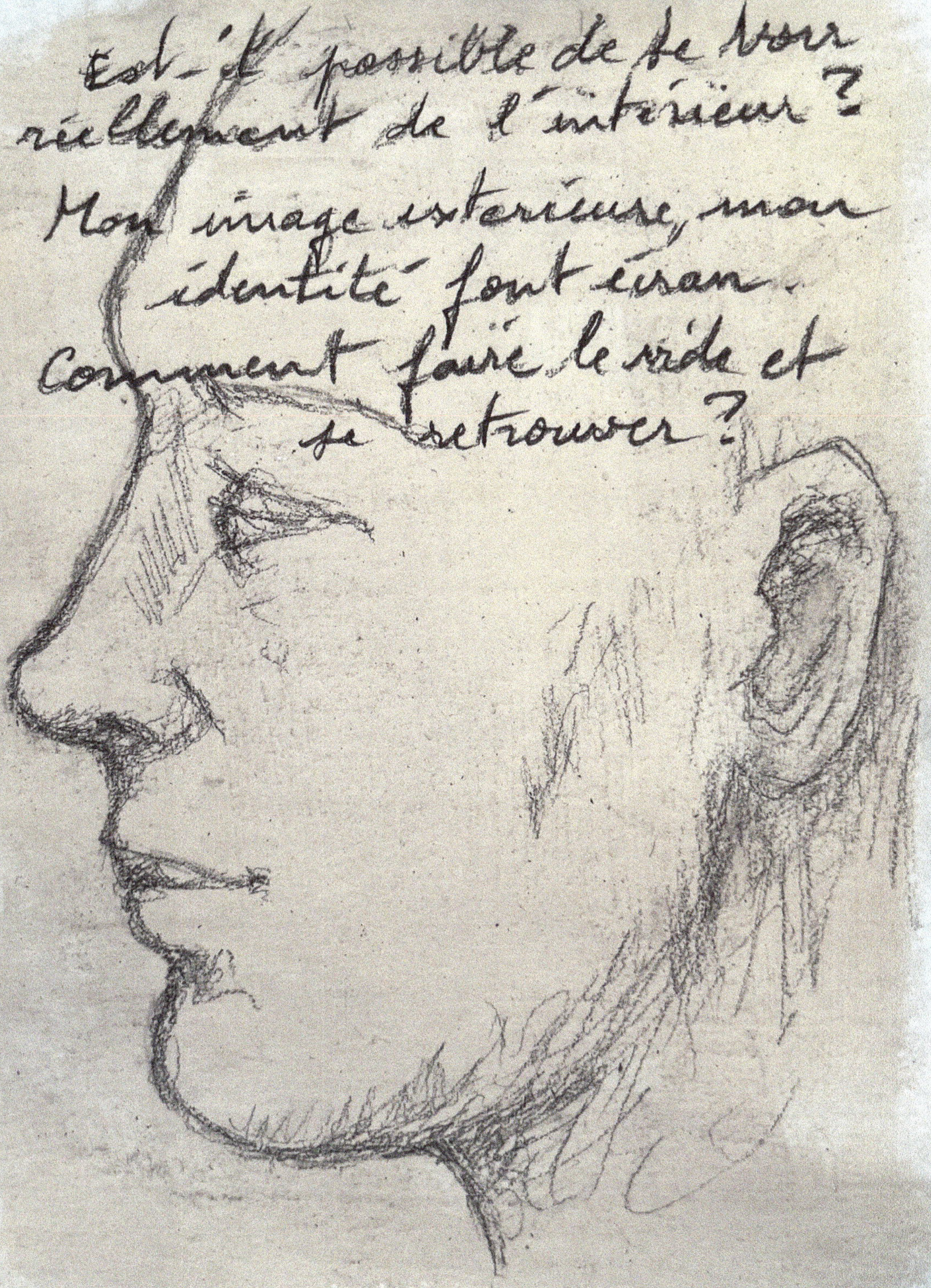
Est-il possible de se voir
réellement de l'intérieur ?
Mon image extérieure, mon
identité font écran.
Comment faire le vide et
se retrouver ?

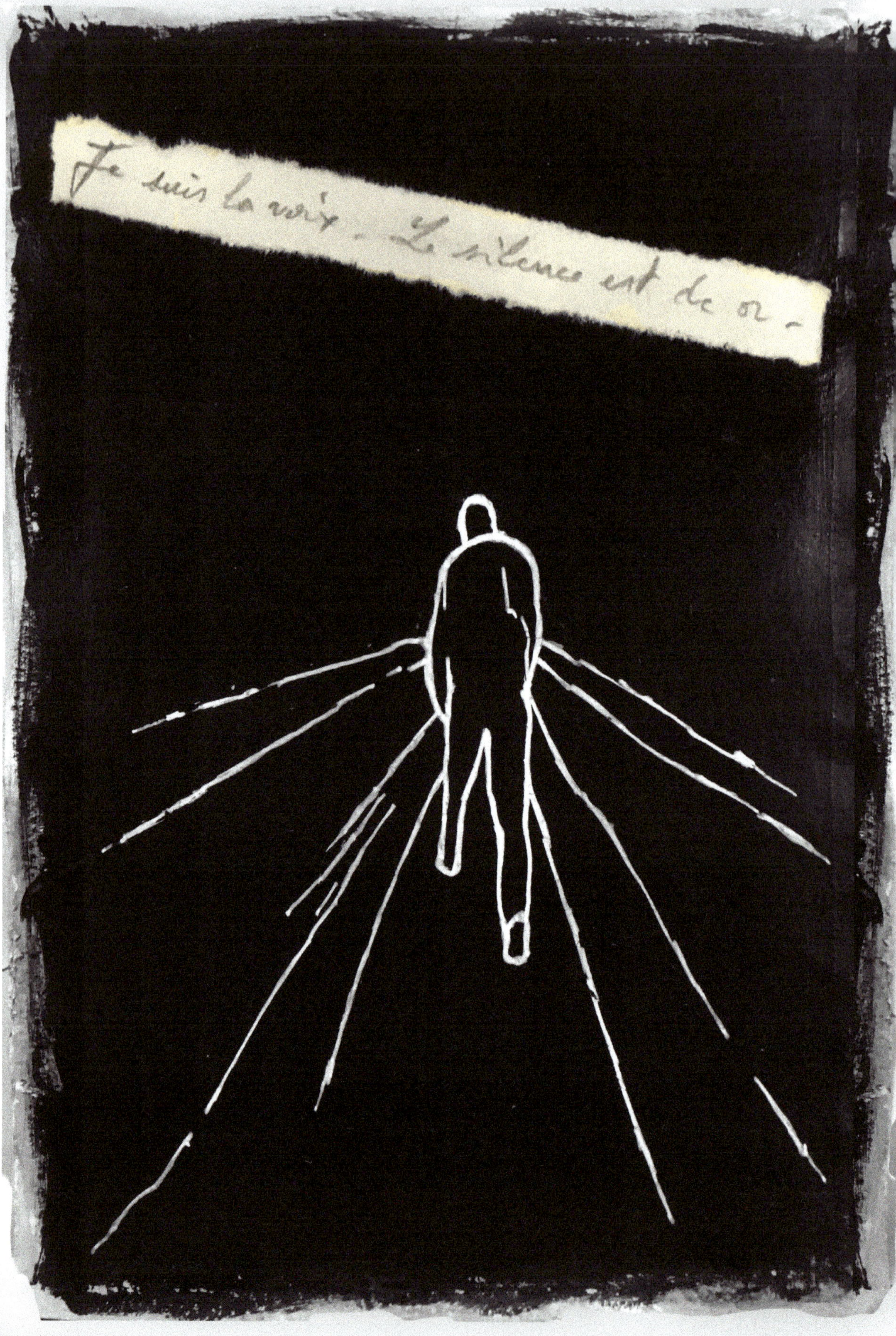
Je suis la voix. Le silence est de or.

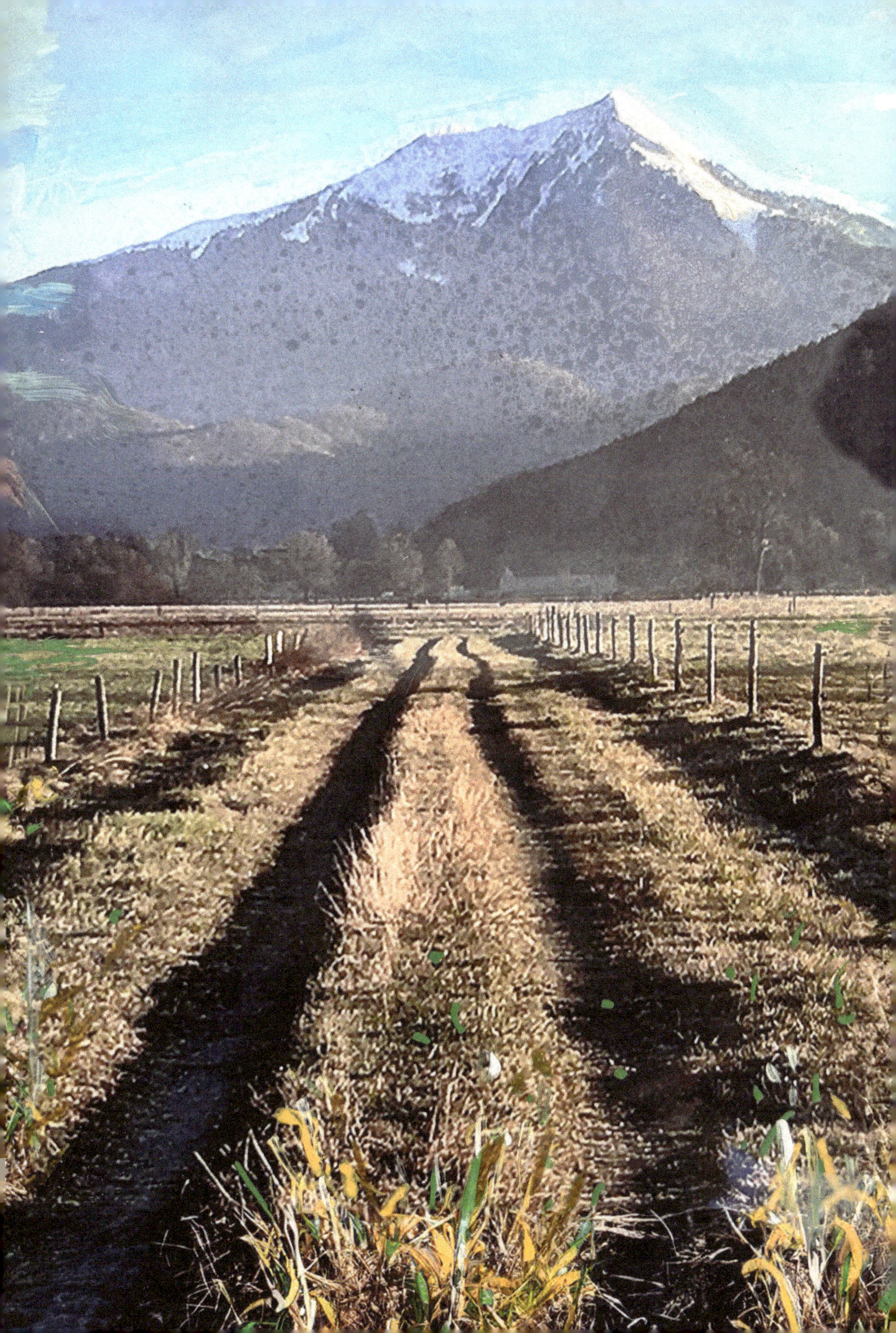

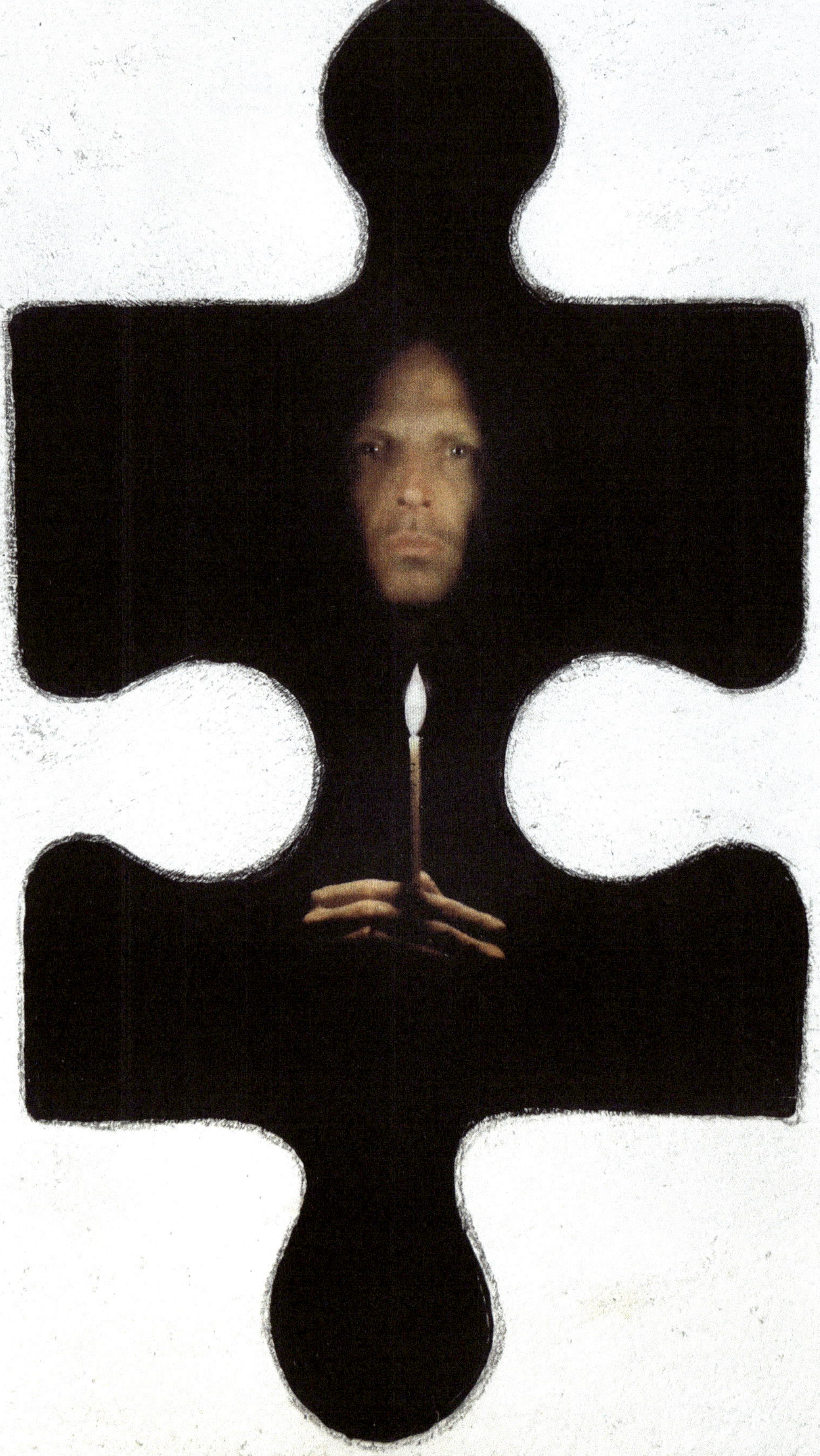

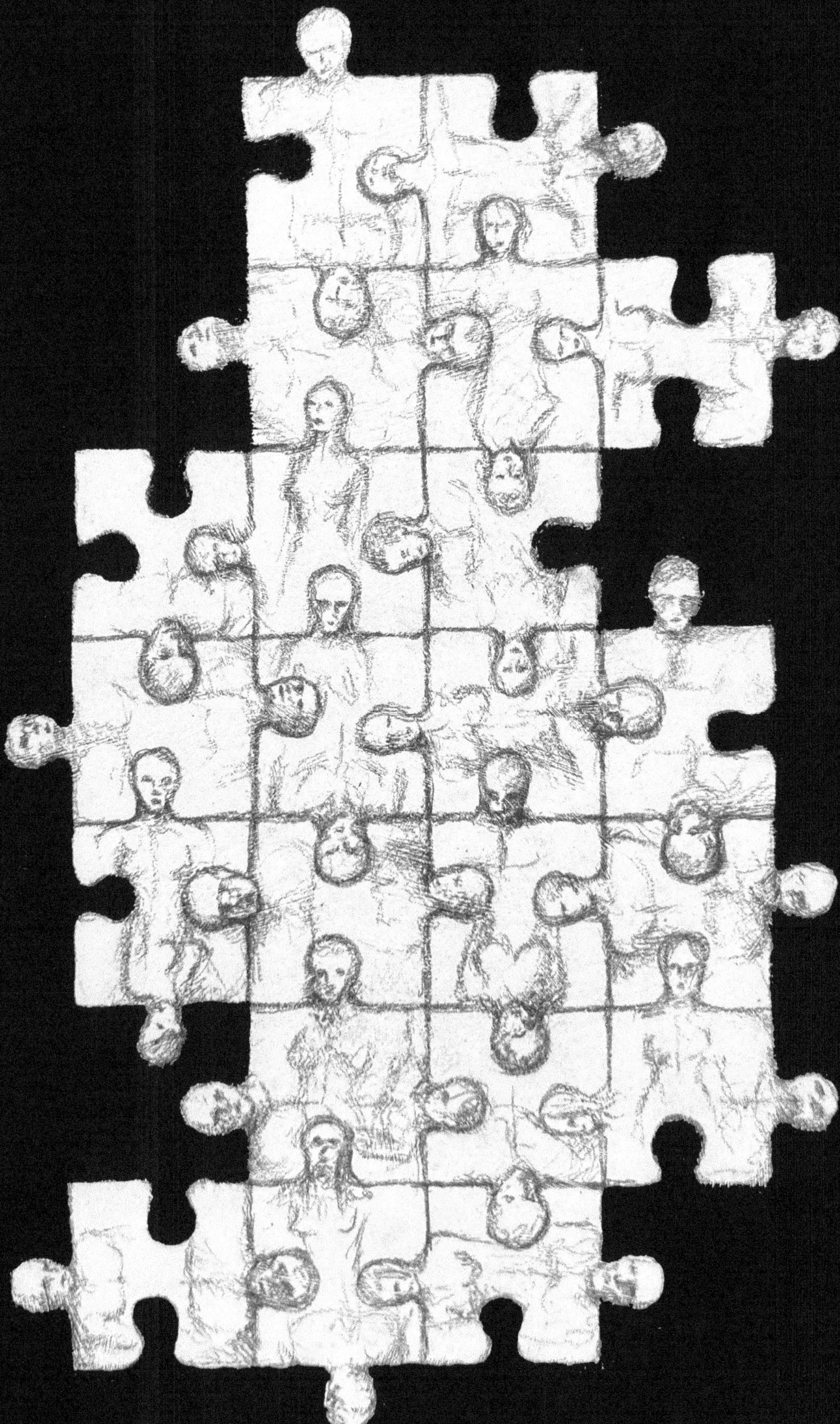

Matrice exterieure

tel l'horizon nous sommes
cette frontière médiatrice
entre le visible et l'invisible,
la matière et l'information.

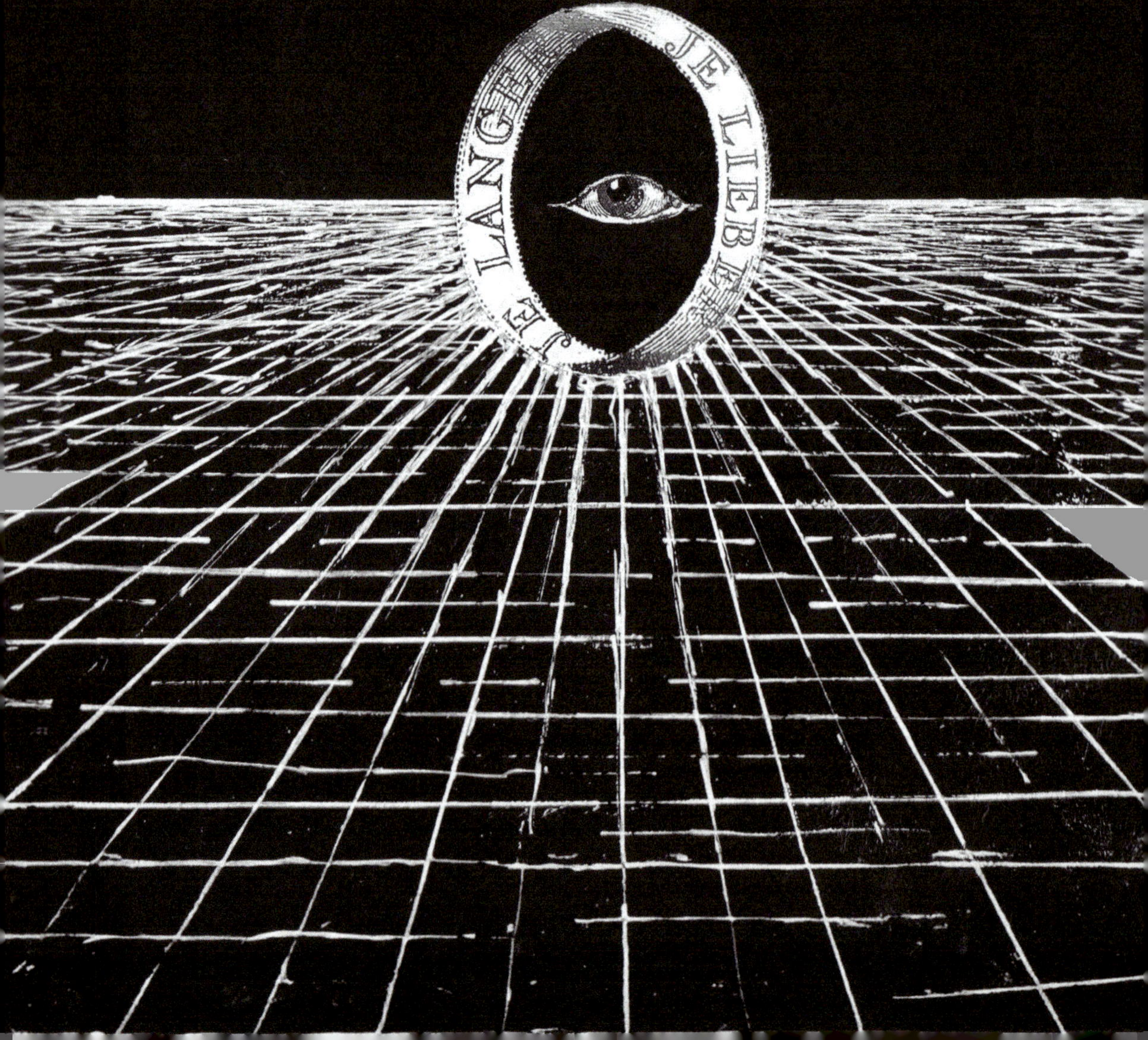

Matrice interieure

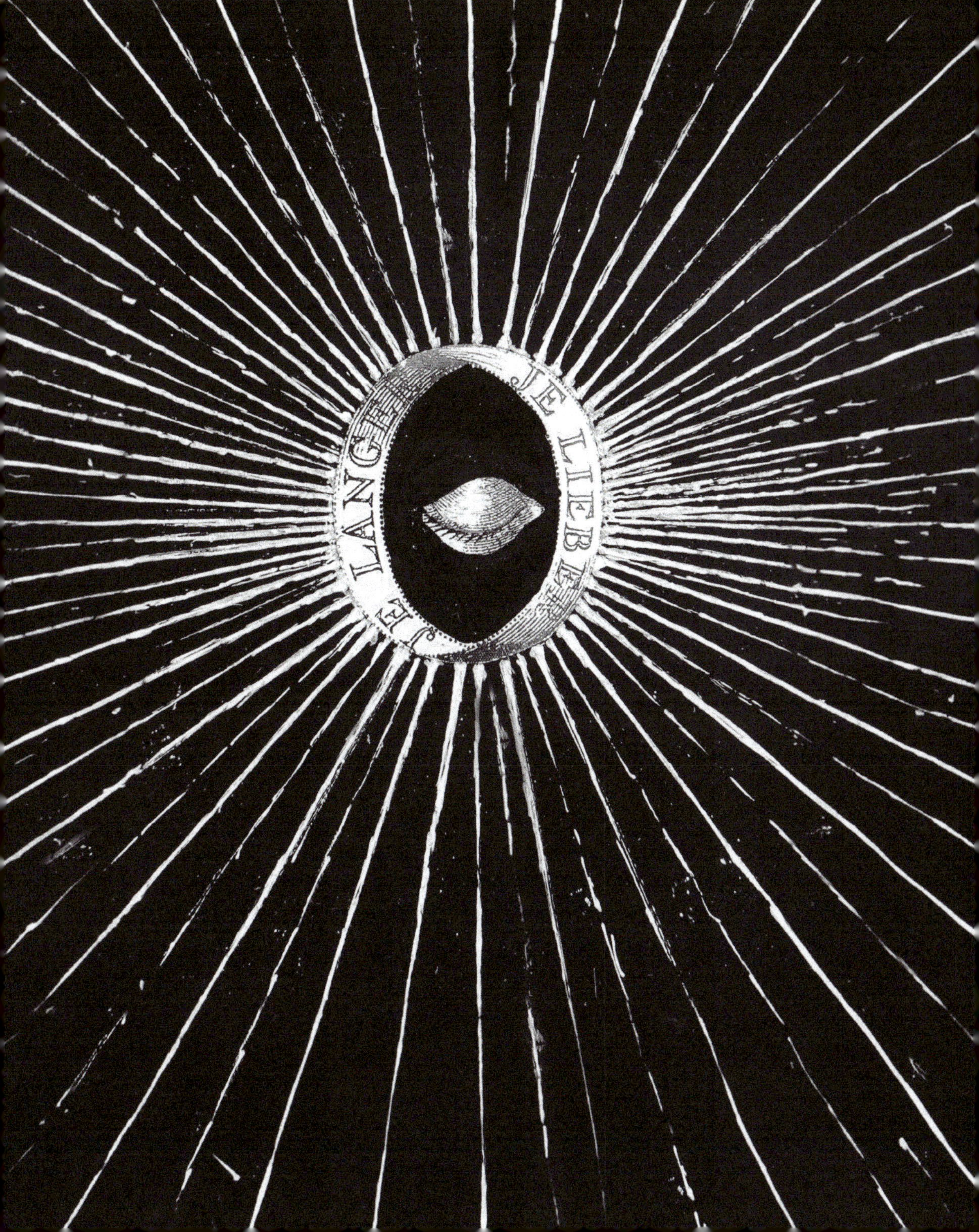

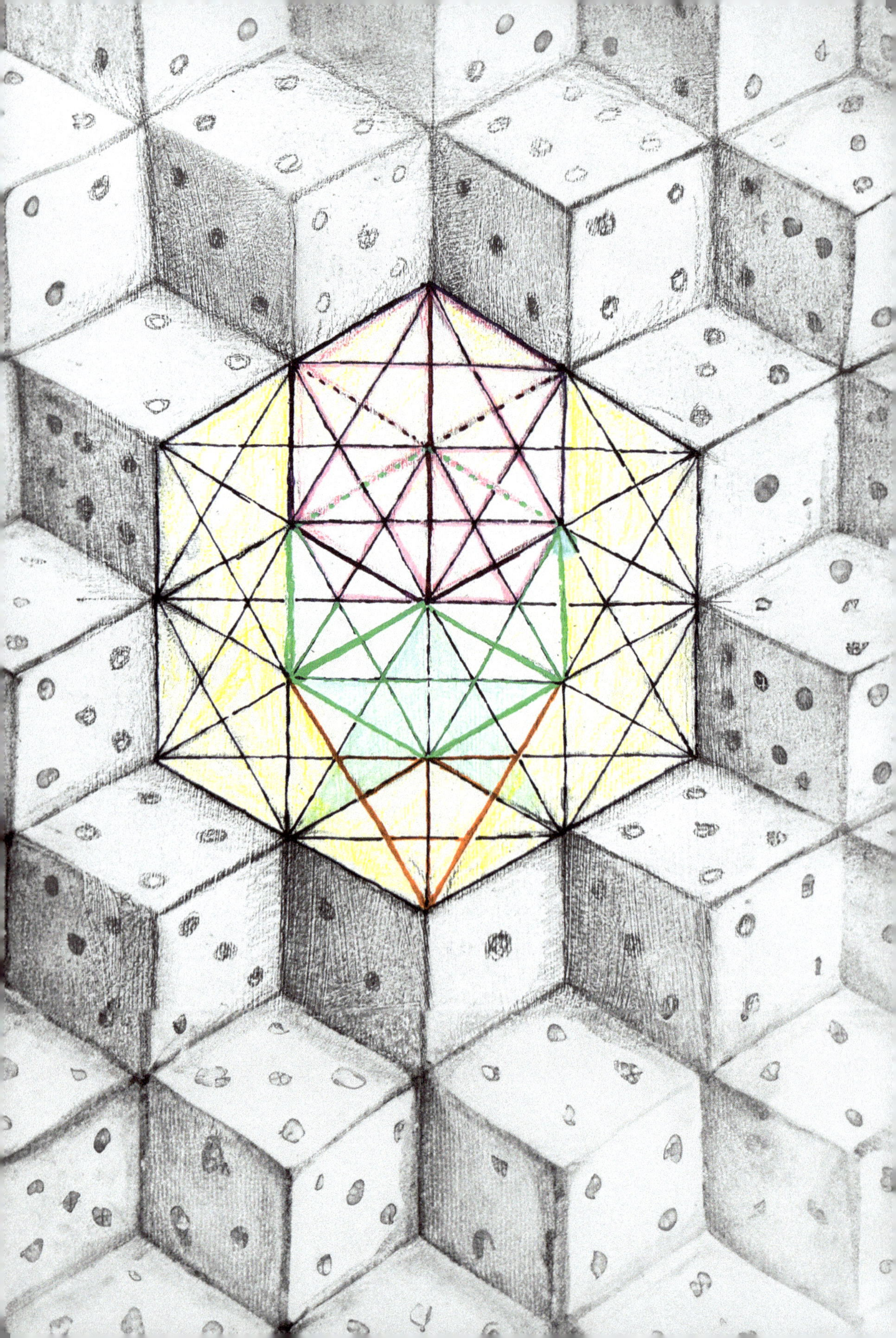

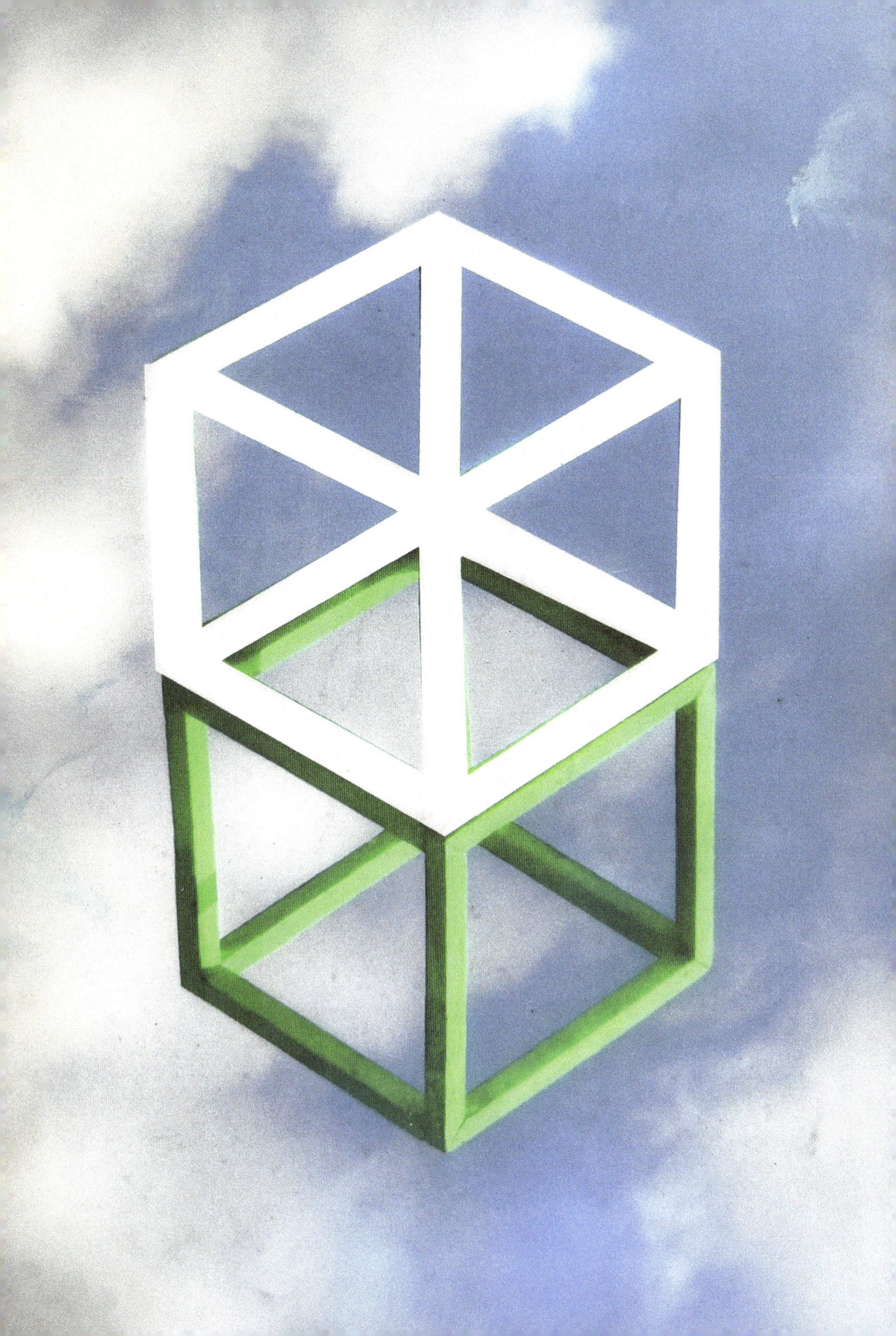

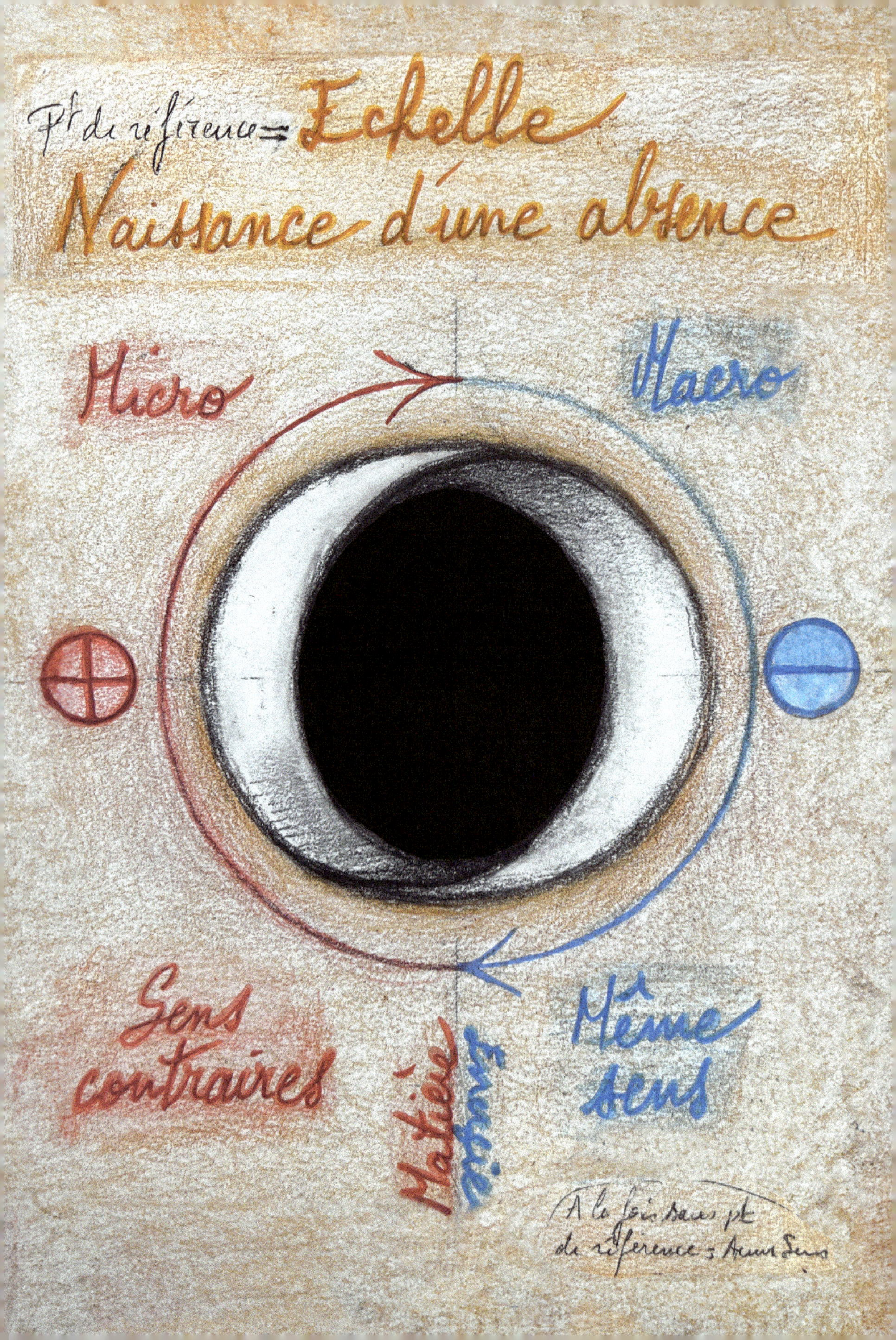

Pt de référence ⇒ Echelle
Naissance d'une absence
Micro
Macro
Sens contraires
Même sens
Matière
Énergie
A la fois sans pt de référence ⇒ Aucun Sens

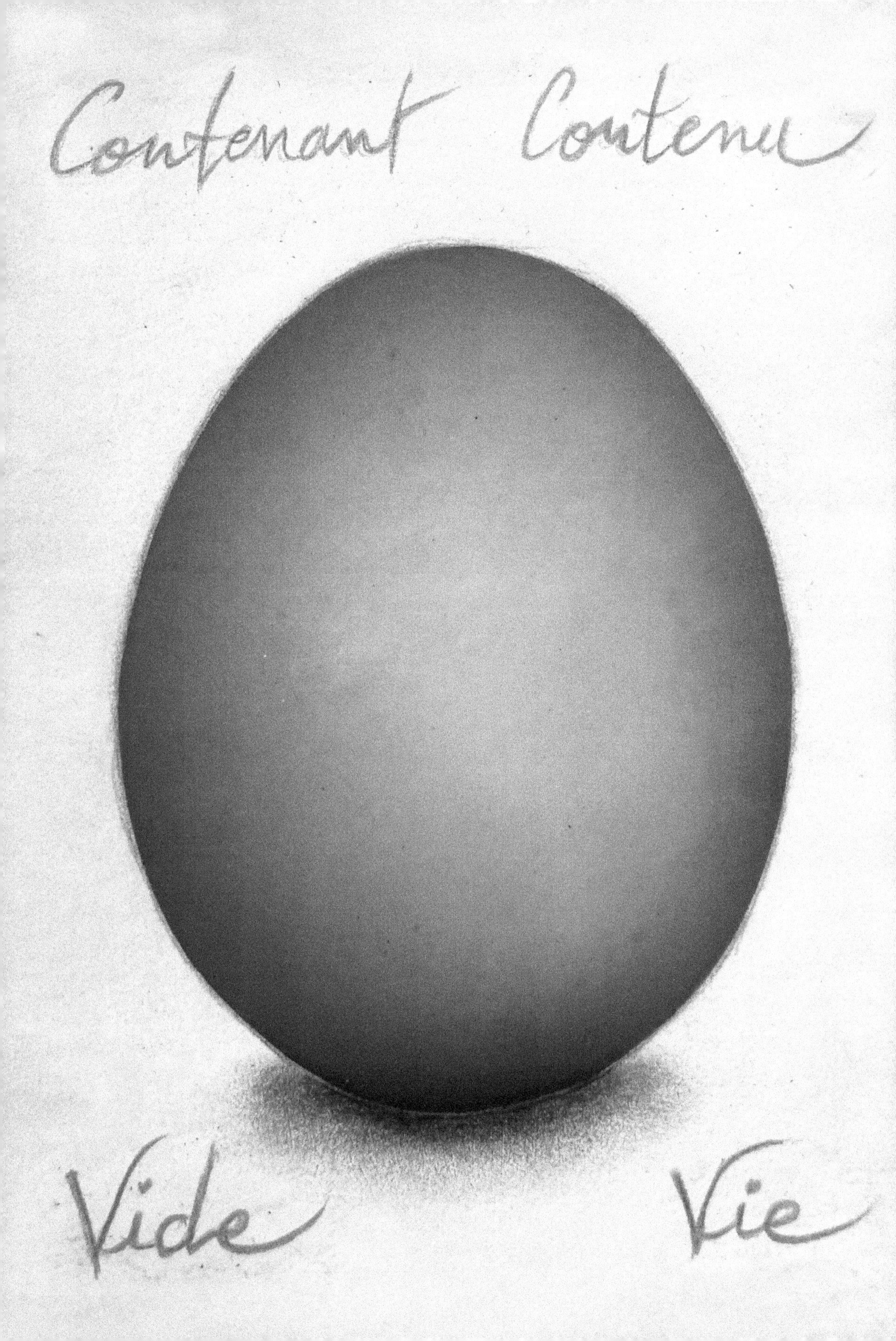
Contenant
Contenu
Vide
Vie

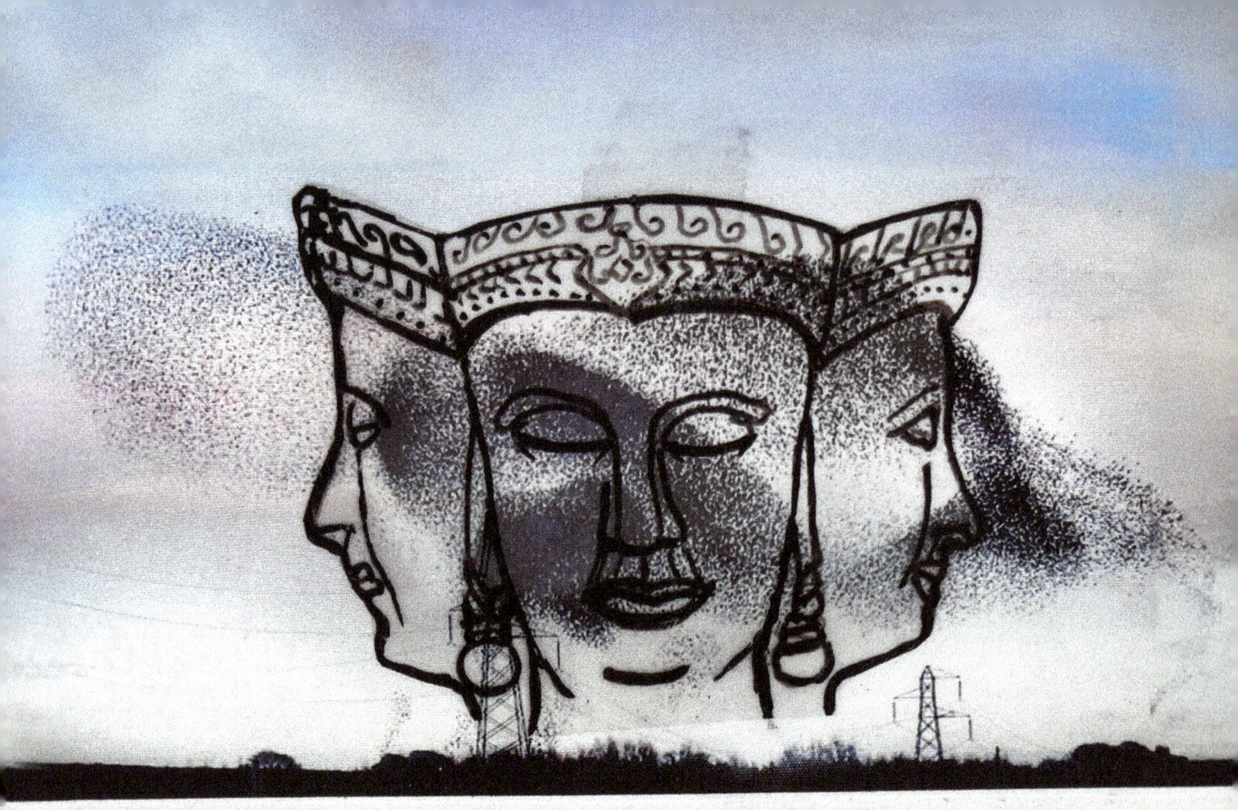

Dans la production de la tâche de Rorschach,
côtés droit et gauche du motif apparaissent
simultanément. Il n'y a pas une partie
avant l'autre, et pourtant nous pourrions
considérer qu'un des côtés est l'original et
l'autre la copie. Si nous envisageons de
la sorte le passé et le futur, cela pourrait
faire penser à l'émergence du présent.

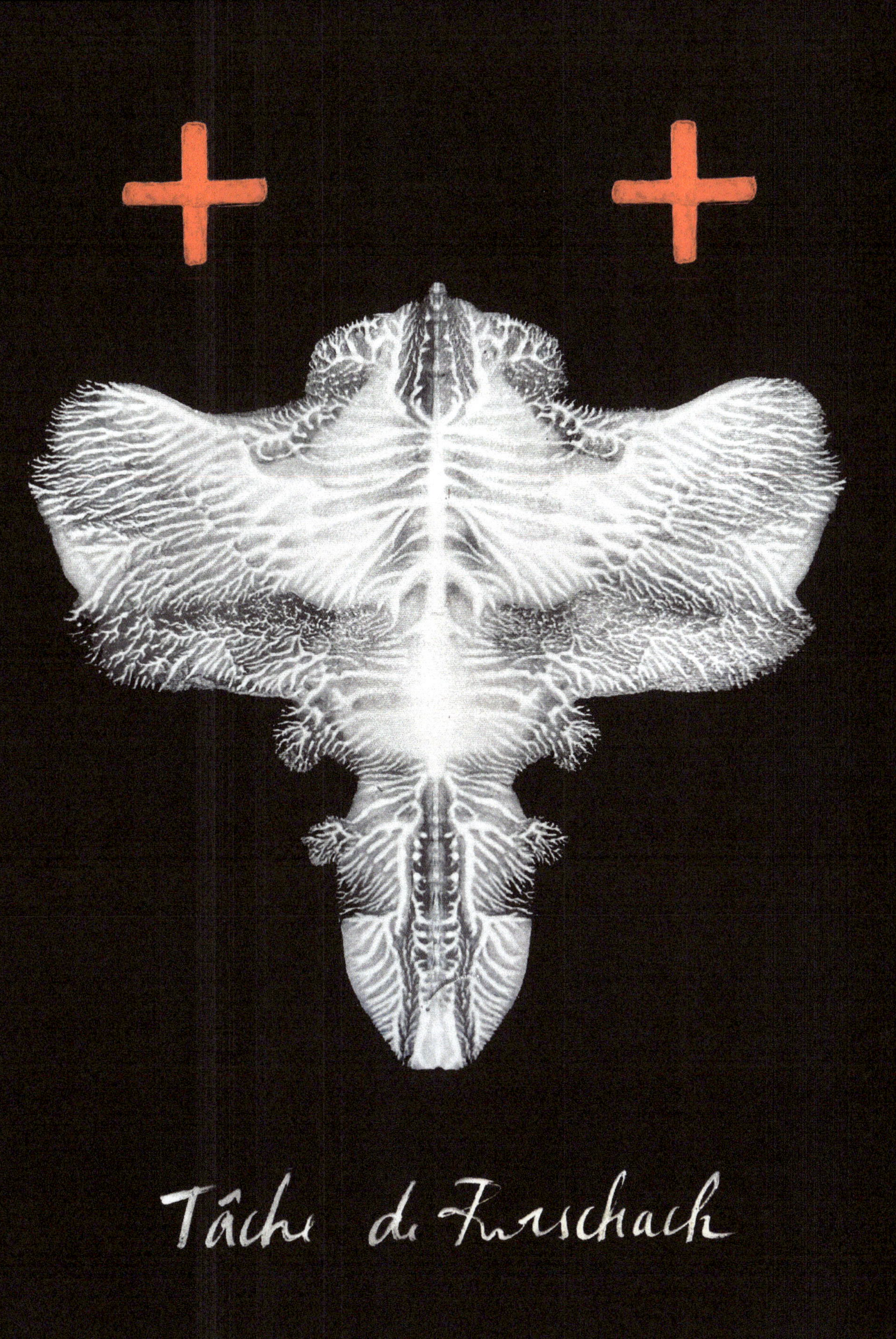
Tâche de Rorschach

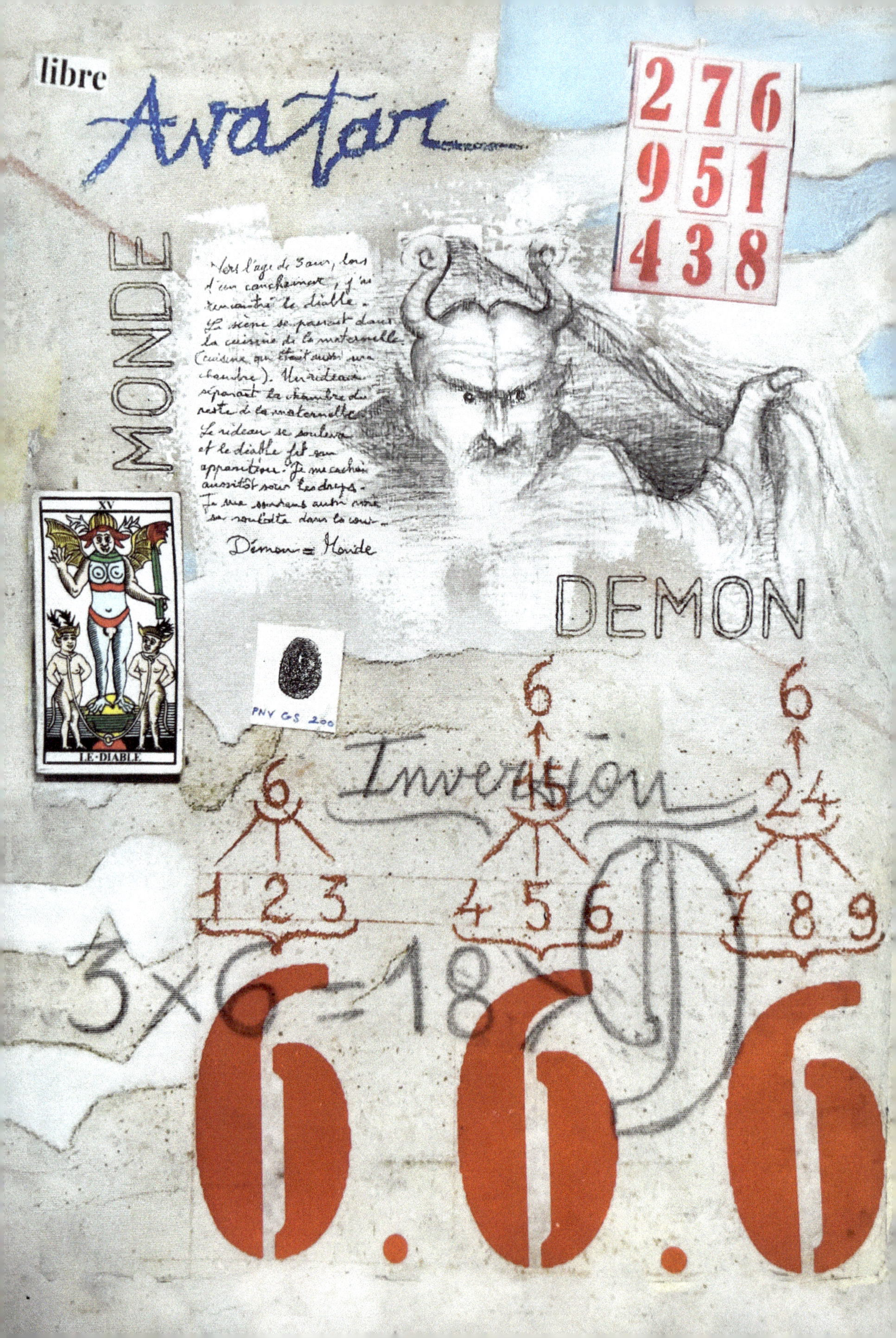

libre
Avatar
276
951
438
MONDE
Vers l'age de 3 ans, lors
d'un cauchemar, j'ai
rencontré le diable.
La scène se passait dans
la cuisine de la maternelle
(cuisine qui était aussi ma
chambre). Un rideau
séparait la chambre du
reste de la maternelle.
Le rideau se souleva
et le diable fit son
apparition. Je me cachai
aussitôt sous les draps.
Démon = Monde
XV
LE·DIABLE
PNY GS 200
DEMON
6
6
Inversion
6
15
24
123
456
789
3×6=18
6.6.6

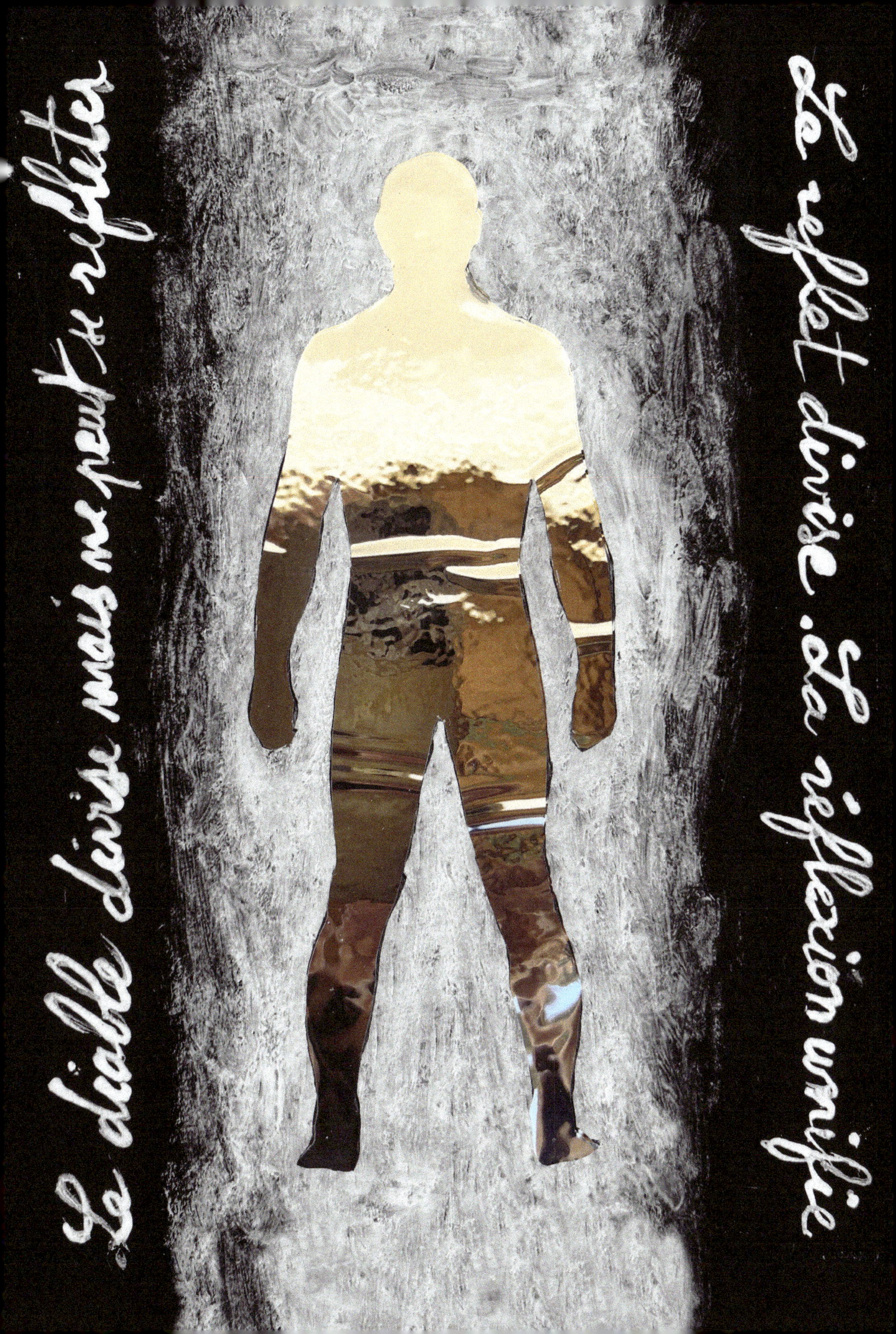
Le diable divise mais ne peut se refléter
Le reflet divise. La réflexion unifie

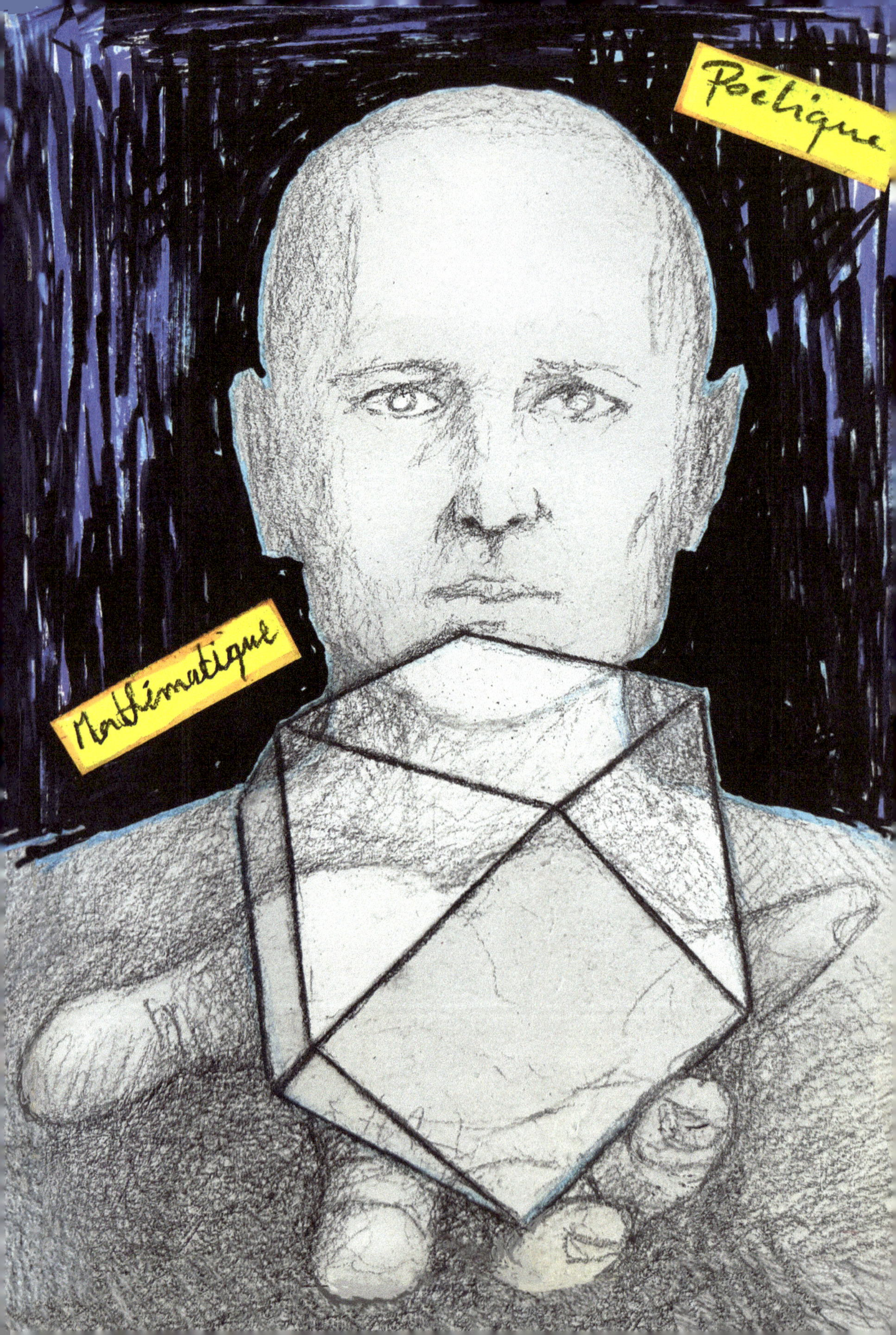
Poétique
Mathématique

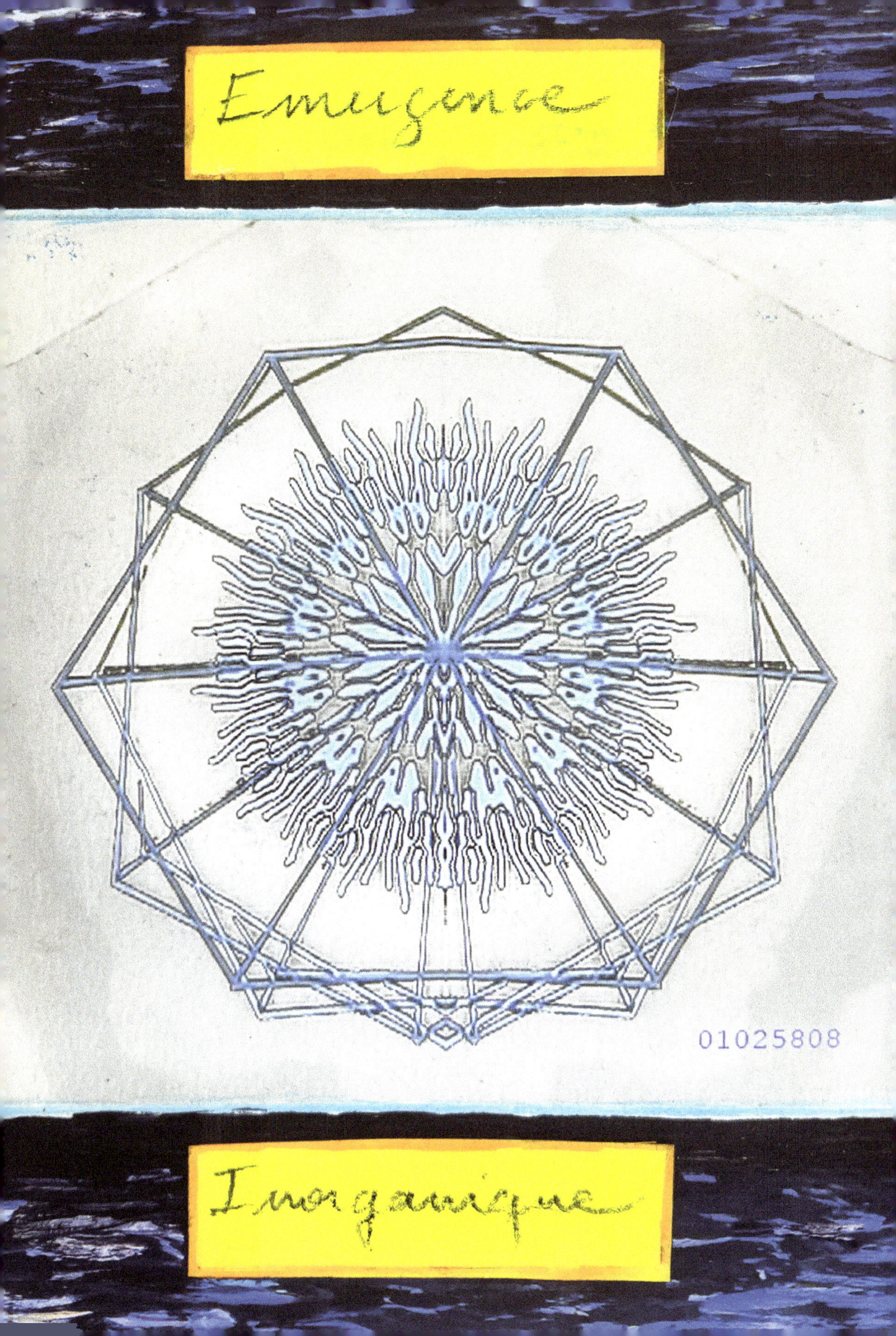
Emergence
01025808
Inorganique

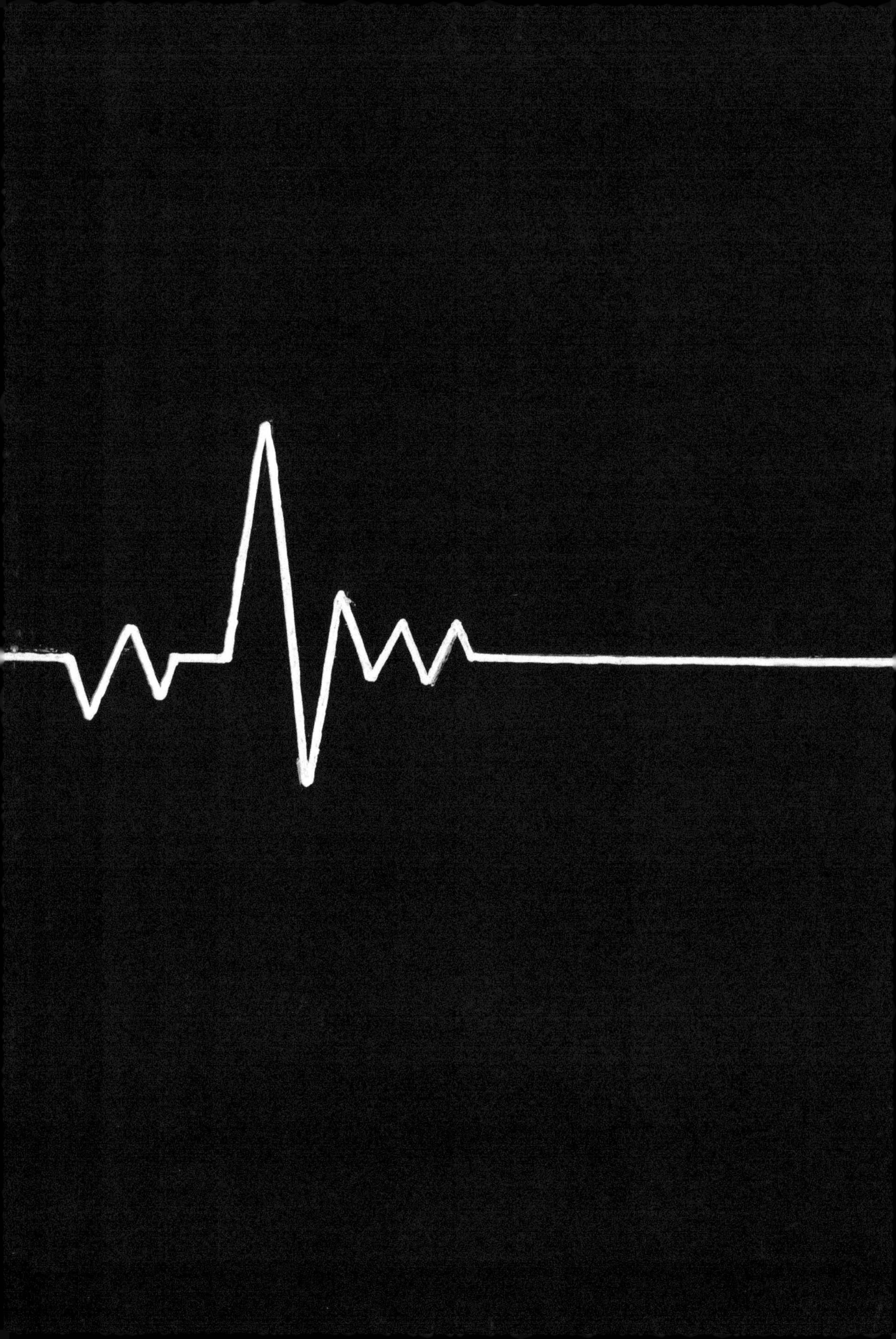

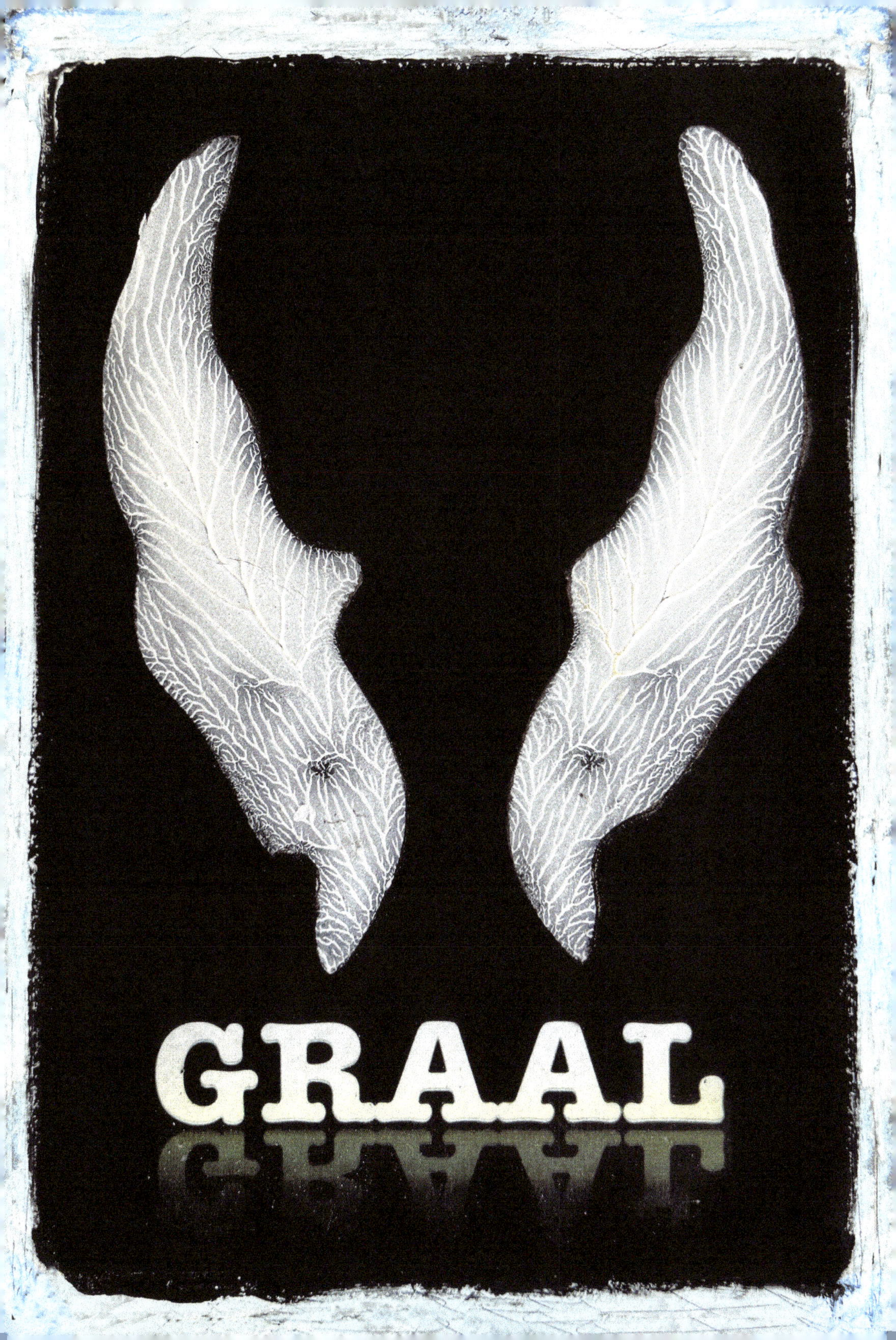
GRAAL

TRADUCTIONS / TRANSLATIONS

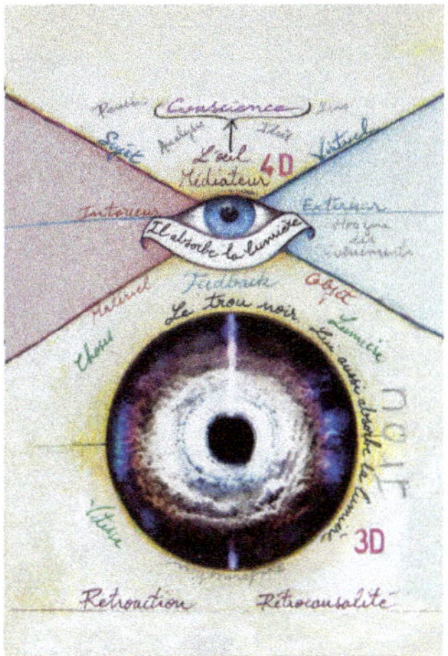

Thoughts · **Consciousness** · Senses

Subject · **The Mediating Eye** · Virtual

Interior · It absorbs light · Exterior

Event horizon

Material · Feedback · Object

The black hole also absorbs light

Things · Light · BLACK

Speed

Retroaction · Retrocausality

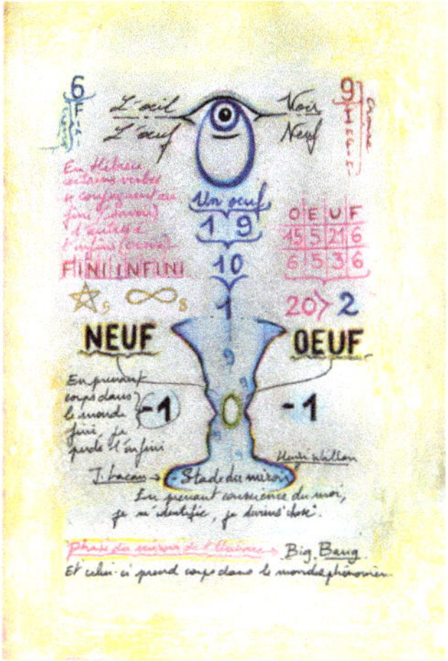

Eye · Sight

Egg · New/Nine

Egg (A new)

In Hebrew some verbs are finite (knowledge), others are infinite (belief)

FINITE | INFINITE

NEW/NINE **EGG**

Having a body in the finite world, I lose the infinite

Henri Wallen

J. Lacan The Mirror Stage

In becoming self-conscious, I identify myself, I become a "thing"

Mirror stage of the universe = Big Bang
and this takes bodily form in the phenomenal world

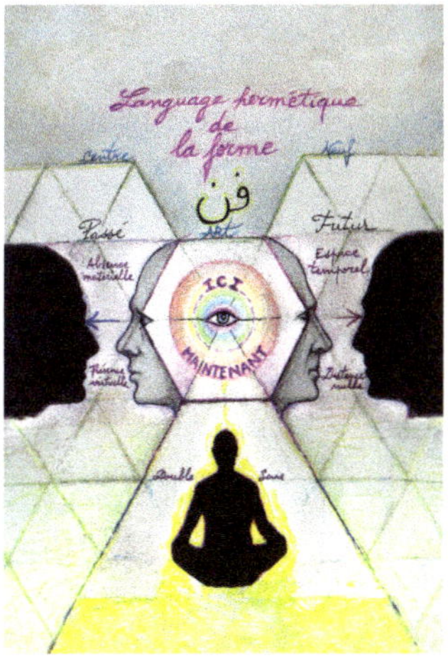

The hermetic language of form

Center · New

Past · Future

Material absence · **HERE** · Temporal space

NOW

Virtual presence · No distance

Double · Meaning

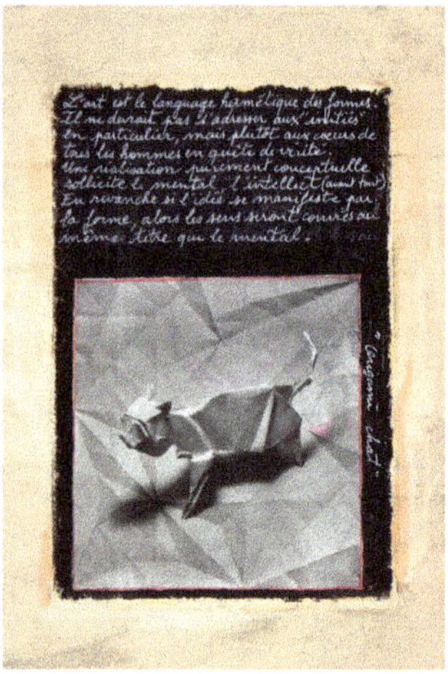

Art is the hermetic language of form. One shouldn't address initiates in particular, but rather the hearts of all men in search of truth. A purely conceptual realization appeals to the mind, the intellect (first of all). On the other hand if the idea manifests itself in the form, then the senses will be called upon in the same way as the mental.

"Origami cat"

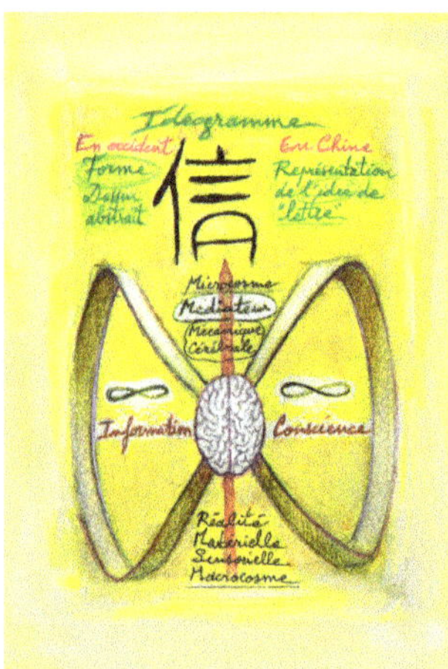

Ideogram

In the occident
Form
Drawing
Abstract

In China
Representation of the idea of the "letter"

Microcosm
Mediator
Mechanical
Cerebral

Information

Conscience

Reality
Material
Sensory
Macrocosm

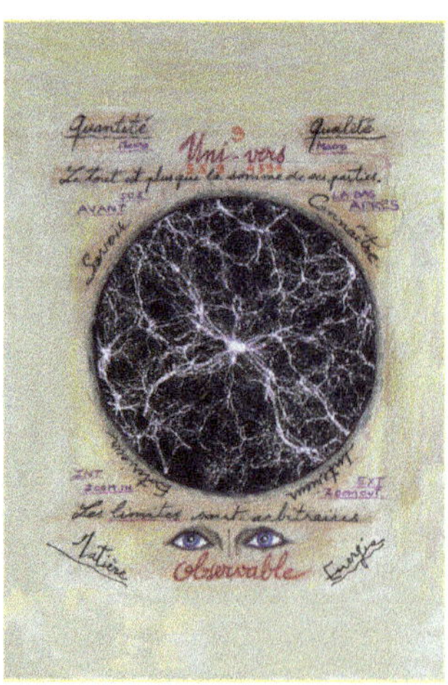

Quantity
Micro

Quality
Macro

Uni - verse ("united toward")

The whole is more than the sum of its parts.

HERE
BEFORE
Knowledge

THERE
AFTER
Understanding

Exterior

Interior

Matter

Limits are arbitrary

Observable

Energy

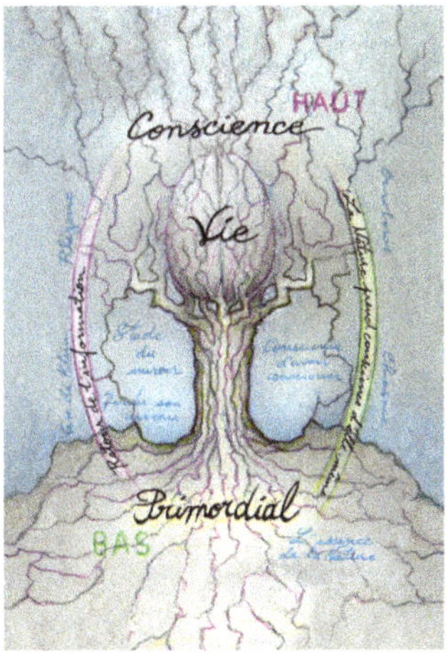

HIGH

Consciousness

Life

Primordial

LOW

Rhizome

Return of information

Mirror Stage

Thinking the brain

Kleinbottle

Conscious of having consciousness

The essence of nature

Nature conscious of itself

Uroboros

Chiasmus

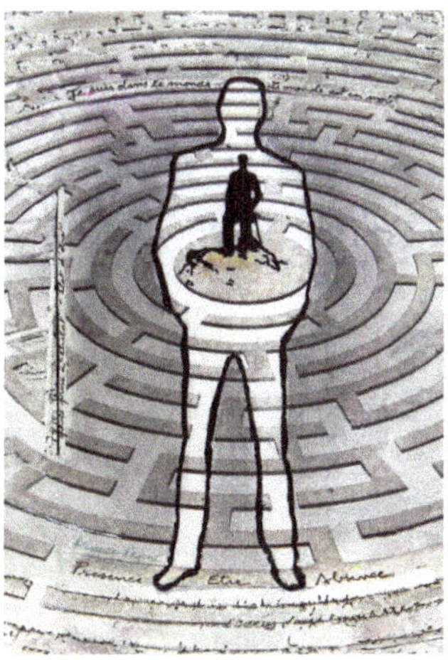

Photo taken in Etretat – "state of being"

I am in the world The world is in me.

[Etretat ("État d'être") is a place in Normandy.]

Presence of mind

Presence Being Absence

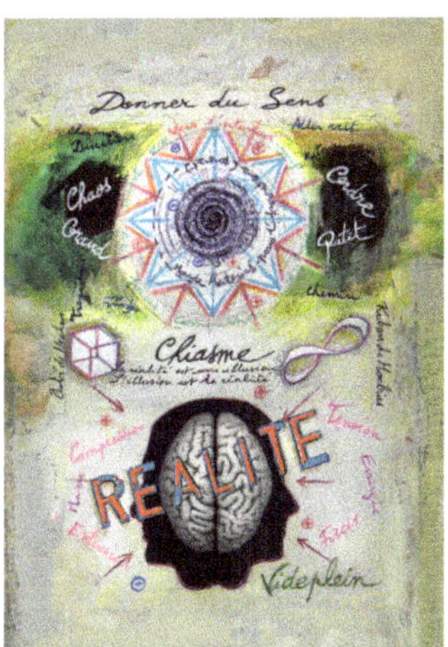

Giving meaning

Directions home

Going toward

Chaos

Order

Large

Small

Trajectory

Way

Necker cube

Chiasmus

Reality is an illusion.
Illusion is reality.

Compression

Tension

REALITY

Mass

Extension

Energy

Forces

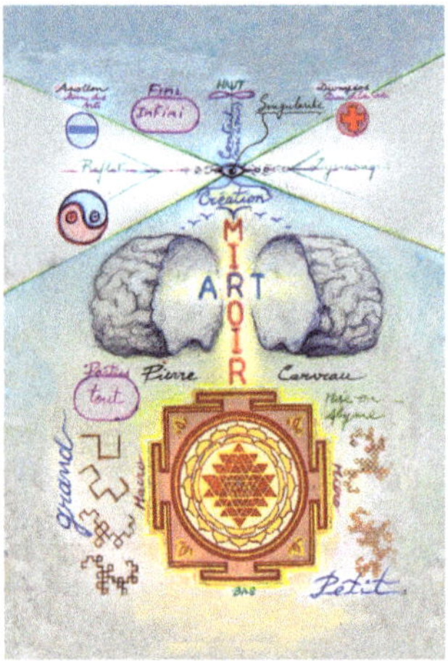

Apollo
God of the arts

Finite
Infinite

HIGH

Contact (with the whole)

Singularity

Dionysius
God of life

Reflection

Dynamic

Creation

M
I
ART
R
O
R

Large

Part
Whole

Stone

Brain

mise en abyme

Small

LOW

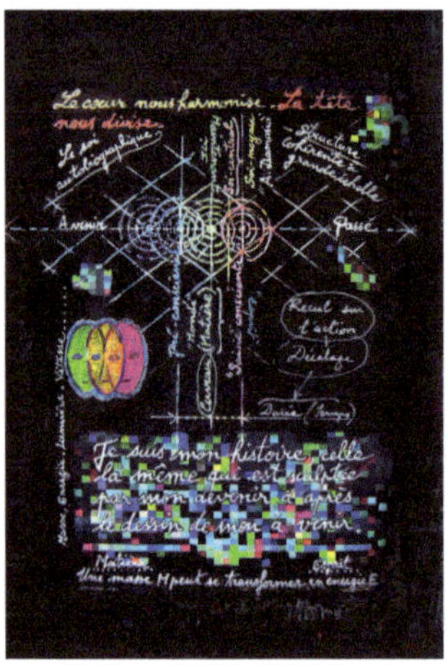

The heart harmonizes us. The head divides us.

The autobiographical self

Here and now

central self

core self

A. Damasio

Structure coherent on a large scale

Future

Past

Pre-consciousness

Brain matter

Self-consciousness

Stand back (to put in perspetive)

Time gap

Duration/time

Mass. Energy. Light. Speed.

I am my history, the same that is sculpted by my becoming in accord with the drawing of my future (my "to-come")

Matter

A mass M can transform into an energy E

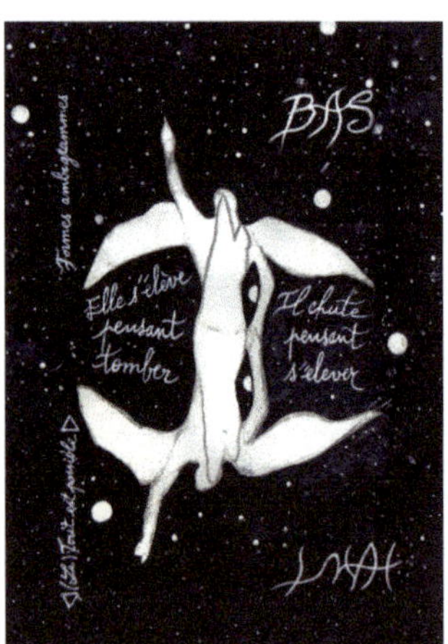

LOW

She rises thinking to fall

He falls thinking to rise

HIGH

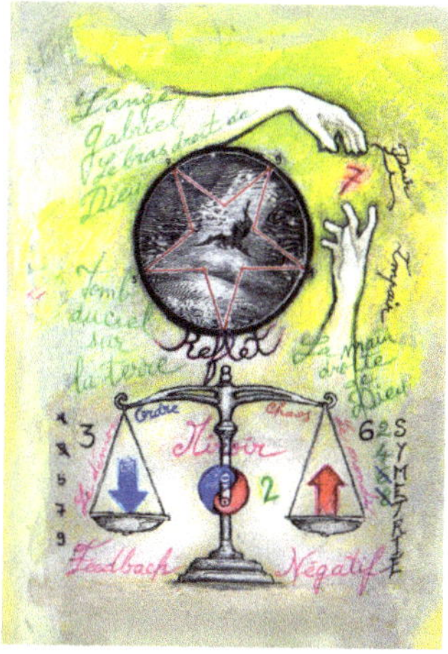

The angel Gabriel the right arm of God

fell from heaven to earth

Reflection

Even Odd

The right hand of God

order

chaos

demon

Mirror

world

Negative Feedback

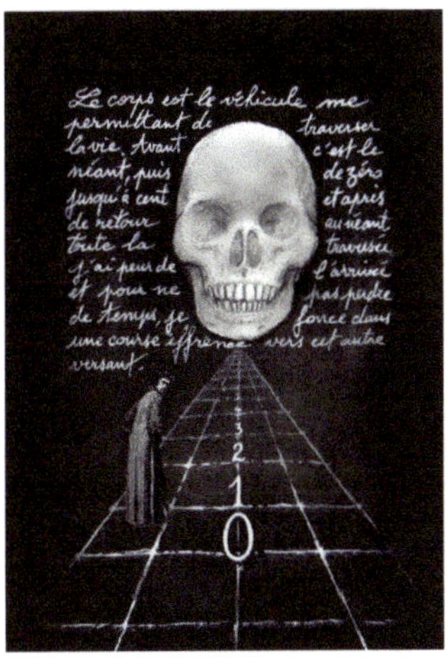

The body is the vehicle permitting me to go through life. Before it is nothingness, then from zero to a hundred and after that a return to nothingness, but all through the journey I'm anxious to arrive at the destination and so as not to lose time, I rush on unrestrained toward the other side.

Mediator

Passage (not wise)

Entrance

Opening

Exit

Inside

Outside

Light

Darkness

Mind

Body

Toward the t'R

[t'R = terre (earth)]

L'R = air

Toward the O

[O = haut (above)]

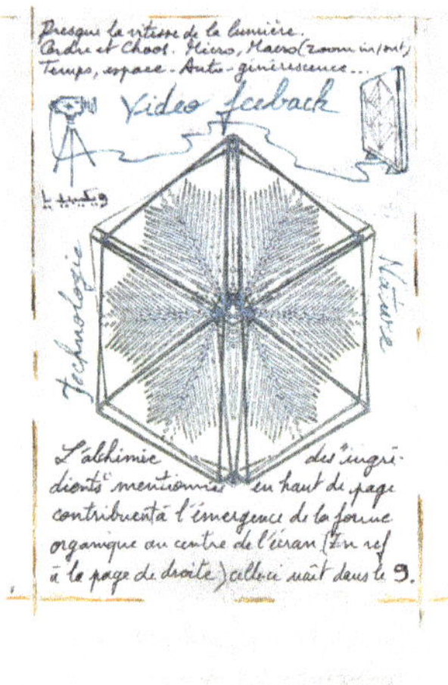

Almost the speed of light
Order and Chaos. Micro, Macro (Zoom in/out)
Time, space - Auto-generation

Video feedback

Technology

Nature

The alchemy of the "ingredients" mentioned at the top of the page contribute to the emergence of organic form at the center of the screen (refer to the page to the right) this one is born in the 9.

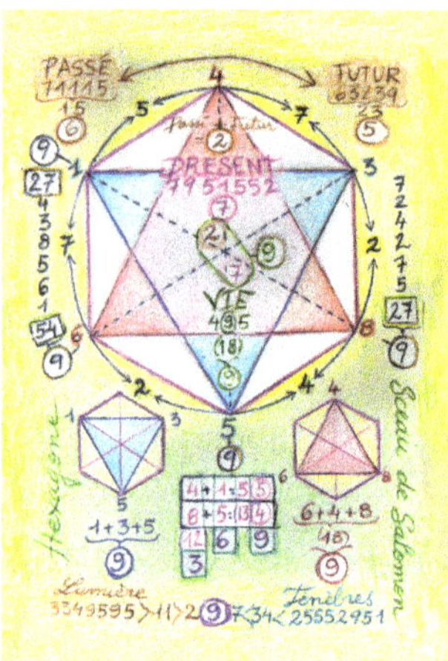

PAST

FUTURE

PRESENT

Hexagon

LIFE

Solomon's Seal

Light

Darkness

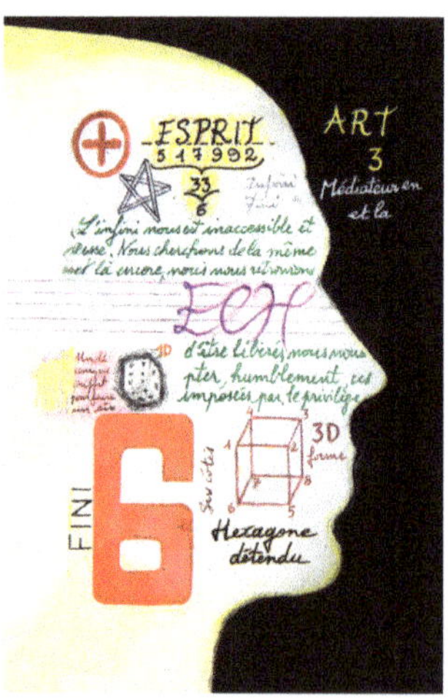

MIND

ART

Mediator be-
and

The infinite is inaccessible to us
We seek it in the same manner
we find outselves faced with ourselves. Waiting

EXCH

only one die
suffices to
make a six

to be liberated, we must
humbly, the constraints
by the privilege

Unflattened hexagon

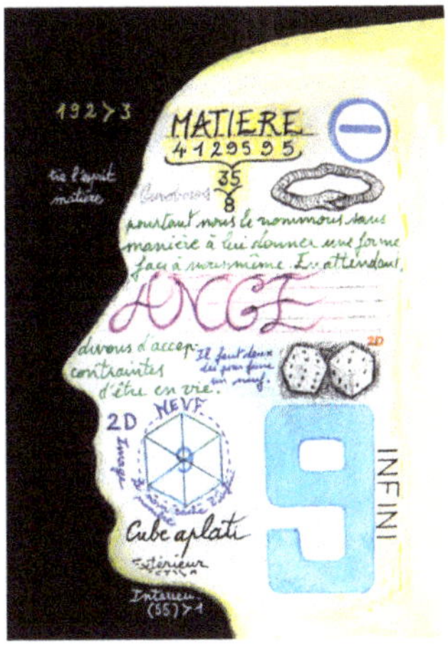

MATTER

tween mind
matter

Uroboros

and yet we name it without cease
and give it a form and there again

ANGE(L)

accept,
imposed
of being alive.

it takes two dice
to make a 9

Flattened cube

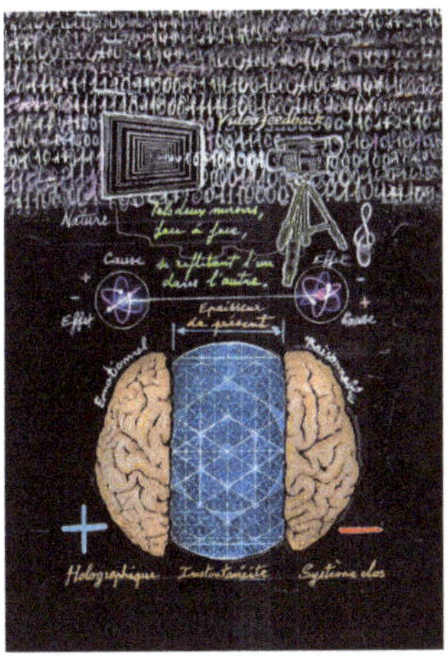

the two mirrors
face to face,
reflecting one in
the other.

Cause

Effect

Effect

thickness of the present

Cause

Emotional

Rational

Holographic Instantaneity Closed System

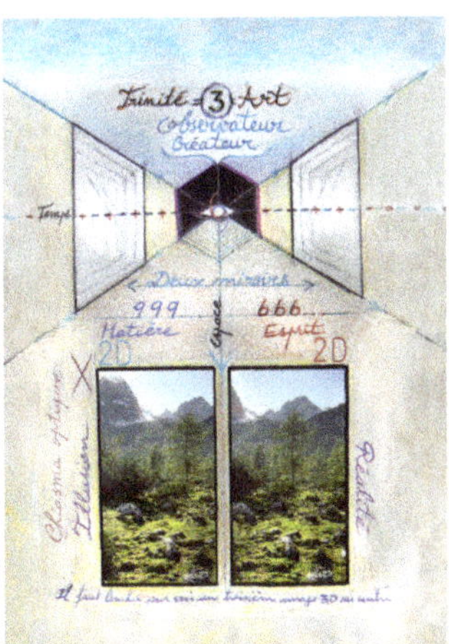

Trinity = Art

Observer
Creator

Two mirrors

Matter

Spirit

Optical chiasmus

Illusion

Reality

One has to squint to see a third 3D image at the center

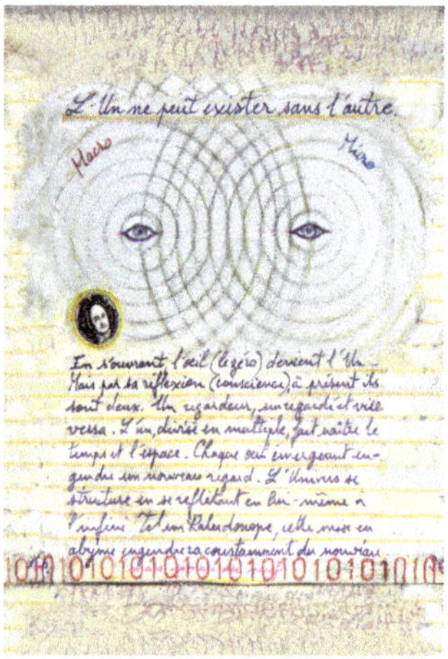

The One cannot exist without the other.

In being opened the eye (the zero) becomes the One. But by its reflection (conscience) they are two. One who looks, one who is looked at, and vice versa. The One, divided and multiple, gives birth to time and space. Each emergent eye engenders a new look. The Universe structures and reflects itself infinitely. LIke a kaleidoscope, this mise en abyme constantly engenders novelties, but never the new.

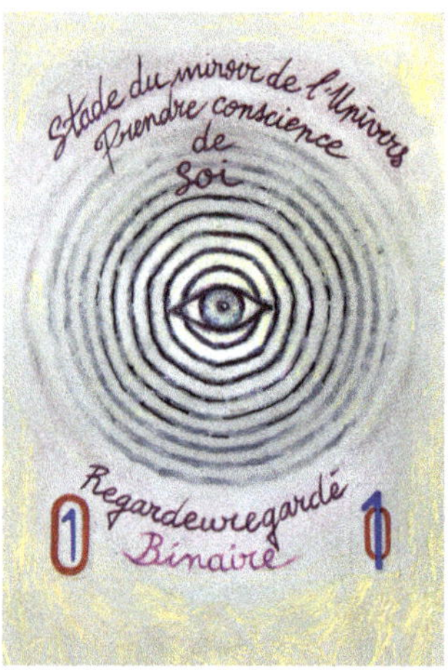

The mirror stage of the universe engenders self-consciousness

The looker looked at
Binary

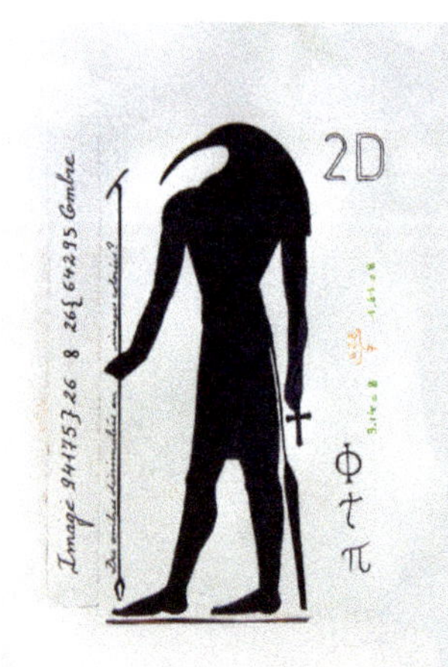

Shadows dissimulated in colored images?

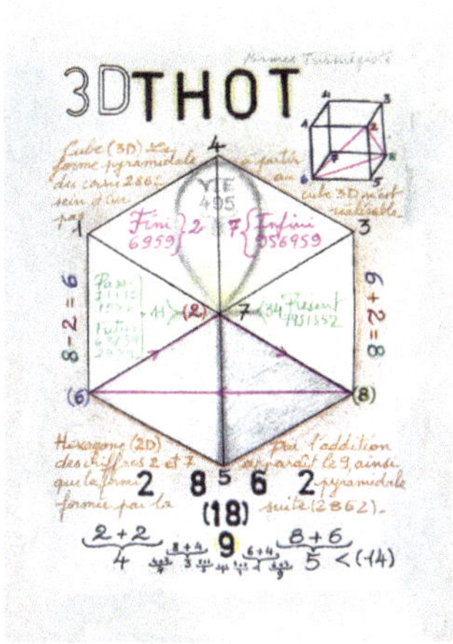

Hermes Trismegistus

Cube (3D) - The pyramidal form connecting corners 2862 within a 3D cube is not realizable.

LIFE

Finite

Infinite

Past

Future

Present

Hexagon (2D) - By adding the numbers 2 and 7 one gets 9 as well as the pyramidal form made by the following numbers (2862).

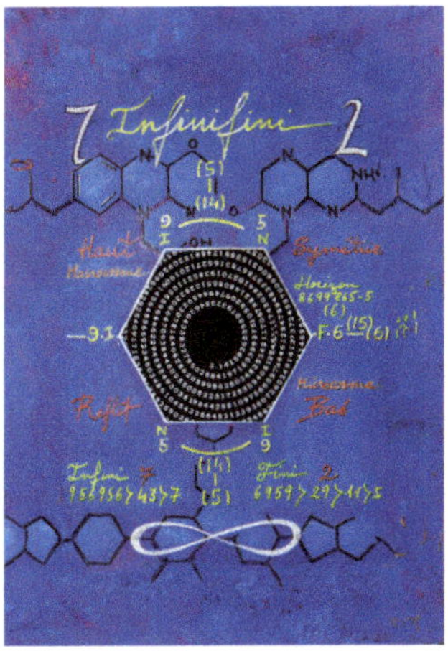

Infinitefinite

High

Symmetry

Macrocosm

Horizon

Microcosm

Low

Reflection

Infinite 7

Finite 2

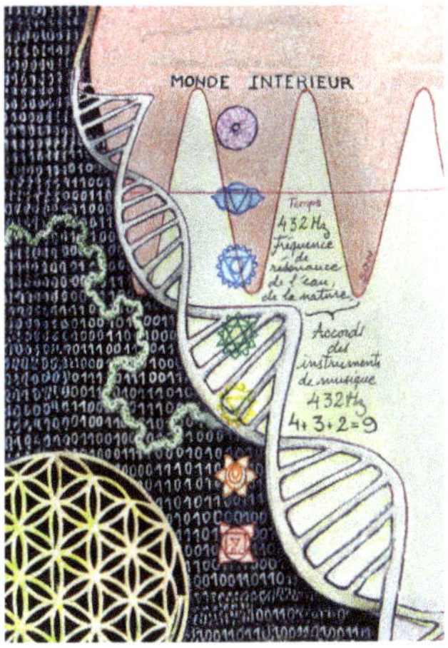

INNER WORLD

Time
433 Hz
Frequency of
resonance of
water, of nature

Tuning of
musical
instruments
433 Hz

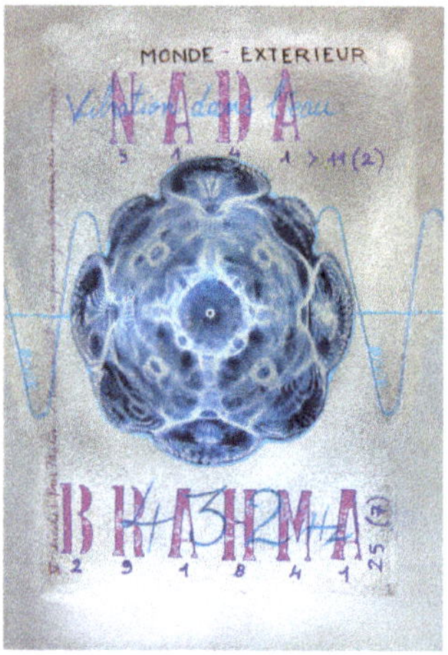

For Thales, water was the first principle of the world.

Noise

EXTERNAL WORLD

Vibration in water

Noise

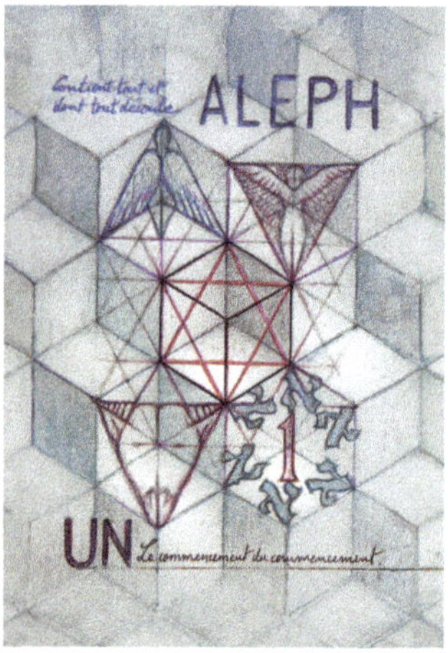

Contains all that
from which all flows

ALEPH

AN

The beginning of beginning

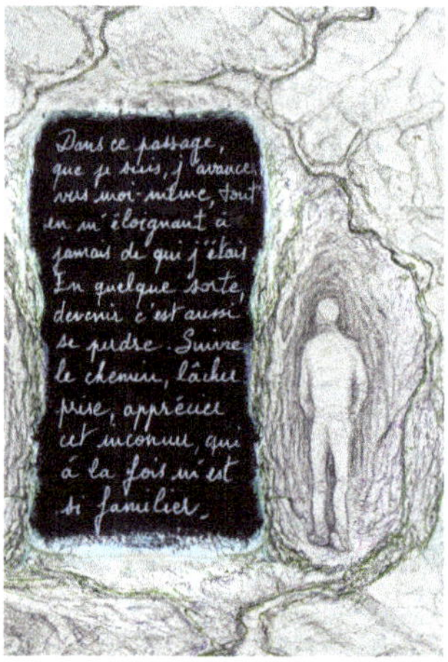

In this passage, which
I am, I advance toward
myself, moving away
from what I once was.
In a way, to become
is also to lose oneself.
To follow the path, in
abandon, appreciating
this unknown, which
is at the same time so
familiar.

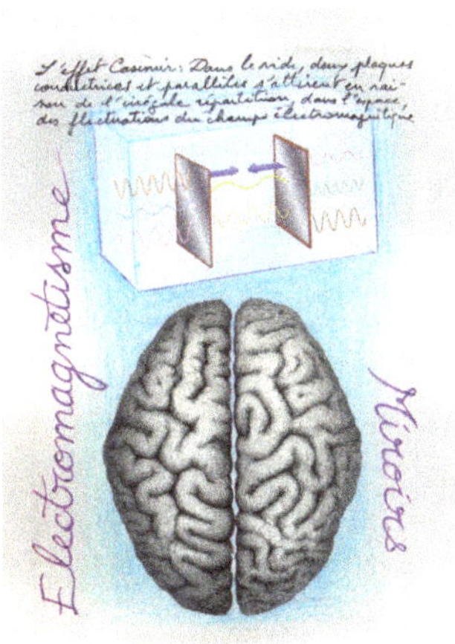

The Casimir effect: In the void, two conducting and parallel plates attract one another because of an unequal spread in space of the electromagnetic field fluctuations.

Electromagnetism

Mirrors

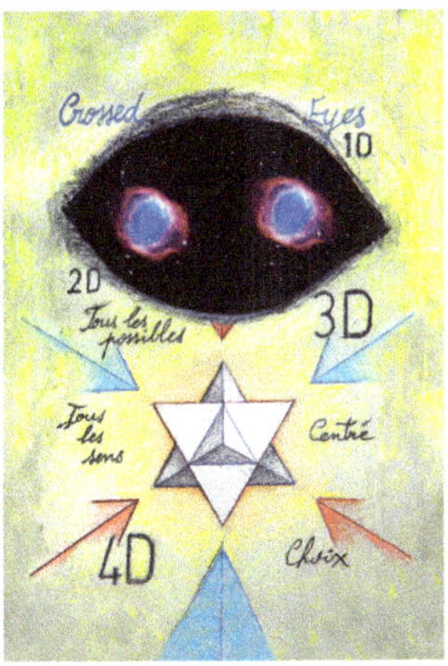

All possibilities

All meanings/directions/senses

Centered

Choices

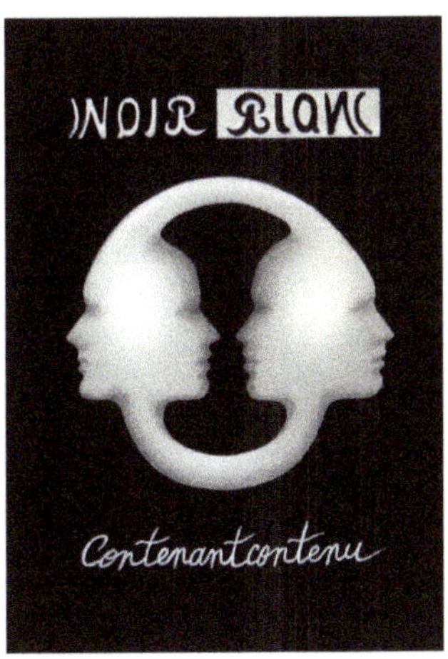

BLACK WHITE

Containingcontent

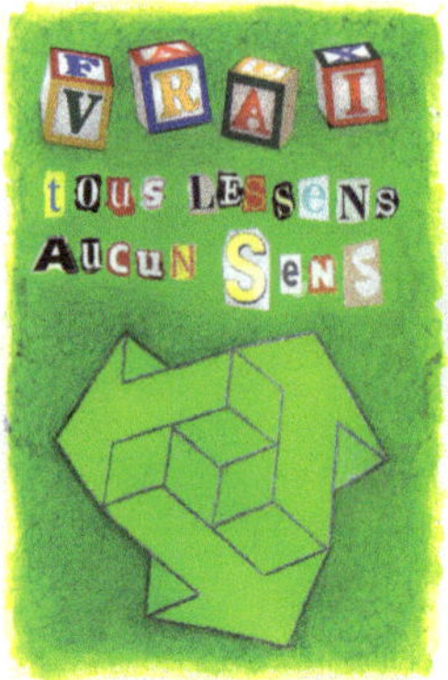

FALSE
TRUTH

ALL MEANING
NO MEANING

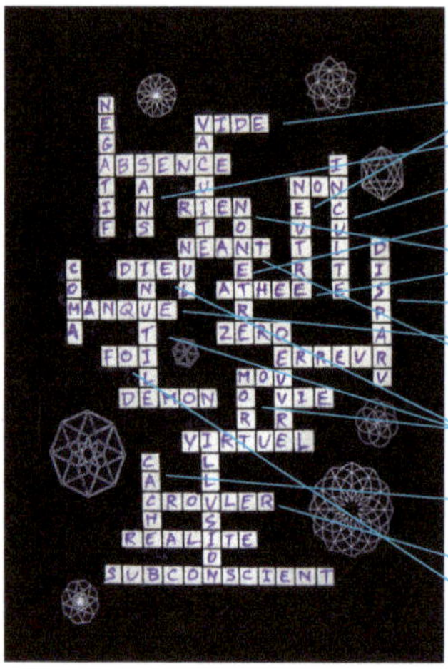

NEUTRAL
UNCULTIVATED
EMPTY
WITHOUT
ATHEIST
NON-BEING
NOTHING
DISAPPEARED
NOTHINGNESS
LACK
DEATH
HIDDEN
GOD
FAITH
COLLAPSE
USELESS

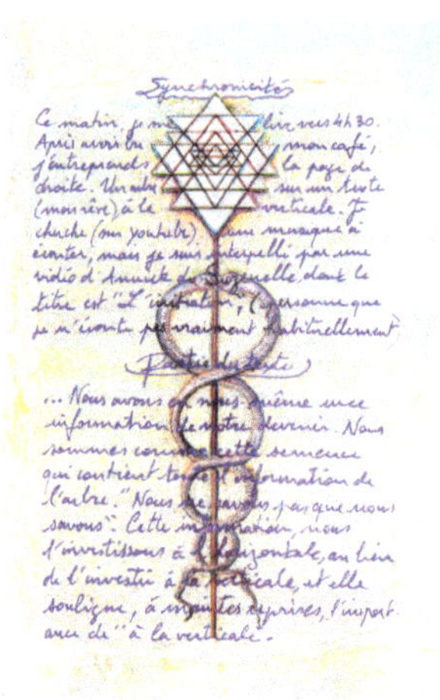

Synchronicity

This morning I awoke at 4:30. After having drank my coffee, I drew the page to the right. A tree on vertical text (my dream). I looked (on Youtube) for music to listen to, but I was drawn by a video of Annick de Souzenelle, the title of which is "The Initiation" (someone I normally did not listen to).

Text Fragment

...We have in ourselves information of our becoming. We are like this seed that contains all the information of the tree. "We don't know that we know." This information, we invest it in a horizontal way instead of a vertical one, and she stressed a "vertical one."

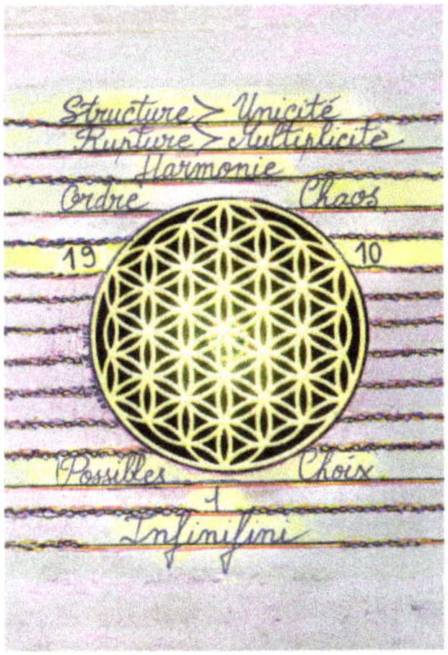

Structure Unity
Rupture Multiplicity
Harmony
Order Chaos

Possibilities Choices
Infinitefinite

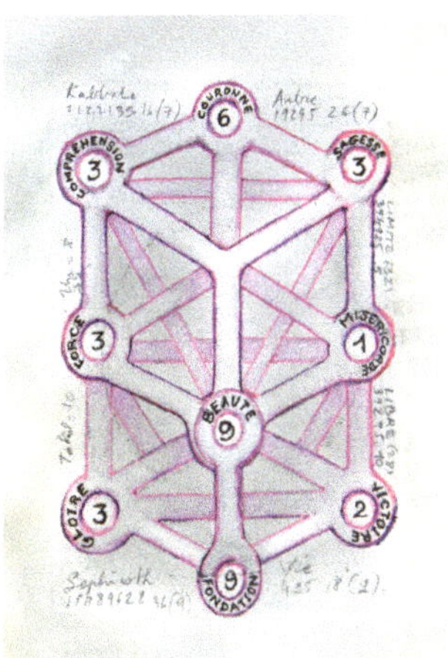

Kabbala Tree
CROWN
UNDERSTANDING WISDOM
FORCE MERCY
BEAUTY
GLORY VICTORY
Sephiroth FOUNDATION Life

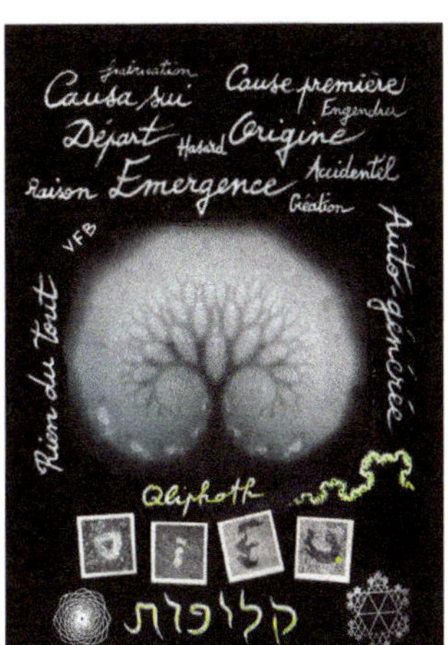

Fabrication First cause
Self-cause To generate
Beginning Chance Origin Accidental
Reason Emergence Creation

Nothing at all

Qliphoth

Self-generated

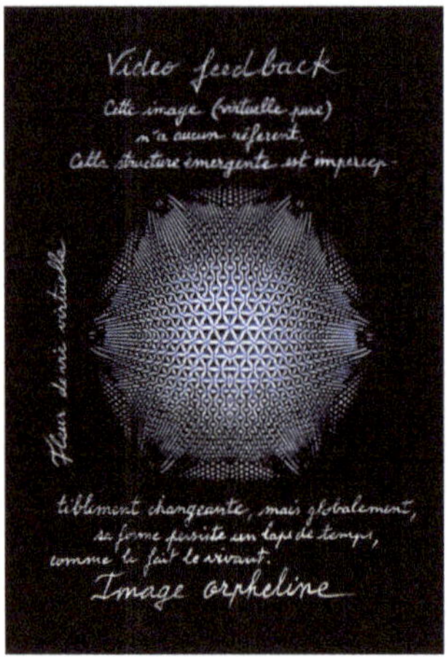

Virtual flower of life

This image (purely virtual) has no referent.
This emergent structure is imperceptibly

changing, but globally, its form persists for
a period of time, like the living do.

Orphan Image

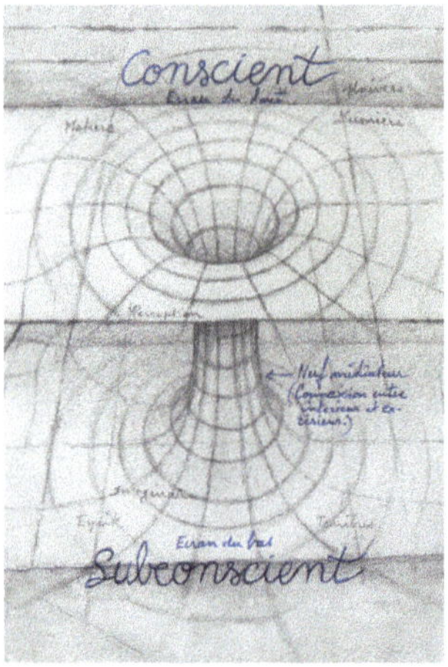

Conscious
High screen
Universe
Matter
Light
Perception
Imaginary
Mind
Darkness
Low screen
Subconscious

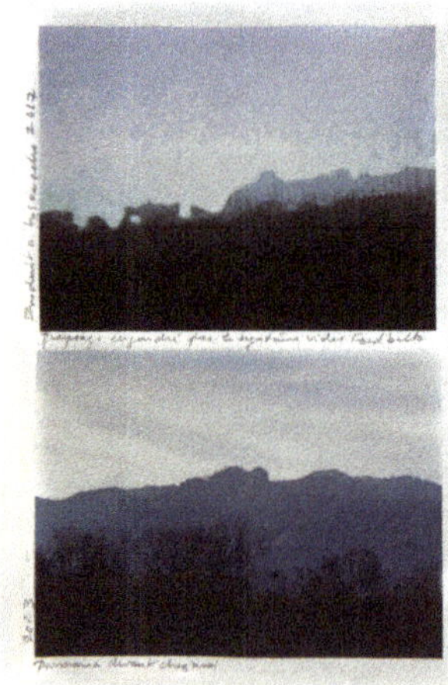

Made in Los Angeles 2017

Landscape made by the video feedback system

Panorama from my home 85 chemin de Lucas, Soueich 31160

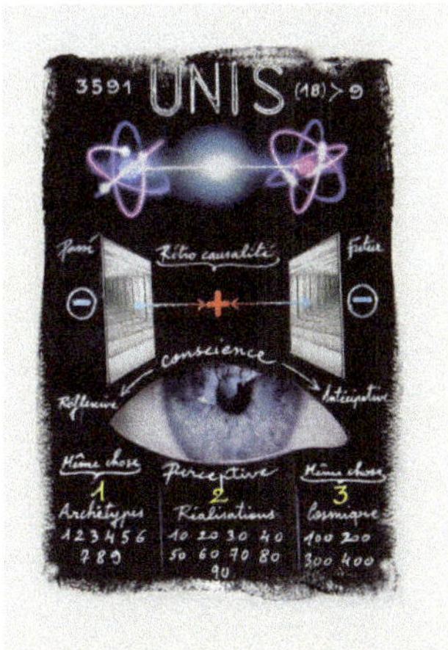

UNITED

Past Retrocausality Future

Reflexive consciousness Anticipating

Same thing Perceptive Same thing

Archetypes Realizations Cosmic

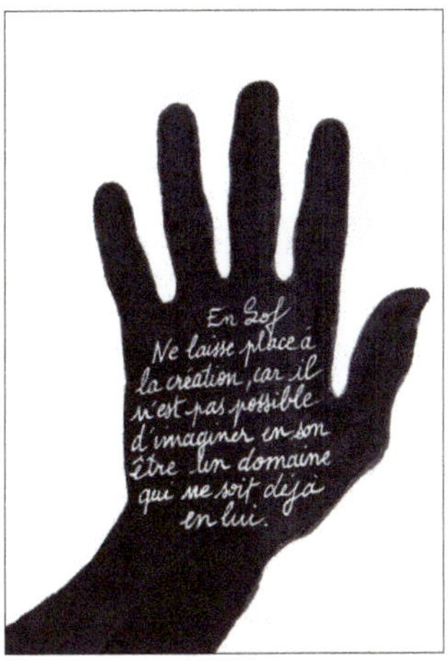

En Sof
leaves no place for
creation, since it
is not possible to
imagine in its being
a domain that is not
already itself.

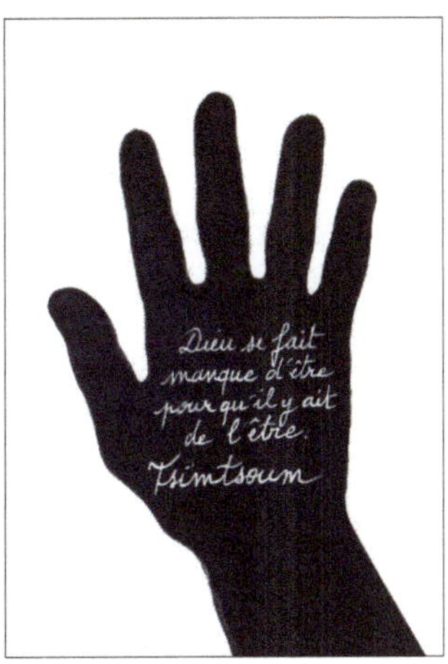

God lacks
being so that
there is being.

Tsimtsoun

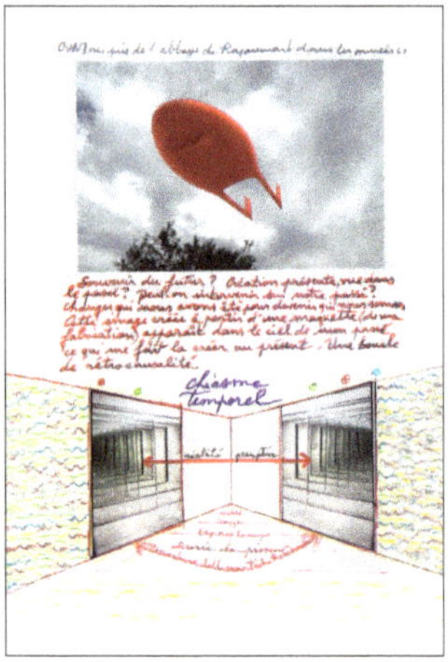

Seen near the Royaumont Abby in the 1960s

Memory of the future? Present creation seen in the past? Can we intervene in our past? Change what we have been to become what we are? This image created from a model (of my fabrication) appeared in the sky of my past, which made me recreate it in the present - a loop of retrocausality.

Temporal chiasmus

Reality

reality

Horizon

Spacetime

Duration of the present

Perceptual

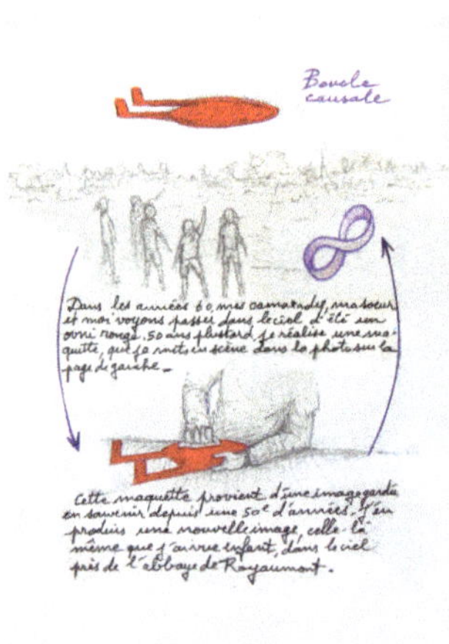

Causal loop

In the 1960s my friends, my sister, and I saw pass in the summer sky a red UFO, 50 years later I make a model, which I then staged in the photo on the page to the left.

This model arises from an image stored in my memory for fifty years. This image I made is the same as I saw as a child in the sky near the Royaumont Abby.

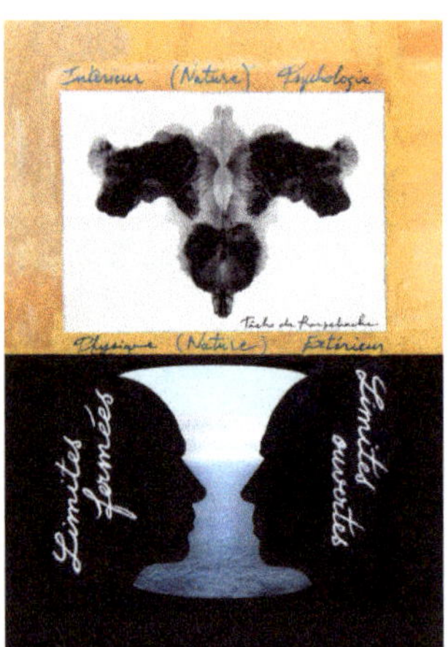

Interior Nature Psychology

Rorschach test

Physical Nature Exterior

Closed Limits

Open Limits

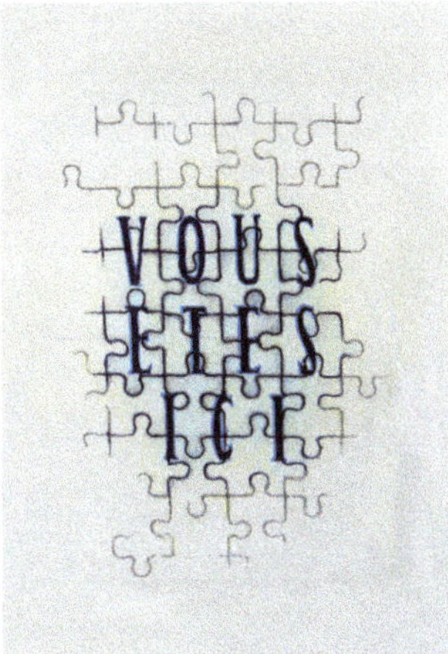

YOU ARE HERE

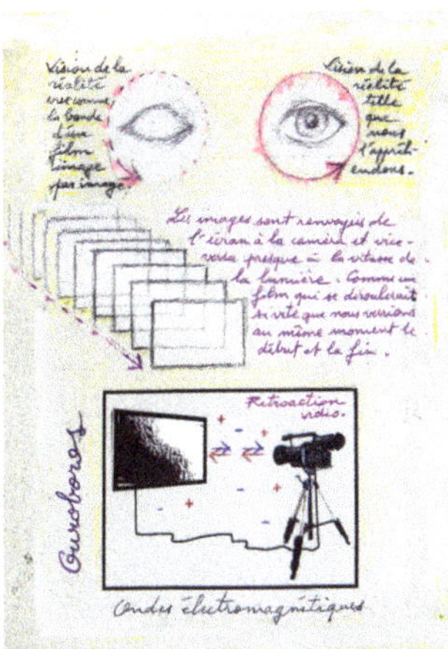

Vision of reality seen like a film strip image by image.

Vision of reality such as we apprehend it.

Images are returned from the screen to the camera and vice versa almost at the speed of light. Like a film that plays so fast that we see at the same moment the beginning and the end.

Retroactive video

Uroboros

Electromagnetic waves

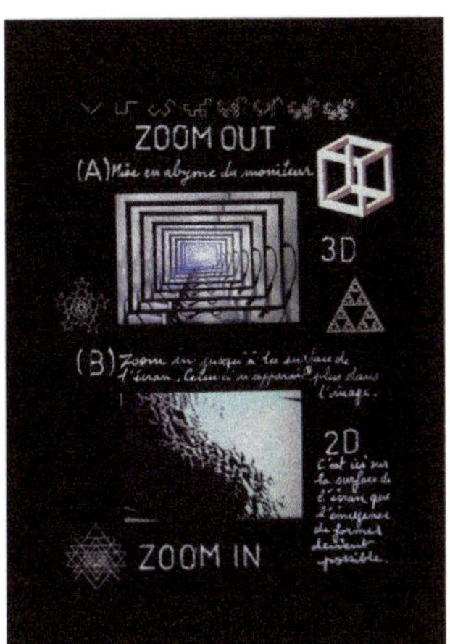

(A) Mise en abyme of the monitor

(B) Zoom in right to the surface of the screen, which no longer appears in the image.

It's here on the surface of the screen that the emergence of forms becomes possible.

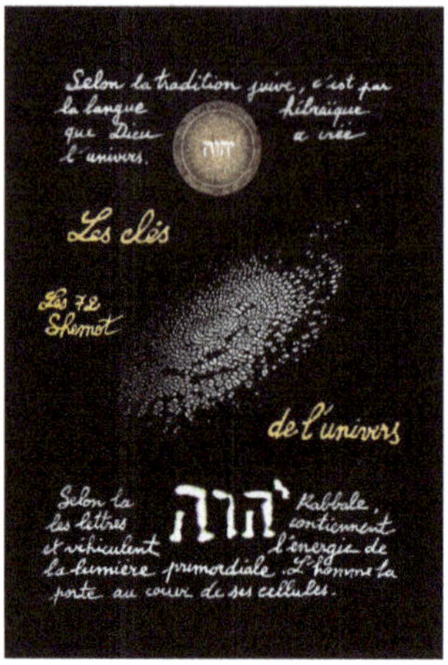

According to Jewish tradition, it is with the Hebraic language that God created the universe.

The keys

The 72 Shemot

of the universe

According to the Kabbalah, the letters contain and drive the energy of primordial light. Man carries this light at the very heart of his cells.

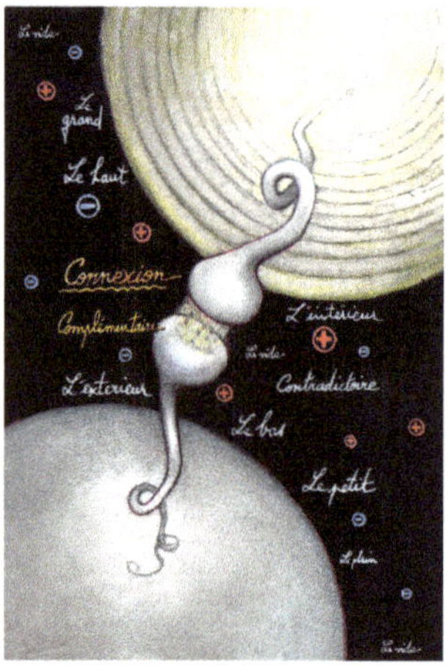

The void

The large

The high

The interior

The void

Connection

Contradictory

Complementarity

The exterior

The low

The small

The full

The void

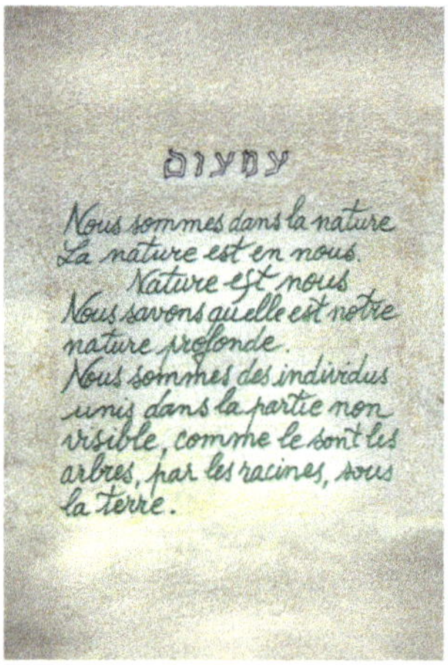

We are in nature
Nature is in us
Nature is us
We know that this is our profound nature.
We are individuals unified in a nonvisible element, as it is with trees, by their roots, in the earth.

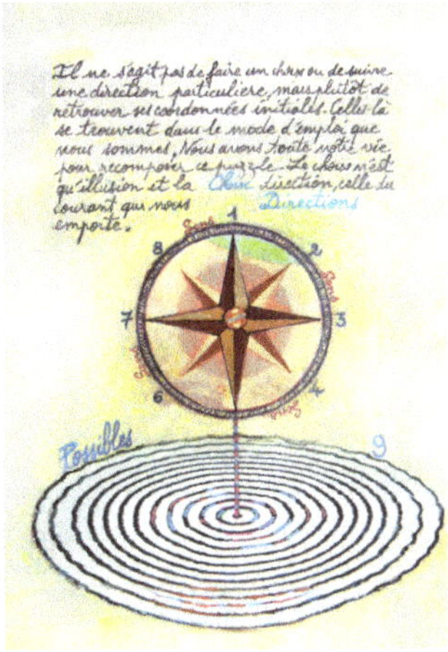

It is not about making a choice or following a particular direction, but rather about rediscovering our initial coordinates. These are found in the instruction manual that we are. We are all our life reassembling this puzzle. Choice is nothing but an illusion and direction is only that current that takes us away.

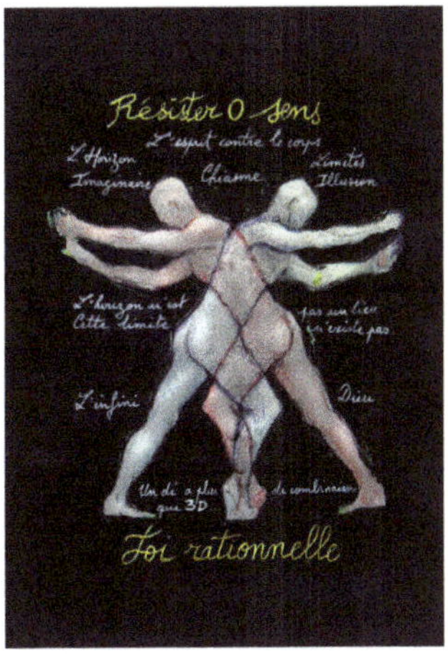

Resist meaning

Mind against body

Imaginary horizon — Chiasmus — Limits Illusion

The horizon is not a place
This limit does not exist.

Infinite — God

One die has more combinations than 3D

Rational faith

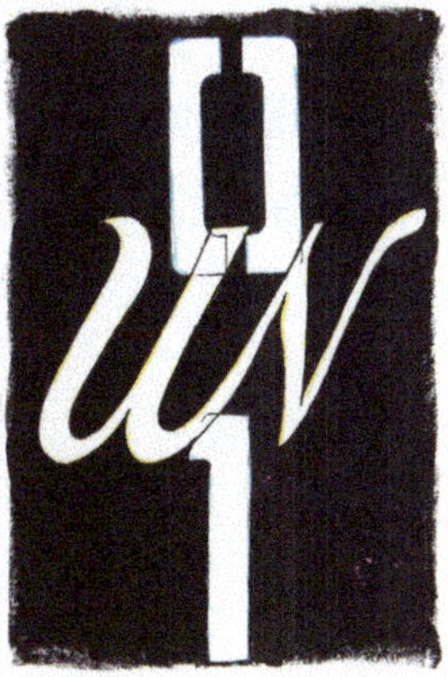

ONE

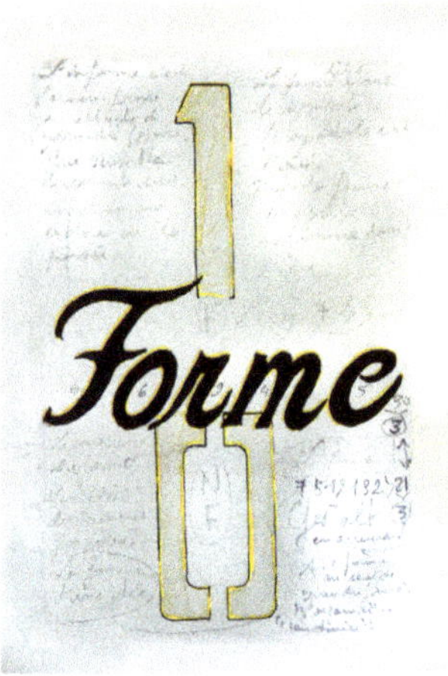

Form

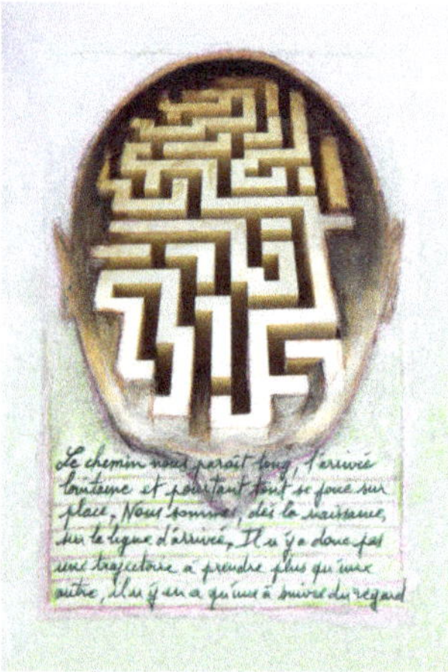

The path appears long to us, the destination far away and yet everything plays out on the spot. We are, from our birth, on the finishing line. There is not therefore one trajectory to take more than another, there is only the one you follow with your gaze.

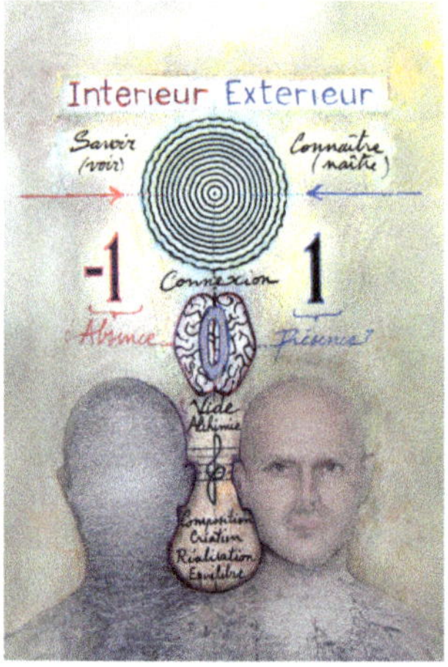

Interior Exterior

Knowledge (seeing) | Understanding (birth)

Absence | Presence

Void
Alchemy

Composition
Creation
Realization
Equilibrium

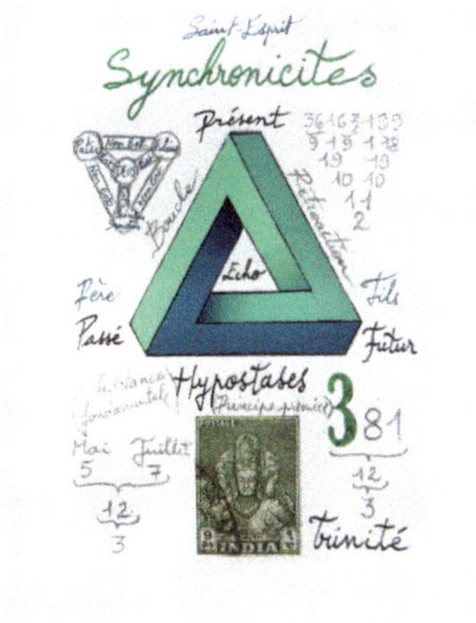

Synchronicities

Father
Past
Loop
Retroaction
Son
Future
Fundamental Substance
Hypostases
first principle
Trinity

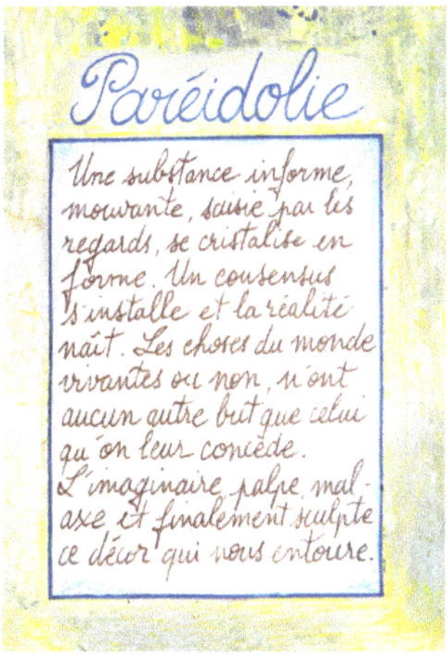

Pareidolia

An unformed substance, moving, seized by the looks of others, crystallizes in a form. A consensus takes shape and reality is born. The things of the world living or not, have no other aim than the one they are granted. The imagination feels, kneads, and finally sculpts the decor that surrounds us.

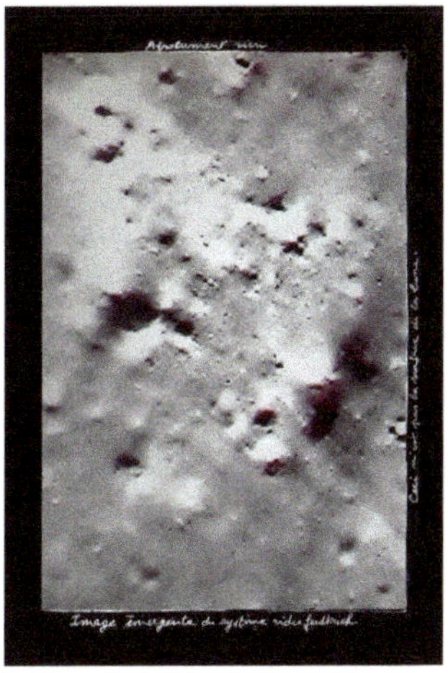

This is not the surface of the moon

Emergent image made by the video feedback system

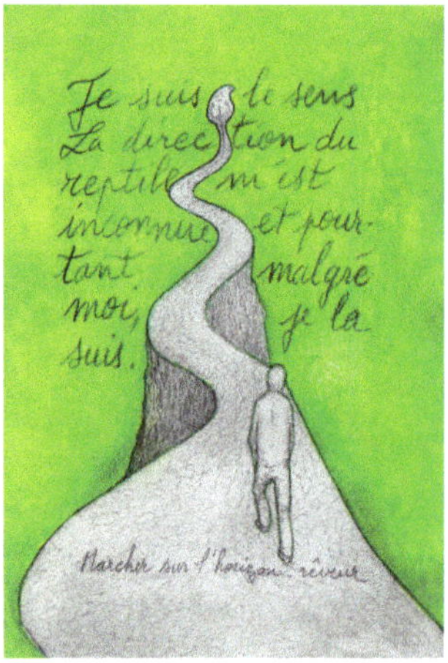

I am/follow the way. The direction of the reptile is unknown to me and yet despite myself, I follow it.

The dreamer walking to the horizon

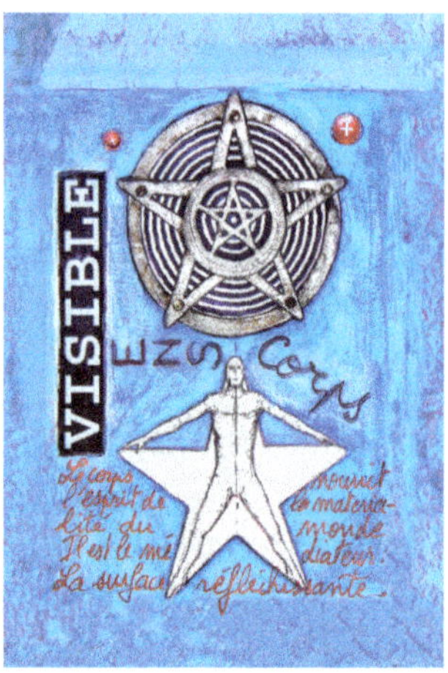

VISIBLE
SENSES
Body

The body nourishes the mind with the materiality of the world. It is the mediator. The reflecting surface.

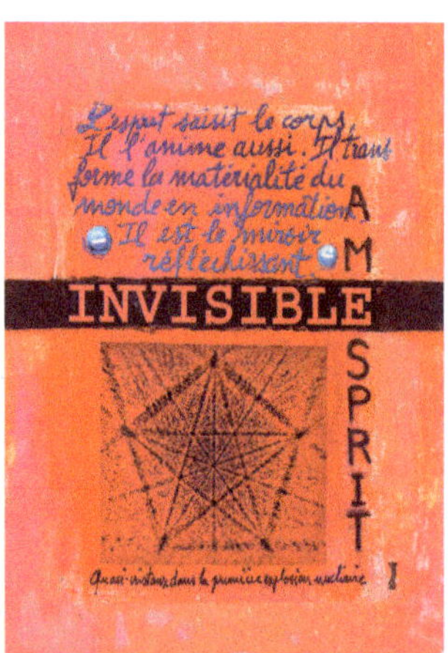

The mind takes hold of the body, it animates it also. It transforms the materiality of the world into information. It is the reflecting mirror.

INVISIBLE

SOUL
MIND

Quasi-crystals in the first nuclear explosion

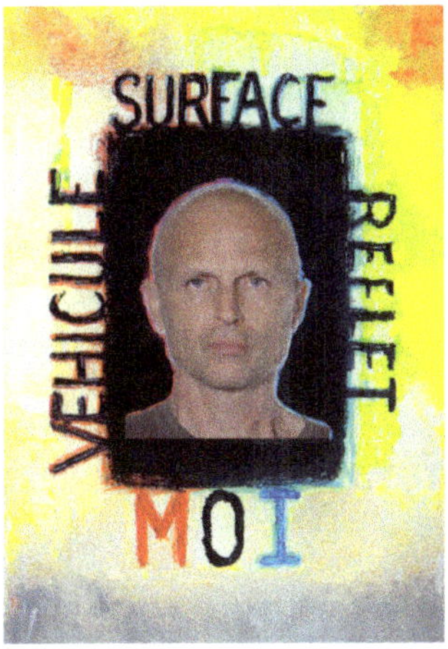

SURFACE

VEHICLE

REFLECTION

ME

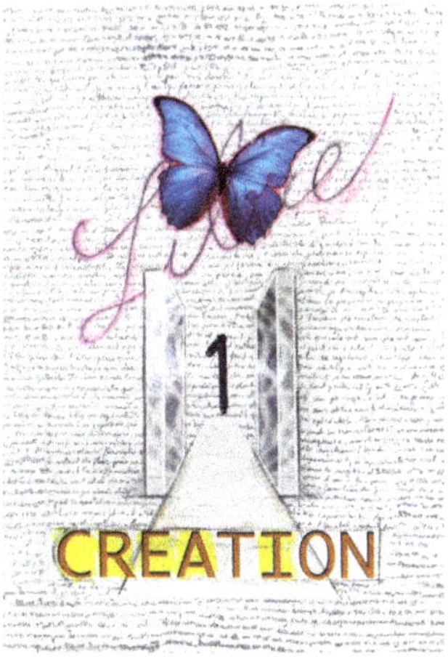

Free

CREATION

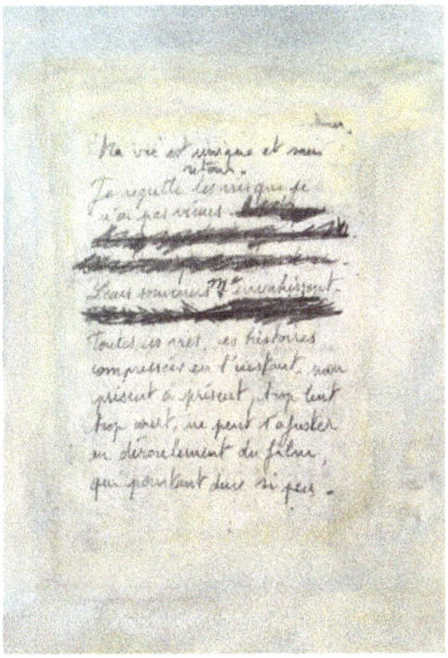

My life is unique and one-way.
I regret the lives that I have not lived.

Their memories invade me.

All these lives, these stories
compressed into an instant,
my present, presently too slow,
too short, cannot adjust to the
unfolding of the film, which yet
lasts but a little.

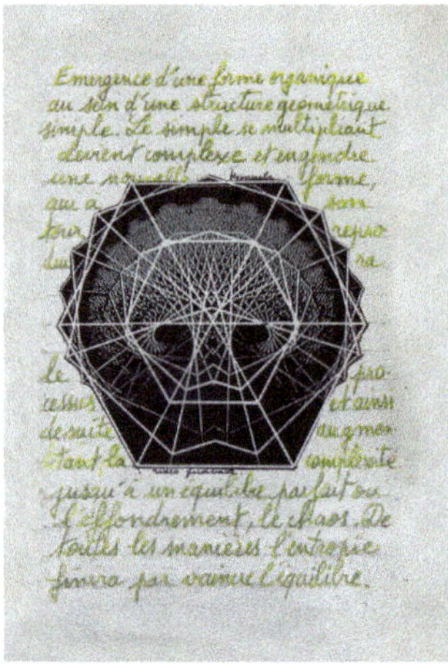

Emergence of an organic form within a simple geometric structure. The simple in multiplying itself becomes complex and engenders a new form, which in turn reproduces the process thus increasing the complexity to either a perfect equilibrium or collapse, chaos. All forms of entropy will end up vanquishing equilibrium.

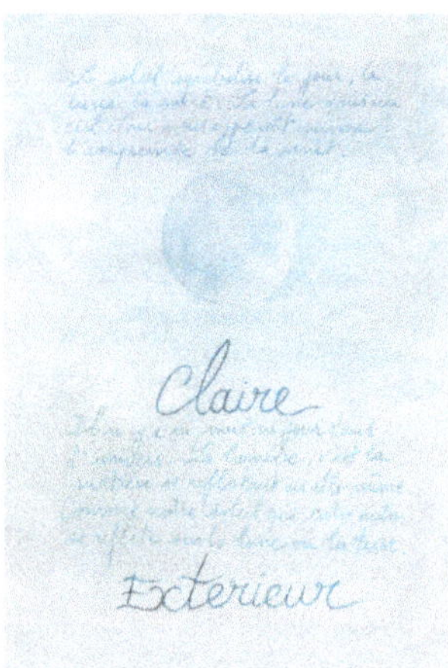

The sun symbolizes the day, the moon the night. The moon in a clear sky appears to us like the imprint of the night.

Clear

There is neither day nor night in the universe. Light is matter reflecting itself. Like our sun that, among others, reflects itself in the moon or the earth.

Exterior

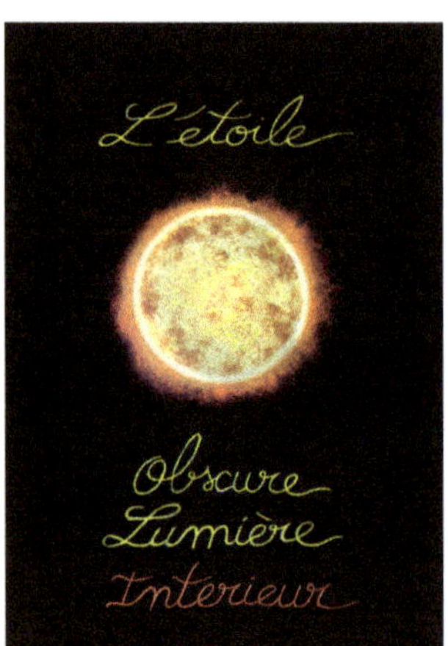

Star

Obscure
Light
Interior

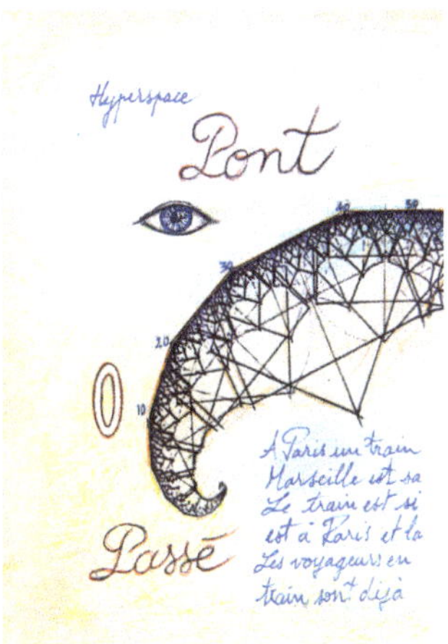

Hyperspace

Time

Past

In Paris a train
Marseille is its
The train is so
is in Paris and the
The travellers have

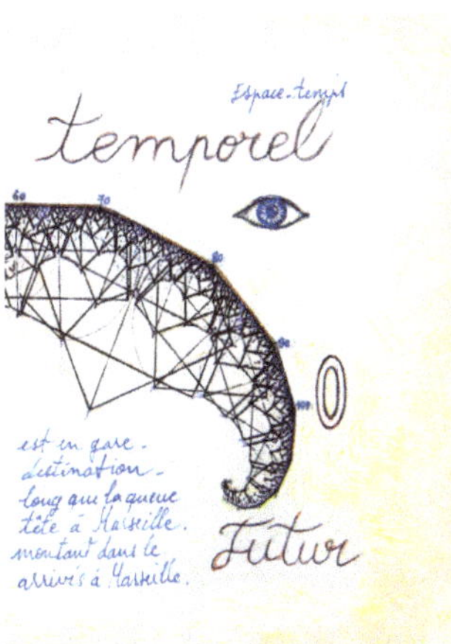

Bridge

is at the station.
destination
long that the tail
head in Marseille.
boarding the train
already arrived in Marseille.

Future

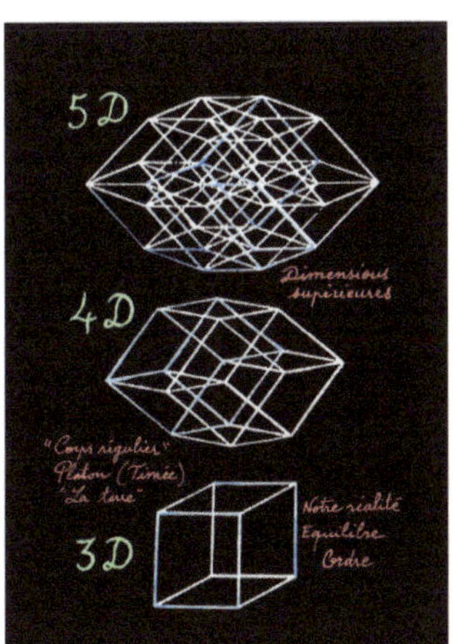

Superior dimensions

"Regulated body"
Plato (Timaeus)
"The earth"

Our reality
Equilibrium
Order

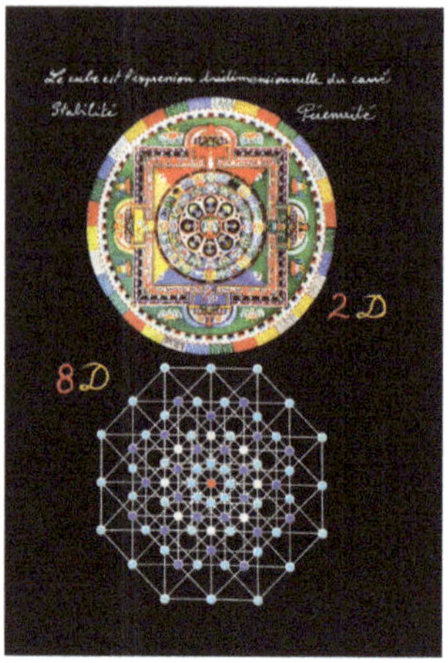

The cube is the three-dimensional expression of the square

Stability

Sustainability

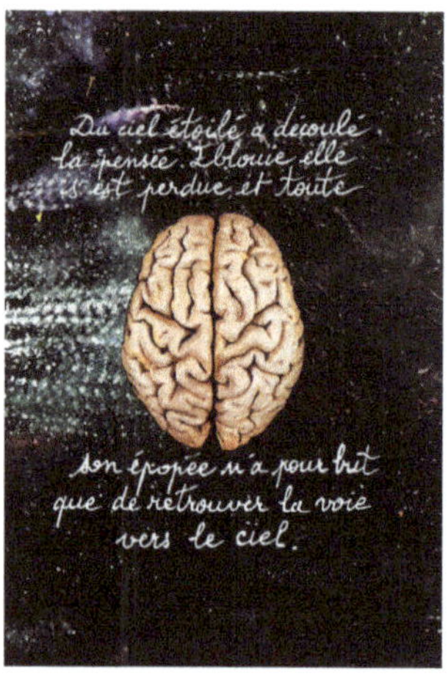

Thought comes from the star-filled sky.
Bedazzled it lost itself and all

its epic story has for an aim but to
rediscover the way to the sky.

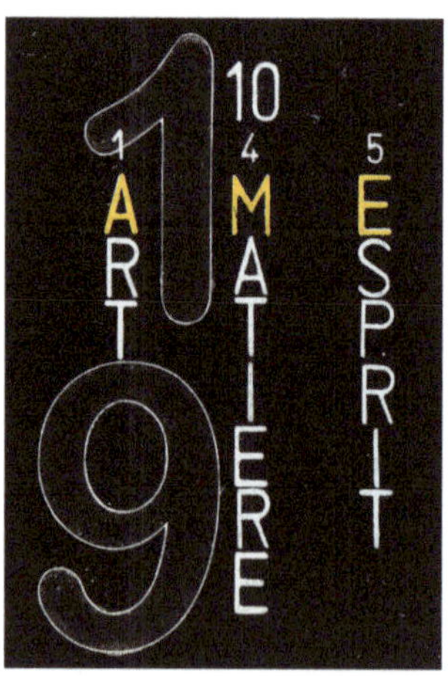

SOUL

A	M	M
R	A	I
T	T	N
	T	D
	E	
	R	

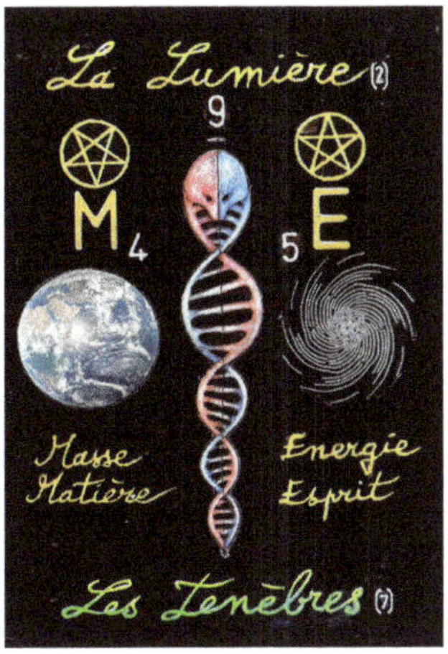

Light

Mass
Matter

Energy
Mind

Darkness

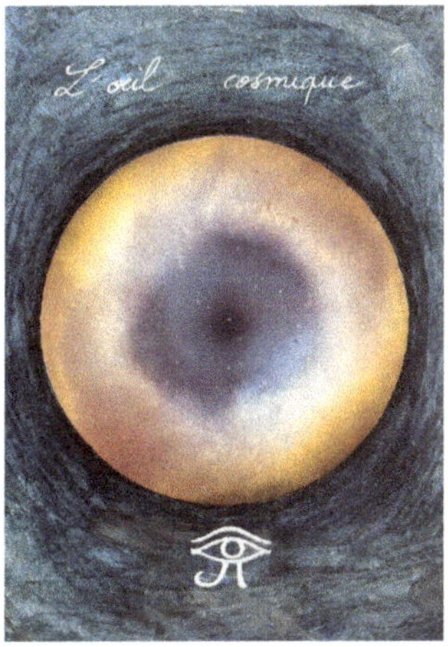

The Cosmic Eye

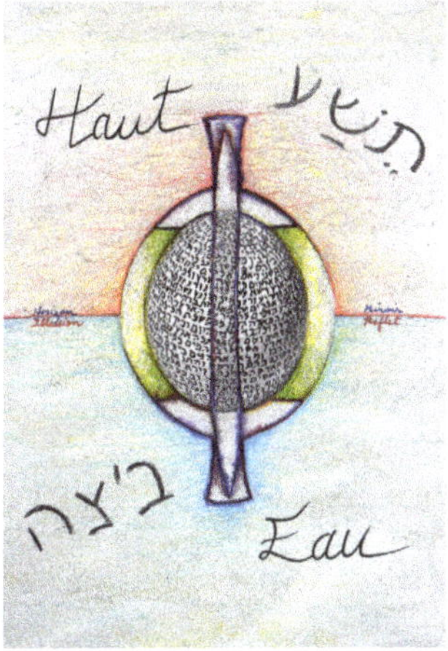

High

(Haut and Eau are pronounced the same)

Water

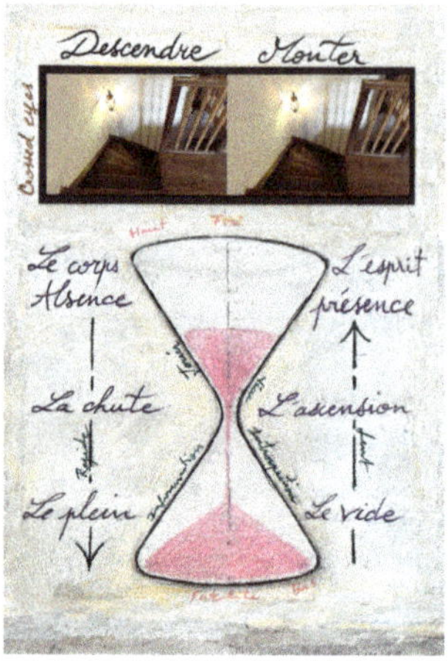

Descend Rise

High Faith

Body Mind

Absence Presence

Fall Ascension

Fast Slow

Full Empty

Fatality Low

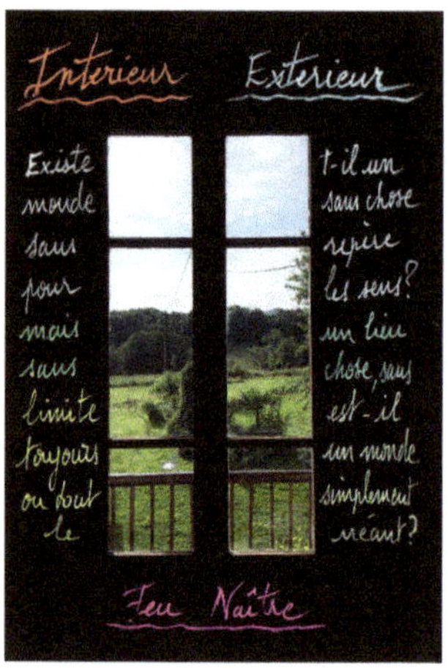

Interior Exterior

Does a world exist without things or without landmarks for the senses? but a place without things, without limits, is it still a world or simply nothingness?

Fire Birth

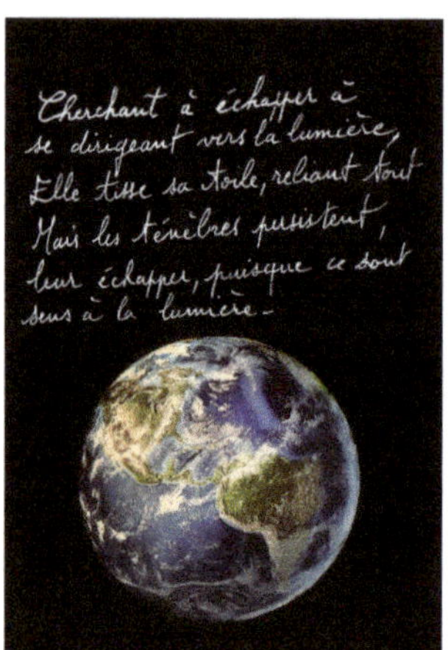

Looking to escape
heading toward the light,
It weaves its web, relating all
But the darkness persists,
escape it, since it is that
meaning to the light.

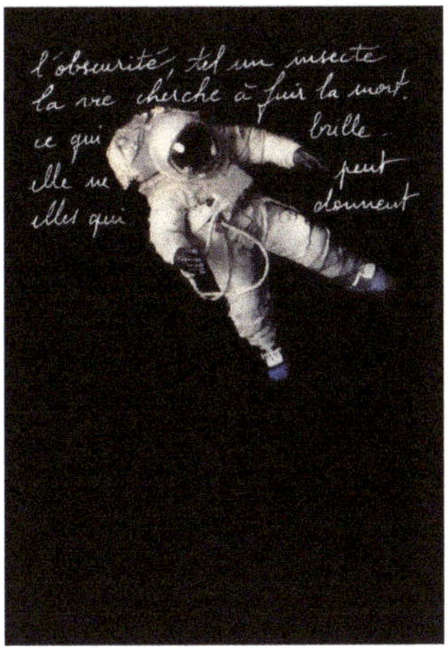

the obscurity, like an insect
life tries to flee death.
that shines.
life cannot
which gives

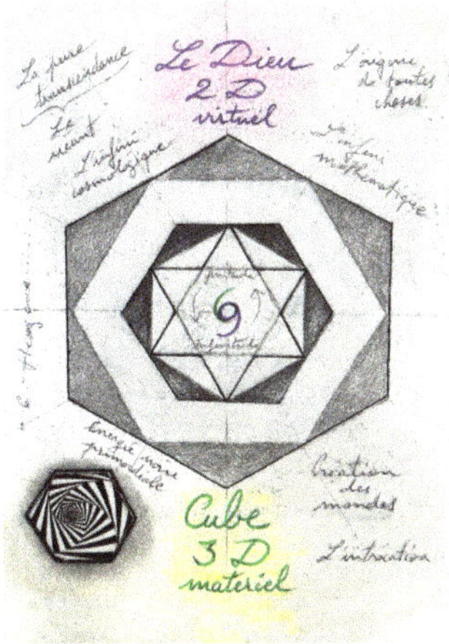

Pure transcendence
The void
The cosmological infinite
God
2D
virtual
The origin of all things
The mathematical infinite
Finitude
Infinitude
Black primordial energy
Cube
3D
material
Creation of worlds
Intrication

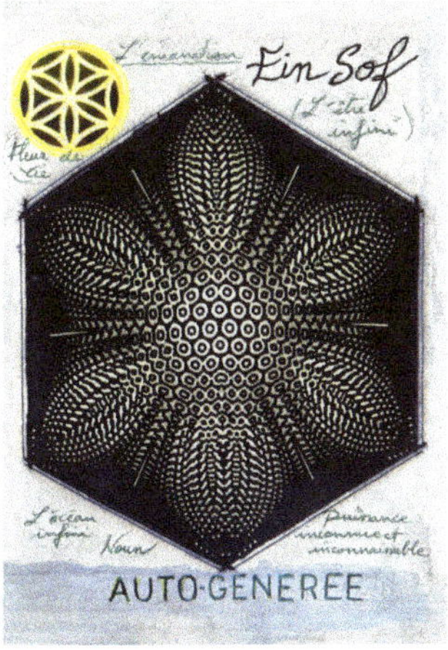

Emanation
En Sof
Fower of life
Infinite Being
Infinite Ocean
Noun
Power unknown and unknowable
SELF-GENERATED

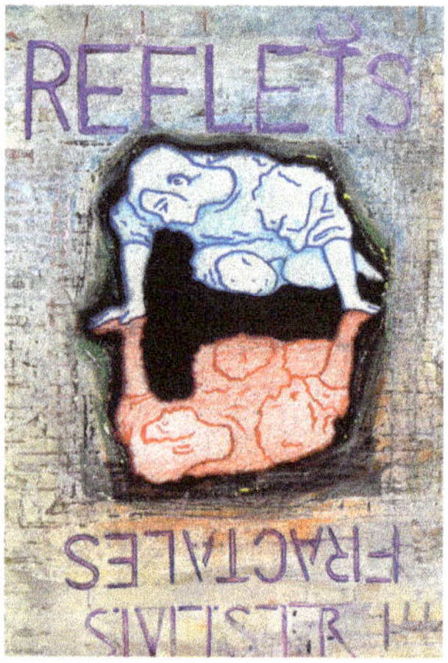

REFLECTIONS

FRACTALS

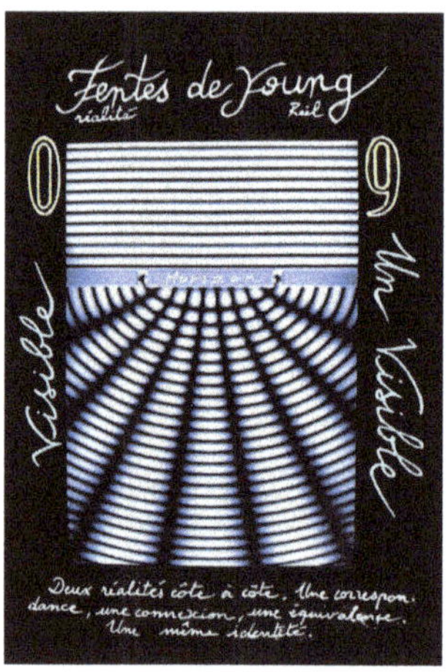

Young's slits

(or, Youngs interference experiments)

reality

Real

Visible

A Visible

(invisible)

Two realities side by side. A correspondence, a connection, an equivalence. The same identity.

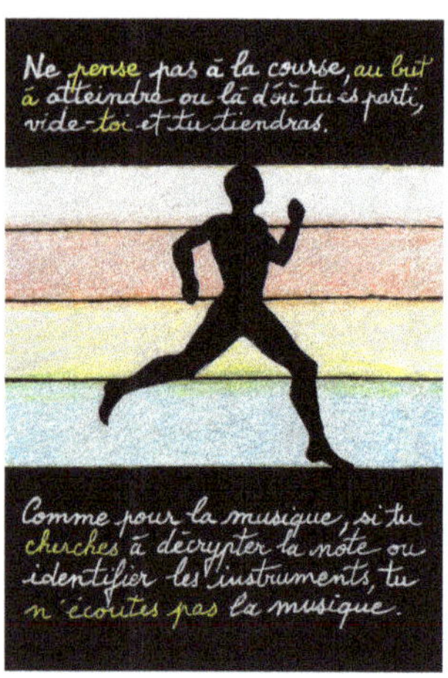

Don't think of the race, of the goal to be reached or the place you left, empty yourself and you will endure.

As for music, if you seek to decipher the note or identify the instruments, you are not listening to the music.

IF YOU ARE HAUNTED
BY THE POSSIBILITIES
YOU WILL LOSE
YOURSELF IN YOUR
INTERIOR LABYRINTH

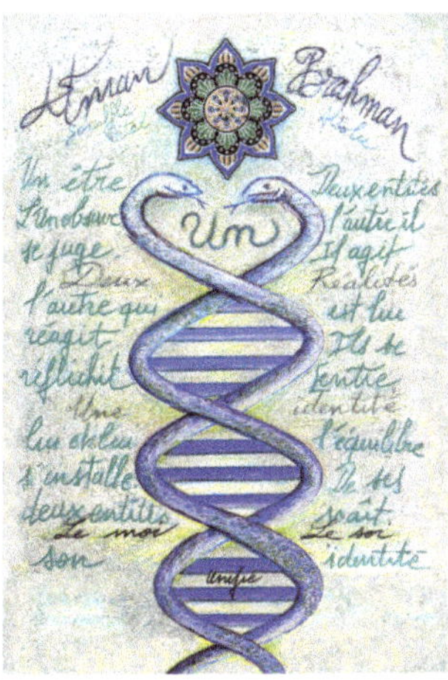

Atman
vital breath

A being
One observes
judges himself.
Two
the other
reacts
reflect
One
themselves
emerges.
two entities
Ego
is born.

One

unified

Brahman
Absolute

Two entities
the other
One acts
Realities
is him
They
Between
Identity
equilibrium
From these
an identity
Self

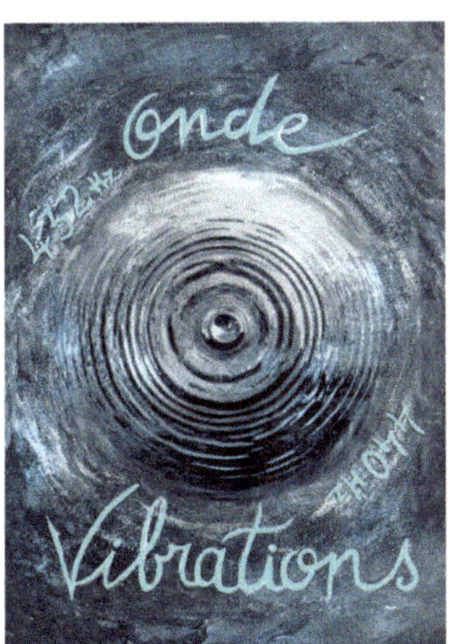

Wave

Vibrations

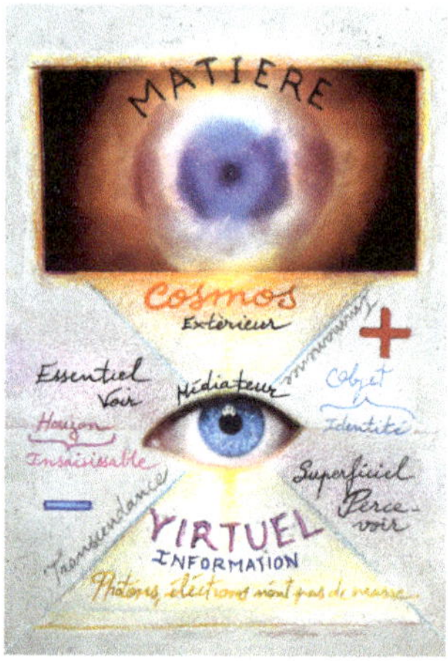

MATTER

Cosmos

Exterior

Immanence

Essential Sight

Object

Identity

Elusive

Horizon

Mediator

Transcendence

VIRTUAL

INFORMATION

Superficial Perception

Photons, electrons have no mass

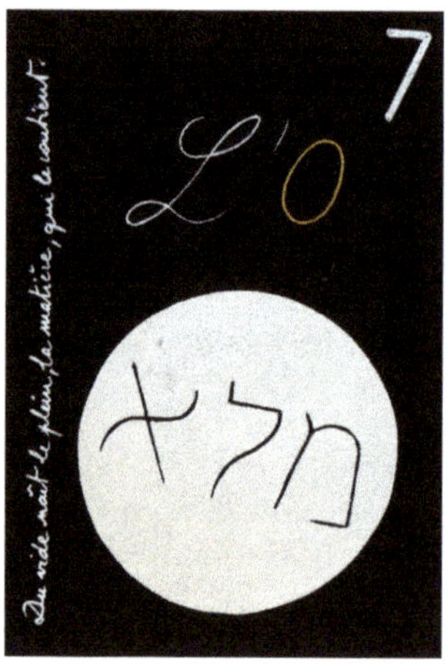

From the void comes fullness, matter, which contains it.

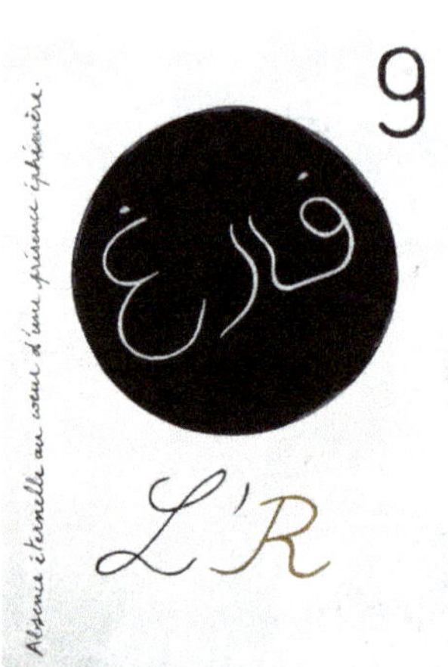

Eternal absence at the heart of an ephemeral presence.

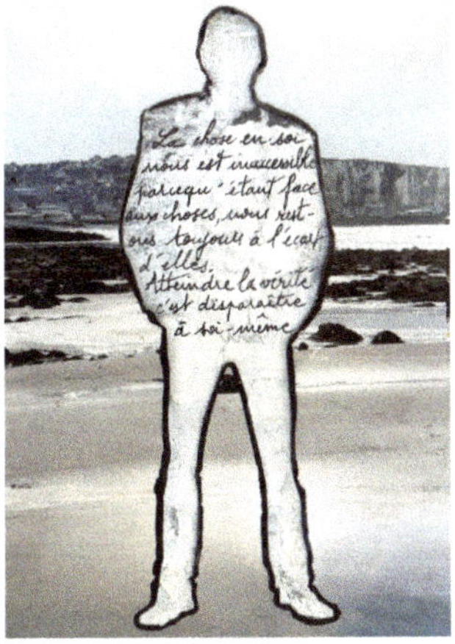

The thing in itself is inaccessible to us because, being faced with things, we remain always at a distance from them. To reach the truth is to disappear from oneself.

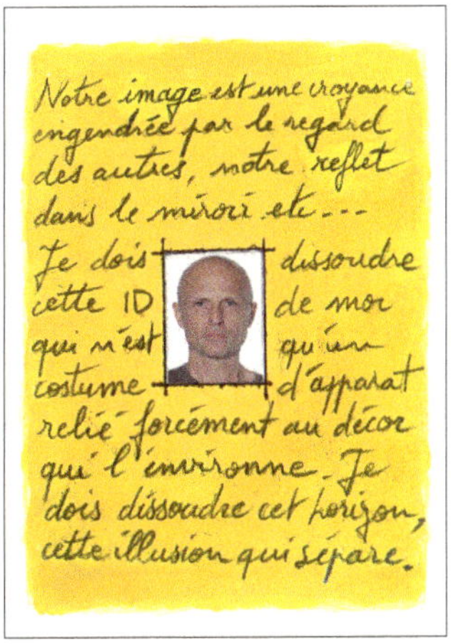

Our image is a belief engendered by the look of others, our reflection in the mirror etc...I must dissolve this ID of myself that is only a ceremonial costume relying necessarily on the environment. I must dissolve this horizon, this illusion that separates.

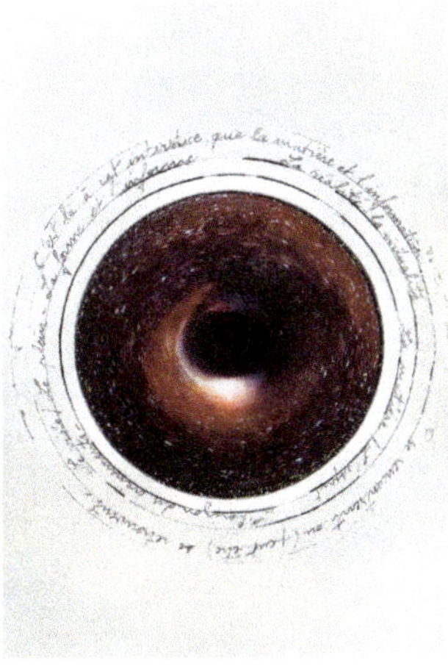

It is there at this interstice that matter and information meet or (perhaps) find each other again.

The void/the full -

form and formlessness

The event horizon

reality - virtuality

Matter / Spirit

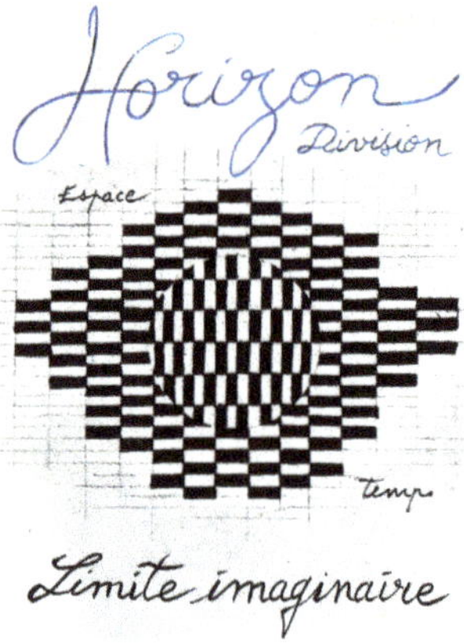

Horizon

Division

Space

Time

Imaginary limit

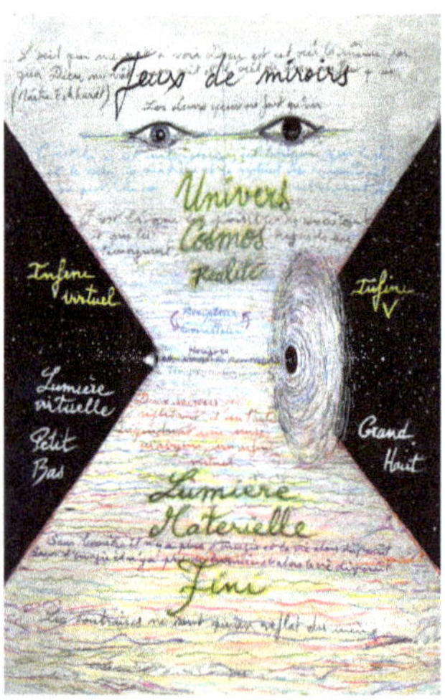

The eye that lets me see God is the same eye by which God sees me; my eye and God's eye are one eye.
Meister Eckhardt

Play of mirrors

The two eyes make one.

It's there at this interstice, this horizon, that the full and the empty, matter and the virtual, meet. Or do they meet again?

Universe

It's there that the possibilities materialize and that gazes bear witness.

Virtual infinity

Cosmos
Reality

Infinite V

Two mirrors reflecting each other engender a mise en abyme, a virtual infinity

Virtual Light

Light
Material

Large High

Small Low

Without light there is no energy and life vanishes.
Without energy there is no light and life vanishes.

End

Contraries are only a reflection of the same

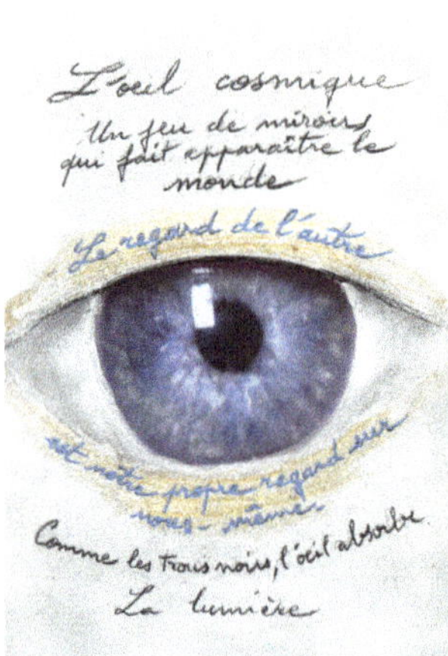

The cosmic eye

A play of mirrors makes the world appear

The look of the other

is our own look at ourselves

Like black holes, the eye absorbs light

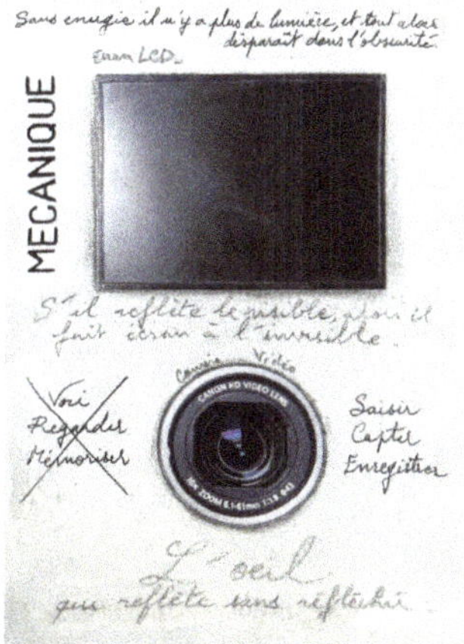

Without energy there is no more light and everything disappears in obscurity

LCD screen

If it reflects the visible then it makes a screen of the invisible????

~~See~~
~~Look~~
~~Memorize~~

Camera Video

Input
Capture
Register

The eye
that reflects without reflection

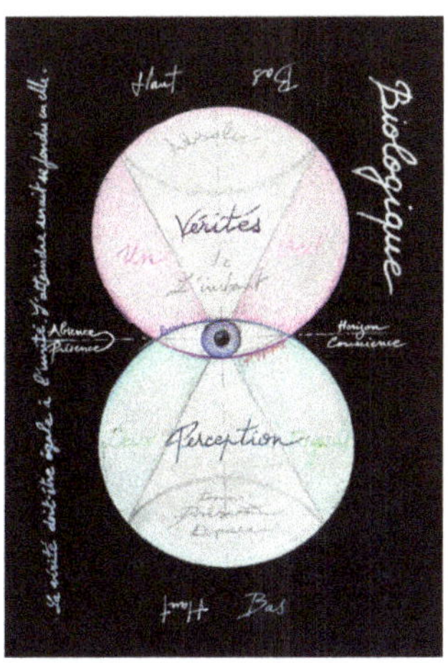

Truth must be equal to unity. Its attainment would be coalescence with it.

High Low

Absolute

Truth

An Eye

of the instant

Biological

Absence
Presence

Horizon
Consciousness

Two Perception Looks

Time
Present
Space

High Low

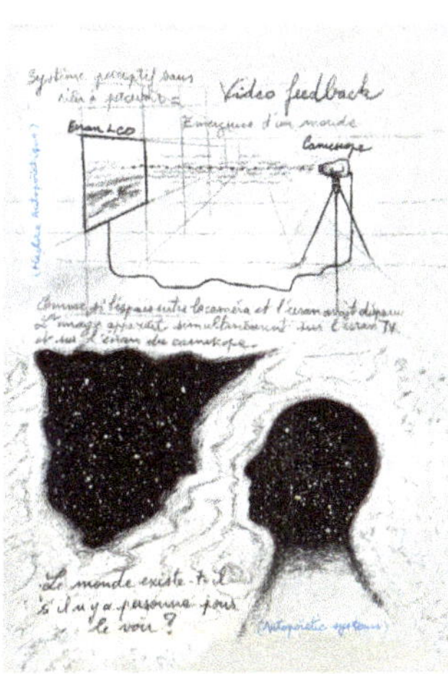

Autopoetic Machine

A perceptual system
with nothing to perceive

Emergence of a world

LCD screen

Camcorder

As if the space between the camera and the screen had disappeared. The image appears simultaneously on the TV screen and on the screen of the camcorder.

Does the world exist
if there is no one
there to see it?

Autopoetic systems

Landscape auto-generated by the video feedback system

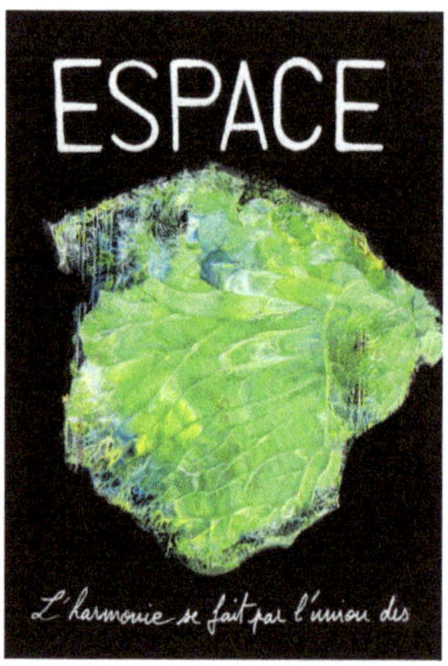

SPACE

Harmony is made by the union of

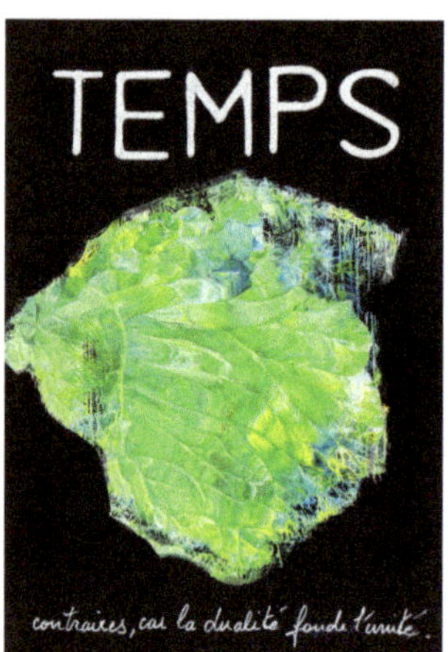

TIME

contraries, for duality founds unity.

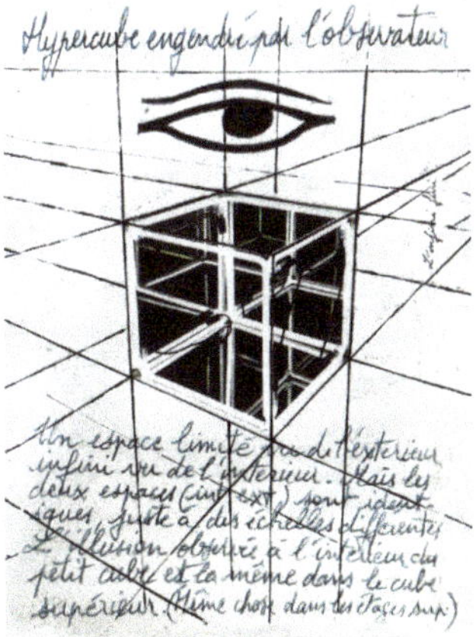

Hypercube engendered by the observer

infinite finite

A limited space seen from the exterior, infinite (space) seen from the interior. But the two spaces (int-ext) are identical just on different scales. The observed illusion on the interior of the small cube is the same in the superior cube. (The same thing on the superior levels.)

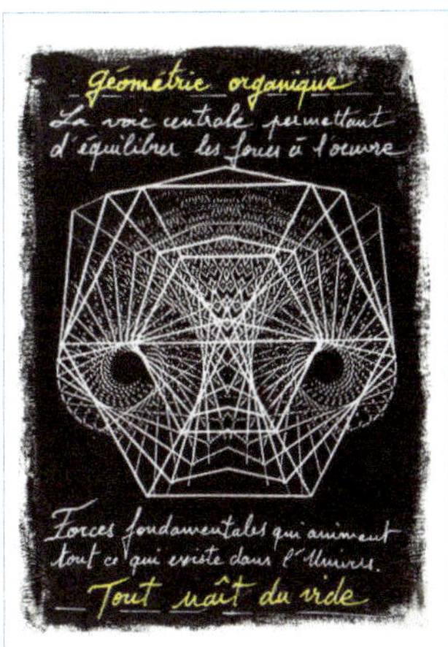

Organic geometry

The central path permitting equilibration of the forces in the work

Fundamental forces that animate everything which exists in the Universe.

Everything is born from emptiness

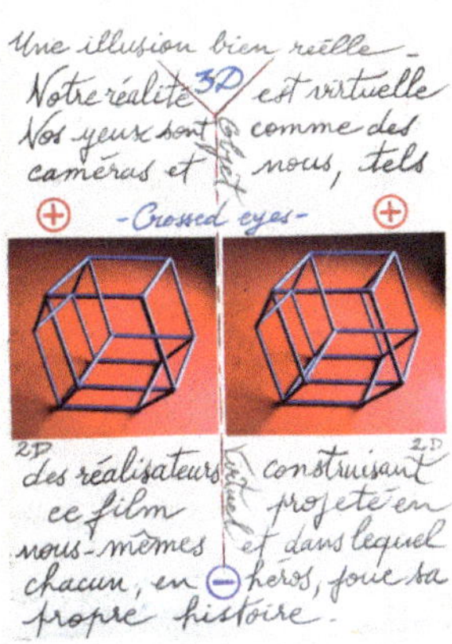

A real illusion -

Our reality is virtual
Our eyes are like cameras
and we, as filmmakers,

construct this film projected
in ourselves and in which
each of us, as hero, plays out
his own story.

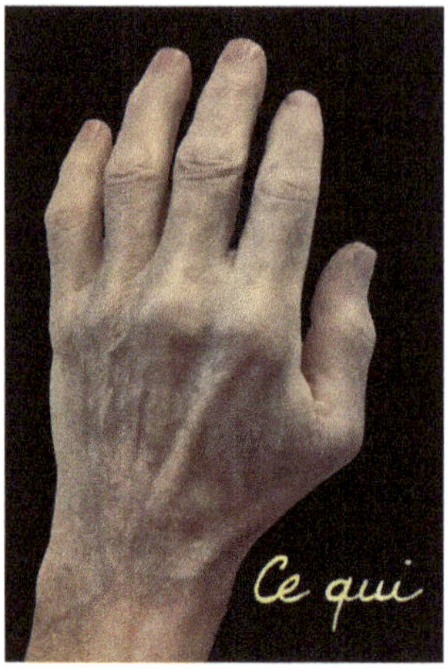

That which

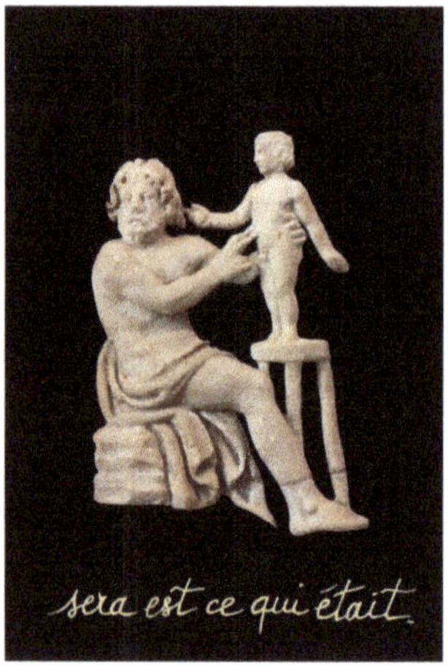

will be is what was.

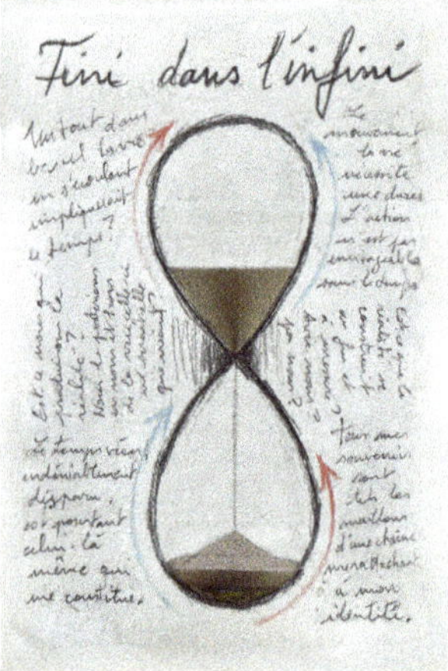

Finite in the infinite

A whole in which
life implies time
by flowing out?

Are we the ones
producing reality?
We would carry it
within ourselves.
Out of sight it
would be but
nothingness.

Does reality
gradually
construct itself?
With us? By us?

Movement
Life
necessitates
a duration
Action
is not
possible
without time

Lived time,
undeniably
vanished, is
yet that which
constitutes me.

All my memories
are links in a
chain connecting
me to my
identity.

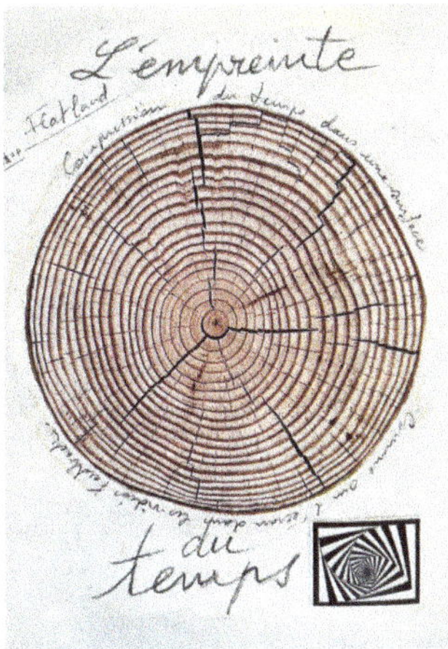

The footprint

Compression of time in a surface

Like on a video feedback screen

# of time

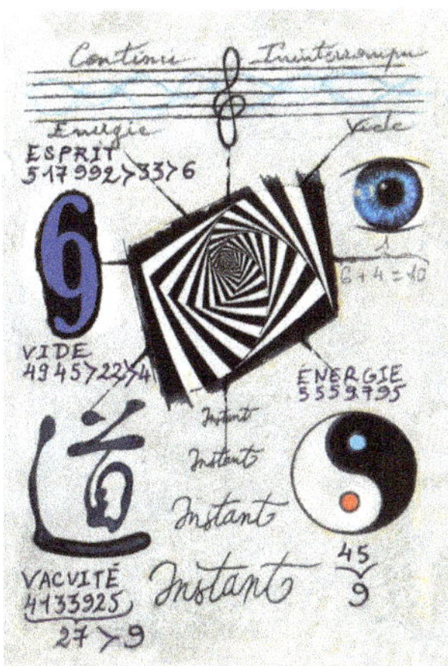

Continuous Uninterrupted

Energy Emptiness

EMPTINESS Instant ENERGY

Instant

Instant

VACUITY Instant

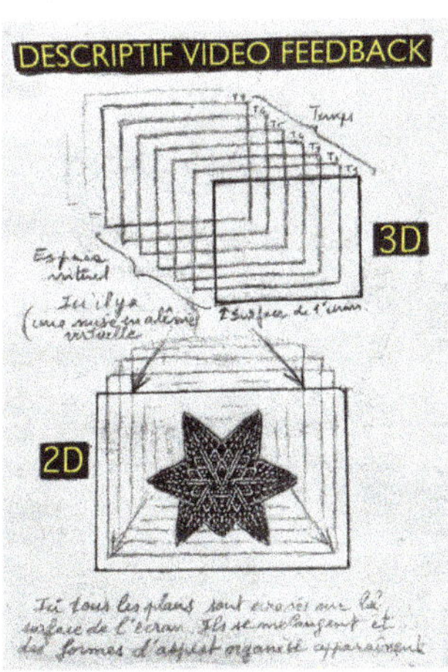

Time

Virtual
Space

Surface of the screen

Here there is a
virtual mise en abime

Here all planes are flattened on the surface of the screen. They blend together and organized forms appear.

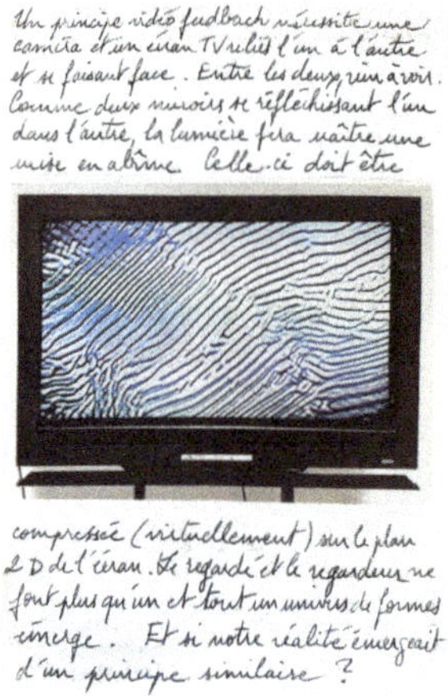

A video-feedback principle requires a camera and a TV screen relating to each other face to face. Between the two there is nothing to see. Like two mirrors reflecting each other, the light will give birth to a mise en abyme. This must be

compressed (virtually) on the surface of the screen. That which is seen and that which sees are made one and a whole universe of forms emerges. What if our reality emerged from a similar principle?

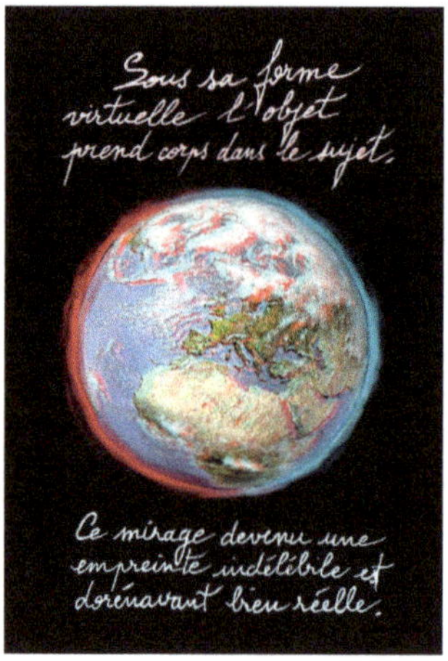

In its virtual form the object takes shape in the subject.

This mirage become an indelible mark is from now on quite real.

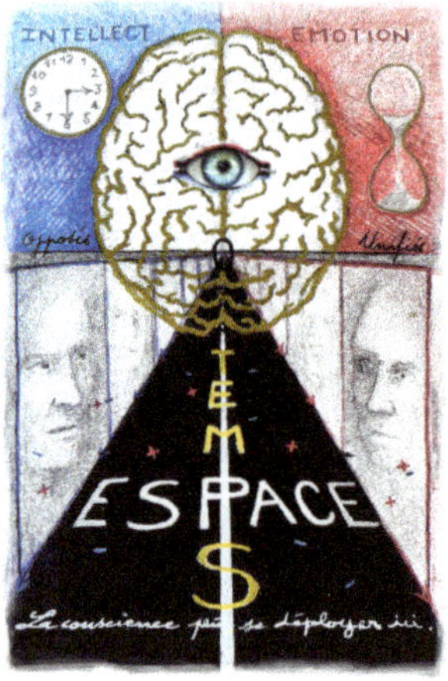

INTELLECT EMOTION

Opposed Unified

T
I
M
E

SPACE

Consciousness can unfold here.

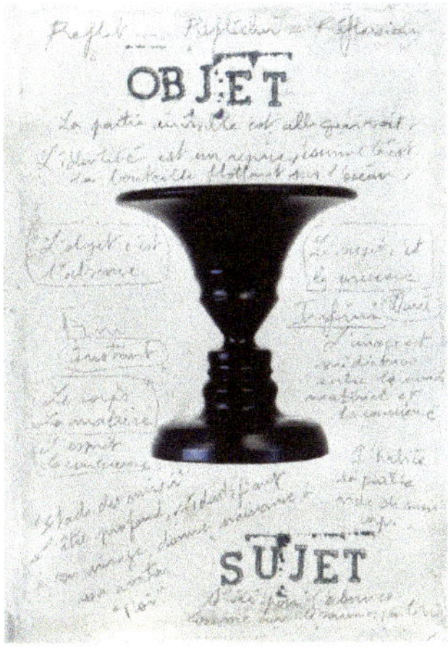

Glint - To Reflect - Reflection

OBJECT

The invisible part is the one that sees.

Identity is a marker like a bottle floating on the ocean

The object is absence

Finite

Instant

Body

Matter

Mind

Consciousness

"The mirror stage"

The profound self, identifying with his image, gives birth to his avatar - his "Me"

The subject is presence

Infinite

Duration

The image is the mediator between the material world and consciousness.

I live in the empty part of my body.

SUBJECT

Attracted by absence like we are by life.

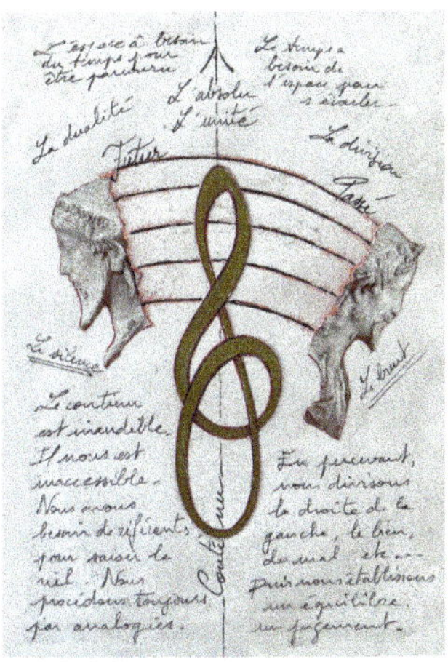

Space needs time to be traversed

Absolute unity

Time needs space to unfold

Duality

Future

Division

Past

Silence

Noise

The continuous (sound) is inaudible. It is inaccessible to us. We need referents to grasp the real. We proceed always by analogies.

In perceiving, we divide the right from the left, the good from the bad, etc...then we establish an equilibrium, a judgment.

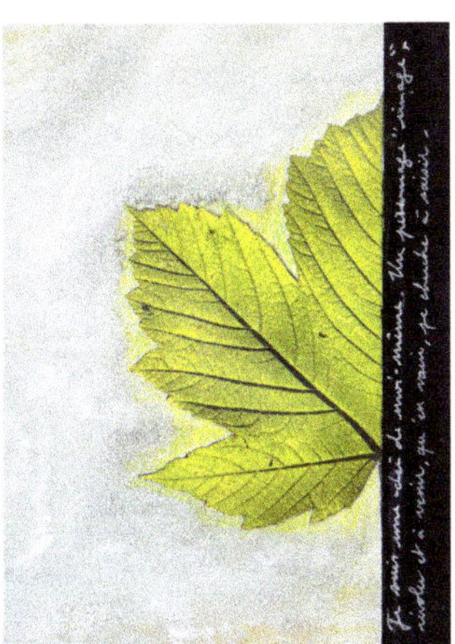

I am an idea of myself. An "image" person, already passed and still to come, which I seek to grasp in vain.

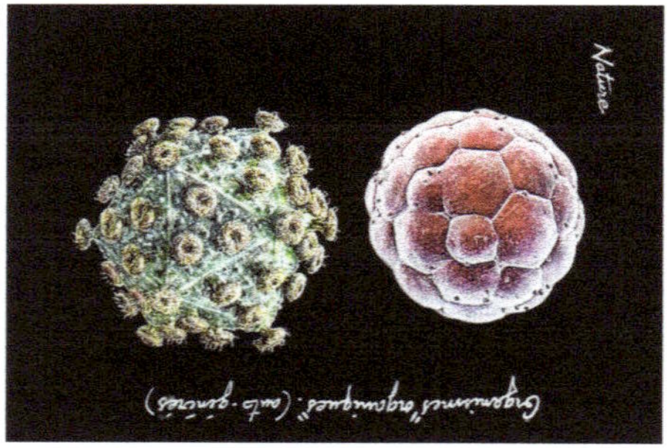

Nature

"Organic" organisms (auto-generated)

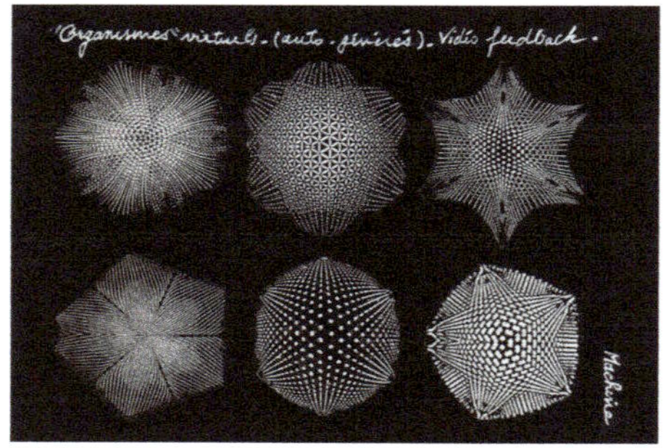

Virtual organisms, auto-generated, video feedback.

Machine

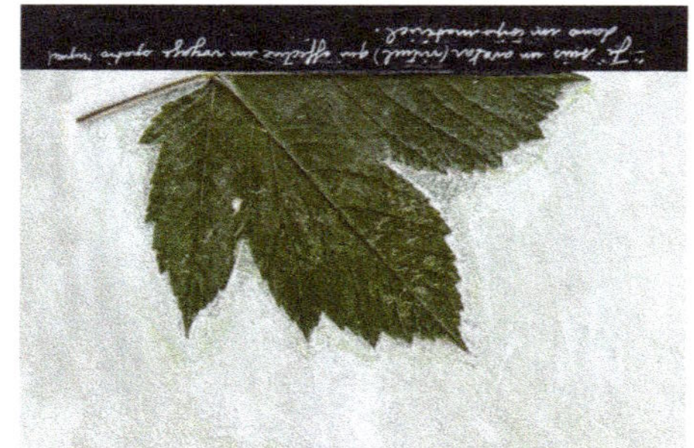

"I" am a (virtual) avatar on a spatio-temporal journey in a material body.

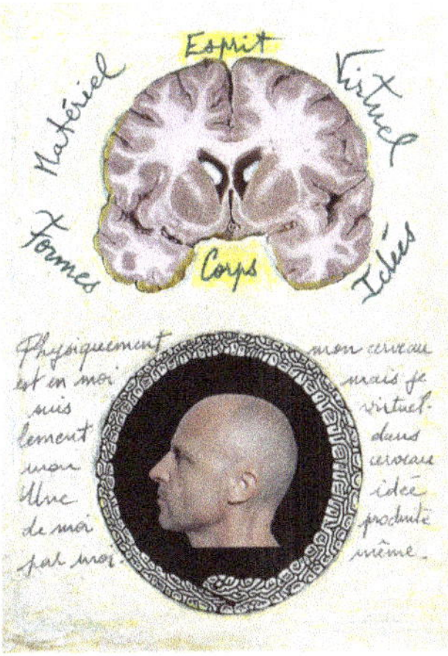

Mind

Material

Virtual

Forms

Body

Ideas

Physically my brain is in me but I am virtually in my brain. An idea of myself produced by myself.

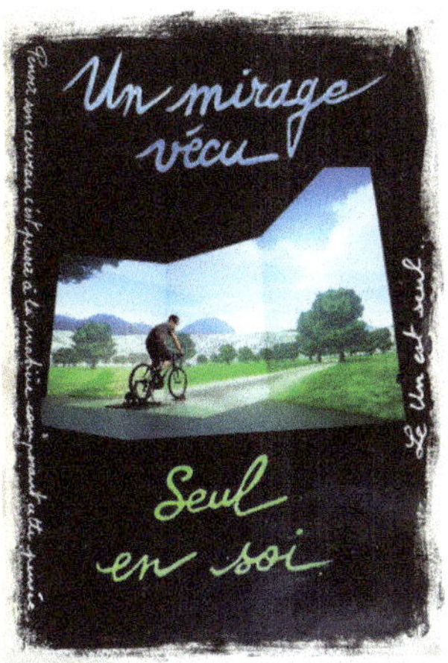

To think the brain is to think the matter composing this thought.

A lived mirage

Alone in oneself

The One is alone.

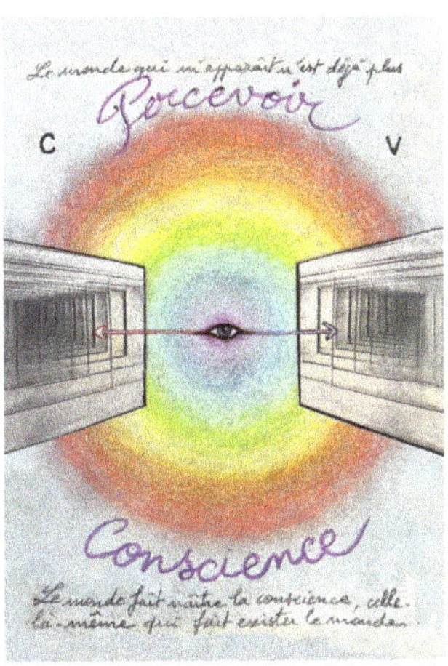

The world that appears to me is already not there.

To Perceive

Consciousness

The world gives birth to consciousness, that which gives existence to the world.

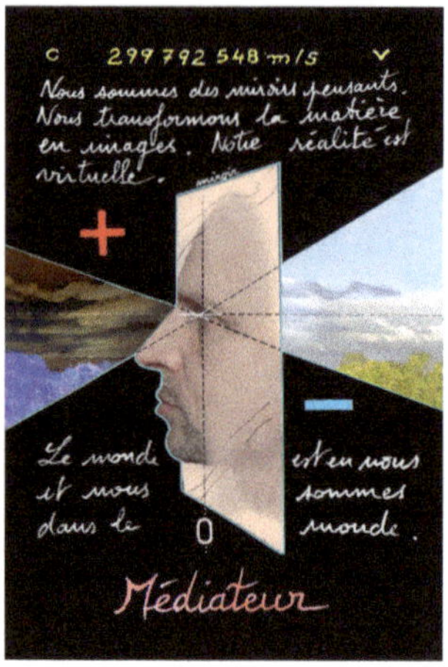

We are thinking mirrors.
We transform matter into images. Our reality is virtual.

The world is in us
and we are
in the world.

Mediator

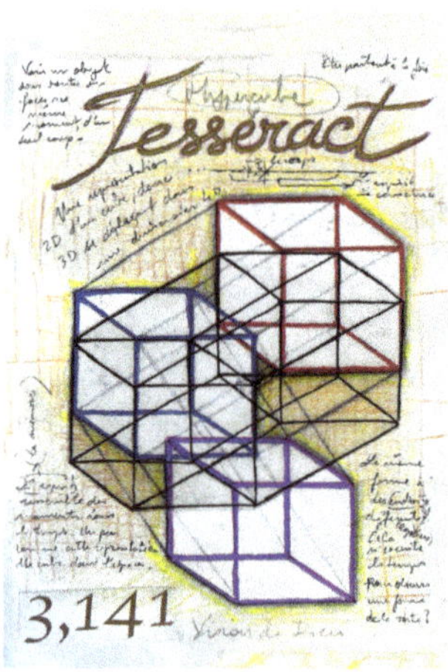

To see an object on all its sides at once in a single glance.

To be everywhere at once

Hypercube

Tesseract

Body

Mind
Consciousness

A 2D representation of a cube (so 3D) in a 4D dimension

Memory

The mind reassembles moments in time. A little like this representation of a cube in space.

Vision of God

The same form at different places. Is time necessary to observe such a form?

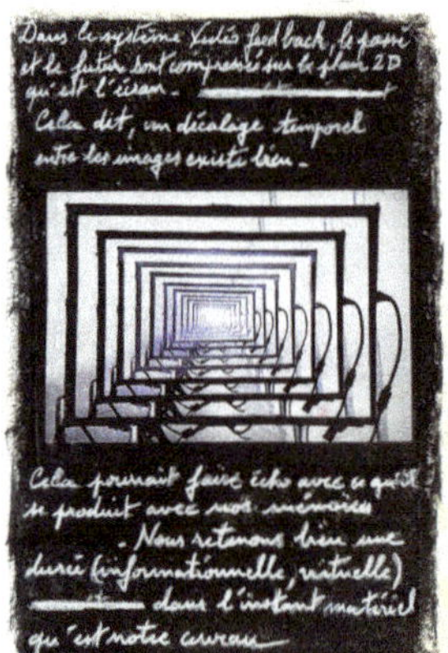

In the video feedback system, past and future are compressed on the 2D plane that is the screen.
That being said, a temporal mismatch between the images exists.

This can make an echo with that which produces itself with our memories.
We retain a duration (informational, virtual) in the present instant, in the materiality of our brain.

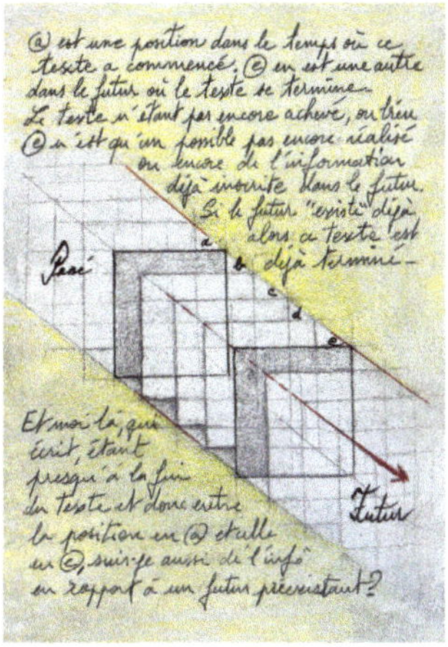

(a) is a position in time where this text began. (e) is another in the future where the text ends. The text not being yet finished, (e) is only a possibility not yet realized or more information already inscribed in the future. If the future "exists" already then this text is already finished.

Past

Future

And I, who write, being almost at the end of the text and so between the position (a) and that of (e), am I also information relating to a preexisting future?

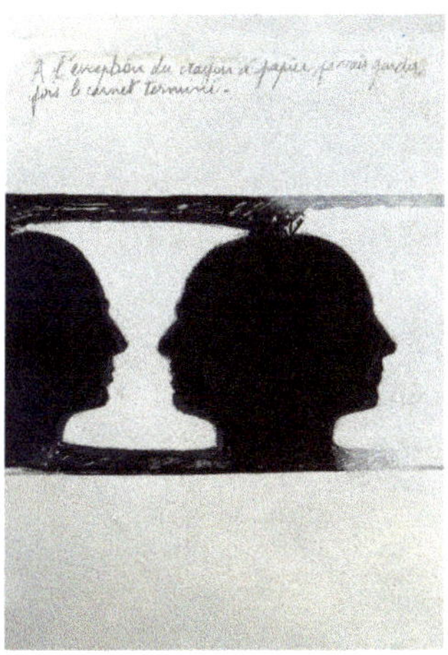

Except for this pencil drawing, I am going to back them once the carnet is finished.

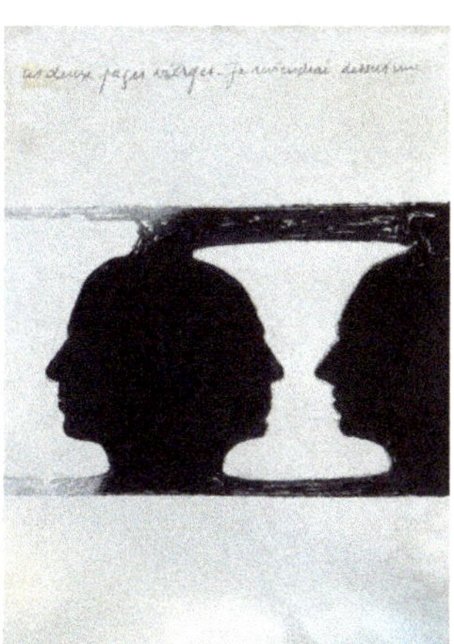

keep these two pages blank. I will come

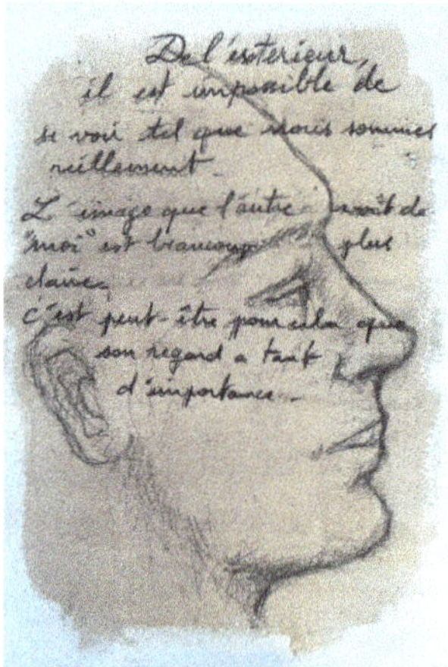

From the exterior it is impossible to see that which we really are.

The image that the other sees of "me" is much clearer.

It is perhaps for this reason that the other's look has such importance.

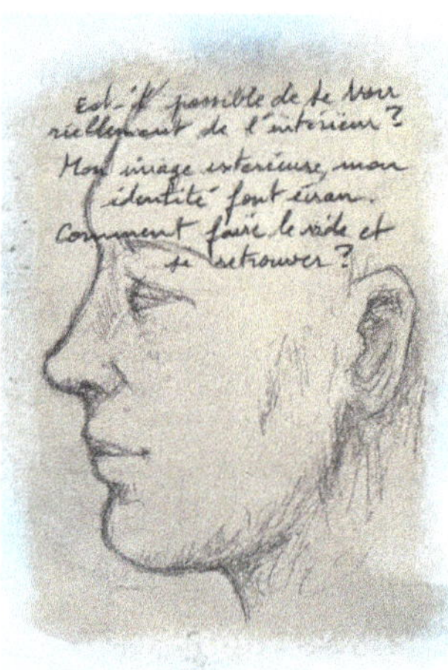

Is it possible to really see oneself from the interior?

My external image, my identity is a veil.

How to empy one's head and find oneself?

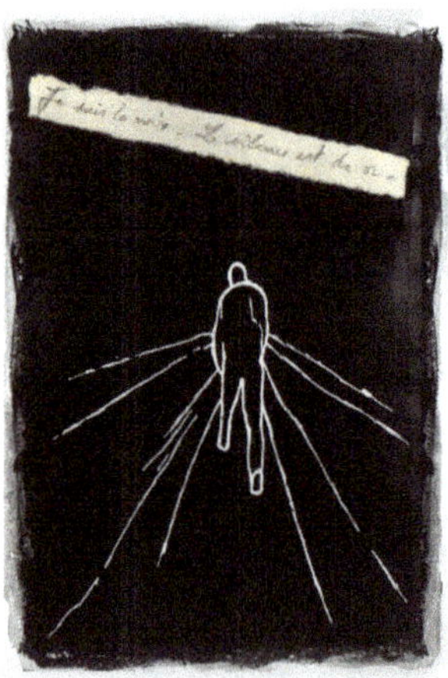

I am the voice and the way.
Silence is golden.

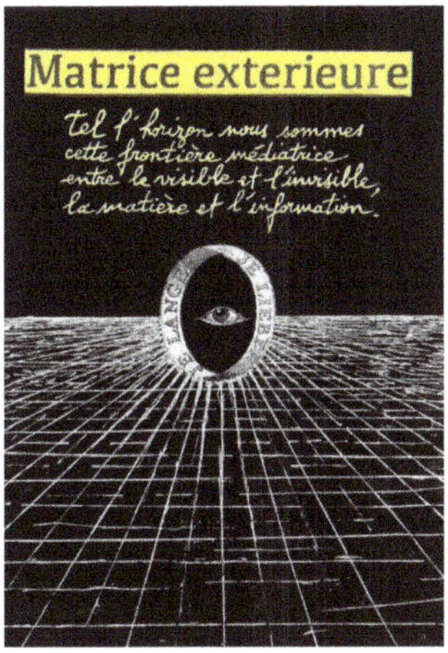

Exterior Matrix

As the horizon we are this mediating frontier between the visible and the invisible, matter and information.

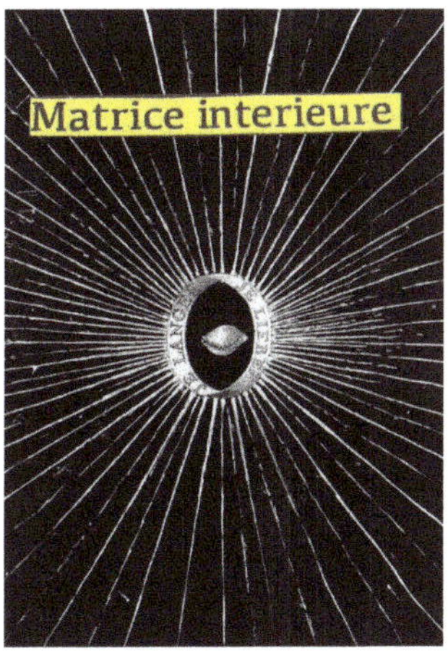

Interior Matrix

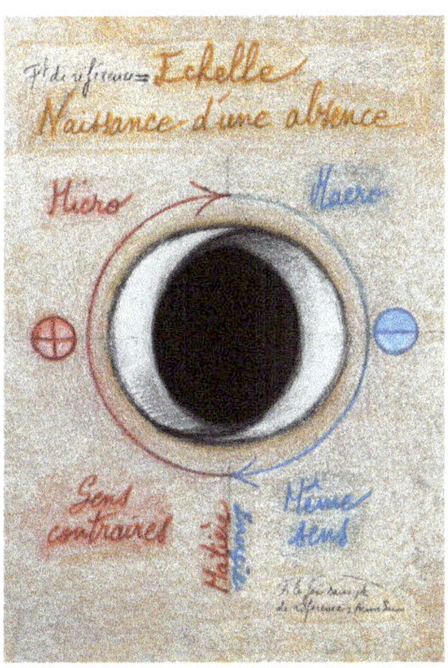

point of reference = Ladder

Birth of an absence

Micro

Macro

Contrary meaning

Matter

Energy

Same meaning

At the same time without a point of reference = no meaning

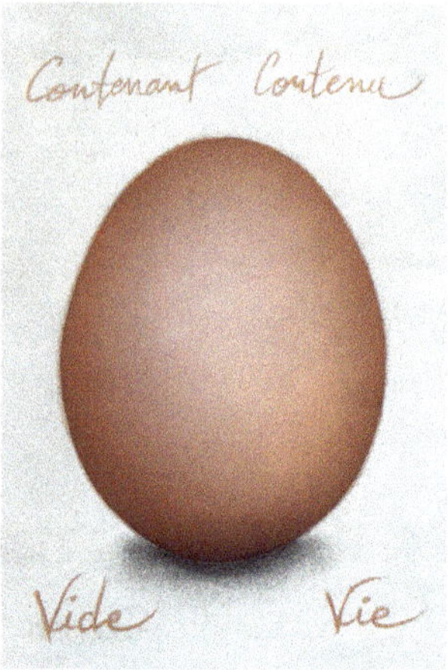

Containing Content

Emptiness Life

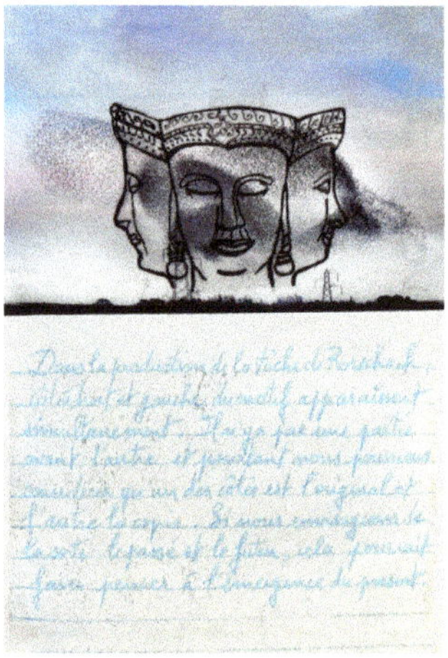

In the production of the Rorschach test, right and left sides appear simultaneously. There is not one before the other, and yet we could consider that one of the sides is the original and the other a copy. Envisaging the past and the future this way can make us think of the emergence of the present.

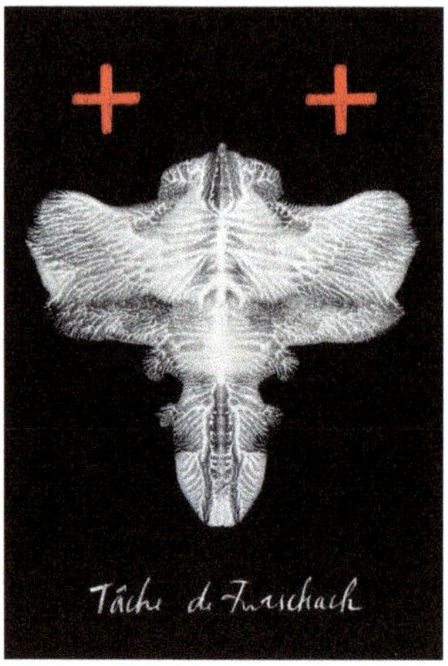

Rorschach Test

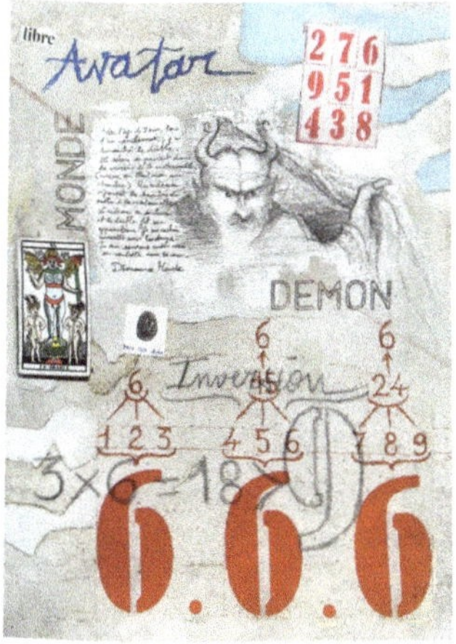

Free **Avatar**

WORLD

Around the age of five, in a nightmare, I met the devil. The scene took place in the kindergarten kitchen (a kitchen that was also my bedroom). A curtain separated the room from the rest of the kitchen. The curtain drew back and the devil made his appearance. I hid right away in the sheets. I also remember seeing a caravan in the courtyard.

DEMON

Demon = World

Inversion

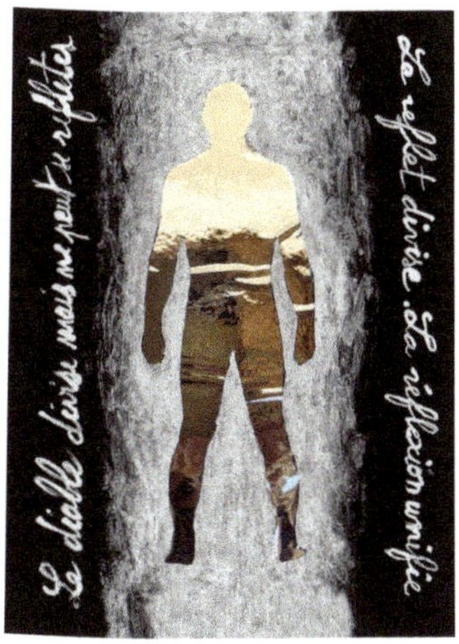

The devil divides but can't reflect.

A reflection on a surface divides. Reflecting (thinking) unifies.

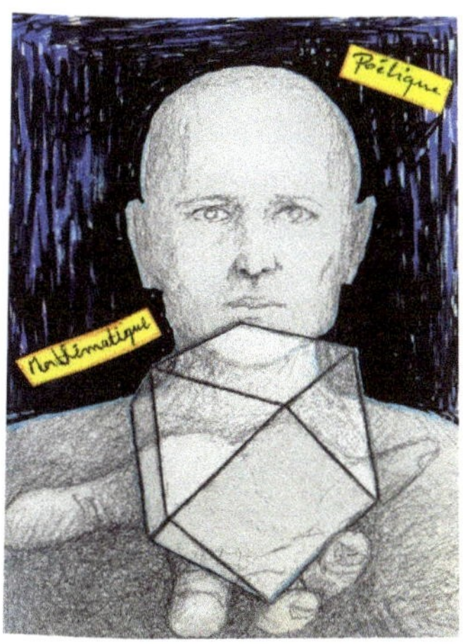

Poetic

Mathematic

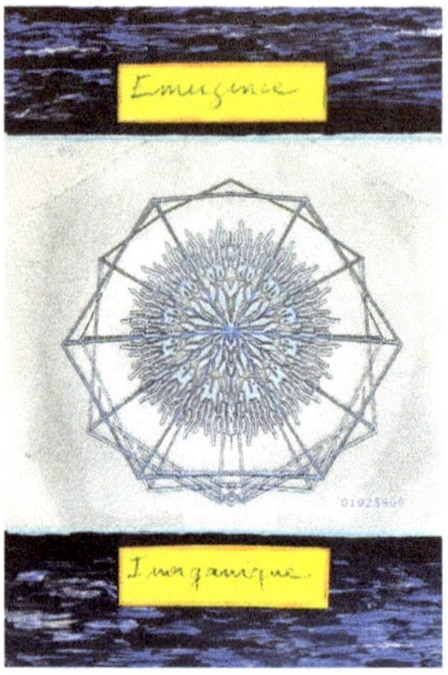

Emergence

Inorganic

French artist Marc Fichou has been active in the art scenes of Los Angeles and New York since the 1990s. He now lives with his partner and fellow artist Lauren Marsolier in the south of France. This book is the sequel to his first *Carnet*, also available from Atopon. Fichou's video installation, painting, sculpture and other multimedia work can be viewed at his website: www.marcfichou.com.

www.ingramcontent.com/pod-product-compliance
Ingram Content Group UK Ltd.
Pitfield, Milton Keynes, MK11 3LW, UK
UKHW051122300826
14795UKWH00023B/666

9 798986 690711